AF539139

संगीत कविता हिन्दी और मुग़ल बादशाह

संगीत कविता हिन्दी और मुग़ल बादशाह

सम्पादक

डॉ. अजय तिवारी

लोकभारती प्रकाशन

लोकभारती प्रकाशन
पहली मंजिल, दरबारी बिल्डिंग, महात्मा गांधी मार्ग
इलाहाबाद-211 001

www.lokbhartiprakashan.com
info@lokbhartiprakashan.com

शाखाएँ : 1-बी, नेताजी सुभाष मार्ग, दरियागंज
नयी दिल्ली-110 002
अशोक राजपथ, साइंस कॉलेज के सामने
पटना-800 006 (बिहार)
36-ए, शेक्सपियर सरणी
कोलकाता - 700017 (प.बंगाल)

प्रथम संस्करण : 2020

© डॉ.अजय तिवारी

जे. के. आर्टस प्रेस
प्रयागराज द्वारा मुद्रित

SANGEET KAVITA HINDI
AUR MOGHAL BADSHAH
by Dr. Ajay Tiwari

ISBN : 978-93-89742-44-2

मूल्य : ₹ 750

इस ग्रन्थ की मूल धारणा प्रस्तुत करनेवाले
चन्द्रबली पाण्डे
की स्मृति को

अनुक्रम

मुग़ल बादशाहों का शासन काल

(ईस्वी सन् में)

1.	जहीरउद्दीन मोहम्मद बाबर	1526 से 1530 तक
2.	नुरउद्दीन मोहम्मद हुमायूँ	1530 से 1556 तक+
3.	जलालउद्दीन मोहम्मद अकबर	1556 से 1605 तक
4.	नूरउद्दीन मोहम्मद जहाँगीर	1605 से 1627 तक
5.	शहानुद्दीन मोहम्मद शाहजहाँ	1627 से 1658 तक
6.	मुहीउद्दीन मोहम्मद औरंगज़ेब	1658 से 1707 तक
7.	मोहम्मद मुअज़्ज़म बहादुरशाह	1707 से 1712 तक
8.	मोहम्मद जहाँदारशाह	1712 से 1713 तक
	फर्रुखासियर बादशाह	1713 से 1719 तक
	रफीउद्दरजात	1719*
	नेकुसियर	1719*
	रफीउद्दौला	1719*
10.	मोहम्मदशाह बादशाह	1719 से 1748 तक
	मोहम्मद इब्राहीम शाहजहाँ सानी	1720*
11.	अहमदशा बादशाह	1748 से 1754 तक
12.	जहीरउद्दीन आलमगीर सानी	1754 से 1759 तक
13.	आली गौहर शाहआलम सानी	1759 से 1806 तक
14.	मोहम्मद अकबर सानी	1806 से 1837 तक
15.	बहादुरशाह सानी	1837 से 1858 तक

\+ सन् 1540 से 1555 ई. तक सूरियों का राज्य रहा।

* नाममात्र के क्षणिक शासन के कारण इनकी गणना शासकों में नहीं हुई।

भूमिका

इस संकलन की आवश्यकता

संगीत कविता हिन्दी और मुगल बादशाह पुस्तक की क्या ज़रूरत आन पड़ी? खास तौर पर तब जब **मुगल बादशाहों की हिन्दी कविता** नाम से डॉ. मैनेजर पाण्डेय के सम्पादन में एक संग्रह उपलब्ध है?

जवाब सम्भवतः इसी समस्या में निहित है। डॉ. मैनेजर पाण्डेय द्वारा संकलित और सम्पादित पुस्तक **मुगल बादशाहों की हिन्दी कविता** सन् 2016 में राजकमल पेपरबैक्स से निकली है। इस पुस्तक की सामग्री का स्रोत है पण्डित चन्द्रबली पाण्डे की पुस्तक **मुगल बादशाहों की हिन्दी**, जिसका प्रकाशन संवत् 1997 (सन् 1940) में नागरी प्रचारिणी सभा, काशी द्वारा हुआ था। डॉ. मैनेजर पाण्डेय का बल कविता पर है, चन्द्रबली पाण्डे का हिन्दी पर लेकिन मुग़ल बादशाहों की लिखी हिन्दी कविता का भारतीय संगीत से गहरा सम्बन्ध था। उसका कुछ उल्लेख चन्द्रबली जी ने किया है, मैनेजर पाण्डेय के लिए वह पक्ष उपेक्षणीय रहा है। केवल मुग़ल बादशाहों की रचनाशीलता की दृष्टि से नहीं, भारतीय, विशेषतः हिन्दी, के सांस्कृतिक विकास को समझने के लिए भी यह आवश्यक है कि हम उनकी हिन्दी और कविता को संगीत से जोड़कर देखें।

चन्द्रबली पाण्डे और मैनेजर पाण्डेय की पुस्तकों के उद्‌देश्य बिलकुल भिन्न हैं। यह कोई बड़ी बात नहीं है। 1940 और 2016 की सामाजिक-ऐतिहासिक परिस्थितियाँ पृथक् हैं इसलिए दोनों पुस्तकों के उद्‌देश्य की भिन्नता समझ में आती है। लेकिन पण्डित चन्द्रबली की पुस्तक मौलिक है और डॉ. मैनेजर पाण्डेय की पुस्तक संकलन, चन्द्रबली जी ने लम्बा निबन्ध लिखा है, जिसके बीच मुग़लों के हिन्दी-प्रेम और संगीत-प्रेम का विवेचन किया है। मैनेजर पाण्डेय ने बताया है कि चन्द्रबली जी से संकेत लेकर उन्होंने स्वयं कविताओं की खोज की है, उन कविताओं का संकलन करके एक भूमिका के साथ उसे प्रस्तुत किया है। समस्या इसमें भी नहीं है।

समस्या इस बात में है कि मैनेजर पाण्डेय ने अपने संकलन में मौलिकता और श्रम का जो दावा किया है, वह सामग्री की खोज और अवगाहन के क्रम में सन्दिग्ध जान पड़ता है। उन्होंने भूमिका में लिखा है कि सत्यप्रकाश मिश्र के प्रयत्न से उन्हें

पं. चन्द्रबली पाण्डे की पुस्तक मिली, "उस पुस्तक में अकबर से बहादुरशाह ज़फ़र तक की लिखी हिन्दी कविताएँ हैं और उनके रूप-रंग, राग-छन्द तथा उसमें व्यक्त भावों और विचारों का विवेचन भी है। ...चन्द्रबली पाण्डे की पुस्तक पढ़ते हुए यह भी मालूम हुआ कि उसमें मुग़ल बादशाहों की जो कविताएँ दी गयी हैं वे लगभग सभी कविताएँ कृष्णानन्द व्यास देव के विशाल ग्रन्थ **संगीत रागकल्पद्रुम** से ली गयी हैं। इस जानकारी ने मुझे **संगीत रागकल्पद्रुम** की खोज की प्रेरणा दी। एक बार फिर काम में सहायक साबित हुए सत्यप्रकाश मिश्र। उनके प्रयत्न से **संगीत रागकल्पद्रुम** के दो विशाल खण्ड हिन्दी साहित्य सम्मलेन, प्रयाग के पुस्तकालय में प्राप्त हुए। यह ग्रन्थ 1914 और 1916 में छपा था। इसलिए पुस्तकालय से बाहर ले जाने की स्थिति में नहीं था। मैं सत्यप्रकाश मिश्र और अपने दो छात्रों की मदद से उन दो खण्डों को पाँच जिल्दों में ज़ेरोक्स करवाकर दिल्ली लाने में सफल रहा। उसके बाद **संगीत रागकल्पद्रुम** को पढ़कर उसमें से **मुग़ल बादशाहों की हिन्दी कविता** की खोज की प्रक्रिया आरम्भ हुई।" (**मुग़ल बादशाहों की हिन्दी कविता**, 2016, राजकमल पेपरबैक्स, नयी दिल्ली, पृ.20-21)

प्रकटतः यह विवरण विश्वसनीय लगता है। लेकिन **मुग़ल बादशाहों की हिन्दी** और **संगीत रागकल्पद्रुम** देखने पर और ही तस्वीर उभरती है। चन्द्रबली जी ने अपने विवेचन के क्रम में मुग़ल बादशाहों की कविता का उल्लेख किया है, अलग से कविताएँ संकलित नहीं की हैं। **संगीत रागकल्पद्रुम** अपने वर्तमान रूप में दो भागों और तीन जिल्दों में उपलब्ध है। पहले पहल यह ग्रन्थ 1842 से 1845 के बीच पाँच खण्डों में प्रकाशित हुआ था। वह संस्करण अब सम्भवतः उपलब्ध नहीं है; 'सम्भवतः' इसलिए कि मेरे देखने में वह नहीं आया। दूसरा संस्करण 1916 में नागेन्द्रनाथ बसु के सम्पादन में निकला था। अब यह संस्करण अत्यन्त जीर्ण-शीर्ण अवस्था में उपलब्ध है। पहला भाग दो जिल्दों में है, दूसरा एक जिल्द में। पुस्तक के भाग-2, जिल्द तीन में अनुक्रमणिका दी गयी है। उसमें कवियों के पदों का पूरा ब्यौरा मौजूद है। यह वास्तव में कवियों की अनुक्रमणिका है। इसमें किस कवि की कविताएँ/ गीत/ पद कहाँ हैं, इसकी पृष्ठ संख्या और खण्ड संख्या का उल्लेख है। यह सारा श्रम ग्रन्थ के सम्पादक ने कर दिया है। उसमें 'खोजने' जैसा बहुत काम नहीं मालूम होता। कुछ समस्या तब आती है जब निर्दिष्ट स्थान पर कविताएँ नहीं मिलतीं। मैनेजर पाण्डेय के संकलन को देखने के बाद यह पता चल जाता है कि अनुक्रमणिका के अलावा रचनाएँ खोजने का कोई विशेष प्रयत्न नहीं किया गया है। निर्दिष्ट स्थलों के अलावा भी कविताएँ हैं, उन्हें खोजने में जिस धैर्य और एकाग्रता की आवश्यकता है, उसका परिचय मैनेजर पाण्डेय

के संकलन से नहीं मिलता। यह बात **मुगल बादशाहों की हिन्दी कविता** में संगृहीत कविताओं से **संगीत कविता हिन्दी और मुगल बादशाह** में संकलित कविताओं की तुलना करके देखी जा सकती है। मसलन, पाण्डेय जी के संकलन में बादशाह अकबर की 37 कविताएँ दी गयी हैं, लेकिन पूरे संगीत रागकल्पद्रुम में खोजने पर मुझे उसकी 55 कविताएँ मिलीं; सम्भव है कुछ और हों जिन्हें तीन-चार बार पूरे ग्रन्थ को देखने के बाद भी न पाया जा सका हो। इसी प्रकार, पाण्डेय जी ने शाहजहाँ की 14 कविताएँ दी हैं, पर मुझे 26 कविताएँ मिलीं। जहाँगीर और औरंगज़ेब की कविताओं में दो-एक पदों का ही अन्तर मिलता है, लेकिन मुहम्मदशाह 'रँगीले' के मामले में बहुत भारी अन्तर है। पाण्डेय जी ने उसकी कुल 58 कविताएँ दी हैं, जबकि थोड़े परिश्रम से उसकी 239 कविताएँ मिलीं। यह स्थिति सर्वत्र है। कहीं कम, कहीं ज्यादा।

मैनेजर पाण्डेय ने अकबर के नाम से एक छन्द दिया है –

अकबर प्राणनाथ अनाथन को
यहनाथ ए जापै अष्टसिद्धि नव निध पाइये।
परमदाता ज्ञाता सबही को मनरंजन
यह दुःखभंजन कल्पवृक्ष प्रतक्ष धाइये...
अंतरयामी खामीजग काज करबे को
ए रस नाल बनाइये।
जलालदी महम्मद ऐसे दाता किये
तिहुँ लोकन में यश गाइये... **(छन्द-30, पृ. 44)**

यह पद अकबर का नहीं हो सकता। इस तरह की आत्मश्लाघा वह नहीं कर सकता था। उसका नाम लेकर अनेक दरबारी और प्रशंसक बहुत-कुछ कहते थे। जहाँ 'अकबर' नाम दिखे, उस सबको अकबर की रचना नहीं माना जा सकता। कुछ विषयवस्तु पर ध्यान देना आवश्यक होता है। अकबर की दूसरी रचनाओं पर ध्यान देने से यह निर्धारित करना सम्भव होता है कि जिन छन्दों में 'अकबर' नाम आया है, उनमें कौन-सी बादशाह अकबर की हो सकती हैं, कौन-सी नहीं।

मैनेजर पाण्डेय ने 'शिवसिंह सरोज' में अकबर की कविताओं का उल्लेख किया है। लेकिन वहाँ दिये हुए तीन पद उनके संकलन में नहीं आये हैं। यह तो नहीं माना जा सकता कि उन्होंने शिवसिंह सेंगर का संकलन नहीं देखा होगा। पर उन तीन छन्दों को क्यों छोड़ दिया, इसका रहस्य समझ में नहीं आता। हालाँकि उन छन्दों का उल्लेख और उनका विवेचन पं. चन्द्रबली पाण्डे ने किया है। यही नहीं, चन्द्रबली पाण्डे की पुस्तक में जिन कविताओं का उल्लेख है, उन्हें भी मैनेजर पाण्डेय ने अपने संकलन में

सर्वत्र स्थान नहीं दिया है। इससे यह संकलन किसी हड़बड़ी का परिचय देता है, जो प्रायः चमत्कृत करने का काम करता है, प्रामाणिक और विश्वसनीय सामग्री उपलब्ध करने का नहीं। इसका आश्चर्यजनक रूप तब दिखायी देता है जब हम पाते हैं कि स्वयं मैनेजर पाण्डेय ने अपनी भूमिका में मिश्रबन्धु विनोद और नादिराते शाही में उल्लिखित अकबर के दो दोहों को उद्धृत किया है, लेकिन मूल संग्रह में उन्हें स्थान नहीं दिया है। ये दोहे क्रमशः इस प्रकार हैं –

जाको जस है जगत में, जगत सराहै जाहि।
ताको जीवन सफल है, कहत अकब्बर साहि...

(मिश्रबन्धु विनोद)

पताहिला सुं मजलिस गई तानसेन सौराग
हासनियों, रमपो, बोली बोगियो, बीरबल के साथ।

(नादिराते शाही)

इस दूसरे छन्द का अर्थ उन्होंने दिया है, ''अर्थात् पताहिला (बीकानेर के पृथ्वीराज) के साथ मजलिस ख़त्म हो गयी और तानसेन के साथ राग ख़त्म हुआ। हँसी-खुशी की गुफ्तगू बीरबल के साथ ख़त्म हो गयी।" (पृ. 22) यदि यह कहा जाय कि दूसरा छन्द फ़ारसी बहुल है इसलिए नहीं दिया गया होगा, तो पहला छन्द बिलकुल बोलचाल की ब्रज में है, उसे छोड़ने का कारण क्या है? यह कारण पाण्डेय जी ने नहीं बताया है लेकिन उसे शामिल न करके उन्होंने उचित किया है। शाह अकबर से अलग एक अकबर शाह या अकब्बर शाह थे, वे 18वीं सदी के उत्तरार्द्ध में गद्दी पर बैठे थे। उनका नाम था मुहम्मदशाह आलम सानी। उनकी भी कुछ रचनाएँ **संगीत रागकल्पद्रुम** में हैं। उनकी वृहद् रचना **नादिराते शाही** उनकी ही आज्ञा से 1797 में प्रकाशित हुई थी। उसका दूसरा संस्करण 1944 में और तीसरा वर्तमान संस्करण 2006 में प्रकाशित हुआ है। वे 'अक्बर', 'अकबर शाह' या 'अकब्बर शाह' नामों से लिखते थे, यह **नादिराते शाही** से स्पष्ट हो जाता है। प्रस्तुत संकलन में सानी की कविताओं का 'मुबारकबादे जशने (नौरोज़ वगैरह)' के कुछ छन्द देखिये, बात स्पष्ट हो जायेगी। (छन्दः 41, 44, 55, 72, 75, 92, 111 इत्यादि)। कई जगहों पर उन्होंने 'अकबर शाह' और 'शाहे-आलम' का साथ-साथ प्रयोग किया है। यथा –

अकबर शाह को सालगिरह, "शाहे-आलम" को सब देत बधाई।

(छन्द 75)

यह मेंहँदी हदिये की मिरज़ा अकबर शाह की क्या धूम सूँ आवत है
"शाहे-आलम" को सब देत मुबारकबादी, ऐसी मेंहँदी सबके नैन सुहावत है।

(छन्द 92)

कहीं-कहीं केवल 'अकबर शाह' है, शाह-आलम नहीं, जैसे –

आज मेंहँदी मिरज़ा अकबर शाह पियारे बने की देख कैसी नीकी बन आई
अच्छी जगमगात, रोशनाई रँगा रंग की, सब गुनी गाय बजाय देत बधाई।

(छन्द 112)

मिश्रबन्धु विनोद का उक्त दोहा किसका है, शाह अकबर का या अकबर शाह का, मैं यह निश्चय नहीं कर सका। इसलिए अपने संग्रह में उसे मैंने शामिल नहीं किया। हालाँकि **नादिराते शाही** में वह नहीं मिलता।

ऊपर अकबर के एक पद का उल्लेख हुआ जो उनका नहीं है लेकिन मैनेजर पाण्डेय ने उनके नाम पर दे दिया है। यह स्थिति अन्यत्र भी है। शाहजहाँ के नाम से उन्होंने एक छन्द दिया है –

दादुर चातक मोर करो किन सोर सुहावन को भरु है।
नाह तेहि सोई पायो सखी मोहिं भाग सोहागहु को बरु है...
जानि सिरोमनि साहिजहाँ ढिग बैठो महा विरहा-हरु है।
चपला चमको, गरजो बरसों घन, पास पिया तौ कहा डरु है।

(छन्द 8, पृ. 51)

यह कवित्त है। इसके लेखक शाहजहाँ के दरबारी कवि शिरोमणि हैं। तीसरी पंक्ति में उन्होंने अपना नाम लिखा भी है। कहते हैं, शिरोमनि शाहजहाँ के पास बैठे हैं। लेकिन मैनेजर पाण्डेय ने उन्हें उठाकर रचनाकार की जगह शाहजहाँ को बिठा दिया है! यदि चन्द्रबली पाण्डे का निबन्ध ही ध्यान से देखते तो यह मालूम हो जाता। चन्द्रबली जी ने शिरोमणि के नाम से ही इसका विवेचन किया है। **संगीत कविता हिन्दी और मुगल बादशाह** के परिशिष्ट में पं. चन्द्रबली पाण्डे के निबन्ध में इसे देखा जा सकता है।

मैनेजर पाण्डेय ने जिस तरह की हड़बड़ी से काम लिया है, उससे परेशानी तब होती है जब पाठ का सही रूप पाण्डेय जी के संकलन में नहीं मिलता। अठारहवीं सदी का मुगल शासक मुहम्मदशाह अनेक नामों से लिखता था। इनमें महम्मदसा, रँगीले, सदारंग, सदा रँगीले मुख्य हैं। ऊपर बताया गया है कि पाण्डेय जी ने उसके कुल 58 छन्द दिये हैं।

हालाँकि **संगीत रागकल्पद्रुम** में 239 छन्द मिले, सम्भव है कुछ और भी हों जिन्हें न पहचाना गया हो। उसका एक छन्द पाण्डेय जी ने दिया है –

आज सो दिन छपा करि जानिएरी
तू जगनिस्तारन अंतरयामी अदा रंग को
सदारंग कीजिये अपनी पीतरी... **(छन्द-16, पृ. 69)**

इसकी पहली पंक्ति में 'छपा' शब्द आया है। इससे कोई अर्थ नहीं निकलता। मूल कविता में यह शब्द 'कृपा' है। (देखिए, प्रस्तुत संकलन में 'रँगीले' का छन्द-34) इस प्रकार की असावधानी अनेक जगहों पर मिलती है। आजमशाह की पहली ही कविता में एक शब्द है 'फंफ' –

फन्दे ही अंजन फंफ खुलत न खोल। **(पृ. 58)**

संगीत रागकल्पद्रुम में यह शब्द 'फन्द' है। दोनों शब्द रखकर अर्थ कीजिये, स्पष्ट हो जायेगा कि कौन-सा रूप सही है, कौन-सा ग़लत। अज़ीज़ अल-दीन आलमगीर के पहले छन्द का पहला शब्द है 'पैरनको'; (पृ. 83) मूल में यह 'प्यारनको' है। मुहम्मदशाह के 21वें छन्द में 'मेरी निती' से जो अर्थ निकलना है, निकालिये; (पृ. 70) वास्तव में वह 'मेरी विनती' है! हाल यह है कि औरंगज़ेब लिखता है 'धन जनम कर मानत... ' तो मैनेजर पाण्डेय देते हैं 'धन जनभ कर मानत'! (पृ. 54) बेचारा औरंगज़ेब 'सोहै साहबी' की चर्चा करता है और मैनेजर पाण्डेय 'मोहै साहबी' बना देते हैं। चलिये, ये प्रूफ की गलतियाँ हो सकती हैं। पर मोजमशाह कहते हैं, 'दिन गिनत हारी कठिन भई करपल्लवरी. .. ', और मैनेजर पाण्डेय अपनी ओर से शब्द जोड़कर उसे मौलिक बना देते हैं, 'बतीयाँ दिन गिनत हारी कठिन भई करपल्लवरी... ' (छन्द 2, पृ. 61) उन्होंने मुहम्मदशाह आलम सानी का एक छन्द दिया है, 'मेरो मन जो कूच है, तू मन मोहे नाँह।' (पृ. 117) कोई इसका अर्थ निकाल ले तो जानिये! वास्तव में वह कह रहा है, 'मेरो मन नीको बहै, तू मोहे मन नाँह... '। हालत यह है कि 'ठगोरी' का 'थगोंरी', 'खोल बताई' का 'खेल बताई', 'नजर हो राखो' का 'नजर हो नखरी' और 'फड़कत दृग' का 'फरकत दुर्ग' कर दिया गया है, भले आप अर्थ समझने की जगह हास्य रस से ही काम चलायें!

समस्या यह है कि मूल से मिलान करने में व्यर्थ का समय बर्बाद होता है। कौन-सा पाठक इतनी गम्भीरता से इन मुगलों की कविताएँ पढ़ता है? **मुगल बादशाहों की हिन्दी कविता** है, यही क्या कम चमत्कृत करनेवाली चीज़ है! ऐतिहासिक सामग्री में इस तरह की असावधानी भ्रम उत्पन्न करती है। यह गैर ज़िम्मेदार तरीका है, सो अलग।

पाठ निर्धारण की समस्याएँ

एक तो सही रचनाओं की खोज, दूसरे उनके सही पाठ का निर्धारण, दोनों कर्त्तव्य अनिवार्य हैं। मैनेजर पाण्डेय के संकलन में दोनों स्तरों पर असावधानी के दर्शन होते हैं। लेकिन सर्वत्र उन्हीं का दोष मानना उचित न होगा। **संगीत रागकल्पद्रुम** की अनुक्रमणिका में कई दिक्कतें है। इतने बड़े ग्रन्थ की अनुक्रमणिका तैयार करना हँसी-खेल नहीं है। उसमें चूक स्वाभाविक है। किसी कवि की कविताओं का जहाँ उल्लेख है, वहाँ कभी-कभी उसके पद नहीं मिलते, जहाँ उल्लेख नहीं है, वहाँ बिखरे मिलते हैं। इसलिए केवल अनुक्रमणिका से काम चलनेवाला नहीं है। मैनेजर पाण्डेय ने सम्भवतः सम्पूर्ण ग्रन्थ खंगालने का श्रम नहीं किया, दावा भले किया है। उन्होंने केवल अनुक्रमणिका से रचनाएँ खोजी हैं। मुझे **संगीत रागकल्पद्रुम** के तीनों खण्ड अनेक बार देखने पड़े, फिर भी कुछ रचनाएँ छूट सकती हैं, जिन्हें भविष्य के शोधार्थी खोजेंगे।

दूसरी समस्या कुछ कवियों के एक जैसे नामों की है। शाह अकबर और अकबर शाह (शाह आलम सानी) का उल्लेख हुआ। इसी प्रकार मुहम्मदशाह सदारंग और सदारंग मुहम्मदशाह हैं। वे एक ही व्यक्ति के दो नाम नहीं हैं, बल्कि वे दो अलग व्यक्ति हैं। इनमें पहलेवाले मुग़ल बादशाह मुहम्मदशाह रँगीले हैं, दूसरे वाले सम्भवतः पंजाबी के सूफ़ी कवि हैं। हिन्दी तब तक शायद पंजाबी से बहुत अलग नहीं हुई थी। इसलिए अनेक मुग़ल बादशाह हिन्दी के साथ-साथ पंजाबी में भी लिखते थे। रँगीले उनमें एक हैं। शाहआलम सानी के **नादिराते शाही** में भी कई पंजाबी छन्द मिलते हैं। उनके अलावा अज़ीज़दीन भी पंजाबी में लिखते हैं। इसकी कुछ चर्चा आगे यथाप्रसंग होगी। मुश्किल यह है कि बादशाह मुहम्मदशाह अपने मूल नाम के साथ-साथ 'रँगीले', 'सदारंग' और 'सदा रँगीले' नामों से भी लिखते थे। इन सदारंग के अलावा एक कवि अदारंग थे। रँगीले के एक छन्द में 'अदारंग' और 'सदारंग' दोनों आये हैं। यह छन्द मैनेजर पाण्डेय ने दिया है। (छन्द-16, पृ. 69) मुहम्मदशाह सदारंग और सदारंग मुहम्मदशाह दोनों एक जैसे नाम होने से या सदारंग की कविता में अदारंग नाम का भी प्रयोग होने से आज सबकी रचनाओं को पूरी निर्दोषता से अलग-अलग कर पाना बेहद कठिन है। मैनेजर पाण्डेय इस गफलत के शिकार हुए हैं, मैं भी हुआ होऊँगा।

अनेक स्थलों पर काफी मिलते-जुलते पद हैं। मसलन, अकबर का छन्द- 4 और 5 देखिये। पहले छन्द की शुरुआत है –

भोरही भैरवराग अलापे हो प्यारे वंसीजा न।
खरज रिषभ गांधार मध्यम पञ्चम धैवत निषादता।

और छन्द 5 की शुरुआत है –

भोरही भैरव राग अलाप्यो
अहो प्यारे वंशीमे आन।
खरज गांधार रिषभ पञ्चम
मध्यम निषाद धैवत तान।

इस तरह की समानताएँ अनेक कवियों में मिलती हैं। जहाँ उनके पाठ में कुछ अन्तर है, वहाँ दोनों रूप रखे गये हैं।

'मोजमशाह' शाहआलम बहादुरशाह का एक गीत है – "दिन गिनत हारी कठिन भई करवल्लरी अब कौन सों कहोंरी में यह दुख बतीयाँ।" (**संगीत रागकल्पद्रुम**, खण्ड-1, पृ. 301) इसका पाठ-भेद दो छन्दों में मिलता है – "बतीयाँ दिन गिनत हारी कठिन भई कर पल्लवरी कहूँ कासेरी यह दुखरे।" और "एरीधन निठुर धन मेरी छतीयाँ बिन प्रीतम बीधत विरह घतीयाँ।" (**संगीत रागकल्पद्रुम**, खण्ड-1, पृ. 295-96) इनके पाठान्तर को देखते हुए हमने तीनों छन्द दिये हैं। इन पाठभेदों से यह स्पष्ट होता है कि मैनेजर पाण्डेय ने दो अलग-अलग पाठों को मिलाकर एक कर दिया था। (**मुग़ल बादशाहों की हिन्दी कविता**, पृ. 61) चन्द्रबली पाण्डे ने अपने निबन्ध में इनके दो छन्द दिये हैं।

नादिराते शाही तो शाहआलम सानी के सामने प्रकाशित हुई थी। उसकी मूल लिपि फारसी रही होगी। सम्भव है तभी हिन्दी लिपि में भी उसका लेखन हुआ हो। मुझे 2006 की प्रति देखने को मिली है। इसमें आमने-सामने फारसी और हिन्दी में पुराने कातिबों की लिखावट में कविताएँ दी गयी हैं। लेकिन इसमें भी कई तरह की दिक्कतें हैं। कहीं-कहीं कुछ शब्द ही नहीं हैं। मूल में देखने की अपनी अड़चनें हैं। पुरानी लिखावट के अलावा कई अक्षरों और शब्दों के मिट जाने के कारण पूरा पाठ तैयार नहीं किया जा सका है। जैसे छन्द 12 में। ऐसे अनेक स्थल हैं। उनका संकेत यथास्थान कर दिया गया है। कुछ स्थलों पर मूल और उसके रूपान्तरण में अन्तर मिलता है। ग़ज़ल 32 के मूल में राग और ताल दिया है 'किदारा तिताला', पर हिन्दी रूपान्तरण में वह 'पूरया एकताला' हो गया है। यहाँ पाण्डुलिपि पढ़ने में सम्पादकों से भूल हुई है। मैंने हर जगह यथासम्भव पाण्डुलिपि के आधार पर मूल रूप ही रखा है।

मूल उद्‍देश्य का प्रश्न

मैनेजर पाण्डेय ने संकलन, पाठ निर्धारण और शुद्ध पाठ की विशेष चिन्ता नहीं की है। इस असावधानी के अलावा एक समस्या और है। चन्द्रबली पाण्डे के सन्दर्भों

को वे अनेक स्थलों पर मौलिक बना लेते हैं। बाबर के एक शेर में 'पानी-ओ-रोती' का प्रयोग हुआ है। शेर इस प्रकार है –

मुज-कान न हुआ कूज हवस-ए-मानक़-ओ-मोती
फ़ुक़रा हालीन बस बुल्गुसिदुर पानी-ओ-रोती। (पृ. 15)

इस शेर के लिए पाण्डेय जी ने सुनीति कुमार चाटुर्ज्या का हवाला दिया है। लेकिन अन्य सन्दर्भों की तरह यहाँ प्रकाशन विवरण नहीं है। इससे अनुमान होता है कि यह शेर उन्होंने चन्द्रबली जी से लिया है अथवा हरबंस मुखिया से। लेकिन यहाँ भी उसका सही पाठ नहीं है। चन्द्रबली जी के यहाँ पाठ है – ''फ़ुक़रा हलयीगुह बस वो लगो सैदूर पानी-ओ-रोती।'' इस पाठ के सही होने की अधिक सम्भावना है। उन्होंने यह शेर अदीमुल-मुल्क नवाब सैयद नसीर हुसैन खाँ की पुस्तक **मुग़ल और उर्दू** से उद्धृत किया है। उन्होंने तुर्की और फारसी के और भी अंश दिये हैं, जिनमें कइयों के अर्थ भी दिये हैं। कुछ अंश ज़रूर थे जिनके अर्थ वहाँ नहीं दिये गये हैं, उन्हें जामिया मिलिया इस्लामिया में फारसी विभाग के शोधार्थियों की मदद से मैंने यहाँ दे दिया है। उस समय यह विचित्र अनुभव हुआ कि फारसीवाले हिन्दी नहीं जानते और उर्दूवाले फारसी इतनी नहीं जानते; इसलिए काफी मुश्किलें आयीं। बहरहाल, बाबर की इस तुर्की रचना की पहली पंक्ति हिन्दी के बहुत नज़दीक है। 'मानक व मोती' को हिन्दी सिद्ध करने की ज़रूरत नहीं है। दूसरी पंक्ति में आये 'पानी-ओ-रोती' पूरी तरह हिन्दी के शब्द हैं। मैनेजर पाण्डेय के लिए यहाँ भाषा का प्रश्न महत्त्वपूर्ण नहीं है। वे इस शेर का अर्थ देते हुए केवल इतना कहकर चल देते हैं कि, "इस शेर में पानी और रोती (रोटी) शब्द हिन्दी के हैं।" (पृ. 15) लेकिन चन्द्रबली पाण्डे के लिए भाषा का प्रश्न ही महत्त्वपूर्ण है। जहाँ तक इस शेर के अर्थ का प्रश्न है, वह थोड़े परिश्रम से अपने आप स्पष्ट हो सकता है। बाबर अपने लिये कहता है कि उसे माणिक और मोतियों की हवस (लालच) नहीं है, फकीरों के लिए पानी और रोटी काफी हैं।

यहाँ भाषा का सवाल क्यों महत्त्वपूर्ण है? आज बाबर के शेर में 'रोटी और पानी' को बड़ी सहजता से हम हिन्दी मान लेते हैं। लेकिन कभी यह विवाद था कि 'रोटी' तुर्की शब्द है, वहाँ से हिन्दी में आया है। किसी और ने नहीं, आगे चलकर देश के पहले राष्ट्रपति बननेवाले कांग्रेस के एक प्रभावशाली नेता डॉ. राजेन्द्र प्रसाद ने 1939 (संवत् 1996) में राष्ट्रभाषा परिषद् के प्रमुख की हैसियत से 'नागरी प्रचारिणी पत्रिका' में कहा था, "सुना कि यह तुर्की शब्द है।" जैसे पानी संस्कृत शब्द है। अब इन शब्दों को "हिन्दी-उर्दू के रास्ते पर ही चलना है।" राजेन्द्र प्रसाद का पूरा उद्धरण देने के बाद चन्द्रबली पाण्डे ने चुनौती देते हुए पूछा है कि, "क्या कोई सज्जन यह बता देने की कृपा

करेंगे कि रोटी का फ़ारसी, अरबी या तुर्की बहुवचन क्या है और कहाँ किस पुस्तक में, किस रूप में उनको वह दिखायी देते है?" चन्द्रबली जी के लिए यह हिन्दी के देशज शब्दों की रक्षा का संघर्ष था। इसलिए उन्होंने दूसरे उदाहरण देकर बताया कि पानी की तरह रोटी भी 'शुद्ध हिन्दी का शब्द है।' उन्होंने अगस्त 1931 की 'ओरिएण्टल कॉलेज मैगज़ीन' से 'एक हिन्दी स्त्री' का छन्द उद्धृत किया है जिसमें 'तुझ थैं मुझको न रोती न पानी' आया है। यहाँ भी बाबर की तरह 'रोटी' की जगह 'रोती' का प्रयोग हुआ है। इस पर चन्द्रबली पाण्डे की टिप्पणी है, "यहाँ भी वही रोती पानी है जो बाबर के यहाँ। किन्तु दोनों में भेद यह है कि यदि बाबर के यहाँ टवर्ग का अभाव है तो 'इश्की' और 'ज़नेहिन्दी' की सच्ची भाषा के लिए मुस्लिम के यहाँ सच्ची लिपि की कमी। इसलिए बाबर की तरह 'इश्की' की हिन्दी स्त्री भी रोटी न कहकर 'रोती' कहती है, नहीं तो 'रोती' किसी तुर्की का शब्द नहीं।" (देखिये परिशिष्ट, पृ. 310)

इस प्रसंग से यह मालूम हो जाता है कि भाषा के प्रश्न पर तत्कालीन वातावरण में जिस तरह का समझौतावाद चल रहा था और उर्दू के प्रोत्साहन के नाम पर हिन्दी विरोधी अभियान चल रहा था, उसकी पृठभूमि में चन्द्रबली पाण्डे ने यह पुस्तक लिखी थी। उर्दू के प्रोत्साहन को मुसलमानों के अधिकार से जोड़कर देखा जाता था। यह प्रवृत्ति बाद में भी बनी रही। वामपक्ष से जुड़े जनवादी सांस्कृतिक आन्दोलन में भी उर्दू के अधिकार और संरक्षण के प्रश्न को अल्पसंख्यकों के जनवादी अधिकार का प्रश्न माना जाता रहा है। बहुत से लोग यह तर्क देते थे कि उर्दू का जन्म हिन्दी के साथ हुआ; वह खुसरो या अकबर के समय से लिखी और पढ़ी जा रही है। चन्द्रबली पाण्डे ने इन बातों की सचाई परखने के लिए **मुग़ल बादशाहों की हिन्दी** लिखी और उसमें बाबर से लेकर बहादुरशाह ज़फ़र तक सभी मुग़ल बादशाहों के विश्लेषण से यह दिखाया कि हिन्दी हमारे समाज की उपज थी, वह आम बोलचाल की प्रचलित भाषा थी, बाहरी आक्रमणकारी भी यदि बाबर की तरह भारत में अपना अधिकार रखने की सोचते थे, तो उन्हें हिन्दी के प्रति अनुकूल रुख अपनाना ज़रूरी महसूस होता था। यह सारा विवरण परिशिष्ट में दिये गये चन्द्रबली पाण्डे के निबन्ध में देखा जा सकता है। यहाँ उसे दोहराने की आवश्यकता नहीं है।

मैनेजर पाण्डेय की पुस्तक मुग़ल बादशाहों की 'हिन्दी कविता' का परिचय देने के उद्देश्य से तैयार की गयी है। यह आवश्यक था कि वे मुग़लों की हिन्दी पर प्रकाश डालते। एकाध जगह उल्लेख के अलावा उन्हें न मुग़लों की हिन्दी का विवेचन आवश्यक प्रतीत हुआ, न कविता का। उन्होंने जैसा भी संग्रह तैयार किया है, उसी के पदों को दोहराकर 'भूमिका' को विस्तार दिया गया है। इन पदों के विश्लेषण का श्रम

भी नहीं किया गया है, जबकि यह 'कविता' का परिचय है। यदि यह मुग़लों की 'हिन्दी कविता' का संग्रह था तो उन गीतों की हिन्दी और कवित्व पर कुछ विचार तो अपेक्षित था। लेकिन चन्द्रबली जी ने 'हिन्दी' के सन्दर्भ में भरपूर सामग्री दी है। फिर, मैनेजर पाण्डेय का काम इतना परिश्रमसाध्य था तो उससे कुछ और अपेक्षाएँ जुड़ जाती हैं। उन्होंने अन्य कवियों के बारे में तो नहीं, शाहआलम सानी के बारे में लिखा है कि "**नादिराते शाही** की कविताओं की एक विशेषता यह है कि प्रत्येक कविता के ऊपर राग और तान का स्पष्ट उल्लेख है।" फिर भी मैनेजर पाण्डेय के संग्रह में इन रागों और तानों का कोई उल्लेख नहीं है। सच तो यह है कि **संगीत रागकल्पद्रुम** में भी अधिकांश छन्दों के साथ राग और ताल का (तान नहीं) उल्लेख है। हमने अपने संकलन में यथासम्भव राग और ताल का उल्लेख कर दिया है। जहाँ ऐसा उल्लेख नहीं मिलता या मूल में ही वह अस्पष्ट है, वहाँ यह उल्लेख सम्भव नहीं हुआ।

बहरहाल, चन्द्रबली पाण्डे की पुस्तक का उद्देश्य इस बात का अध्ययन करना था कि उर्दू कब और कैसे पैदा हुई; क्या भारत में मुसलमानों के आने से किसी नयी भाषा का जन्म हुआ या उन्होंने यहीं की भाषा अपनायी; सबसे अधिक समय तक शासन करनेवाले मुग़लों ने अपने सांस्कृतिक व्यवहार में किस भाषा से काम लिया? उनके निबन्ध में भूमिका-स्वरूप लिखे 'निवेदन' का पहला ही वाक्य है, "मुगल बादशाहों की हिन्दी में आपको दिखायी देगा कि उर्दू 'कब और क्योंकर पैदा हुई'।" इस बहस की ज़रूरत इसलिए पड़ी कि स्वाधीनता आन्दोलन में अँगरेज़ी कूटनीति के चलते मुस्लिम अल्पसंख्यकों का प्रश्न महत्त्वपूर्ण बन गया था। पाकिस्तान के नारे के साथ उर्दू के जुड़ जाने से उसका एक साम्प्रदायिक पक्ष भी बन गया था। इसका फायदा उठाकर अंगेज़ साम्राज्यवादी और मुस्लिम सम्प्रदायवादी स्वाधीनता आन्दोलन में फूट डालते थे। सर्वविदित है कि लम्बे समय तक अँगरेज़ शासकों ने मुस्लिम साम्प्रदायिकता को खुले रूप में और हिन्दू साम्प्रदायिकता को परोक्ष रूप में सहायता दी और अपने हितों के लिए दोनों का भरपूर उपयोग किया। 1939-40 में क्या माहौल रहा होगा, इसकी कल्पना आज की परिस्थितियों को देखकर की जा सकती है। प्रेमचल्द के पौत्र अँगरेज़ी के विद्वान् आलोक राय ने अपनी बहुचर्चित पुस्तक **हिन्दी नेशनलिज्म**(ओरिएण्ट लोंग्मैन, 2001) में एक तरफ हिन्दी को कृत्रिम भाषा बताया है, जिस पर साम्प्रदायिक रुझानवाले सुधारवादियों का असर है, दूसरी तरफ हिन्दी-उर्दू को लड़ाने की ब्रिटश नीति का विश्लेषण करते हुए 'मैकडानल्ड मोमेट' शीर्षक से पूरा अध्याय लिखा है। जिन्हें इन दिनों हिन्दी का लेखक होने पर शर्म आ रही है या हिन्दी साम्प्रदायिकता का वाहक जान पड़ती है, उन्हें आलोक की पुस्तक का आलोचनात्मक दृष्टि से अध्ययन करना चाहिए। आलोक ने कम-से-कम

हिन्दी-उर्दू अलगाव को 18वीं सदी से जोड़ा है और यह स्वीकार किया है कि उसके पहले बोलचाल की एक ही भाषा थी। पं. चन्द्रबली पाण्डे ने इन बातों का विस्तार से विश्लेषण करके दिखाया है कि मुग़ल शासन के पतनकाल में परदेसी मुसलमानों और परदेसी अँगरेज़ों की मिली-जुली कुटिल नीति से अरबी-फ़ारसी से लदी एक नयी भाषा का जन्म हुआ, जिसे उर्दू कहा गया। इसकी कुछ चर्चा आगे होगी।

आचार्य रामचन्द्र शुक्ल ने 1917 में उस समय के प्रसिद्ध अखबार **लीडर** में एक लेख लिखा था 'हिन्दी ऐण्ड मुसलमान्स'। इसमें उन्होंने भाषा को साम्प्रदायिक आधार पर देखने का खण्डन किया था। चन्द्रबली पाण्डे की पुस्तक एक प्रकार से उसी की अगली कड़ी है। अँगरेज़ों की कुटिल भाषानीति का समर्थन उनके चाटुकार बुद्धिजीवी करते थे। इस कारण 19वीं सदी के उत्तरार्द्ध और 20वीं सदी के पूर्वार्द्ध में हिन्दी-उर्दू के बीच का संघर्ष बहुत बढ़ गया था, जिसकी सहायता से साम्प्रदायिकता भड़काने में अँगरेज़ों को सफलता मिलती थी। **लीडर** वाले लेख से सात साल पहले अप्रैल-मई 1910 में शुक्ल जी ने **नागरी प्रचारिणी पत्रिका** में एक लेख लिखा था। एक अँगरेज़-भक्त विद्वान् डॉ. निशिकान्त चटर्जी ने निजाम की राजधानी हैदराबाद में हिन्दी-उर्दू को लेकर भाषण दिया था। उनकी राय थी, ''क्या अच्छा होता यदि अँगरेज़ी यहाँ देशभाषा हो जाती।'' लेकिन उन्हें पता था कि यह सदिच्छा पूरी नहीं होगी। इसलिए अँगरेज़ी के बाद यह दर्ज़ा उन्होंने उर्दू को दिया, ''इतिहास परम्परा और शब्द भण्डार के विचार से उर्दू ही इस योग्य देख पड़ी।'' शुक्ल जी ने उनकी इस बात का प्रमाण-पुष्ट खण्डन करते हुए कहा, "जिस उर्दू की चर्चा दिल्ली के शाही दरबारों में भी औरंगज़ेब के पीछे मुग़ल राज्य के अधोपतन के समय शुरू हुई, उसकी इतिहास परम्परा के सामने हिन्दी की इतिहास परम्परा कुछ न ठहरी।" इसके बाद पृथ्वीराज, अमीर खुसरो, जायसी का उदाहरण देकर शुक्ल जी ने हिन्दी की इतिहास परम्परा और भाव वैविध्य का संकेत किया। उर्दू के बनने की प्रक्रिया पर उन्होंने कहा, "हिन्दी शब्दों के सिवाय जो शब्द उर्दू में हैं वे अरबी, फ़ारसी, तुर्की आदि के हैं। वे विदेशी शब्द अधिकतर सीख-सीखकर भाषा में भरे जाते हैं, इसमें तो कुछ सन्देह नहीं।" (**चिन्तामणि**, भाग-4, सं. कुसुम चतुर्वेदी, ओमप्रकाश सिंह, आचार्य रामचन्द्र शुक्ल शोध संस्थान, दुर्गाकुण्ड, वाराणसी, 2002, पृ. 173)

उर्दू की इतिहास परम्परा का गुणगान करनेवाले निशिकान्त चटर्जी ने उर्दू को 'सारे हिन्दुस्तान की भारतीय भाषा' बनाने के लिए जो सलाह दी, वह दिलचस्प है, "भाइयो, अगर तुम उर्दू का प्रचार करना चाहते हो तो हिन्दी के अधिक शब्दों का व्यवहार करो, क्योंकि एक साधारण नियम है कि भाषा की उन्नति उसकी विशुद्धता,

सरलता और सुबोधता के अनुसार होती है।" (उपर्युक्त, पृ. 178) मतलब साफ है। अलगाव के रास्ते पर चलकर उर्दू अपना भला नहीं कर सकती, यह एक उर्दू समर्थक अँगरेज़-भक्त की राय है। इसलिए यह आक्षेप ग़लत है कि अलगाव के रास्ते पर हिन्दी चली। यह उर्दू के हित में है कि हिन्दी के अधिक शब्दों का व्यवहार करे, इससे उसकी विशुद्धता ख़त्म न होगी बल्कि सरलता और सुबोधता में बढ़ोतरी होगी। यदि इस रास्ते को अपनाया जाता तो भाषा के आधार पर साम्प्रदायिक अलगाव को बढ़ावा न मिलता। हिन्दी-उर्दू में अधिक निकटता होती। यथार्थ में यह निकटता है। केवल कुछ पश्चिमी ज्ञान से अभिभूत विद्वानों और साम्प्रदायिक विचारकों के यहाँ नहीं है। इस बारे में रामविलास शर्मा का यह कथन विचारणीय है, "उर्दू में एक भी क्रिया ऐसी नहीं है जिसका व्यवहार हिन्दी में न होता हो। क्रिया के बिना वाक्यरचना नहीं होती। फ़ारसी बोलनेवाले मुसलमान हिन्दी की क्रियाएँ समझ लेते थे, केवल संज्ञा शब्द समझने में ही कठिनाई होती थी? जो लोग करना और चलना समझते थे, वे काम और चाल भी समझते थे; जो लोग लिखना, पढ़ना, चढ़ना, काढ़ना, कमाना समझते थे, वे लिखाई, पढ़ाई, चढ़ाई, कढ़ाई, कमाई भी समझते थे। हिन्दी में ढेरों ऐसे संज्ञा शब्द हैं जिनका सीधा सम्बन्ध क्रिया से है। क्रिया समझ में आये और संज्ञा समझ में न आये, यह असम्भव है।" (**भारतीय साहित्य की भूमिका**, राजकमल, नयी दिल्ली, 1996, पृ. 176)

हिन्दी-उर्दू की इस बुनियादी एकता को समझना अनिवार्य है। भाषा को लेकर साम्प्रदायिक राजनीति पराधीन भारत में होती थी स्वाधीनता आन्दोलन में फूट डालने के लिए, आज साम्प्रदायिक उन्माद के दिनों में फिर जोर पकड़ रही है परिवर्तनकारी बुद्धिजीवियों को विभाजित करके जन-असन्तोष को भटकाने के लिए। इस परिस्थिति में अपने समाज की जनतान्त्रिक परम्पराओं और संवैधानिक मूल्यों की रक्षा का संघर्ष करनेवाले लोगों के लिए इतिहास और वास्तविकता को जानना ज़रूरी है। चन्द्रबली पाण्डे ने अपने निबन्ध में बाबर के लौट जाने के बाद मुग़ल शासकों की भाषानीति का विवेचन तो किया ही है, उनकी रचनाओं के उदाहरण देकर उस नीति पर उनके चलने के प्रमाण भी दिये हैं। हुमायूँ और अकबर के बीच जौनपुर के सूरियों का शासन था। उनकी भाषानीति भी कुछ अलग न थी। अकबर से लेकर अन्तिम मुग़ल शासक बहादुरशाह ज़फर तक किसी ने हिन्दी के प्रति उदासीनता नहीं दिखायी, हालाँकि मुहम्मदशाह रँगीले के समय उर्दू के जन्म के बाद हिन्दी-उर्दू दोनों में रचनाएँ होने लगीं। ज़फ़र पहले मुग़ल शासक थे जिन्होंने स्वयं उर्दू में लिखा और उर्दू लेखकों को अपने इर्द-गिर्द एकत्र किया। इनमें असदुल्ला खाँ मिर्ज़ा ग़ालिब भी थे, जो अपने को रेख़्ते का कवि मानते थे, सीधे-सीधे उर्दू का नहीं। यह जानी-मानी बात है कि मीर तकी मीर उर्दू

के नहीं, हिन्दी के कवि थे। वे अपनी भाषा को 'हिन्दी' ही कहते थे। किसी को फ़ारसी लफ़्ज़ 'सरूरेकल्व' का प्रयोग करते देखकर वे नाराज़ हो गये थे और यह मशहूर शेर कहा था –

क्या जाने लोग कहते हैं किसको सरूरेकल्व
आया नहीं है लफ़्ज़ ये हिन्दी ज़बाँ के बीच।

ग़ालिब अपने को इन्हीं मीर का उत्तराधिकारी मानते थे –

रेख़्ते के तुम्हीं उस्ताद नहीं हो ग़ालिब
कहते हैं अगले ज़माने में कोई मीर भी था।

रेख़्ता यहाँ उस भाषा के लिए है जिसे मीर हिन्दी कह रहे थे। रेख़्ता से उर्दू का सम्बन्ध बाद को जुड़ा। मीर और ग़ालिब के समय भाषा हिन्दी ही थी, लिपियाँ दो थीं। नागरी में लिखी भाषा 'हिन्दी' थी और फ़ारसी में लिखी भाषा रेख़्ता। चन्द्रबली पाण्डे ने इस रेखता को जानने भर का विवरण दे दिया है। रहीम के 'गावता रेख़्ता था' से लेकर मीर के 'रेख़्ता कि शेर अस्त बतौर शेर फ़ारसी' तक का विवरण कई बातें स्पष्ट कर देता है। रहीम के समय रेख़्ता किसी भाषा का नाम नहीं, गायन शैली का नाम था। 'गावता रेख़्ता था' का अर्थ कठिन नहीं है। रेख़्ता का विकास हिन्दी गवैयों ने किया, जिसे फ़ारसी-प्रेमी शासकों से संरक्षण मिला। मीर के समय 'रेख़्ता कि शेर अस्त बतौर शेर फ़ारसी' की स्थिति थी। इसका अर्थ है, "फ़ारसी के छन्दों में जो हिन्दी रचना होती रही उसी का नाम रेख़्ता है।" (चन्द्रबली पाण्डे) यहाँ रहीम से भिन्न अर्थ में 'रेख़्ता' है – वह संगीत से बढ़कर छन्द तक आ गयी है, किन्तु अभी उसने भाषा का रूप नहीं लिया है। छन्द फ़ारसी का था, व्याकरण हिन्दी का। भाषा का निर्णायक आधार व्याकरण है, लिपि नहीं, यह बात कौन नहीं समझता? दूसरे शब्दों में, उर्दू से बहुत पहले देशी भाषा और फ़ारसी छन्द का संयोग रेख़्ता था, इसका प्रयोग गायन शैली के लिए भी होता था; मीर ने फ़ारसी-बोझिल भाषा का प्रतिवाद करके यह दिखा दिया था कि किसी समाज के बोलचाल से अलग कोई भाषारूप कृत्रिम होता है। ग़ालिब की रेख़्ता के उस्ताद मीर थे, तब तक भी उर्दू को व्यापक स्वीकृति न मिली थी। आगे चलकर इंशा अल्ला खाँ ने हिन्दी की प्रतिष्ठा के लिए संघर्ष करके दिखा दिया कि हिन्दी-उर्दू के झगड़े का हिन्दू-मुस्लिम सवाल से कुछ भी लेना-देना नहीं है। इसका कुछ और विवरण चन्द्रबली पाण्डे के निबन्ध में मिल जायेगा।

भाषा किसी समाज के गठन का महत्त्वपूर्ण आधार होती है, संस्कृति की पहचान भाषा से ही होती है। भाषा और संस्कृति का आधार हमारे जीवन के व्यावहारिक क्रियाकलाप में होता है। धर्म का सम्बन्ध न भाषा से है, न संस्कृति से। इसलिए

विभाजनकारी सत्ताएँ भाषा और संस्कृति को रणभूमि बनाती हैं। जिनका समाज की एकता-अखण्डता में विश्वास है, वे भाषा के प्रश्न की उपेक्षा नहीं कर सकते। चन्द्रबली पाण्डे के काम का ऐतिहासिक महत्त्व है। **संगीत रागकल्पद्रुम** के विशाल संग्रह में विलुप्त सामग्री पर किसी का ध्यान नहीं जाता था। वहाँ से खोजकर उन्होंने पहली बार मुग़ल बादशाहों की रचनाओं से बहुत-से उदाहरण हिन्दी पाठकों के सामने रखे। इन उदाहरणों के माध्यम से यह दिखाया कि मुग़लों या पठानों का धर्म चाहे अलग था, उनकी भाषा अलग नहीं थी। अपने साथ लायी हुई तुर्की तो वे भूल ही गये थे, जिस फ़ारसी से वे आकर्षित थे, जिसमें राजकाज चलाते थे, वह उनके सांस्कृतिक व्यवहार की भाषा नहीं थी। अकबर से लेकर बहादुरशाह तक सभी मुग़ल शासकों की संगीत और कविता में रुचि थी। वे रागों के जानकर थे, कविता भी लिखते थे। उनके गायन और लेखन का माध्यम फ़ारसी नहीं, हिन्दी थी। मैनेजर पाण्डेय ने चन्द्रबली जी के काम को आवश्यक महत्त्व नहीं दिया। अपने काम का उनके सामने कोई स्पष्ट उद्देश्य नहीं था। इसलिए न उन्होंने भाषा के प्रश्न पर बात की, न कविताओं की ही गम्भीरता से खोज की। यह सब देखकर लगता है कि हिन्दी पाठकों को चमत्कृत करने के अलावा वे कोई और लक्ष्य पूरा नहीं करते।

आलोक राय ने लिपि के मामले में नागरी के लिए संघर्ष करनेवालों को ऐसे धार्मिक सुधारवादी कहा है जिनका नजरिया साम्प्रदायिकता के नजदीक है। हालाँकि इस बात का खण्डन अकेले एक उदाहरण से हो जाता है और वह है पं. मदनमोहन मालवीय का। मालवीय जी नागरी के पक्ष में तो थे लेकिन तत्सम-बोझिल भाषा के पक्ष में नहीं थे। फिर भी यह सवाल रह जाता है कि अगर रेख़्ता के नाम से हिन्दी ही फ़ारसी लिपि में लिखी जाती थी, तो नागरी की माँग अनैतिहासिक है। इस सम्बन्ध में निवेदन है कि चन्द्रबली जी ने पर्याप्त सामग्री दी है। नागरी का अस्तित्व भारत में फ़ारसी के आने के पहले से था। तभी मुग़ल राजकुमारों को हिन्दी की जो शिक्षा दी जाती थी, वह 'बखत हिन्दवी' होती थी। 'ब-ख़त' का अर्थ है ख़त (लिखावट) सहित। यानी भाषा के साथ हिन्दी या हिन्दवी लिपि भी सिखायी जाती थी। यह हिन्दी लिपि नागरी के सिवा कुछ और नहीं थी।

यों भी यह सोचना अवैज्ञानिक है कि तुर्कों के आने से पहले, खासकर इस्लाम अपनाने के बाद जो तुर्क आये, उनसे पहले एक प्राचीन सभ्यता के पास अपनी भाषा के लिए लिपि नहीं थी। यदि भाषा थी और लिपि भी थी, तो उनके बीच अटूट सम्बन्ध था। शुरुआती मुग़ल शासक उस लिपि से परिचित न रहे हों, यह सम्भव है। उनके बहुत से दरबारी उस लिपि को न जानते हों, यह भी सम्भव है। इसलिए बाहर समाज

में नागरी लिपि की हिन्दी का प्रचलन था, दरबार में फ़ारसी लिपिवाली हिन्दी का। आगे चलकर इसी फ़ारसी लिपि की हिन्दी को उर्दू में बदला गया।

उर्दू का विकास

अकबर अपनी बन्दूक को 'संग्राम' नाम से पुकारता था। यह शब्द तत्सम है; न देशज, न फ़ारसी। जहाँगीर के समय 'कटोरी' और 'पाव' जैसे शब्द फ़ारसी में चल पड़े जो बोलचाल की ज़बान के थे, फ़ारसी के नहीं। शाहजहाँ को पण्डितराज जगन्नाथ ने 'दिल्लीश्वरो वा जगदीश्वरो वा' कहकर साक्षात् परमब्रह्म के आसन पर बिठा दिया था; शाहजहाँ ने ही उन्हें 'पण्डितराज' की उपाधि दी थी। यही नहीं, सुन्दर को 'कविराज' और कलावन्त लालखाँ को 'गुणसमुद्र' या 'गुनसमुन्दर' उपाधि भी उसी ने दी थी। इनमें कोई शब्द फ़ारसी से नहीं लिया गया था। अपनी इस्लामी कट्टरता के लिए विख्यात औरंगज़ेब को उसके प्रिय पुत्र आज़मशाह ने कुछ पसन्दीदा आम भेजे, उन आमों के नाम किसी को नहीं मालूम थे, उसने उनका नामकरण किया 'सुधारस' और 'रसनाविलास'! बाद के शासकों की स्थिति इससे अलग नहीं थी। इन चन्द उदाहरणों से इतना तो स्पष्ट हो जाता है कि मुग़ल शासकों का भाषिक व्यवहार न हिन्दी-विरोधी था, न फ़ारसी-परस्त। इसलिए फ़ारसी-बोझिल हिन्दी से, अथवा हिन्दी व्याकरण में ढली अरबी-फ़ारसी शब्दावलीवाली भाषा से उनका विशेष लेना-देना नहीं था।

डॉ. रामविलास शर्मा ने लिखा है, गिलक्रिस्ट के आने से पहले, "खड़ीबोली और उर्दू के रूपों में विभाजित होने से पहले दिल्ली और आगरे की भाषा का नाम हिन्दी था।" (**भारतीय साहित्य के इतिहास की समस्याएँ,** 1986; वाणी प्रकाशन, नयी दिल्ली, दूसरा संस्करण 2002, पृ. 51) आजकल हिन्दी के कुछ नवविक्षुब्ध कवि और प्राध्यापक हिन्दी की साम्प्रदायिकता से या उसकी कृत्रिमता से घबराये हुए हैं। वे रामविलास शर्मा के नाम से और विक्षुब्ध हो जाते हैं। उनके लिए प्रेमचन्द के पुत्र और आलोक राय के पिता अमृत राय का उदाहरण स्वीकार्य होना चाहिए। अपनी विख्यात पुस्तक **अ हाउस डिवाइडेड : द ओरिजिन ऐण्ड डेवेलपमेण्ट आफ़ हिन्दी/ हिन्दवी** (ऑक्सफ़ोर्ड यूनिवर्सिटी प्रेस, 1984) में उन्होंने विस्तार से दिखाया है कि हिन्दी का विकास ग्यारहवीं सदी में हुआ, अठारहवीं सदी में वह फ़ारसी-बोझिल उर्दू के साथ दो धाराओं में बँट गयी। इसके बाद दो शताब्दियों से इन पर घनघोर भाषिक और राजनीतिक विवाद हो रहा है। उन्होंने विस्तार से दिखाया है कि पिछली छह शताब्दियों तक हिन्दी/ हिन्दवी ही उत्तर भारत में हिन्दुओं-मुसलमानों की साहित्यिक अभिव्यक्ति का प्रमुख माध्यम थी। हिन्दी और उर्दू में इस भाषा का आधुनिक बँटवारा कृत्रिम और अप्राकृतिक है। गोरखनाथ के बाद से साहित्य रचना के लिए जिस हिन्दी का प्रयोग होता आया है, वह अवधी,

भोजपुरी, राजस्थानी, पंजाबी, हरयानी, ब्रज इत्यादि बोलचाल की अपनी विभिन्न बोलियों से सम्पन्न होती है। इन्हीं बोलियों में छह सदी तक हिन्दू और मुसलमान कवियों ने रचनाएँ की हैं। दकनी के लिए उनका कहना है कि उसका शब्द भण्डार संस्कृत से आया है, अरबी-फ़ारसी से नहीं; वह और कुछ नहीं हिन्दी ही है जिसका प्रसार नाथपन्थियों के साथ, अलाउद्दीन खलजी की सेनाओं के साथ और तुगलक द्वारा राजधानी को दिल्ली से दौलताबाद ले जाने के कारण हुआ। इसलिए वह उर्दूवालों की 'पुरानी उर्दू' नहीं है। सबसे महत्त्वपूर्ण बात अमृत राय ने यह कही है कि सत्रहवीं सदी में जब मुग़ल सत्ता अपने पतनशील दौर में थी, तब दरबार से जुड़े कुलीन वर्ग के कुछ सदस्यों ने हिन्दी/ हिन्दवी से तत्सम शब्दों का बहिष्कार करके और बड़ी संख्या में फ़ारसी शब्दों की भरमार करके 'नयी उर्दू' गढ़ी, जो 'पुरानी उर्दू' से बिलकुल पृथक् थी। यह 'नयी उर्दू' हिन्दुओं-मुसलमानों की सामान्य भाषा नहीं थी।

अमृत राय प्रगतिशील लेखक थे। वे रामविलास शर्मा के विरोधी थे। उनकी बात मानने में किसी को समस्या न होनी चाहिए। दिलचस्प बात यह है कि उनसे चालीस साल पहले यही बातें पं. चन्द्रबली पाण्डे अपने निबन्ध **मुग़ल बादशाहों की हिन्दी** में कह चुके थे। पाण्डे जी के निबन्ध से यह स्पष्ट होता है कि मुसलमानों से उर्दू का कोई प्राणपण सम्बन्ध नहीं है। बेशक, उर्दू का जन्म मुग़ल दरबार में हुआ, लेकिन उन्नतिकाल के मुग़ल शासकों से उसका लेना-देना नहीं है। उन्हें यह काम इसलिए करना पड़ा कि अँगरेज़ों की नीति के कारण उर्दू का दबदबा बढ़ रहा था, हिन्दी उपेक्षा का शिकार हो रही थी। जब यह क्रम शुरू हुआ था, तभी सबसे पहले इंशा अल्ला खाँ ने हिन्दी का, विशेषतः खड़ीबोली हिन्दी का, समर्थन करते हुए लिखा और 'रानी केतकी की कहानी' भी लिखी जहाँ उनकी प्रतिज्ञा थी कि –

यह वह कहानी है कि जिसमें हिन्दी छुट
और किसी बोली का मेल है, न पुट।

'और किसी बोली' से अभिप्राय ब्रज से ही नहीं, अरबी-फ़ारसी लदी भाषा से भी है। हिन्दी के लिए यह संघर्ष एक 'मुसलमान' का था, जैसे सरकारी नीति का अनुसरण करने के नाते उर्दू के विकास के लिए प्रयत्न राजा शिवप्रसाद 'सितारेहिन्द' कर रहे थे जो मुसलमान नहीं थे। इसलिए भाषा का सम्बन्ध धर्म से नहीं था। परवर्ती साम्प्रदायिक राजनीति ने भाषा के प्रश्न को साम्प्रदायिकता से जोड़ा। बहुत-से प्रगतिशीलों ने अवसरवादी समझ के कारण इस कार्य का प्रतिरोध करने की जगह उसे बल पहुँचाया।

मैनेजर पाण्डेय ने लिखा है, "मुहम्मद शाह के समय में मुग़ल दरबार में फ़ारसी का प्रभाव घटा और उसकी जगह उर्दू शायरी आ गयी।" (**मुग़ल बादशाहों की हिन्दी**

कविता, पृ. 14) लगता है, उर्दू शायरी मौजूद थी, दरबार में उसका प्रवेश न था; मुहम्मदशाह के समय फ़ारसी का प्रभाव घटने पर उस स्थान की पूर्ति के लिए उसका प्रवेश हो गया। आगे उन्होंने फिर दोहराया है कि, "औरंगज़ेब की मृत्यु के लगभग एक दशक बाद मुहम्मदशाह के समय में उर्दू कविता दरबार में आ गयी।" (पृ. 19) इससे भी यह मालूम होता है, उर्दू का अस्तित्व इतना विकसित था कि उसमें कविता होती थी, मुग़ल दरबार में उसका प्रवेश नहीं हुआ था, वह हुआ औरंगज़ेब के दस साल बाद। यह तथ्य नहीं है। तथ्य यह है कि इसी दौरान उसका एक भाषा के रूप में विकास हुआ। औरंगज़ेब के समय स्थिति यह थी कि उसके दरबार में ईरान से आये मीरजा रौशन जमीर 'नेही' नाम के कवि थे जो फ़ारसी और हिन्दी में कविता लिखते थे। फ़ारसी में उनका तखल्लुस 'जमीर' था और हिन्दी में उपनाम 'नेही' था। दोनों भाषाओं पर उनके अधिकार को देखते हुए उन्हें 'दूसरा अमीर खुसरो' कहा जाता था। (**पोएट्री ऑफ़ किंग्स**, एलन बुस्च, 2005, पृ. 158) वे औरंगज़ेब के दरबारी थे। फ़ारसी उनकी मातृभाषा थी। किन्तु हिन्दी में लिखने की महारत के पीछे औरंगज़ेब का हिन्दीप्रेम भी था। तात्पर्य यह कि तब तक यदि उर्दू का अस्तित्व होता तो फ़ारसी के कवि के लिए हिन्दी के बजाय उसी में लिखना सुविधाजनक होता।

शुक्ल जी ने मुग़ल शासन के अधोपतन काल की बात कही है और अमृत राय ने पतनशील दौर की। यह नजरिया सही है। पतनशीलता का यह दौर अकस्मात् शुरू नहीं हुआ। शाहजहाँ के अन्तिम दिनों में इसकी शुरुआत हो गयी थी। शाहजहाँ के समय फ्रान्सीसी यात्री बर्नियर के विवरणों से अंश उद्धृत करते हुए कर्मेन्दु शिशिर ने अपनी बहुमूल्य पुस्तक **भारतीय मुसलमान : इतिहास का सन्दर्भ** में लिखा है, "गाँवों में दरिद्रता और उजाड़पन साफ़-साफ़ दिखायी देता था। खेती को लेकर किसी में कोई उत्साह ही नहीं था। ...उस समय व्यापार में भी लगातार अवनति हो रही थी। जहाँ कोई अच्छे कपड़े पहनता, ढंग से रहता, उससे वसूली शुरू हो जाती। ...शासक वर्ग पूरी तरह परजीवी था।" (**भारतीय मुसलमान : इतिहास का सन्दर्भ,** भारतीय ज्ञानपीठ, 2017, खण्ड-1, पृ. 308) तुलसी याद आते हैं, "खेती न किसान को, भिखारी को न भीख बलि, बनिक को बनिज न चाकर को चाकरी।" कोढ़ में खाज का काम किया कन्धार की पराजय ने। वहाँ मुग़लों को भारी नुक़सान उठाना पड़ा। सैनिकों की हानि के अतिरिक्त उस समय 12 करोड़ रुपयों की हानि हुई। विद्रोह के स्वर बल्ख में उठे। वहाँ भी मुग़लों को पराजय का सामना करना पड़ा और जान-माल का भारी नुक़सान उठाना पड़ा। (पृ. 295-96) व्यापार में गिरावट, किसानों में असन्तोष, विभिन्न क्षेत्रों में विद्रोह, कुल मिलाकर यह उस दौर की शुरुआत थी, जिसे हम मुग़ल शासन के पतन का दौर कहते हैं। इस पृष्ठभूमि में

शाहजहाँ के समय ही दरबार में कट्टर उलेमाओं का दबदबा क़ायम होना शुरू हो गया था। उसकी नीतियाँ भी साम्प्रदायिक मोड़ लेने लगीं, "अब्दुल हमीद लाहौरी के अनुसार, पादशाह ने 1633 में तमाम नये मन्दिरों को ध्वस्त करने का फ़रमान जारी कर दिया। पूरे देश में मन्दिर तोड़े गये। सिर्फ बनारस में 75 मन्दिरों को ध्वस्त कर दिया गया। मुहम्मद अमीर कजवीनी ने लिखा है कि कुछ महीनों बाद उसने दूसरा फ़रमान जारी कर नये मन्दिरों के निर्माण और प्राचीन मन्दिरों के जीर्णोद्धार पर पूरी तरह रोक लगा दी। इलाहाबाद में इसका भारी असर पड़ा। ...शाहजहाँ यहीं नहीं रुका, उसने हिन्दुओं के लिए नैतिक पाबन्दियाँ भी जारी कीं। ...कोई हिन्दू मुस्लिम दास नहीं खरीद सकता था। बिना धर्म-परिवर्तन के मुसलमान लड़की से विवाह नहीं किया जा सकता था। एक सहज-स्वाभाविक सौहार्द की रवायत रुक गयी। ...अकबर ने जिस गोहत्या पर रोक लगायी थी, उसे शाहजहाँ ने वापस ले लिया।" इत्यादि। (पृ. 297-98)

औरंगज़ेब को यह सारी विरासत उत्तराधिकार में मिली। वह अलग से किसी कट्टरता का जनक न था। उसकी हिन्दू-विरोधी छवि एक राजनीतिक गढ़न्त है। शिवाजी के दरबारी कवि भूषण कभी औरंगज़ेब के दरबार में थे। बाद को भी अनेक हिन्दू कवि उसके दरबार में बने रहे। हिन्दी के प्रति उसके लगाव को देखकर **संगीत रागकल्पद्रुम** के सम्पादक नागेन्द्रनाथ बसु ने उसके हिन्दू-विद्वेषी होने पर सन्देह करते हुए लिखा है, "जिस औरंगज़ेब को कितने ही लोग दारुण देवद्वेषी और हिन्दू विद्वेषी समझते हैं, उनके रचित पद पढ़ने से इस विषय में घोरतर सन्देह होता है कि वास्तविक वह हिन्दूविद्वेषी थे या नहीं।" (**संगीत रागकल्पद्रुम**, 1843; संकलनकर्त्ता कृष्णानन्द व्यासदेव रागसागर, सम्पादक : नागेन्द्रनाथ बसु, द्वितीय संस्करण 1916; संशोधित पुनर्मुद्रण 2008, प्रतिभा प्रकाशन, दिल्ली, प्रास्ताविक, पृ. XXXI) यह छवि उस काल में गढ़ी गयी जब अँगरेज़ों की कृपा से देश में साम्प्रदायिक वैमनस्य की लहर चली। इसकी थोड़ी चर्चा आगे मुग़लों के हिन्दी-प्रेम के विषय पर बात करते हुए होगी। यहाँ इतना संकेत करना आवश्यक है कि अपने आचरण में कट्टर इस्लामी होने पर भी औरंगज़ेब शासन की नीति में अलग से कुछ साम्प्रदायिक या हिन्दू-विरोधी न था। लेकिन उसके शासनकाल में न अर्थव्यवस्था में आनेवाली गिरावट बहुत कम हुई, न किसानों का असन्तोष कम हुआ और न क्षेत्रीय विद्रोह ही रुके। विनिमय के विस्तार से जिन नयी सामाजिक शक्तियों का अभ्युदय हुआ, वे अपनी स्वाधीनता चाहते थे। पूरब में बंगाल, उत्तर में सिख, दक्षिण में मराठे और कर्णाटक (कन्नड़) इन जातीयताओं में प्रमुख थीं। दिल्ली के आसपास सिक्ख और दिल्ली से दूर मराठे अपनी जातीय सत्ता के लिए लड़ रहे थे। वे मुग़ल राज्य से अलगाव न चाहते थे, लेकिन उनसे सन्धि की जो गुंजाइश थी, उसका लाभ न शाहजहाँ ने उठाया, न औरंगज़ेब ने। किसानों को

धार्मिक नीतियों से अधिक आर्थिक शोषण परेशान कर रहा था। सतनामियों के नेतृत्व में किसान अपने अधिकारों के लिए लड़ रहे थे।

नयी जातीय शक्तियों की ऐतिहासिक वास्तविकता समझना तब शायद सत्ताधारितों के लिए सम्भव भी नहीं था। शाहजहाँ से भी बढ़कर औरंगज़ेब एक तरफ लगातार युद्धों द्वारा साम्राज्य विस्तार में लगा रहा, दूसरी तरफ ख़ज़ाने की यह हालत थी कि तीन-तीन साल तक सैनिकों को वेतन न मिलता था। (**भारतीय मुसलमान**, पृ. 351) वसूली के लिए हिन्दुओं पर जज़िया कर लगाया जाता लेकिन उस धन को सरकारी ख़ज़ाने में रखने की जगह खैराती कामों के लिए अलग कोष में रखा जाता। आर्थिक हालत बिगड़ने से सत्ता के भीतर कुलीन समुदाय में रस्साक़शी तेज़ होती थी। एक तरफ बाबर के वंशज सुन्नी मुसलमान, जो अब तक यहाँ के समाज में घुल-मिल गये थे, दूसरी तरफ ईरान से आनेवाले शीआ मुसलमान, जो परदेसी दल का प्रतिनिधित्व करते थे, दोनों दल आपस में दाँव-घात करते। दक्षिण में बीजापुर और गोलकुण्डा के अभियान के समय मराठों और शीआ मतावलम्बियों से औरंगज़ेब के गठजोड़ के चलते मुल्लाओं का असन्तोष बहुत बढ़ गया। वह सूफियों से भी मिलता-जुलता था, सन्तों की समाधियों और मक़बरों पर भी जाता था। इससे कट्टर मुल्ला आगबबूला होते थे। इस असन्तोष पर काबू पाने के लिए मन्दिर तोड़ने का अभियान चलाया जाता। (पृ. 348) उसकी शक्ति के चलते साम्राज्य का ढाँचा खड़ा रहा, दरबार में असन्तोष सँभला रहा; हालाँकि उसके मनसबदार और वजीर या किसी इलाक़े में नियुक्त शासक भरपूर मनमानी करते रहे। लेकिन उसकी मृत्यु से कुछ पहले साम्राज्य का बिखरना शुरू हुआ और उसकी मृत्यु के बाद दरबार में अन्तर्कलह बढ़ गया।

औरंगज़ेब के बाद अंशतः मुहम्मदशाह रँगीले और मुख्यतः शाह आलम सानी के अलावा कोई मुग़ल राजकुमार चार-छह साल भी शासन नहीं कर सका। हालत यह थी कि खोज-खाजकर एक के बाद एक शाहजादे गद्दी पर बिठाये जाते और दो-चार दिन या महीने-दो महीने में मार दिये जाते। दरबार के भीतर हिन्दुस्तानी मुसलमानों और ईरानी मुसलमानों में, शीआ और सुन्नी में कूटनीतिक दाँव-घात और टकराव बहुत बढ़ गया। यह मुग़ल सत्ता के पतन की पराकाष्ठा थी। मुहम्मदशाह इन षड्यन्त्रों से त्रस्त था। चन्द्रबली जी ने दिखाया है कि हिन्दुस्तानी दल और ईरानी-तूरानी दल के वर्चस्व की लड़ाई में मुग़ल वंश ने काफ़ी रक्त बहाया है। सत्ता के आन्तरिक संघर्ष में आख़िरकार मुहम्मदशाह के समय हिन्दुस्तानी दल परास्त हुआ। सैयद बन्धु हसन और हुसैन अली क्रमशः मारे गये। उनके हटते ही परदेसी दल ने वर्चस्व का प्रयत्न आरम्भ किया लेकिन मुहम्मदशाह उनके फेर में नहीं आया। नतीजा यह हुआ कि

परदेसियों ने अपनी जीविका के लिए दूसरा रास्ता खोजा। उनके नेताओं में एक निजामुल्मुल्क ने हैदराबाद हथिया लिया, उधर सआदत खाँ ने अवध। इस तरह, केन्द्रबद्ध मुग़ल शासन के विपरीत नवाबी का उदय हुआ। यह इतिहास के प्रतिगमन का दौर था। मराठे उत्तर भारत में फैल चुके थे और शिथिल पड़ गये थे। राजपूत आपसी लड़ाई में फिर व्यस्त हो गये थे। वे अपनी छोटी-छोटी रियासतों में सिमटकर कलह और विलास का जीवन जीने लगे थे। इसलिए न केवल मुग़ल सत्ता के लिए बल्कि भारतीय इतिहास के लिए यह पतन और प्रतिगमन का दौर था। इन सत्ताधारियों को समाज में विकसित होनेवाली नयी शक्तियों से कुछ लेना-देना नहीं था। सामन्ती शक्तियों के पुनरुद्भव के इसी दौर में हिन्दी की रीतिकविता भी खूब फूली-फली।

सोने पर सुहागा यह कि इस बीच महान् अँगरेज़ों के कदम भारत में पड़ चुके थे और वे अपनी कूटनीति से मुग़ल सत्ता के भीतर के संघर्षों को बढ़ाने में पूरी भूमिका निभा रहे थे। यही समय है जब उर्दू का निर्माण शुरू हुआ। इस कार्य में दरबार के भीतर परदेसी मुसलमान और बाहर से परदेसी अँगरेज़ एक-दूसरे का सहयोग कर रहे थे। चन्द्रबली पाण्डे ने बताया है कि रँगीले के समय कमज़ोर राजनीतिक परिस्थिति में उर्दू को जन्म देने का श्रेय मन्त्री अमीन खाँ, सूफी दरवेश साद अल्लाह और दक्षिण से पधारे कवि वली (दकनी) के संयुक्त और संगठित प्रयास को है। इन विभूतियों ने फ़ारसी लिपि में लिखी जानेवाली हिन्दी से ग्वालियरी ब्रज और बोलचाल के शब्दों को निकालना और उनकी जगह मुख्य रूप में फ़ारसी के और अंशतः अरबी के शब्दों को भरना शुरू किया। इससे जो भाषा बनी वह उर्दू कहलायी। इसके अलावा एक अंजुमन भी बनाया जिसने उर्दू को बनाने और फैलाने का काम व्यवस्थित रूप में चलाया। उर्दू के निर्माण की प्रक्रिया का वर्णन नवाब सैयद हुसैन खाँ ने किया है, जिसे चन्द्रबली पाण्डे के निबन्ध में देखा जा सकता है। विदेशी गुट के फ़ारसीदाँ जो शब्द नहीं बोल पाते थे या जिन शब्दों को ये अभिजात लोग बाज़ारी समझते थे, उन्हें हटाकर एक 'टकसाली ज़बान' तैयार की गयी – उर्दू! यह टकसाली भाषा उस समय की प्रचलित शिष्टभाषा यानी 'परम्परागत हिन्दी' से अलग थी। इस शिष्टभाषा हिन्दी में बोलचाल के अरबी-फ़ारसी शब्द भी घुल-मिल रहे थे, जिसका प्रमाण तुलसीदास के 'राम गरीबनेवाज' और 'बैठे बजाज सराफ' से ही मिल जाता है, लेकिन उसका आधार यहाँ के बोलचाल की भाषाएँ थीं, वह देशज और तत्सम शब्दों का बहिष्कार करके अरबी-फ़ारसी से लदी-फँदी 'उर्दू' नहीं थी।

इस प्रक्रिया से यह स्पष्ट है कि उर्दू का बाज़ार और लश्कर से सम्बन्ध नहीं है, जैसा प्रचलित विश्वास है।

रँगीले के दरबार में एक शायर थे शाह हातिम। वे भाषा के अच्छे कवि थे। लेकिन उन्होंने भाषा में लिखा अपना दीवान फाड़ डाला। नया दीवान 'मिरज़ाओं और फ़सीह रिन्दों की ज़बान' में लिखा। यह उर्दू का पहला दीवान था। उनके प्रयास को सफलता इसलिए मिली कि 'फ़सीह रिन्दों' कहकर उन्होंने मजहबी सूफियों को प्रसन्न किया और 'मिरज़याने हिन्द' कहकर मुग़ल बादशाहों को। इस तरह धर्म और राजसत्ता के संरक्षण से उन्होंने शिक्षित वर्ग के एक बड़े हिस्से को अनुकूल बनाया। इसी वर्ग ने उर्दू को अपनाना शुरू किया। उर्दू के जन्म के बाद अन्धे बादशाह शाह आलम को खुश करने के लिए बहुत से हिन्दू राजा यह सोचकर उर्दू को अपनाने लगे कि वह भी शाही चीज़ है। यह सब हुआ मुहम्मदशाह रँगीले के बाद, जब मुग़ल सत्ता भीतर से टूट रही थी, दरबार में विदेशी गुट हावी हो रहा था, विदेशी अँगरेज़ों से साठ-गाँठ कर रहा था और मुग़ल बादशाह अँगरेज़ों की पेन्शन पर गुज़र-बसर करने लगे थे। इसी समय संगीत में ख़याल और टप्पा का जन्म भी हुआ। इस तरह, मुग़ल शासन के पतनशील दौर में उर्दू, ख़याल और टप्पा गलबहियाँ डाले हुए अवतरित हुए। लेकिन मुहम्मदशाह खुद ब्रजभाषा का प्रेमी और कवि था। चन्द्रबली पाण्डे ने लिखा है कि मुहम्मदशाह रँगीले के सामने 'किसी उर्दू की न चली।' उसके निधन के बाद अहमदशाह गद्दी पर बिठाया गया। वह अतिशय राग-रंग में डूब गया। आखिर क़ैद कर लिया गया, आँखें फोड़ दी गयीं, सलीमगढ़ के किले में बन्दी रहा। उसके समय दबी हुई उर्दू फूली-फली। रही-सही कसर आलमगीर सानी के समय पूरी हुई। उसने हिन्दी, उर्दू, पंजाबी और फ़ारसी में रचनाएँ कीं। यहाँ उसकी सभी उपलब्ध रचनाएँ दे दी गयी हैं।

अपने विवरण और विवेचन को सूत्रित करते हुए चन्द्रबली जी ने लिखा है, "औलिया आलमगीर (औरंगज़ेब) ने हिन्दू-मुस्लिम वैमनस्य को जन्म दिया, तो फ़क़ीर आलमगीर ने हिन्दी-उर्दू प्रश्न को। औरंगज़ेब ने मुस्लिम मत की पैरबी की तो अज़ीज़ुद्दीन ने उर्दू रचना की कोशिश। आलमगीर ने ईरानी-तूरानी अमीरों को अपनाकर अपना काम निकाला तो आलमगीर सानी अपनी नादानी से उन ईरानी-तूरानी जादों के काम आने लगे। परिणाम यह हुआ कि मुग़लों का सितारा डूब गया और वे भी अँगरेज़ों के दास बने।" अँगरेज़ों के दास वे बाद में बने। उसके पहले अँगरेज़ों की कूटनीति का शिकार बने। पाण्डे जी मानते हैं कि ईरानी-तूरानी शासन के अन्तिम दिनों में बोया गया उर्दू का बीज "...आगे चलकर अँगरेज़ी नीतियों की कृपा से और भी भयंकर हो उठा और राष्ट्र के लिए परम संहारक सिद्ध हुआ।" अँगरेज़ों की भूमिका से चन्द्रबली जी अनभिज्ञ नहीं हैं। लेकिन वे उसे ब्रिटिश शासन के बाद की घटना मानते

प्रतीत होते हैं। इस भूमिका के ध्वंसात्मक परिणाम को काफी व्यंग्यपूर्वक याद करते हुए वे कहते हैं, "जब सीधी-सादी गाय-सी कम्पनी ने धीरे-धीरे भूखी बाघिन-सा उग्र रूप धारण कर लिया तब ईरानी-तूरानी बच्चों को ईरान की न सूझती तो क्या मरभुक्ख यूरोप से उनका पेट भरता? क्या अँगरेज़ उनका अतिथि-सत्कार करते?" इससे ज़ाहिर है कि वे अँगरेज़ों की भूमिका के प्रति अचेत नहीं हैं। लेकिन उर्दू के निर्माण में उनकी परोक्ष भूमिका को उन्होंने अधिक रेखांकित नहीं किया है। यह काम भविष्य के गर्भ में है।

रामविलास शर्मा ने इस विषय में यह ध्यान देने लायक सूत्र दिया है, "फोर्ट विलियम कॉलेज की स्थापना से पहले जातीय भाषा के रूप में हिन्दी का यथेष्ट प्रसार हो चुका था। इस प्रकार का एक प्रमाण ब्रजभाषा की तरह अन्य प्रदेशों में इस हिन्दी का व्यवहार है जैसे नामदेव की रचनाओं में। अँगरेज़ों ने यहाँ आकर हिन्दुओं की भाषा हिन्दी हो, मुसलमानों की भाषा उर्दू हो, इसके लिए बड़ा प्रयत्न किया। सामान्य जनता की भाषा एक ही थी जिसे हम हिन्दी कहते हैं। हिन्दी प्रदेश में अँगरेज़ों ने भाषागत विभाजन का जो भगीरथ प्रयत्न किया, उसका कारण यह ज्ञान था कि यदि हिन्दी प्रदेश में वे अपनी विभाजक नीति लागू कर सकेंगे तो राष्ट्रीय पैमाने पर भी उसे लागू करने में वे सफल होंगे।" (**भारतीय साहित्य के इतिहास की समस्याएँ,** पृ. 51) यहाँ अँगरेज़ी राज्य कायम होने से पहले भाषा के आधार पर जनता को बाँटने की ब्रिटिश नीति का संकेत है। इस सम्बन्ध में अधिक विस्तार से उनकी पुस्तक **भाषा और समाज** में देखा जा सकता है। यहाँ अंग्रेजों की विभाजक नीति का संक्षेप में उल्लेख हुआ है। उनकी यह नीति निरन्तर विकसित होती गयी। 1857 में प्रथम स्वाधीनता संघर्ष के बाद मुस्लिम अभिजात वर्ग ने अँगरेज़ों से मित्रता बढ़ाने के लिए इस विभाजन को और तीव्र किया। सर सैय्यद अहमद खाँ ने 'बग़ावत' का दोष हिन्दुओं पर मढ़ा। इसका परिणाम यह हुआ, जैसा चन्द्रबली जी ने लक्षित किया है, "हमारे मुग़ल बच्चे भी हिन्दी के विरोधी हो गये और बाबर से लेकर बहादुरशाह तक की कमायी हुई भाषा को कसाई की छुरी समझने लगे।" जिन्ना को सर सैय्यद की परम्परा से जोड़ते हुए उन्होंने लिखा, "परदेसी पार्टी के सरगना सर सैय्यद अहमद खाँ बहादुर ने अँगरेज़ों के सहारे जिस विषवृक्ष की खेती की उसी के सींचने में आज भी, देशी होते हुए भी परदेशी, जनाब मोहम्मद अली जिनाह (जिन्ना) व्यग्र हैं।"

यहाँ चन्द्रबली जी ने सर सैय्यद अहमद खाँ का मूल्यांकन काफ़ी एकांगी ढंग से किया है। लेकिन उनका उद्देश्य भाषा नीति का विवेचन है, किसी व्यक्तित्व का सम्पूर्ण आकलन नहीं। आगे हम देखेंगे कि मुग़लों के सम्बन्ध में बात करते हुए भी वे उनकी धार्मिक या साम्प्रदायिक नीति की चर्चा तो करते हैं लेकिन उससे भाषा-सम्बन्धी

व्यवहार को अलग रखते हैं। यहाँ इसका एक उदाहरण देख लेना उचित होगा। औरंगज़ेब के बारे में उनके विचार की एक झलक हम देख चुके है—''औलिया आलमगीर ने हिन्दू-मुस्लिम वैमनस्य को जन्म दिया।'' लेकिन भाषा के प्रश्न को उसकी साम्प्रदायिक नीतियों से अलग रखते हुए उन्होंने कहा, "इधर कट्टर औरंगज़ेब की आलमगिरी सामने आयी तो सही, पर कभी उसने हिन्दी भाषा का विरोध नहीं किया बल्कि उसने उसे और भी प्रोत्साहित किया।" इसका कारण था। वह कट्टर हनीफ़ी मुसलमान था और, "धर्म के आदेश के अनुसार शासन करता था। हिन्दी का प्रश्न उसके लिए धर्म का प्रश्न न था जो उससे कुढ़ता।" हिन्दी का प्रश्न धर्म का प्रश्न बना अँगरेज़ों के हस्तक्षेप से। सर सैय्यद अहमद खाँ जितना ही अँगरेज़ों के अनुकूल थे, उतना ही वे भाषा के प्रश्न को धर्म से जोड़ रहे थे।

मुग़ल बादशाह और हिन्दी

संक्षेप में, उत्तरवर्ती मुग़लकाल अनेक प्रकार की अन्तर्विरोधी परिघटनाओं का साक्ष्य देता है। शाहजहाँ के शासन के अन्तिम वर्षों में आर्थिक स्थिति डाँवाँडोल हो चली थी। अकबर ने उभरती हुई अर्थव्यवस्था का संचालन किया था इसलिए वह धार्मिक कट्टरता से आरम्भ करके अत्यधिक उदारता की अवस्था तक पहुँचा। किन्तु शाहजहाँ लड़खड़ाती अर्थव्यवस्था को सँभाल पाने में असमर्थ होता गया; उसके कारण जो असन्तोष पैदा हुआ, उसे दबाने के लिए उसने कट्टरपन्थी नीतियाँ अपनायीं। यह असन्तोष अभी इतना व्यापक न हुआ था कि साम्राज्य में बिखराव आता। लेकिन एक ओर क्षेत्रीय असन्तोष, दूसरी ओर व्यापारियों और किसानों का असन्तोष; एक ओर युद्धों में नुक़सान, दूसरी ओर शासक अभिजात वर्ग के भीतर देशी-विदेशी, उदार-कट्टर मुसलमानों का संघर्ष, स्थिति क्रमशः असाध्य होती जा रही थी। यह बात इतिहास ने बारम्बार दिखायी है कि सामाजिक समस्याओं को सुलझाने में असमर्थ रहने पर सत्ताधारी हमेशा धर्मान्धता का सहारा लेते हैं। वर्तमान भारत की स्थितियाँ इसकी पुष्टि करती हैं। औरंगज़ेब को विरासत में जो सत्ता मिली, वह ऊपर से चाहे जितनी विशाल और सुदृढ़ दिखायी देती हो, भीतर से वह संकट में घिरती जा रही थी। उसकी बहुत-सी कट्टरपन्थी नीतियाँ इसी पृष्ठभूमि में ठीक-ठीक समझी जा सकती हैं। लेकिन साम्राज्य का ढाँचा इतना कमजोर न हुआ था कि सत्तातन्त्र के भीतर चलनेवाले कुलीन वर्ग के दाँव-घात सफल होते। लेकिन बिगड़ती स्थितियों के चलते जितना ही असन्तोष बढ़ रहा था, मुग़ल सत्ता के बाहर विद्रोह और भीतर षड्यन्त्र उतना ही जोर पकड़ता जा रहा था।

शासक वर्ग में यह क्षमता न थी, न उस समय की ऐतिहासिक परिस्थितियों में यह सम्भव था, कि वह उन विद्रोहों के स्वभाव को ठीक-ठीक पहचान पाता। बाबर स्वयं यहाँ की समृद्धि से चमत्कृत था। अकबर से शाहजहाँ तक व्यापार के विकास में कोई बड़ी बाधा न आयी थी। राज्यसत्ता की गिरती आर्थिक स्थिति को सँभालने के लिए किसानों और व्यापारियों पर कर का अनावश्यक बोझ ज़रूर डाला जाता था। ''बलि मिस रीझे देवता, कर मिस मानव देव''—तुलसीदास का यह कथन तत्कालीन अर्थनीति की सही आलोचना है। व्यापार के साथ जिन मण्डियों का विकास हुआ, उनके समान्तर नयी जातीयताएँ उभर रही थीं। वे दिल्ली के हिन्दी शासकों से अपनी स्वाधीनता के लिए संघर्ष कर रही थीं। औरंगज़ेब ने इन संघर्षों को शत्रु की तरह देखा। चाहे उसकी दूरदर्शिता, साहस और युद्धकौशल के चलते, चाहे उसके समय असन्तोष के विस्फोटक बिन्दु तक न पहुँचने के नाते, परिस्थिति काबू से बाहर नहीं हुई थी। उसके देहान्त के बाद साम्राज्य का बिखराव शुरू हो गया, शासनतन्त्र में देशी-परदेशी मुसलमानों का संघर्ष तेज हो गया। समाज में दूसरी शक्तियाँ मौजूद थीं लेकिन सत्तातन्त्र उन नयी शक्तियों से अलग-थलग था। साम्राज्य की भीतरी दशा यह हो गयी थी कि बहुत से शाहजादे महीने-दो महीने या दो-चार दिन ही गद्दी सँभाल पाते। तब तक अँगरेज़ भारत में अपने हाथ-पाँव पसारने लगे थे। उन्होंने शासनतन्त्र में घुसपैठ करना और विघटनकारी तत्त्वों को सहयोग करना आरम्भ कर दिया था। मुगल शासन की इस पतनशील अवस्था में मुहम्मदशाह रँगीले के समय दरबार के भीतर बोलचाल के प्रचलित शब्दों का बहिष्कार करके फ़ारसी-बोझिल एक नयी भाषा गढ़ी गयी, जिसका नाम उर्दू था। इस कार्य को सम्पन्न किया मुहम्मद अमीन खाँ, मन्त्री, साद अल्ला, सूफ़ी दरवेश और वली दकनी, कवि ने। उसी समय गायकी में ख़याल और टप्पा का जन्म भी हुआ। यह ध्यान देने की चीज़ है कि शाहजहाँ के उत्तरवर्ती दौर से लेकर मुग़ल शासन के अन्त तक का समय हिन्दी की रीतिकविता के उत्थान का समय भी है। इस तरह, हिन्दी की रीतिकविता, उर्दू भाषा, ख़याल और टप्पा मुग़ल शासन के पतनकाल से सम्बद्ध हैं।

सांस्कृतिक विकास का यह एक पक्ष है। दूसरा पक्ष भारतीय समाज से मुग़लों के अन्तःसम्बन्ध और अन्तर्मिश्रण का है। हिन्दी का प्रश्न उसमें एक है। बाबर के 'रोती व पानी' का सन्दर्भ हम देख चुके हैं। वहाँ से लेकर अन्तिम बादशाह बहादुरशाह ज़फर तक, किसी के लिए हिन्दी का प्रश्न, या भाषा का प्रश्न, धार्मिक समस्या नहीं है। पं. चन्द्रबली पाण्डे जब यह कहते हैं कि उर्दू 'मुग़ल बादशाहों की घरबनी चीज़ थी', तब वे भी कोई धार्मिक या साम्प्रदायिक आग्रह व्यक्त नहीं करते। हुमायूँ से मुहम्मदशाह तक वे 'समर्थ मुग़ल बादशाहों' के प्रशंसक हैं जिन्हें 'हिन्दी अथवा ब्रजभाषा' ही पसन्द

थी और वे उसी में कविता लिखते थे। उर्दू मुग़लों के पतनकाल में ''परदेश बन्धुओं की कृपा से दरबार में दिखायी देने लगी।'' इससे ज़ाहिर है कि भाषा में अलगाव की नीति न मुगल बादशाहों की थी, न पं. चन्द्रबली पाण्डे की। आज इस बात का गम्भीर सांस्कृतिक और राजनीतिक निहितार्थ है। वर्तमान साम्प्रदायिकता को खुराक पहुँचाने के लिए मुग़लों को विशेष रूप में लक्ष्य बनाया जाता है। उनके सम्बन्ध में भ्रान्तियाँ उत्पन्न करके इतिहास को विकृत करना और अतीत को सुधारने के नाम पर घृणा और वैमनस्य का वातावरण बनाना साम्प्रदायिकता की रणनीति है।

(अ) प्रारम्भिक दौर

बाबर का पुत्र हुमायूँ बहुत थोड़े समय सत्ता में रहा। उसके दरबार में हिन्दी कवियों का स्वागत होता था। हिन्दी कवि बेनी उसके प्रिय दरबारी कवि थे। चन्द्रबली जी मानते हैं कि यदि उसे शासन का समय मिलता तो बहुत-से हिन्दी ग्रन्थ तैयार होते। उसके अल्पकालीन शासन में भी हिन्दी कविता को जो संरक्षण और सम्मान मिला, उसके चलते ''फ़ारसी कविता कुछ हिन्दी भी हो चली।'' हुमायूँ को खदेड़कर जौनपुर का सूरी वंशीय शेरशाह हिन्दुस्तान का शासक बना। उसने हिन्दी कविता को और भी महत्त्व दिया। चन्द्रबली जी के अनुसार, 'शेरशाह वस्तुतः हिन्दी था।' वह खुद भी 'फ़रीद' नाम से कविता करता था, फ़ारसी में ही नहीं, हिन्दी में भी। यहाँ भी जातीयता के आधार पर पहचान निश्चित की गयी है, धर्म के आधार पर नहीं। जातीयता का आधार भाषा है, धर्म नहीं। शेरशाह ने अपनी मुद्राओं में नागरी को स्थान दिया; उसके राजकीय फ़रमान हिन्दी में होते थे। पाण्डे जी कहते हैं कि उसकी हिन्दी कविता अब उपलब्ध नहीं है; यदि वह खोजी जा सके तो, ''हम शेरशाह के सच्चे भाव को ठीक-ठीक समझ'' सकेंगे। किसी के सच्चे भाव उसकी कविता से समझ में आते हैं, राजकीय फ़रमानों से नहीं, यह बात महत्त्वपूर्ण है।

हुमायूँ दोबारा गद्दी पर बैठा। ईरान के शीआ शासक ने उसकी मदद की। हुमायूँ सुन्नी था। यह सहायता साम्प्रदायिक आधार पर न थी। अपनी समृद्धि और संस्कृति के चलते भारत का रुतबा दूर-दूर तक था। हुमायूँ के दरबार में हिन्दी कवियों की प्रतिष्ठा थी, यह हम देख चुके हैं। वह स्वयं दर्शन और साहित्य का प्रेमी था। सूफ़ी मत की ओर उसका झुकाव प्रसिद्ध है। यह संयोग की बात नहीं है कि उसकी मृत्यु पुस्तकालय की सीढ़ियों से गिरने पर हुई थी। लेकिन उसमें एक शासक की दूरदर्शिता का अभाव था। उसकी सदाशयता को उसकी कमज़ोरी मानकर उसके दरबारी, अधिकारी और सेनापति उसका दबदबा न मानते थे, उसके जागीरदार और सामन्त विद्रोह करते रहते थे। (**भारतीय मुसलमान**, खण्ड-1, पृ. 192, 206) उसकी

अदूरदर्शिता का एक उदाहरण यह है कि बंगाल और गुजरात में उपद्रव चल रहा था, उसने गुजरात की स्थिति नाज़ुक देखी और उधर का रुख किया, लेकिन गुजरात का शासक बहादुरशाह कहता है कि वह धर्मयुद्ध लड़ रहा है, उसकी बात मानकर हुमायूँ उसका समर्थन करता है। इस तरह वह, "राजपूतों को साथ करने का मौका दुबारा गँवा देता है।" (उपर्युक्त, पृ. 194) पहला मौका उसने तब गँवाया था जब, "दुर्ग पर आये संकट को भाँपकर राणा साँगा की विधवा महारानी कर्णावती ने राखी भेजकर हुमायूँ से सहायता की अपील की तो उसने इसे गम्भीरता से नहीं लिया।" (उपर्युक्त, पृ. 193) राजपूत उसे सहयोग कर रहे थे, उसने उस सहयोग को महत्त्व नहीं दिया, भविष्य के लिए उसने राजपूतों से सहयोग का महत्त्व नहीं समझा।

(आ) अकबर

अकबर ने हुमायूँ की गलतियाँ नहीं दोहरायीं। उसने एक विशाल साम्राज्य कायम किया। विन्सेण्ट स्मिथ के हवाले से रामविलास शर्मा ने कहा है, "स्मिथ ने एक अच्छा काम यह किया कि यूरोप के इतिहास का अध्ययन करनेवालों को याद दिलाया है कि 16वीं सदी के अन्तिम चरण में अकबर का साम्राज्य निःसन्देह संसार का सबसे शक्तिशाली साम्राज्य था और इस साम्राज्य का शासक संसार का सबसे धनी सम्राट् था।" (**भारतीय संस्कृति और हिन्दी प्रदेश**, किताबघर, नयी दिल्ली, 1999, खण्ड-2, पृ. 204) इतना बड़ा साम्राज्य एक दिन में नहीं खड़ा हुआ था। इसके पीछे उसकी दूरदर्शिता ही नहीं, क्रूरता भी थी। हुमायूँ अधिकतर युद्ध में क्षति उठाता था, अकबर कोई युद्ध नहीं हारता था। जो मालवा और गुजरात हुमायूँ से छिन गये थे, अकबर ने उन्हें सहजता से जीत लिया। लेकिन उसके अभियानों में सबसे प्रसिद्ध है चित्तौड़ से उसका युद्ध। यह कोई धर्मयुद्ध न था। चित्तौड़ की तरफ से गोली चलाकर अकबर के अनुचर जलाल खाँ को घायल करनेवाले सैनिकों के नेता इस्माइल खाँ थे और अकबर के सेनापतियों में राजा टोडरमल थे। (उपर्युक्त, पृ. 201) राणा उदयसिंह दुर्ग छोड़कर जंगल में भाग गये थे। स्त्रियों, सैनिकों और किसानों ने मोर्चा सँभाला था। दुर्ग पर विजय पाने के बाद उसने अपने तुर्क (इस्लामी धार्मिक नहीं, तुर्क जातीय) चरित्र के अनुरूप क्रूरता की हद कर दी। दुर्ग की रक्षा 8 हज़ार सैनिक कर रहे थे और 40 हज़ार किसान उनकी सक्रिय सहायता कर रहे थे। उसने सलाहकारों की राय न मानकर क़त्लेआम का हुक्म दिया और 30 हज़ार किसान मारे गये। (**भारतीय संस्कृति और हिन्दी प्रदेश**, 2/202; **भारतीय मुसलमान**, 1/225) मरनेवाले किसानों में हिन्दू ही नहीं, मुसलमान भी थे।

उदयसिंह के पुत्र राणाप्रताप से अकबर का युद्ध इतिहास में अविस्मरणीय है। अकबर एक विशाल साम्राज्य खड़ा कर रहे थे, राणाप्रताप चित्तौड़ की स्वधीनता के लिए लड़ रहे थे। अपनी जगह दोनों सही थे। अकबर की क्रूरता ने चित्तौड़ की जनता की चेतना में उसकी जो छवि निर्मित की, वह मिटी नहीं। स्वाधीनता के संघर्ष में किसानों के अलावा भील राणाप्रताप का साथ देते थे। लेकिन अकबर की अधिकांश लड़ाइयाँ, बंगाल से गुजरात तक, मुसलमान शासकों और सामन्तों से हुईं। वह युग धर्म के विश्वास का अवश्य था लेकिन न शासक के लिए धर्म महत्त्वपूर्ण होता था, न जनता के लिए। किसान हों या कारीगर, व्यापारी हों या सामन्त, वे हिन्दू-मुसलमान दोनों होते थे। फिर भी इस सत्य को झुठलाया नहीं जा सकता कि अकबर की धार्मिक उदारता की नीति, जिसने उसकी कीर्त्ति को कालजयी बनाया, वह बाद की है। अपने आरम्भिक जीवन में वह भी इस्लाम की धारणाओं के अनुसार चलता था और हिन्दुओं के प्रति असहिष्णु था। इक्तिदार आलम खान के इस कथन का कर्मेन्दु शिशिर ने उल्लेख किया है कि, "1581 के बाद दर्ज अकबर के कौलों समेत असन्दिग्ध साक्ष्यों से पता चलता है कि शुरू के वर्षों में वह एक दीनदार मुस्लिम ही नहीं था बल्कि हिन्दुओं के प्रति असहिष्णु भी था। वह अफ़सोस के साथ स्वीकार करता है कि उन शुरू के वर्षों में उसने अनेक हिन्दुओं को इस्लाम स्वीकार करने पर मज़बूर किया था।" (**भारतीय मुसलमान,** 1/231) प्रो. शिवशंकर मेनन ने बताया है, "अकबर ने बाद में स्वयं इस तथ्य को स्वीकार किया है कि पहले मैं अपने धर्म को न माननेवाले का धार्मिक उत्पीड़न करता था तथा इसी को इस्लाम समझता था। जैसे-जैसे मेरा ज्ञान बढ़ा, मैं यह सोच-सोचकर शर्मिन्दा हुआ।" (उपर्युक्त)

इस तरह अपनी भूल स्वीकार करना और उस पर पश्चात्ताप करना असाधारण गुण है। अकबर की महानता का एक पहलू उनके व्यक्तित्व का यह बड़प्पन है। विडम्बना यह है कि एक तरफ राणाप्रताप को सामने रखकर हिन्दुत्ववादी इतिहासकार अकबर का विरोध करते हैं, दूसरी तरफ "कुछ पाकिस्तानी इतिहासकार उसे काफ़िर बादशाह मानते हैं, जिसने इस्लामी सल्तनत को कलंकित कर दिया।" (उपर्युक्त, 1/217) यह कलंक निराधार नहीं है। स्मिथ के हवाले से रामविलास जी ने एक युद्ध का वर्णन किया है, "काबुल का मुहम्मद हाकिम बंगाल के बागियों के साथ था। वह अकबर का भाई लगता था। ...बहुत ही घटिया किस्म के लोग विद्रोही मुल्लाओं का साथ दे रहे थे। लेकिन अकबर का वित्त मन्त्री शाह मन्नूर भी बागियों से मिला हुआ था। उसने मुहम्मद हाकिम को जो पत्र लिखे थे, वे बीच में पकड़ लिये गये थे। अकबर को षड्यन्त्र के बारे में जानकारी थी, अन्त में शाह कन्नूर को उसके पद से हटा दिया गया और उसे कारावास में रखा गया। ...मुहम्मद हाकिम और उसके

सलाहकारों को आशा थी कि उनकी फ़ौज के पहुँचने पर, सारे देश के लोग अकबर के खिलाफ उठ खड़े होंगे लेकिन उनकी आशाओं पर पानी फिर गया। एक आदमी भी बगावत करके, उनका साथ देने को आगे न बढ़ा। मुहम्मद हाकिम उलटे पैर पीछे भागा और ऐसी भगदड़ मची कि उसके 400 आदमी चनाव में तैर न पाने से डूब गये। ...कट्टरपन्थी बागियों के सामने भागने या डूब मरने के सिवा कोई चारा नहीं था। धर्म की रक्षा के नाम पर, धर्म के प्रसार के लिए, बहुत से युद्ध हुए थे लेकिन यह शायद पहला युद्ध था जिसमें किसी शासक ने धार्मिक अन्धविश्वासों को उभारनेवाले कट्टरपन्थी रूढ़िवादियों के विरुद्ध सशस्त्र संग्राम किया था। ...उसके दमन के ऐतिहासिक महत्त्व को याद रखना उचित होगा।" (**भारतीय संस्कृति और हिन्दी प्रदेश**, 2/213-14)

अपने परवर्ती जीवन में अकबर धार्मिक कट्टरपन ही नहीं, किसी प्रकार के धार्मिक आग्रह से इतना दूर चला गया था कि उसके दरबार के मुल्ले-मौलवी उसके विरुद्ध रहने लगे थे। जिसे धार्मिक उदारता कहा जाता है, वास्तव में वह धर्मनिरपेक्षता की दिशा में उसका प्रयाण था। कट्टरपन्थियों के विरोध का यही कारण था। इन्हीं मौलवियों ने उसके बेटे सलीम को उसके विरुद्ध इस्तेमाल करने का प्रयत्न किया था। फिल्मों ने जिसे दासी अनारकली से सलीम के प्रेम की महान् कथा बनाया, वह वास्तव में हरम के भीतर व्यभिचार की घटना थी। प्रो. हेरम्ब चतुर्वेदी ने अँगरेज़ यात्री विलियम फिंच और एडवर्ड टेरी के विवरण से इस प्रसंग की पुष्टि की है। कर्मेन्दु शिशिर ने उनके सन्दर्भ से कहा है कि दरबार के दो कट्टरपन्थी "सैय्यद अब्दुल्ला और महावत खाँ सलीम को लगातार उत्तेजित कर रहे थे। ...इसी दौरान उसने एक ऐसा घृणित कुकृत्य किया जिसे झुठलाने अथवा ढँकने की कोशिश अनेक इतिहासकारों ने की है। वह कुकृत्य सलीम का अपनी सौतेली माँ और शाहजादा दानियल की माँ अनारकली से बलात्कार करना था।" (**भारतीय मुसलमान**, 1/253) अकबर की माँ मरियम तब जीवित थीं। उनके प्रयत्न से सलीम की जान बची। लेकिन, "इस बात के संकेत भी हैं कि इस कुकृत्य में अनारकली भी दोषी थी और अकबर ने उसकी संलिप्तता के प्रति आश्वस्त होने पर ही उसे लाहौर के महल की दीवार में जिन्दा चुनवा दिया।" (उपर्युक्त, 1/256)

सलीम को अकबर के खिलाफ भड़काने के लिए अनारकली की घटना से कट्टरपन्थियों को जो मौका मिला था, वह छिन गया। लेकिन कट्टरपन्थियों से अकबर के विरोध का कारण धार्मिक सहिष्णुता की, उससे भी आगे बढ़कर धर्मनिरपेक्षता की, उसकी नीति थी। "अकबर मानता था कि मनुष्य को अपना धर्म चुनने का अधिकार है। ...मनुष्य को अपना धर्म चुनने का अथवा उसे अस्वीकार करने का अधिकार है,

इस तरह की बातें यूरोप में 18वीं सदी में कही गयी थीं। पर 16वीं सदी में अकबर ने इस तरह की बातें कहीं, तो अपने युग से वह बहुत आगे की बातें थीं।" इतना ही नहीं, उसने दीन-इलाही में यह नियम बनाया कि, "किसी हिन्दू को उसके बचपन में या उसके बाद उसकी इच्छा के विरुद्ध मुसलमान बना लिया गया हो, तो यदि वह चाहे तो अपने पूर्वजों के धर्म की ओर लौट सकता है।" यह ऐसी बात थी जिस पर कट्टर मुसलमानों को ही नहीं, कट्टर हिन्दुओं को भी आपत्ति थी। कट्टर मुसलमान अगर हिन्दुओं को काफ़िर समझते थे तो मुसलमानों को कट्टर हिन्दू म्लेच्छ कहते थे। अकबर यह समझते थे, इसलिए उन्होंने सहिष्णुता की नीति अपनायी। उनके दृष्टिकोण को सर्वात्मवाद से जोड़ते हुए रामविलास जी ने लिखा है कि मनुष्य और परमसत्ता के बीच सीधे सम्बन्ध पर जोर देना सर्वात्मवाद की विशेषता है; संसार के ज़्यादातर झगड़े ईश्वर को लेकर नहीं, उसके व्याख्याकारों को लेकर हुए हैं; "अकबर एक धर्म के अनुसार चलनेवाली राजसत्ता का स्वरुप बदल रहे थे, उसे धर्मों से अलग करके तटस्थ भूमिका निबाहनेवाली सत्ता बना रहे थे।" (**भारतीय संस्कृति और हिन्दी प्रदेश**, 2/211)

यह आधुनिक अर्थ में धर्मनिरपेक्षता है, जिसका पालन आज भी बहुत-सी सत्ताएँ नहीं करतीं। वर्तमान भारत बड़ी तेज़ी से इसके उलटी दिशा में बढ़ रहा है। अकबर पर आक्रमण इसका एक लक्षण है। धर्मनिरपेक्षता और धर्मान्धता का सामंजस्य नहीं हो सकता। आज जब इतिहास को रणभूमि बनाकर मुग़ल बादशाहों को, विशेषतः अकबर को, ध्वस्त किया जा रहा है, तब उसके बारे में चन्द्रबली पाण्डे का यह कहना बहुत महत्त्वपूर्ण हो जाता है कि, "भारत अकबर का जन्मदेश है। अकबर को जन्म देने का गर्व इसी भारत-भूमि को है।" इस भारत-भूमि के समाज और संस्कृति से प्रेम अकबर की असाधारण विशेषता थी। बाबर तुर्क था, उसकी भाषा तुर्की थी। "लेकिन अकबर न तो तुर्की जानता था, न तुर्की बोलता था। ... भाषा के विचार से वह हिन्दुस्तानी था। किन्तु हिन्दुस्तान की संस्कृति का प्रभाव ग्रहण करने में उसे काफी समय लगा।" (**भारतीय संस्कृति और हिन्दी प्रदेश**, 2/200) जहाँगीर ने **तुजुक-ए-जहाँगीरी** में लिखा है कि, "लाल कलावन्त बचपन से ही अकबर की सेवा में रहा और उसने बादशाह को हिन्दी भाषा का राई-रत्ती ज्ञान करा दिया था।" (उपर्युक्त, 2/216)

इस हिन्दी से अकबर को अगाध प्रेम था। इसका एक प्रमाण चन्द्रबली पाण्डे ने यह दिया है कि, "उसे हिन्दी से इतना सहजात प्रेम था कि उसने एक तुच्छ हिन्दी सेवक 'नरहरि' की पालकी को कन्धा दिया।" महान् हिन्दी कवि रहीम उसके नवरत्न थे। उनके बारे में पाण्डे जी का कहना है, "हिन्दी जनता अपने 'रहीम' को भली-भाँति पहचानती है।" रहीम 'हिन्दी जनता' के कवि थे, यह बोध तत्कालीन

और वर्तमान साम्प्रदायिक राजनीति का प्रतिवाद है। इतिहास और संस्कृति की व्याख्या धर्म से नहीं, जातीयता के आधार पर ही हो सकती है, यह विवेक जैसा चन्द्रबली पाण्डे ने प्रदर्शित किया है, वह बहुत-से इतिहासकारों में भी नहीं मिलता। इन उदाहरणों से यह पता चलता है कि अकबर हिन्दी संस्कृति में घुलने-मिलने का प्रयत्न किस सजगता और गम्भीरता से कर रहा था। लेकिन हिन्दी संस्कृति से उसके आत्मीय भाव का परिचय इन बातों से अधिक उन कविताओं से मिलता है जिनमें उसका सहृदय रूप व्यक्त हुआ है। उसकी कविताओं पर बात करते हुए पाण्डे जी कहते हैं, "यहाँ स्वयं सम्राट् की रचनाओं का रसास्वादन कीजिये और उनकी हिन्दीनिष्ठा को खूब जाँच लीजिये कि फिर कभी आपको इस विषय में किसी प्रकार का धोखा न हो और आप उसके कवित्व को सरलता से आँक सकें।" उन्होंने शिवसिंह सरोज से दो छन्द उद्धृत किये हैं। इन्हें अकबर की कविताओं में प्रथम दो कवित्तों के रूप में देखा जा सकता है –

शाह 'अकब्बर' एक समै चले कान्ह विनोद विलोकन बालिहिं। (छन्द-2)

यह ब्रजभाषा का काफी प्रांजल रूप है। कृष्ण की शृंगार लीला का वर्णन है, यह कहने की आवश्यकता नहीं। हिन्दुओं के जीवन से और हिन्दी कविता से परिचय के बिना न यह भाषा सम्भव है, न विषयवस्तु। उनकी एक कविता है –

अश्वपति गजपति नरपति भुवपति
चकतावली चाकतारण।
दारिद्रहारण दिनमणि सूरज शशि उरगन
भुजबलभीम डर तेरी त्रास दान समान कलीकरण... (छन्द-8)

अथवा –

बंकासुर चोंप प्रकटि छवि प्रकाश और सुर कटाक्ष दशन
मनी मध गजगवनी पियूषअधर वदन इंद्र धरन।
मन्द अमन्द परमल वास तेरी लछमी और जेती रम्भा
प्राणपति पीरहरण... (छन्द-11)

इन्द्र के प्रसंग से यहाँ वैभव-विलास का वर्णन दिखायी देता है। सबसे अधिक ध्यान देने की बात है उसकी ब्रजभाषा की प्रांजलता। 'मंद अमन्द परमल वास' में जिस प्रवहमान

ध्वनि-विन्यास का उपयोग है, वह एक ओर संगीत के अनुकूल है, दूसरी ओर वर्णित विषय के अनुकूल। उसकी कविताओं में कहीं विनय है, –

शाह अकबर के दुरजन दूर करो मीन-दीन खाजा।
(छन्द-15)

और कहीं उपालम्भ –

ए साह अकबर तुमसों न बोलो मनमाने हो नहीं माने।
जे तुमरे औगुन मोहि कैसे भूल गये सोतनकी
वाँही गए गह आन दोलत सो तो मेरे हिय में भले जाने... (छन्द-41)

उदात्त लगनेवाले विषयों के साथ श्रृंगार भी है। यह श्रृंगार प्रायः अनुदात्त नहीं है। लेकिन निष्काम भी नहीं है। उसमें रति-सुख की कामना है –

केलि करै बिपरीत रमै, सु 'अकब्बर' क्यों न रती सुख पावै
कामिनि की कटि किंकिनि कान किधौं गनि प्रीतम के गुन गावै (छन्द-3)

इस छन्द में अनुप्रास के अलावा संगीत की ध्वनि स्पष्ट है। इन उदाहरणों से स्पष्ट है कि उसकी कविता में न केवल भाषा का गहरा ज्ञान निहित है, बल्कि काव्य-परम्परा का भी उसे यथेष्ट परिचय प्राप्त था। इन कविताओं में पाठक का ध्यान भाव, विषय की विविधता और कलात्मकता के प्रति आकर्षित होता है। भले उसकी केवल पचपन कविताएँ मिलती हैं, स्वतन्त्र संग्रह नहीं, लेकिन इनसे उसकी काव्य-रसिकता और सजीवता प्रकट होती है।

(इ) जहाँगीर

जहाँगीर के बारे में पं. चन्द्रबली पाण्डे ने लिखा है कि हिन्दी के लिए वह 'जीता-जागता कल्पवृक्ष' था। अपने प्रियजनों को किन हिन्दी नामों से पुकारता था, इसका उदाहरण हम देख चुके हैं। अकबर के जीवनकाल में वह शासक बनने के लिए इतना आतुर था कि कट्टरपन्थी मुल्लाओं के हाथ में खेलने से भी उसे परहेज़ नहीं था। लेकिन, "बादशाह जहाँगीर के रूप में वह एकबारगी बदल गया था।" (**भारतीय मुसलमान**, 1/257) अकबर की धार्मिक उदारता की नीति को उसने अंगीकार किया। अन्तर यह था कि अकबर धर्मनिरपेक्ष राजसत्ता की ओर बढ़ रहे थे, जहाँगीर ने सर्वधर्मसमभाव का रास्ता अपनाया। "जहाँगीर ने न तो जज़िया कर लगाया और न ही तीर्थयात्रा कर। उसके कार्यकाल में 4 से 5 लाख तक तीर्थयात्री बिना कोई कर चुकाये हरिद्वार की यात्रा करते रहे। ...उसने ईसाई पादरी फादर जेवियर को बुलाकर ईसाई

धर्म को समझने की कोशिश की थी। उसने जैन सन्त सिद्धिचन्द्र मुनि को नादिरे-जमाँ की उपाधि भी दी। ...बनारस में तो उसके शासनकाल में 70 से भी अधिक मन्दिरों का निर्माण हुआ। उसकी धर्मनिरपेक्षता ही थी कि अपने पुत्र खुसरू को हिन्दू दर्शन पढ़ाने के लिए उस समय के प्रसिद्ध विद्वान् शिवदत्त नियुक्त किये गये थे। ...1610 में उसका भतीजा, दानियल का बेटा ईसाई बन गया तो उसने कोई दण्ड नहीं दिया। ...वह रोज़ा रखता था। शबे-बरात उसे बहुत पसन्द था। दशहरा और दीपावली में ख़ुशी से शरीक होता। ईस्टर और क्रिसमस भी उसे अच्छा लगता और वह उसमें शामिल होता। ...वह पानी गंगाजल का ही पीता था।" (उपर्युक्त, पृ. 1/263-64) उस समय की दृष्टि से ही नहीं, आज की परिस्थिति में भी इसे असाधारण कहा जायगा।

अकबर को अपदस्थ करने का उसने दो बार प्रयत्न किया था। पहली बार 1591 में उसने अकबर को ज़हर देकर मारने की कोशिश की, दूसरी बार अनारकली प्रसंग के बाद इलाहाबाद जाकर उसने अपने को बादशाह घोषित कर दिया। (उपर्युक्त, 1/252, 254) लेकिन बादशाह बनकर वह अकबर के प्रति असाधारण सम्मान प्रदर्शित करता है। उसने जो राजाज्ञा निकाली, उसका एक नियम था कि हर सप्ताह वृहस्पतिवार को, जो उसकी राजगद्दी का दिन था, और रविवार को, जो सृष्टि की उत्पत्ति का दिन है, मांस नहीं खाया जायगा। रविवार के लिए उसने कहा, "हमारे पिता (अकबर) भी उस दिन किसी कारणवश मांस की रुचि नहीं रखते थे।" (उपर्युक्त, 1/260) लेकिन जिस बात में परिवर्तन नहीं आया, वह था शराबखोरी और स्त्री विलास। उसके हमप्यालों में अँगरेज़ एडवर्ड टेरी भी थे, जिनके साथ वह यात्राएँ भी करता था। (उपर्युक्त, 1/271) उसे शराब की ऐसी लत हो गयी थी कि कभी-कभी एक दिन में बीस प्याले से भी अधिक पी जाता, यदि थोड़ी देर शराब न मिले तो हाथ काँपने लगता, बैठने की शक्ति न रहती। (1/259) स्त्री प्रसंग की रुचि ऐसी थी कि "बादशाह जहाँगीर की पत्नियों, उपपत्नियों की संख्या बढ़कर तीन सौ तक पहुँच गयी थी।" (पृ. 1/251) यह सामन्ती भोगवाद का लक्षण था, जिससे हिन्दू शासक हों या मुसलमान, कोई नहीं बचा था। राजा मानसिंह के यहाँ तो महारानियों, रानियों और रखैलों की संख्या पन्द्रह सौ तक पहुँच गयी थी। (पृ. 1/301) जहाँगीर से पाँच गुना ज्यादा!

एक तरफ धार्मिक उदारता, दूसरी तरफ रागरंग – यह उस समय के सामन्ती शासक वर्ग की संस्कृति थी। उसमें हिन्दू-मुसलमान का भेद नहीं था। उसी के अनुरूप उनकी साम्प्रदायिक नीतियाँ होती थीं, जिनका ध्येय शासन के हित के अलावा कुछ न होता था। जो रूढ़िवादी उलेमा पहले जहाँगीर को बरगलाने में सफल हो गये थे, उन्होंने उसके गद्दी सँभालते ही उसपर दबाव बनाया ताकि अकबर की उदार नीतियाँ बदली जा सकें। जब इसमें सफल न हुए तो उसकी आलोचना शुरू कर दी। ऐसे एक 'सन्त'

थे शेख अहमद सरहिन्दी। उन्हें उसने पहले क़ैद कर लिया, फिर राजधानी से बाहर कर दिया। (1/260, 265) हुमायूँ ने राखी का महत्त्व नहीं समझा था। जहाँगीर ने आदेश दिया कि धनी और अग्रणी समुदाय की स्त्रियाँ उसे राखी बाँधेंगी। (1/274) वह मन्दिरों को दान देता, योगियों-सन्तों से मिलता और उसका यह विश्वास बन गया था "हिन्दुओं की वैदिक धारा और इस्लाम की सूफ़ी परम्परा में काफी समानता है।" (1/264-65) इन बातों से जनता में शासन की लोकप्रियता बढ़ती थी। लेकिन उसके बेटे खुसरो ने विद्रोह किया, तब उसे गिरफ्तार करके कारागार में डाल दिया, उसके समर्थकों की खाल खिंचवा ली और उसे सैनिक-आर्थिक मदद देने के आरोप में पाँचवें सिक्ख गुरु अर्जुनदेव को "जलती आग पर रखे तवे पर बिठाकर जीते-जी भून डाला।" (1/267) यह क्रूरता की पराकाष्ठा थी। उदारता और क्रूरता दोनों का सम्बन्ध राज्यसत्ता की ज़रूरतों से था, यह समझकर ही हम इतिहास की घटनाओं पर आज उत्तेजित होने से बच सकते हैं। राज्य के लिए ही एक तरफ बगावत के प्रति क्रूरता का व्यवहार था, दूसरी तरफ प्रजा के प्रति उदारता का। अपने आत्मचरित में जहाँगीर ने लिखा है, "हमने अपने पिता से पूछा कि मन्दिरों के आपके बनवाने का क्या कारण है तब उन्होंने कहा कि बाबा, हम लोग बादशाह हैं और बादशाह खुदा की छाया है, इसलिए जब खुदा ने प्रजा को अपनी कृपा से हमें सौंपा है तो हमें भी चाहिए कि उन पर दया तथा स्नेह रखें। हम खुदा की कुल प्रजा को शान्ति के साथ रखते हैं और किसी को कष्ट नहीं पहुँचाते।" (पृ. 1/261-62)

व्यक्तित्व का पता या तो विश्वासों से चलता है या रचना से। जहाँगीर की धार्मिक उदारता और हिन्दू-सूफ़ी मतों में समानता की धारणा उसके विश्वास से जुड़ी थी। यह विश्वास विवेकसंगत दृष्टिकोण की ओर अग्रसर था। 'जहाँगीरनामा' में एक प्रसंग है, हिन्दू तीर्थस्थान उज्जैन की शिप्रा नदी के बारे में "बहुत से हिन्दुओं तथा मुसलमानों ने साक्ष्य दिया है कि कुछ दिन पहले रात्रि में यह नदी दूध हो गयी थी, जिससे उस रात्रि में जिन लोगों ने उसमें से जल लिया था उनके बर्तन सवेरे दूध से भरे पाये गये थे। यह बात फ़ैल गयी थी इसलिए यहाँ लिख दी गयी पर **हमारी बुद्धि इसे किसी प्रकार स्वीकार नहीं कर सकती।** (पृ. 1/277-78) स्पष्ट है कि जहाँगीर किंवदन्तियों में मौजूद अन्धविश्वासों पर भी यकीन नहीं करता था। लेकिन इससे यह भी स्पष्ट है कि वह भारतीय समाज और लोकसंस्कृति से जुड़ा हुआ था। हिन्दी के प्रति उसका प्रेम इसी सांस्कृतिक धरातल से सम्बद्ध है। चन्द्रबली पाण्डे ने उसके हिन्दीप्रेम के बारे में कहा है, "हिन्दी अकबर के जन्मदेश की भाषा थी तो जहाँगीर के जन्मदेश और जननी दोनों की। फिर भला वह हिन्दी की उपेक्षा किस तरह कर सकता था।" वह न केवल हिन्दी समाज से घुल-मिल रहा था, बल्कि हिन्दी की रचना को प्रोत्साहन भी

देता था। जिसकी हिन्दी रचना पसन्द आ गयी, उसका फ़ौरन फ़ारसी अनुवाद कराना, हिन्दी कवियों को उनकी उम्मीद से अधिक दान देना उसके व्यवहार के अंग थे। इसका उल्लेख चन्द्रबली पाण्डे ने किया है। वह स्वयं भी हिन्दी में लिखता था। उसके अधिक पद या गीत नहीं मिलते। किन्तु जो पाँच कविताएँ मिली हैं, वे बहुत चलती हुई ब्रजभाषा में हैं। उसका छन्द 'अति छवि छाजत है ललना लोचन तिहारे' (छन्द-3) पाण्डेजी ने अपने निबन्ध में उद्धृत किया है। भाषा के साथ चित्रण के कौशल की झलक देखना हो तो यह छन्द है –

बनि बनि बनिता आईहै पिय मन भाई सौतन
मध खेलत लालभँवर मागों फूल फुलवारी
एकनसों नैन सैन एकनसों मीठे बैन एकनको
पाछेते अंग भरत अचानक छवि
भई दूनी दुले रागहिंडोल मिल गाई। (छन्द-5)

कविता का विषय न धार्मिक है, न दार्शनिक; वह शुद्ध लौकिक है, शृंगार के भाव से सम्बद्ध। किसी से नैन मिलाना, किसी से मीठी बातें करना, किसी को पीछे से जाकर अंग भर लेना, यह कहा जा सकता है कि अकबर की तुलना में जहाँगीर का शृंगार रीतिवाद की ओर झुका हुआ है।

जैसे अकबर की कविताओं पर संगीत की छाप दिखायी देती है, वैसे ही जहाँगीर की चित्रणशैली पर चित्रकला की छाप है। उसके समय संगीत से अधिक चित्रकला का विकास हुआ और वह इस कला का ऐसा पारखी था कि, "किसी भी कलाकार का चित्र हो, उसके हस्ताक्षर न होने पर, वह उसे देखकर बता सकते हैं, किसने चित्र बनाया है। यदि एक से अधिक चित्रकारों ने मिलकर कोई चित्र बनाया हो, एक ने आँख बनायीं हो, दूसरे ने नाक बनायी हो, तो वह यह भी बता सकते थे कि कौन-सा अंश किस चित्रकार ने बनाया है।" (**भारतीय संस्कृति और हिन्दी-प्रदेश**, 2/220)

(ई) शाहजहाँ

शाहजहाँ के हिन्दीप्रेम का कुछ परिचय हम पा चुके हैं। उसके दरबार में सम्भवतः सबसे अधिक हिन्दी और संस्कृत कवियों-कलावन्तों को आश्रय मिला। उसके जन्म का प्रसंग लिखने के बाद पं. चन्द्रबली पाण्डे ने कहा है, "सारांश यह कि शाहजहाँ जन्म से ही हिन्दी था। हिन्दी ही उसकी जन्मभाषा थी।" उसे फ़ारसी तो आती थी पर तुर्की बिलकुल नहीं आती थी। संस्कृत, फ़ारसी और हिन्दी के अन्य कवियों के अलावा विख्यात रीतिकवि चिन्तामणि उसके कृपापात्र थे। "उसके

संरक्षण में फ़ारसी, संस्कृत और हिन्दी का बहुत विकास हुआ। ...चित्रों की रचना में उसका इस्लामी विश्वास कभी आड़े नहीं आया। ...संगीत के प्रति उसकी गहरी रुचि थी और वह प्रतिदिन संगीत सुनता था।" (**भारतीय मुसलमान**, 1/299-300) इन कलाओं के अतिरिक्त स्थापत्य का भव्य उदाहरण ताजमहल उसकी ही देन है। रामविलास शर्मा ने तुलसी-तानसेन-ताजमहल, जिन तीन प्रतीकों को प्रारम्भिक आधुनिकता के दौर में तीन कलाओं के कीर्तिमान् के रूप में रेखांकित किया है, वे अकबर से शाहजहाँ तक मुग़ल शासन की देन हैं।

शाहजहाँ बनने से पहले वह खुर्रम था। जहाँगीर ने प्रसन्न होकर उसे 'शाहजहाँ' की उपाधि दी थी। अकबर के दक्षिण अभियान के समय जब जहाँगीर ने विद्रोह कर दिया था, तब खुर्रम अकबर के साथ ही था। यहाँ उसने अपनी वीरता, शालीनता और कर्त्तव्यपरायणता सिद्ध की। मेवाड़ का मानमर्दन करने का श्रेय खुर्रम यानी शाहजहाँ को ही है। (**भारतीय मुसलमान**, 1/291) शाहजहाँ को अपने शासनकाल में कई युद्ध लड़ने पड़े। कुछ सामन्तों के विद्रोह दबाने के लिए, कुछ व्यापार के लिए। उसके शासन के प्रारम्भिक दिनों में ही राजपूत सामन्त वीरसिंह बुन्देला और उसके पुत्र जुझारूसिंह ने दो बार विद्रोह किया, अन्ततः उन्हें भागकर जंगल में जाना पड़ा 'जहाँ उसके द्वारा पूर्व में सताये गोंडों ने उसकी हत्या कर दी।' दूसरा विद्रोह दक्षिण और गुजरात में सूबेदार रह चुके खानजहाँ अफ़गान ने किया। उसे भी शाहजहाँ के सेनापति आजीम खाँ ने परास्त किया। (1/293) एक हिन्दू सामन्त था, दूसरा मुस्लिम; दोनों का चरित्र एक जैसा था। लेकिन कन्दहार के लिए ईरान से युद्ध भिन्न प्रकृति का था। जदुनाथ सरकार के विवरण से अंश देकर रामविलास जी ने बताया है, "जलमार्गों पर पुर्तगालियों ने अधिकार कर रखा था। इसलिए स्थल मार्गों से व्यापार मुल्तान और कन्दहार होकर ही पश्चिमी एशिया की ओर होता था। ...भारत, ईरान और तुर्की के बहुत से सौदागर कन्दहार में मिलते थे और अपने माल का विनिमय करते थे। व्यापारियों की इतनी भीड़ वहाँ होती थी कि उपजाऊ भूमि के होने पर भी खाने-पीने की चीज़ें बहुत महँगी हो जाती थीं।" व्यापारिक दृष्टि से कन्दहार का जितना महत्त्व था, मुग़ल शासक उसे अपने अधिकार में लेने के लिए उतने ही प्रयत्नशील थे। "लेकिन मुग़ल शाहज़ादे तीन सैनिक अभियानों में उसे फिर वापस न पा सके।" मज़ेदार बात यह है कि, "ईरान से मुग़ल बादशाहों के पारिवारिक सम्बन्ध थे, इस पर भी ईरान और हिन्दुस्तान में युद्ध हुआ था। दोनों ओर के शासक मुसलमान थे। मुसलमान होने से उनकी आपसी स्पर्द्धा ख़त्म न हो गयी थी। यह स्पर्द्धा केवल ख्याति और साम्राज्य-विस्तार के लिए नहीं थी, वरन् व्यापारिक मार्गों पर अधिकार के लिए थी।" (**भारतीय संस्कृति और हिन्दी-प्रदेश**, 2/228-29)

एक तरफ व्यापार और व्यापारिक युद्ध, दूसरी तरफ सामन्ती विद्रोह, इस अन्तर्विरोधपूर्ण प्रक्रिया को समझे बिना केवल हिन्दू-मुस्लिम द्वन्द्व के आधार पर तत्कालीन इतिहास और शासकों की भूमिका नहीं समझी जा सकती। हाँ, इतिहास को विकृत अवश्य किया जा सकता है, जिसकी भरपूर कोशिश आजकल हो रही है। इस ऐतिहासिक द्वन्द्व को समझकर ही शाहजहाँ की कट्टरता और उदारता के अन्तर्विरोध को समझा जा सकता है। एक तरफ उसने मन्दिर तोड़े, तीर्थाटन कर लगाया, दूसरी तरफ नये मन्दिर बनाये, मन्दिरों को दान दिया। (**भारतीय मुसलमान**, 1/297, 299) किसानों के प्रति उसकी उदारता ऐसी थी कि जब उसके शासन के शुरुआती वर्षों में दक्षिण का अकाल पड़ा, लोग कुत्तों को मारकर खाने लगे, तब "उसने मुफ्त भोजन के अनेक लंगर खुलवा दिये; अन्न, वस्त्र और रुपये उदारता से बाँटे। ...अकाल पीड़ित इलाकों का सारा लगान माफ़ कर दिया।" (उपर्युक्त, 2/293-94) यह स्थिति कमोबेश हमेशा बनी रही। यदुनाथ सरकार के हवाले से रामविलास शर्मा ने लिखा है, "वह किसानों का बहुत ध्यान रखता था। जो सूबेदार सख्ती करते थे, उन्हें जनता की शिकायत पर वह बर्खास्त कर देता था।" (**भारतीय संस्कृति और हिन्दी-प्रदेश**, 2/255) न्याय के लिए घण्टा उसी ने लगवाया था। कोई पीड़ित किसी भी समय घण्टा बजा सकता था, बादशाह उसकी फरियाद सुनता था। यह सुनवायी फ़ारसी में न होती थी, उर्दू तब तक कहीं थी नहीं, अवश्य वह हिन्दी में होती थी। जनता से उसके बोलचाल की भाषा के माध्यम से सम्पर्क ने उसे समाज से जोड़ा। मुग़ल शासन में भारतीय भाषाओं और विभिन्न कलाओं के आशातीत विकास का यह प्रमुख कारण था। इसलिए चन्द्रबली पाण्डे ने कहा, ''शाहजहाँ के शासन में हिन्दी को जो महत्त्व मिला उसके कहने की कोई आवश्यकता नहीं।'' शाहजहाँ के हिन्दी ज्ञान पर पाण्डे जी ने कहा है, "शाहजहाँ की हिन्दी रचनाओं का ठीक-ठीक पता नहीं। पर इतना तो प्रत्यक्ष हो चुका है कि वह हिन्दी में पत्र-व्यवहार करता था। उसके हिन्दी पत्रों का उल्लेख स्वयं औरंगज़ेब ने किया है।" दारा और शुजा के नाम उसके जो पत्र औरंगज़ेब ने पकड़े थे, वे हिन्दी में थे और उनमें हस्ताक्षर भी उसी के थे।

संगीत रागकल्पद्रुम में हमें शाहजहाँ के 26 छन्द मिले हैं। उसके छन्दों में यों तो कई तरह के भाव हैं लेकिन प्रधानता शृंगार की है। शिव का वर्णन एक छन्द में इस तरह है —

आदि महेश कंचन को छत्र हितीया को चंद मुक्तमाल गंग।
अलके सारी लुबध रही सोई और मोह तजो उलझो जन काके संग...
पोहपन के हार पहराई अरस परस करत अनंग।
एसो विधके प्रीत रस कीनों शाहजहाँ राखी अरधंग... **(छन्द-2)**

कंचन का छत्र, द्वितीया का चन्द, मुक्तमाल, गंगा, उलझी हुई लटें, कवि अनंग को चेतावनी देता है कि उनसे मत उलझो; वह पुष्पों का हार पहनकर अरस परस कर रहा है! अपने कामी स्वभाव के अनुरूप शिव के प्रसंग में भी उसे कामदेव याद आते हैं। नायिका के वर्णन में भी वह रूप के साथ सज्जा का ध्यान रखता है –

बने आभरण और सोहत कंठमाल विराजत गरे।
सीसफूल टेढ़ी और दुकूल नाकबेसर
या शोभा तियगुण कर आगे सरे... (छन्द-13)

उसकी ब्रजभाषा हिन्दी रीतिकवियों के कितने निकट है, कहने की ज़रूरत नहीं। शृंगार के कई प्रसंग उसकी कविताओं में मिलते हैं। भादों की ऋतु में विरह की जलन देखिये –

भादों कैसे दिनन माई श्याम काहेको आवेंगे।
कोकलाकी कुहुक सुन छाती माती राती भई विरही
आगे ऊधो फूँक फूँक जरावेंगे...
शाहजहाँ पिया तुम बहुनायक विरहिन के अँसुवन
की तपत बुझावेंगे। (छन्द-7)

विरह की वेदना में दर्शन की आकांक्षा जितनी अधिक है, दरस न होने पर उतनी ही व्याकुलता है –

अति दुःख पायो मेरी अखियन हो प्यारे
जो तुमरि दरस बिन।
और सब अनंगते बहुत पिरानी पीर
न सिरानी एक छिन... (छन्द-19)

पीर सब अंगों में भर गयी है और एक पल चैन नहीं मिलता! हालत यह है कि जिसदिन से सुखदायी प्रियतम बिछुड़े हैं, सपने में भी वे ही दिखते हैं, नींद ही मानों चली गयी है –

देखत सपनेहुँ अपने पीयको जेते
धन धन धन माई।
मेरी तो वैरन नींद गई तादिनते जादिन
ते बिछुरे सुखदाई... (छन्द-22)

यह बहुनायक कहीं 'सोतन' के यहाँ जाता है, (छन्द-4) कहीं सुन्दर शाहजहाँ 'मद पीए मस्त भए डोलत फिरत'।(छन्द-15) शाहजहाँ की अपनी स्थिति का यह यथार्थ वर्णन है! भोग का क्षेत्र नायक का है, विरह का क्षेत्र नायिका का। परन्तु यह उल्लेखनीय है कि बहुत-से परवर्ती रीतिकवियों की भाँति शाहजहाँ की कविता में विरह का ऊहात्मक वर्णन नहीं है, लेकिन है विरह की ही गाथा। सुरा-सुन्दरी में मग्न भोगवादी वातावरण का असर बादशाह की कविताओं में है, उसके दरबार में पुष्पित-पल्लवित साहित्य में भी है। शाहजहाँ का दरबार पहले की अपेक्षा दरबारी कवियों से अधिक भरा-पूरा था, वहाँ रीतिवाद को पर्याप्त प्रोत्साहन मिला।

(उ) औरंगज़ेब

शाहजहाँ के बाद मुगल सम्राट् बना औरंगज़ेब। उसने अपने भाइयों को मारकर, शाहजहाँ को क़ैद करके सत्ता प्राप्त की। अपने पिता के विरुद्ध बगावत अकबर के बेटे सलीम के समय से ही हो रही थी, लेकिन इस काम को सफलतापूर्वक अंजाम दिया औरंगज़ेब ने। दारा शिकोह, शुज़ा और मुराद को अपनी कूटनीति से क्रमशः समाप्त करके वह निर्द्वन्द्व भाव से गद्दी पर बैठा। शाहजहाँ अपने बड़े बेटे दारा को अपना उत्तराधिकारी बनाना चाहता था। दारा संस्कृत, हिन्दी, फ़ारसी का विद्वान्, दर्शन का ज्ञाता और सूफियों का प्रेमी था। औरंगज़ेब न केवल बहादुर था बल्कि कूटनीति में इतना तीक्ष्ण बुद्धि था कि उसने अधिकांश सरदारों को अपनी ओर मिला लिया था। दारा को गिरफ्तार करवाने में राजा जयसिंह और जसवन्त सिंह जैसे कुछ राजपूत सामन्तों की दिलचस्पी भी थी ताकि औरंगज़ेब के कृपापात्र हो सकें, लेकिन इस काम को अंजाम दिया अफगान मलिक जीवन खाँ ने। (**भारतीय मुसलमान**, 1/332-333) दारा रहमदिल था और राजनीति में कुछ अनाड़ी भी। बर्नियर ने लिखा है कि एक बार मौका आया जब वह औरंगज़ेब को मार सकता था, तब वह उधेड़बुन में पड़ गया। लेकिन औरंगज़ेब ऐसी किसी उधेड़बुन में नहीं पड़ा। उसने दारा और उसके बेटे सिफर शिकोह को एक गन्दे से हाथी पर बिठाकर शहर में घुमाया, फिर उसका सर कटवाकर हत्या कर दी। दारा का दुर्भाग्य यह था कि, "उसके बहुत से सेनानायक औरंगज़ेब से मिले हुए थे।" (**भारतीय संस्कृति और हिन्दी-प्रदेश**, 2/235) जीवन खाँ तक दारा जिन दो विभूतियों की गद्दारी से पहुँचा, वे थे जयसिंह और जसवन्त सिंह। इन दोनों की भूमिका का वर्णन करते हुए रामविलास जी ने लिखा है:

"दारा को हराने और औरंगज़ेब की सत्ता को सुदृढ़ करने में दो राजपूत सरदारों की भूमिका प्रमुख थी। एक जोधपुर के राजा जसवन्त सिंह और दूसरे जयपुर के राजा जयसिंह। दारा का भाई शुजा बंगाल में था। राजगद्दी पर अधिकार करने के लिए

अपनी सेना के साथ वह पूरब से आगरे की तरफ बढ़ रहा था। ...शुजा परास्त हुआ लेकिन उसने फिर सेना संगठित की और उसकी टक्कर सीधे औरंगज़ेब से हुई। इस समय राजा जसवन्त सिंह औरंगज़ेब की फौज के दक्षिण भाग का नेतृत्व कर रहे थे। किसी कारण वह औरंगज़ेब से नाराज़ थे और उन्होंने शुजा के साथ मिल जाने का प्रयत्न किया। ...उनका उद्देश्य औरंगज़ेब को परास्त करना नहीं था। शुजा ने समय पर हमला नहीं किया, इसलिए कि उसे सन्देह था, यह औरंगज़ेब की चाल न हो। ...दारा कई जगह भटकता हुआ जब गुजरात में था, तब जसवन्तसिंह ने अपने उच्च अधिकारी के हाथ दारा के पास पत्र भेजा। पत्र में शाहजहाँ के प्रति भक्ति प्रदर्शित की और दारा से कहा, वह जल्दी अजमेर पहुँचे। ...औरंगज़ेब को किसी-न-किसी तरह यह ज़रूर मालूम हुआ होगा कि जसवन्त सिंह दारा की सहायता करने का विचार कर रहे हैं। उसने उनके विरुद्ध लड़ने का विचार छोड़ दिया और जयसिंह से जसवन्त सिंह के नाम एक पत्र लिखवाया। इसमें जयसिंह ने उसके मित्र होने का दावा किया और कहा कि उस जैसा हिन्दू राजकुमार तबाह हो जाय तो यह बड़े दुःख की बात होगी। औरंगज़ेब का विरोध करने से तबाही निश्चित थी, मित्र की हैसियत से वह मध्यस्थ होकर बादशाह से क्षमादान करा देंगे। वह दारा का साथ छोड़ दें तो औरंगज़ेब उन्हें उनके पुराने पद पर प्रतिष्ठित कर देगा। यह पत्र पाकर जसवन्त सिंह ने फैसला कर लिया कि औरंगज़ेब का ही साथ देना है। दारा से मिलने के लिए आगे बढ़ने के बजाय उन्होंने जोधपुर की तरफ कूच कर दिया। मेड़ता पहुँचकर दारा ने देखा कि आसपास जसवन्तसिंह के आने का कोई चिह्न नहीं है।...” (उपर्युक्त, 2/235-236)

लगातार तीन बार जसवन्त सिंह ने दारा से वादाखिलाफी की। उसके विश्वासघात के कारण दारा मुसीबत में फँसा। जयसिंह के कारण दारा के शत्रुओं को उसके पहुँचने की सूचना पहले ही मिल जाती थी। अखिरकार उसने सिन्ध का रुख किया। पंजाब का सूबेदार दगाबाज़ खलीउल्लाह औरंगज़ेब का वफादार था। एक तरफ वह दारा के सिन्ध जाने का रास्ता रोके हुए था, दूसरी तरफ जयसिंह और जसवन्त सिंह गुजरात में दारा का पीछा कर रहे थे। जयसिंह सिन्ध तक दारा के पीछे गया। नदी पार कर जाने के कारण वह दारा को खुद नहीं पकड़ पाया। लेकिन वहाँ जिस मलिक जीवन खाँ के यहाँ दारा ने आश्रय लिया था, उसने उन्हें पकड़वाया। इस वर्णन से स्पष्ट है कि हिन्दू और मुसलमान दोनों तरह के सामन्त औरंगज़ेब के साथ थे। दारा की उदार नीति दोनों तरह के सामन्तों को नापसन्द थी। जयसिंह की भूमिका आगे और भी घृणित निकली। उसी के दबाव में गढ़वाल के राजा ने दारा के बेटे सुलेमान को औरंगज़ेब के हवाले किया। “इसके बाद औरंगज़ेब ने जयसिंह से काम लिया जो हिन्दू राजाओं से हर तरह की

दुरभिसन्धि करने में उसका कारिन्दा था।'' (यदुनाथ सरकार) इस एक बात से पता चलता है कि, ''हिन्दुस्तान की जनता पर औरंगज़ेब ने जो अत्याचार किये, उसकी बहुत बड़ी ज़िम्मेदारी राजा जयसिंह पर है।" (उपर्युक्त, 2/237) इन्हीं जयसिंह ने शिवाजी को घेरने के लिए पुर्तगालियों से दुरभिसन्धि की थी। (2/238) इसलिए उसे देशद्रोही कहना ग़लत न होगा। उसका साथ देनेवाले हिन्दू सामन्तों में केवल जयसिंह और जसवन्त सिंह न थे। ''अतहर अली ने बाजाप्ता संख्या के आधार पर बताया है कि 11 राजपूत, 10 मराठे और 2 अन्य कुल 23 ऐसे उमरा हिन्दू थे जो औरंगज़ेब के पक्ष में थे।'' (**भारतीय मुसलमान**, 1/342)

इतिहास में औरंगज़ेब की कट्टरता विख्यात है। यह ख्याति अधिकतर हिन्दुओं पर अत्याचार के लिए है। मुख्यतः मन्दिर तोड़ने, जज़िया लगाने वगैरह के कारण। कर्मेन्दु शिशिर ने अपनी पुस्तक में औरंगज़ेब के कुछ फरमान परिशिष्ट में दिये हैं। उनमें एक फरमान में वह कहता है, "... हमारे धर्म में ऐसा निश्चित है कि प्राचीन मन्दिर कतई न तोड़े जायँ और नये मन्दिर न बनाये जायँ। ...अतः यह आदेश भेजा जाता है कि इस फरमान के पहुँचने के साथ यह घोषित कर दिया जाय कि कोई भी व्यक्ति किसी भी कारण इस ब्राह्मणों और इस स्थान के रहनेवाले अन्य हिन्दुओं को बिलकुल न छेड़े और न उन्हें परेशान करे।" (उपर्युक्त, 1/365) उसके अनेक फरमान हैं जिनमें प्राचीन मन्दिरों के संचालन के लिए अथवा उनके जीर्णोद्धार के लिए बादशाह की ओर से अनुदान की व्यवस्था की गयी थी। ऐसा एक मन्दिर चित्रकूट में बालाजी का मन्दिर है, जो वहाँ औरंगज़ेब का मन्दिर नाम से विख्यात है; दूसरा इलाहाबाद में वेणीमधाव का मन्दिर है, जहाँ किसी अभियान से लौटते समय वह रुका था। इन दोनों मन्दिरों में मैं स्वयं गया हूँ। उनके पुराने दस्तावेज मौजूद हैं। वे अयोध्या के राममन्दिर के दस्तावेजों की तरह 'चोरी' नहीं हुए हैं!

दूसरी तरफ, दारा को बदनाम करने के लिए औरंगज़ेब ने उसे इस्लाम का विरोधी कहकर प्रचार चलाया। इससे कुछ मुल्ला और अमीर उसके पक्ष में हो गये। (**भारतीय संस्कृति और हिन्दी-प्रदेश**, 2/241) इसलिए यह कहना उचित है कि "दारा की पराजय किसी एक व्यक्ति की पराजय नहीं थी, ...दारा पर औरंगज़ेब की विजय लोक-धर्म पर रूढ़िवादी कर्मकाण्ड की विजय थी, वह पतनशील सामन्तवाद की विजय थी।" (उपर्युक्त, 2/231) इन्हीं रूढ़िवादियों के वंशज थे मौलाना शिबली, एम. फारुकी और आई. एच. कुरैशी, जिन्होंने बीसवीं सदी में यह फरमाया कि, 'अकबर की सहिष्णुता की नीति के कारण हिन्दू समुदाय निरंकुश हो गया और मुसलमानों पर अत्याचार करने लगा। यह वर्ग दारा के माध्यम से हिन्दू समुदाय के वर्चस्व और अपने लिये तमाम

दरवाजे खोल देने की अपेक्षा में सक्रिय हो गया।'' (**भारतीय मुसलमान**, 1/340) शासन के आरम्भिक दिनों में उसने मुग़लों की रवायत कायम रखते हुए जो धार्मिक उदारता दिखायी, आगे चलकर उसे भी ख़त्म कर दिया। मन्दिर तुड़वाये, जज़िया लगाया, उसकी रकम अलग से ख़ज़ान-ए-जज़िया में रखवायी, जिससे धर्मान्तरण को बढ़ावा दिया जाता था। इन कामों से दरबार के कट्टर मुस्लिम उसके साथ हो गये। उसे अपना शासन सुरक्षित महसूस होने लगा।

अपने निजी आचरण में वह पक्का नमाज़ी था, पाँचों वक़्त की नमाज पढ़ता; कुरान की नक़ल करके और टोपियाँ सीकर गुज़ारे की रकम जुटाता। लेकिन वह ऐसा मुसलमान था कि, ''कुरान को बीच में रखकर अपने सहोदर छोटे भाई मुरादबख़्श से समझौता करता है और मौका आते ही विश्वासघात भी कर देता है। अपने भतीजे सुलेमान शिकोह से प्रतिज्ञा करता है कि उसे पोस्त का पानी पिलाकर तिल-तिल नहीं मारा जायगा, मगर उसी तरह मारता है। निर्दयता और अनैतिकता ऐसी कि पिता को पानी के लिए तरसाकर क़ैद किया और लगभग दस वर्षों तक क़ैद में ही रखा।'' (उपर्युक्त, पृ. 1/344) यही बात यदुनाथ सरकार के हवाले से रामविलास जी लगभग बीस साल पहले इन शब्दों में कह चुके थे, "औरंगज़ेब ऐसा मुसलमान था जो कुरान और पैगम्बर की कसमें खाकर अपने वादे तोड़ सकता था। वादे तोड़ने के बाद अपने भाई को कैद करके उसकी जान ले सकता था, अपने बाप से दगा करके, उसे पानी की एक-एक बूँद के लिए तरसाकर घुटने टेकने पर मजबूर कर सकता था।" (**भारतीय संस्कृति और हिन्दी-प्रदेश**, 2/243) इससे इतना तो स्पष्ट है कि व्यक्तिगत आचरण के अलावा इस्लाम का उसके शासन से कोई सम्बन्ध नहीं था। जैसे अपनी सत्ता की मजबूती के लिए वह उदारता का इस्तेमाल करता था, वैसे ही इस्लाम का भी करता था। अपने अन्तर्विरोधपूर्ण कार्यकलाप के नाते औरंगज़ेब सबसे विवादास्पद रहा, उसकी नीतियाँ कट्टरता और उदारता का अजीब सम्मिश्रण रहीं। न इस अन्तर्विरोध का सम्बन्ध धर्म से था, न कट्टरता और उदारता का सम्बन्ध धर्मान्धता से। इसीलिए अधिकांश हिन्दू सामन्त औरंगज़ेब के सहायक बने रहे।

दूसरे शब्दों में, हिन्दू सामन्त औरंगज़ेब के मददगार थे, वह अलग से कोई हिन्दू-विरोधी अभियान न चलाता था। उसकी हिन्दू-विरोधी छवि 19-20वीं शताब्दी में गढ़ी गयी, जब अँगरेज़ों की साम्प्रदायिक नीति को सहायता देने के लिए हिन्दू-मुस्लिम कट्टरपन्थी सक्रिय हुए। इस काम में जितना योगदान कट्टर मुस्लिम इतिहासकारों और विद्वानों ने किया, उतना ही पुनरुत्थानवादी हिन्दू विचारकों ने भी किया। औरंगज़ेब की कट्टरता या अत्याचारों का सम्बन्ध साम्राज्य की डाँवाँडोल अवस्था से

था। शाहजहाँ के शासन के उत्तरार्द्ध में आर्थिक परिस्थितियाँ डगमगाने लगी थीं। औरंगज़ेब के समय स्थिति और बिगड़ गयी। सामन्तवाद की पतनशीलता का आलम यह था कि औरंगज़ेब के सेनापति, जिनमें जयसिंह प्रमुख था, अपने "रणकौशल से अधिक घूस और बेईमानी का भरोसा करते थे।" (उपर्युक्त, 2/239) यह प्रयास जयसिंह ने मराठों के साथ किया, बीजापुर (कर्णाटक) में भी किया; हर जगह उसे असफलता हाथ आयी। बहुत समय तक औरंगज़ेब ने आसाम से दक्षिण तक निरन्तर युद्ध करके जिस साम्राज्य का विस्तार किया था, वह चतुर्दिक् विद्रोह और उसके सामन्तों की कायरता से इस दशा में पहुँच गया था कि वीरता के स्थान पर घूसखोरी का सहारा लेना पड़ रहा था। अनेक युद्धों में भारी नुकसान सहने के बाद स्वयं औरंगज़ेब की कूटनीति ऐसी थी कि घूस को उसने एक राजनीतिक हथियार बना दिया था। इसलिए उसके मातहत भी घूसखोरी में लिप्त हो चले थे। और यह मानी बात है कि, "जहाँ घूसखोरी होगी, वहाँ जनता पर अत्याचार भी होंगे। यही कारण है, औरंगज़ेब के शासनकाल में जगह-जगह किसान विद्रोह फूट पड़े।" (उपर्युक्त, 2/255)

किसानों के ये विद्रोह कहीं धार्मिक आवरण में प्रकट हुए, कहीं सीधे-सीधे। 'उत्तर भारत में ब्रज, बुन्देलखण्ड, मालवा, राजस्थान विद्रोह के बड़े केन्द्र बने।" (उपर्युक्त, 2/257) मथुरा में 20 हज़ार किसानों के साथ मथुरा नाम के व्यक्ति के नेतृत्व में किसानों ने शाही फौजों से टक्कर ली, नारनोल में सतनामियों के नेतृत्व में किसानों ने शाही सेना को हराकर अपना शासन कायम किया। (2/254-255) बुण्देलखण्ड में शिवाजी के सुझाव पर छत्रसाल ने किसानों को आधार बनाकर औरंगज़ेब की सेनाओं को पराजित किया और पन्ना में राजधानी कायम करके स्वतन्त्र राज्य स्थापित किया। (2/257-58) फैजाबाद के पास गोलकुण्डा में भी किसानों ने शाही फौजों का बुरा हाल किया था। (2/253) किसान विद्रोहों के अलावा व्यापार के विकास से नयी जातियाँ अस्तित्व में आने लगी थीं। सिक्ख, मराठे और कन्नड़ जातियाँ अपनी स्वाधीनता की आकांक्षा व्यक्त करने लगी थीं। औरंगज़ेब के शासन का केन्द्र हिन्दी प्रदेश था। हिन्दी प्रदेश के किसान औरंगज़ेब से लड़ रहे थे, साथ ही सिक्ख, मराठे और कर्णाटक के शासक किसानों को मिलाकर दिल्ली के शासक से लड़ रहे थे। सामन्तों की गद्दारी, हिन्दू-मुसलमान सामन्तों द्वारा औरंगज़ेब की सहायता के बावजूद किसान असन्तोष की यह व्यापकता औरंगज़ेब के शासन के लिए बहुत बड़ी समस्या बन गया था। इस समस्या को सुलझाने में धार्मिक कट्टरता कोई सहायता नहीं कर रही थी। कारण यह कि समस्या राजनीतिक और आर्थिक थी, उसका समाधान धर्म से नहीं हो सकता था। यह बात आज के शासक भी नहीं समझते। वे औरंगज़ेब की तरह आर्थिक-सामाजिक समस्या का हल न निकालकर धार्मिक प्रतीकों के सहारे साम्प्रदायिक उन्माद पैदा करके सत्ता को मज़बूत करना चाहते हैं।

इस अनुभव को समेटकर रामविलास जी ने यह अत्यन्त सारगर्भित निष्कर्ष दिया है कि, "औरंगज़ेब ने अकबर, जहाँगीर, शाहजहाँ के साम्राज्य का विस्तार किया पर वह विशाल साम्राज्य औरंगज़ेब के जीवनकाल में ही विघटित होने लगा था। मजहब के आधार पर साम्राज्य को टिकाऊ बनाने की कोशिश बेकार हो रही थी। 17वीं सदी में औरंगज़ेब के साम्राज्य का विघटन 20वीं सदी के पाकिस्तानी और भारतीय सम्प्रदायवादियों के लिए बहुत शिक्षाप्रद है। औरंगज़ेब मज़हब के आधार पर, साम्राज्य के सारे साधन होते हुए भी उसे टिकाऊ न बना सका। पाकिस्तान में मज़हब के आधार पर राज्य टिकाऊ नहीं बना, इसका बहुत बड़ा प्रमाण बाँग्लादेश का अलग हो जाना है। भारत में हिन्दू धर्म के आधार पर राष्ट्र को पुनर्गठित करने का प्रयत्न किया गया तो वह भी इसी तरह विघटित होगा। भारत में अनेक धर्म के माननेवाले रहते हैं, — एक ही धर्म माननेवालों में कई प्रादेशिक जातियाँ होती हैं।" (2/250-51)

इस विविधता को धर्म के आधार पर न समझा जा सकता है, न सुलझाया जा सकता है। कॉर्पोरेट पूँजी के ब्राण्डों की तरह हिन्दुत्व का एक सर्वसमावेशी ब्राण्ड उत्तेजना चाहे पैदा करे, वह भारतीय समाज की सच्चाई व्यक्त नहीं करता, इसलिए वह विघटन का कारण बनता है। औरंगज़ेब आज से तीन सौ साल पहले हुआ था। वह इस बात को न समझे, यह सम्भव था। तीन शताब्दियों बाद हम भी न समझें, यह कल्पना से परे है। सामाजिक-आर्थिक संकट सुलझाने में असमर्थ होने पर शासकवर्ग आज भी जनता को धर्मान्धता के रास्ते पर ठेलते हैं। औरंगज़ेब से आज की परिस्थिति का अन्तर यह है कि तब राज्यसत्ता इस्लाम के नाम पर ताकत बटोरती थी, इस्लाम अल्पसंख्यक समुदाय का धर्म था; आज राज्यसत्ता बहुसंख्यक समुदाय के ध्रुवीकरण के लिए हिन्दुत्व का इस्तेमाल करती है, उसके परिणाम अत्यन्त खतरनाक और दमनकारी होंगे।

भाषा का प्रश्न धर्म का प्रश्न नहीं है। वह औरंगज़ेब के लिए भी नहीं था। उसने दारा के नाम हिन्दी में लिखा शाहजहाँ का पत्र पकड़ा तो वह उसे पढ़ सकता था। वह न सिर्फ हिन्दी जानता था बल्कि हिन्दी का समर्थक था। स्वयं हिन्दी में कविताएँ लिखता था। **संगीत रागकल्पद्रुम** में उसके लिखे 13 छन्द मिले हैं। यह संख्या जहाँगीर के छन्दों से अधिक है। जदुनाथ सरकार ने औरंगज़ेब के भाषाज्ञान के बारे में लिखा है, "उसकी मातृभाषा हिन्दुस्तानी थी। मुग़ल दरबार के लोग अपने निजी जीवन में इसी भाषा का व्यवहार करते थे।" (उपर्युक्त, 2/225) इसलिए पं. चन्द्रबली पाण्डे का यह कहना वैज्ञानिक समझदारी का द्योतक है कि, "किन्तु यह अच्छी तरह विदित है कि आलमगीर कट्टर हनीफी मुस्लिम बादशाह था और इस्लाम के आदेश के अनुसार ही शासन करता था। हिन्दी का प्रश्न उसके लिए धर्म का प्रश्न न था जो उससे कुढ़ता।" भाषा का प्रश्न न औरंगज़ेब के लिए धर्म का प्रश्न था, न चन्द्रबली पाण्डे के लिए।

भाषा का प्रश्न जातीयता का प्रश्न है। पाण्डे जी ने औरंगज़ेब के हिन्दी-प्रेम की गवाही मौलाना शिबली से दिलायी है। वही शिबली जिन्होंने उसके कट्टरपन को जायज़ ठहराया है!

पं. चन्द्रबली पाण्डे के अनुसार, औरंगज़ेब 'कट्टर होते हुए भी धर्मान्ध न था।' वह हिन्दी का महत्त्व समझता था। धर्म के प्रचार के लिए भी फ़ारसी की अपेक्षा हिन्दी की उपयोगिता उसे पता थी। एक धार्मिक हनीफी के रूप में 'विषय वासना से दूर रहकर वह सत कविता का प्रचार करना चाहता था।' वह कितना कट्टर हनीफी था, इसकी कुछ झलक हम देख चुके हैं। यहाँ एक प्रसंग का ज़िक्र उचित होगा। इसका उल्लेख पाण्डे जी ने भी किया है। पहली बात यह, यदि वह कट्टर हनीफी होता तो संगीत का प्रेमी नहीं हो सकता था। उसके जो 13 छन्द मिले हैं, वे सभी ध्रुवपद के रागों में है। इसके अतिरिक्त, वह सामान्य मनुष्य था, काम-लोभ का पुतला। शाहजहाँ को कैद करने के बाद उसने आगरे के किले में मौजूद अथाह सम्पत्ति हड़प ली, शाहजहाँ के शरीर पर मौजूद हीरे-मोती भी अधिकतर ले लिये। कामी ऐसा था कि उसके हरम में उसकी खास बेगम दिलरसबानू के अलावा और बहुत सी स्त्रियाँ थीं। (उपर्युक्त, 2/245) इन सबके साथ ही उदैपुरी महल थी "जो दाराशिकोह के निधन के उपरान्त (दारा की दासी) उसके हाथ लगी और जीवन भर उसकी लाड़ली बनी रही। उसने आलमगीर के औलियापन को भुलवा दिया था।" (चन्द्रबली पाण्डे) इतने से ही बात पूरी नहीं होती, "अब यदि औरंगज़ेब का पक्का काम-कौतुक देखना चाहें तो हीराबाई का प्रसंग देखें (जिसका उपनाम ज़ैनाबादी था – अ.ति.) और यह अच्छी तरह जान लें कि वह प्रेम के प्रमाद में पड़कर शराब पीने तक को उद्यत हो गया था, पर उसकी प्रिया ने ही उसे ऐसा करने नहीं दिया।" इस हीराबाई उर्फ़ ज़ैनाबादी को वह दारा के रहते ही अपनी मौसी के यहाँ से उड़ा लाया था, जहाँ बाग़ में आम तोड़ते देखकर उसके सौन्दर्य ने औरंगज़ेब के मन में तूफ़ान उठा दिया। (**भारतीय संस्कृति और हिन्दी प्रदेश**, 1/245) किसी स्त्री के कहने से शराब पीने के लिए तैयार हो जाना उसकी धार्मिकता का यथार्थ उजागर कर देता है।

निजी धार्मिक आचरण, साम्राज्य के लिए युद्ध और राग-रंग, औरंगज़ेब का व्यक्तित्व काफी जटिल था। कविता और संगीत से उसका प्रेम धार्मिक आग्रह से परे एक शासक और मनुष्य का परिचायक है, जिसकी अनदेखी करना उचित नहीं। उसने फ़ारसी कविता को भी संरक्षण दिया, किन्तु खुद अपनी कविताएँ उसने हिन्दी– ब्रजभाषा – में लिखीं। उसकी कविताएँ शृंगार से अछूती नहीं हैं। बानगी देखिये–

तोहि अति भावेरी शाह औरंगज़ेब उजारो।
दरस देखेते रोमरोम सुख होतहै डर होत हेरी दुख अधियारो...

एक रसना अस्तुति कैसे करों कही जाय प्रानहूँ ते प्यारो।
रखोंगी हिय में दुरायकर नेक न करहों न्यारो... (छन्द 10)

इस प्राण प्यारे को अपने हृदय में छिपाकर रखनेवाली नायिका को उसे खोने का डर भी है। प्रिय के आने का समाचार मिलता है तो ख़ुशी में वह स्नान, शृंगार करके प्रस्तुत होती है। वह उसे 'मनमोहन बलमा' कहकर पुकारती है, जैसी शब्दावली और किसी मुग़ल बादशाह में नहीं मिलती –

अब घरी आवत है लाल माईरी अवधको दिन आज।
वेग प्रफुलित भयो सुगंध मंजन कर कर आभूषण
वसन बनाये पहरे प्यारी तबही अगरजा भेटत
लगाए जब होवे मन भावतो काज...
यह देखो वे गए मनमोहन बलमा अंतरयामी
खामी करवन वरण कारण विरहन कारण तेरे
अनगन मानो पतितन को दीनो सुखसमाज।
शाह औरंगज़ेब जीनी गलेहो लगाय कीनी निहाल
तोहे वाल दोनों ढिग विव सुहाग भाग आनन्द राज... (छन्द 11)

नायक अपनी प्रिया को गले लगाकर निहाल कर देता है! यह संयोग शृंगार विशुद्ध लौकिक काव्य का विषय है, दीनी विषय नहीं। जैसे धर्म औरंगज़ेब के लिए शासन सुदृढ़ करने और समृद्धि बटोरने का साधन था, वैसे ही 'नीतिमयी कविता' (पं. चन्द्रबली पाण्डे) का आग्रह भी अपने भोगवादी आचरण को ढँकने का बहाना था। वह साधारण मनुष्य था और उसे इसी रूप में देखना चाहिए, देव या दानव बनाकर नहीं। इसका उदाहरण भी उसकी कविता में है। नायक किसी और का नाम अपनी प्रिया के सामने लेता है, प्रिया को शिकायत होती है, वह कटाक्ष करती है, नायक को 'भलेहो' और अपने को 'बौरी' बताते हुए कहती है –

बहोत भावत है वह तुमे होई नीके कर जानत।
इतनो तोइ कान करो तुम एसी न बूझिये
जो मेहेदी आगे बाइ को नाम ठानत
दैया कैसे अपनी टेक के नेकइ लाज जोयमे नहीं आनत
शाह औरंगज़ेब बहोत भलेहो हौं बौरी जे यो बात बखानत... (छन्द 13)

एक गीत में वह दारा के हरम से प्राप्त अपनी लाड़ली 'उदैपुरी' का स्मरण करता है –

तुव गुण रावी उदै कीनो वाही ते कहत तुमकों
बाई उदैपुरी।
अनगिन गुण गायन के अलाप विस्तार सुर जोत
दीपक जो तोलों सों विद्या है दुरी... (छन्द 10)

हिन्दुओं के सांस्कृतिक प्रतीकों का उपयोग करने से भी उसे गुरेज़ नहीं था। इस दृष्टि से वह भी अकबर से शुरू हुई परिपाटी का निर्वाह करता है। यूँ तो उसका राज्यारोहण दो बार हुआ। लेकिन जब वह विधिवत गद्दीनशीन हुआ, तब अपने बादशाह बनने का वर्णन जिन प्रतीकों में करता है, वह देखने लायक है –

उत्तम लगन शोभा सगुन गिन गिन ब्रह्मा विष्णु
महेश व्यास कीनो शाह औरंगज़ेब जसन तखत
बैठो आनन्दन। (छन्द 6)

उसके तख़्त पर बैठने का जश्न ब्रह्मा-विष्णु-महेश के साथ व्यास भी मना रहे हैं! उस हनीफ़ी मुसलमान को इन देवताओं से कोई वैर नहीं दिखता। राज्य और धर्म का अलगाव उसे भी मालूम था, आज के सम्प्रदायवादियों को न मालूम हो तो यह अलग बात है।

अन्य बातों के अलावा इन उदाहरणों से यह तो स्पष्ट है कि औरंगज़ेब की ब्रजभाषा बहुत चलती हुई है, उसमें फ़ारसीपन का असर नहीं है। राजनीति से अलग, या शायद अपनी राजनीतिक सूझ-बूझ के कारण, भाषा के बारे में उसका दृष्टिकोण बहुत निर्भ्रान्त था। चन्द्रबली जी ने अपनी उदारता में उसके कुछ 'गुणों' को कम करके चाहे देखा हो, पर भाषा के बारे में उन्होंने बिलकुल सही कहा है कि "उपयोगिता की दृष्टि से वह हिन्दी के महत्त्व को समझता था और फ़ारसी की रंगभरी कविता से कुछ परहेज़ करता था।" फ़ारसी कविता का तो पता नहीं, लेकिन हिन्दी में वह रंगभरी कविता लिखता था, उसके दरबार में रंगभरी हिन्दी कविता के रचयिताओं की अच्छी-खासी पैठ थी; भाषा के बारे में कोई सन्देह नहीं कि वह हिन्दी की उपयोगिता समझता था। इसलिए उसके शासनकाल में हिन्दी का और विकास हुआ। हिन्दी से उसका लगाव ऐसा था कि उसकी बेरुखी के कारण 'फ़ारसी का सोता' सूख चला, जिस वजह से उसकी भाषानीति को "कुछ लोग खट्टी समझते हैं।" ऐसी बेरुखी हिन्दी के प्रति नहीं थी। कवि वृन्द को उस समय 10 रुपये रोज़ मिलते थे। किसी बात पर वृन्द ने उसे फटकार दिया। पर इसका उन्हें कोई दण्ड नहीं मिला।

(ऊ) आज़मशाह, मोजमशाह, जहाँदारशाह

धर्म और भाषा को एक करके देखने की औपनिवेशिक दृष्टि का पूरा उपयोग साम्प्रदायिक विचारक और राजनीतिज्ञ करते हैं। इस दृष्टि से न केवल औरंगज़ेब का व्यवहार बल्कि चन्द्रबली पाण्डे का दृष्टिकोण भी हमारे लिये शिक्षाप्रद है। धर्म की जगह भाषा का नाता संस्कृति से और समाज से है। अकबर के ही समय यह निर्धारित हो गया था कि राजभाषा फ़ारसी होगी क्योंकि मुग़ल बादशाह अपने से विकसित ईरानी सामन्तवाद के ढाँचे में अपनी सत्ता का गठन करने को उत्सुक थे, लेकिन बाकी सभी सांस्कृतिक कार्यों के लिए यहाँ के बोलचाल की भाषा हिन्दी चलेगी, जो तब ब्रज थी। टोडरमल स्वयं राजभाषा के नाते फ़ारसी को महत्त्व देते थे लेकिन कविता लोकभाषा हिन्दी (ब्रज) में ही लिखते थे। यह स्थिति सबसे कट्टर बादशाह औरंगज़ेब तक कभी नहीं बदली। सांस्कृतिक एकीकरण का एक प्रतीक इसी बात को माना जा सकता है कि अकबर 'हिन्दू' हो गया था और तानसेन 'मियाँ'! कल के उपनिवेशवादियों और आज के सम्प्रदायवादियों से अधिक अच्छी तरह औरंगज़ेब यह जानता था कि भाषा का सम्बन्ध जातीयता से है, धर्म से नहीं। इसीलिए हिन्दुओं या हिन्दुस्तानियों के सामाजिक-सांस्कृतिक जीवन की झलक अधिकांश मुग़ल बादशाहों की रचना में मिलती है। अकबर, जहाँगीर आदि की रचना में हम उसकी अभिव्यक्ति देख चुके हैं। बाद के कवियों की रचनाएँ इस दृष्टि से और भी महत्त्वपूर्ण हैं।

मुहम्मदशाह 'रँगीले' से पहले के बादशाहों का काल बहुत संक्षिप्त रहा। उनकी रचनाएँ भी बहुत कम हैं। लेकिन सांस्कृतिक और भाषिक दृष्टि से उनका महत्त्व कम नहीं है। आज़मशाह औरंगज़ेब का प्रिय पुत्र था लेकिन वह बादशाह नहीं बन पाया। फिर भी उसकी जो थोड़ी-सी कविताएँ मिलती हैं, वे हिन्दी रीतिकवियों के बहुत निकट हैं। मुग़ल साम्राज्य के विस्तार और शक्ति का वर्णन करते हुए उसने लिखा –

मलक पुर मलयाबाद मारु मरहठ मुगेर मालवा
महावन मकनपुर मेवात मुल्तान मेवाड़ मिसर।
बगदाद बंग बरार बन्दर बदाऊँ बुखार बुण्देलखण्ड
बून्दी बृंदावन विजेपुर और विधनोरपुर...
समरकंद सोलापुर सारंगपुर सारसन सूरत
समशाबाद सीरोज सुन्दरपुर सुरंग सिंगलदीप
सेलाज शेखपुर मकरपुर सम्भरपुर घर घर
काशी कुमाऊँ काबुल कच्छ वा कनोज काश्मीर

करोली केदार करबला केगर कोकन शाह आजम
जग तीम अप बस कर लिए मानत दोहाई नर
नरेन्द्र सकल भुव पर... (छन्द 1)

यह बात सही है कि औरंगज़ेब का साम्राज्य मुग़लों में सबसे विस्तृत था। इस छन्द में अधिकांश का उल्लेख यहाँ मिलता है। लेकिन इस वर्णन की दो बातें द्रष्टव्य हैं। पहली, अनुप्रास का अद्भुत चमत्कार; दूसरी नाम गिनाने की प्रवृत्ति। दोनों बातें हिन्दी रीतिकविता की विशेषताएँ हैं। काव्य की दृष्टि से ऐसी रचनाएँ महत्त्वपूर्ण नहीं होतीं। किन्तु इतिहासकारों को इनमें अपने उपयोग की सामग्री मिलती है। आज़मशाह के यहाँ देवताओं की ही नहीं, देवियों की स्तुति भी है –

गौरी ईश्वरी शिवा भवानी आनन्द देजै।
रुद्राणी सर्वाणी सर्वमंगला मृड़ाली मैनका
दारिद्र भंजै...
दक्षिणी उमा कत्यानी सुवर्णा पार्वती दुर्गाराणी
तिहूँ लोकमानी मन विचक्रम तजै।
चण्डिका अम्बिका आरजा गिरिजा मेनकात्मजा
निरमोल सेवकको अनेक विद्या कर सजै।
जो रीझै शाह आजम सुजान नरेन्द्र और होय
सुदा सभा में जय... (छन्द - 3)

देवताओं से उसे विरक्ति नहीं है। शिव का यह वर्णन भाषा और कला दोनों दृष्टियों से देखने योग्य है –

भस्म भूषण अंग चर्चित गंग शिखर बहुर रूप शिवजी
गाण्डवर में डमरू बाजत फुंकत फणेश भारी। (छन्द - 8)

साहित्य में स्वकीया-परकीया को लेकर बहुत बहस होती है। रीतिकविता में जितना स्वकीया का वर्णन है, उससे अधिक परकीया का है। आज़मशाह अपनी नवविवाहिता पत्नी पर रीझे हुए हैं –

थोरेरे दिन की नवल दुल्हैया नयो योवन नयो रंग।
नयी प्रीत रीत नये आभूषण शाह आजमके संग... (छन्द - 4)

लेकिन सामन्ती वैभव-विलास में यह एकनिष्ठता अधिक नहीं रहती। कामदेव का आक्रमण चारों ओर होता है। पुरुष के लिए अनेक स्त्रियाँ हैं, स्त्री के लिए यह स्थिति

पीड़ादायक है। प्रिय को 'चतुर' और अपने को 'अयानी' (अज्ञानी या अबोध) बताते हुए नायिका की यह वक्रोक्ति देखने लायक है –

निपट कर जो दुराव करत मोसों हौं नहीं जानत
पीय अधिक चतुर तुमही और हौंही अयानी।
कोटि यतन करत है तिन गुण कर प्यारे तुम्हारे
देखियत जे करत फिरत घर घर मनमथ के वस
जपो तीय अंग संग रंग करत बहुज्ञानी... (छन्द 9)

कहने की ज़रूरत नहीं कि भाव, भाषा और कला की दृष्टि से आज़मशाह की अभिव्यक्ति परिपक्व है। उसकी हिन्दी निखरी हुई ब्रजभाषा का रूप प्रस्तुत करती है। हाँ, उर्दू का इसमें कोई नामोनिशान नहीं है। फ़ारसी प्रभाव भी नहीं दिखायी देता।

'मोजमशाह' शाहआलम बहादुरशाह गद्दी पर बैठे लेकिन केवल पाँच वर्ष शासन कर पाये। मुग़ल साम्राज्य का बिखराव पहले ही शुरू हो गया था, इस समय तक आते-आते मुग़लों का शासन अस्थिरता और भीतरी षड्यन्त्रों का अखाड़ा बन गया था। गद्दी पर बैठनेवाला बादशाह राग-रंग में अधिक ध्यान देता था। 'मोजमशाह' की कविता भी राग-रंग में डूबी हुई है। रात भर केलि के बाद सुबह का दृश्य है –

अब तुम जागो क्योंन मोरे मीत
पियरवा हमारी प्रीत तुम सन लागी।
नींदके माते साहआलम सुर जनु
बाग़ बनावा सगरी रैन रंग रस पागी... (छन्द 1)

लेकिन किसी नायिका का राग-रंग स्थायी कैसे रह सकता है? उसका दुःख है –

बतीयाँ दिन गिनत हारी कठिन भई कर पल्लवरी
कहूँ कासेरी यह दुखरे।
आइज धीरज अपराधन प्रीत लगाव नहीं जायरे... (छन्द 5)

विषयवस्तु को छोड़िये, भाषा पर ध्यान दीजिये तो वह ठेठ देसी ठाठ की है, उसमें राजभाषा फ़ारसी का दबाव बिलकुल नहीं दिखायी देता।

'मोजमशाह' के बाद मुइजउद्दीन अत्यन्त अल्पकाल के लिए बादशाह बना तो विलास में ही डूबा रहा। चन्द्रबली पाण्डे ने कुछ व्यंग्यात्मक ढंग से लिखा है, "लड़भिड़कर किसी तरह मुइजउद्दीन जहाँदारशाह बादशाह हुए तो उन्हें लालकुँवरि के आँचल में ही सब-कुछ दिखायी देने लगा। त्रिलोक की झाँकी छोड़कर राज्य की चिन्ता

कौन करता?" न लालकुँवरि नूरजहाँ थी, न मुइजउद्दीन जहाँगीर। सामन्तों और मौलवियों ने जल्द ही उसे मौत के घाट उतार दिया। वह 'मौज' के नामसे कविता लिखता था। उसकी कविता की दो विशेषताएँ उल्लेखनीय हैं। पहली, वह बोलचाल की भाषा में संवाद की शैली में लिखता था, जिसमें खड़ीबोली हिन्दी का रूप निखरता हुआ मिलता है –

यह जग दरशन का मेला है जो तूँ आया है यहाँ तो
कुछ देख भाल चल फिर मिल जुल हँस बोल बता
ले खा पी इस कारण सबको एकठोर सकेला है। (छन्द 4)

यहाँ हम गद्य का पूरा वाक्य देखते हैं। आगे चलकर गद्य में कविता लिखने की जिस शैली का विकास हुआ और आजकल जिसका उपयोग बहुत से हिन्दी कवि करते हैं, यह सम्भवतः उसका प्रारम्भ है। निराला ने निबन्ध का एक अनुच्छेद गाकर दिखाया था कि गद्य भी गाया जा सकता है। इस कविता में राग-ताल का उल्लेख है 'मजमूआ, अल्हैया, तिताला।' यह मजमूआ संवादपरक रचना होती है। उसकी भाषा ठेठ बोलचाल की हो, यह आवश्यक है। मुइजउद्दीन की भाषा की दूसरी विशेषता है, उसकी हिन्दी पर ब्रज से बाहर के प्रभाव –

बड़ी रैन गइली अजहूँ नहीं आये पी अब कहा करूँ
कित जाऊँ ए रि दई। (छन्द 6)

'गइली' पूर्वी भाषा से आया है। स्पष्ट है, हिन्दी के जनपदों में मेल-मिलाप से उसका एक परिनिष्ठित रूप विकसित हो रहा था। एक बात और। मुइजउद्दीन की कविता में ऐरावत, नरसिंह, उच्चैःश्रवा जैसे भारतीय पौराणिक प्रतीकों का उपयोग हुआ है। (छन्द 17) एक संवाद में राम और केवट का प्रसंग भी है, जो मुसलमान कवियों में उसके पहले नहीं मिलता। (छन्द 29) यह भारतीय समाज और हिन्दी जनमानस से एकीकरण का साक्ष्य है।

(ए) मुहम्मदशाह 'रँगीले'

मुहम्मदशाह लम्बे समय रहा। 1719 से 1748 तक, लगभग तीस साल। वह बहुत रंगीन तबीयत था और गम्भीर कलाप्रेमी भी। उसका आरम्भिक दौर कठिन था। 'मोजमशाह' शाहआलम बहादुरशाह के समय ही सैय्यद बन्धुओं (हसन अली और हुसेन अली) का उदय हुआ था, जिनकी चर्चा पहले की जा चुकी है। दरबार में ईरान-तूरान से आनेवाले हावी थे, उनमें बहुत से मनसबदार बन गये थे। शासन में उनकी मज़बूत पैठ थी। सैय्यद बन्धु हिन्दुस्तानी थे और शीआ थे। उनसे परदेसी दल घबराता था। लेकिन वे कूटनीति में बहुत कुशल न थे। जिस शहजादे को गद्दी

पर बिठाते उसे कठपुतली की तरह इस्तेमाल करते। मुहम्मदशाह ने उन्हें रास्ते से हटाया। हसन अली पहले मारे गये थे, हुसेन अली को युद्ध में घायल अवस्था में पकड़ा गया और विष देकर मार दिया गया। लेकिन इधर मराठों के अभ्युदय से और उधर अँगरेज़ों की बढ़ती शक्ति से 'ईरानी-तूरानी शासन जम न सका।' (चन्द्रबली पाण्डे) लेकिन उसने जो काम किया, वह सामन्तवाद के पतनशील रूप का प्रसार था। इन्हीं में से एक निजामुल्मुल्क ने हैदराबाद में निजामी कायम की, दूसरे सआदत खाँ ने अवध में नवाबी कायम की; यह निजामी आज़ादी के बाद तक समस्या बनी रही; तीसरे मन्त्री मोहम्मद अमीन खाँ ने उर्दू की ईजाद की, जिसे अँगरेज़ी शासकों ने हिन्दू-मुस्लिम विभाजन के लिए, फिर भारत के विभाजन के लिए हथियार की तरह इस्तेमाल किया। उर्दू का फ़ारसीकरण सबसे अधिक ब्रिटिश राज में हुआ। राजपूत कभी मुग़ल सत्ता के साथ निकट से जुड़े थे, वे अब अपनी छोटी-छोटी रियासतों में अपनी शान की लड़ाई लड़ते हुए देश में विकासमान शक्तियों का प्रतिनिधित्व करने में अक्षम रहे। समाज से कटे हुए सामन्तों का यह दौर भारत की गुलामी पर जाकर रुका।

मुहम्मदशाह कविता और संगीत का अनन्य प्रेमी था। वह कई नामों से कविता लिखता था। उनमें प्रमुख था 'रँगीले'। यह उसका उपनाम ही बन गया था। इसके अलावा 'सदारंग' और 'सदाँरगीले' नामों से भी लिखता था। बहुत से छन्दों में मुहम्मदशाह के साथ इन नामों का प्रयोग मिलता है। उसकी कविताओं में शृंगार है, तो वेदान्त भी – 'हर घट में हरिजी की परछाई।' (**संगीत रागकल्पद्रुम**, 1/581) एक छन्द में ज़बान के पान सा पलटने की चर्चा है –

प्यारे तुमारी रसना पानसी पलटत नित।
पहलेतो सदारंग दिखाय रिझाय लेतहो
पाछे बदलत नित। (उपर्युक्त, 1/140; यहाँ छन्द 11)

बेशक़, यह शृंगार का ही भाव है, लेकिन भाषा की मुहावरेदानी ब्रज-हिन्दी की अपनी है। प्रेम में एक-दूसरे के रंग में रँग जाने का वर्णन है –

मेरा देहो रंगाय चोला।
जैसी रंगीली पियकी पगरी तैसेही
मोती लागे सदारंग अनमोला... (छन्द 72)

होली का आनन्द मुसलमान कवियों को बहुत भाता रहा है। रँगीले के यहाँ "लाल मदमाते वन वन खेलत फाग।" (छन्द 6) से लेकर "प्रभु कैसी होरी मची सब जग देखत गुलाल रंग से बादर" (छन्द 172) तक होली के नानारंग उसकी कविता में बिखरे

हुए हैं। 'ननदी मोसों वैर परी पियसो कहत न बात' (छन्द 232) से लेकर 'समधिन अलख लाडली गहली डोरे भोरे सदरँगीले रंग में' (छन्द 131) तक घर-परिवार के सम्बन्धों के अनेक रूप भी हैं।

मुहम्मदशाह रँगीले मुख्यतः ब्रज का कवि है। लेकिन इस ब्रज में अन्य जनपदीय रूप भी घुल-मिल रहे थे। उसकी एक कविता में 'जिन बोलो' का प्रयोग है – ''अब तो सुन ले वैन के पपीहा तू पिउ-पिउ/ पिउ-पिउ जिन बोलो।'' (छन्द 94) यह अवधी का पद है। रँगीले के यहाँ एक नवीनता यह भी दिखायी पड़ी कि वह हिन्दी के साथ ही पंजाबी में भी लिखता है –

राझण मैड़ा मिलिया मीया हो की करो रॉ करी एसी पावदी गलाँ।
सदारंग दी गलाँ अति सर वर कीती अश्क नु मिल देनी भला...

(छन्द 101)

अधिक देखना हो तो कविता भाग में छन्द 17, 81, 111, 125, 127, 155 इत्यादि देखे जा सकते हैं।

लगता है, तब तक हिन्दी और पंजाबी का फासला इतना नहीं हुआ था। रँगीले के बाद मुहम्मद शाहआलम सानी के यहाँ भी पंजाबी की रचनाएँ मिलती हैं। उसने अपनी रचनाओं का संग्रह **नादिराते शाही** (1797 ई.) अपने जीवनकाल में प्रकाशित किया था। इन रचनाओं के प्रामाणिक होने में कोई सन्देह नहीं हो सकता। **संगीत कविता हिन्दी और मुग़ल बादशाह** में उसकी जो रचनाएँ हैं, वे **नादिराते शाही** की ही हैं। उसका एक पंजाबी छन्द देखिये –

जावाँ वी बखती राँझी मैंड़ी गल्ला नहीं मानदा
रैन दिनां मैंनूँ ध्यान उन्हीं दाँ, पियारा साडी कदर न जानदा।

लेकिन शाहआलम सानी की चर्चा थोड़ी देर बाद। रँगीले के समय उर्दू का जन्म हुआ लेकिन उसकी कविता पर उर्दू का रंग ज़रा भी नहीं है। वह बिलकुल चलती हिन्दी में लिखता है। उसकी एक और विशेषता की ओर चन्द्रबली पाण्डे ने ध्यान आकर्षित किया है, "मोहम्मदशाह के शासन की सबसे बड़ी बात, जो कभी भूली नहीं जा सकती, यह है कि इसी के समय में अनेक भाषाओं से हिन्दी में उल्था किया गया।" 'उल्था' का अर्थ है अनुवाद। इन अनुवादों के आधार पर ही फोर्ट विलियम कॉलेज (सन् 1800) का अनुवाद विभाग बना। इन अनुवादों की रक्षा का प्रयत्न हिन्दीवालों ने नहीं किया, इस बात पर पाण्डे जी ने आश्चर्य व्यक्त किया है।

रँगीले के बाद अल्पकाल के लिए **अहमदशाह** और **अज़ीज़ अल-दीन आलमगीर** ने गद्दी सँभाली। अहमदशाह जल्द ही बन्दी बनाकर सलीमगढ़ के किले में डाल दिया गया। उसकी कुल पाँच रचनाएँ मिलती है। उनमें साफ़-सुथरी हिन्दी मिलती है –

1. तुही मुराद करो मन भावन
दिन दिन सुहाग बढ़े लाड़ले दुलहा कीते
अब बस कर पायो है लाड़ लड़ावन... (छन्द 1)

2. घटानें छोड़ी लटा बूँदनकी अब कहा रोऊँ माई।
बिजरी चमके बिजरी चमके कोयल कुहुक कुहुक डरावै...
रंगरस भरे अहमदसा कों देख री मेरो ध्यान बतावै... (छन्द 5)

अज़ीज़दीन आलमगीर में फकीरी रंग कुछ अधिक था। वह एक फ़क़ीर से मिलाये जाने के धोखे में ही बड़ी निर्दयता से मारा गया था। वह स्वयं तो हिन्दी में लिखता था लेकिन सत्ता पर कोई पकड़ नहीं थी। उर्दू उसी के समय दरबार में हावी हुई। उसकी कविता में यौवन का ज्वार, मिलन की इच्छा और अभिसार की बाधाओं के अलावा कुछ सूफियाना रंग भी है। श्रृंगार के रूपक में अध्यात्म की बात उसने इस तरह कही है –

पियाके संग एरी नार चौसर क्यों नहीं खेले।
इस अवसरको निपट सार जानो यह दिन है तीन चार।
जो जीते तो पिय को जीते हारे तो रहे पिया लार।
तेरी तो सब तरह जीत है जीत हेत न कर शोच विचार। (छन्द 7)

अज़ीज़दीन सूफी सन्त निज़ामुद्दीन का मुरीद था। उन पर भी उसकी एक कविता है।

(ऐ) मुहम्मद शाहआलम सानी

शाहआलम सानी का पूरा नाम अबुल मुज़फ्फ़र जलालउद्दीन मुहम्मदशाह आलम सानी था। वह निष्प्रभाव और लगभग कागज़ी बादशाह था। उसके समय तक अहमदशाह अब्दाली लूट-पाट करके लौट चुका था। मराठों ने भी मुग़लों की आर्थिक-राजनीतिक शक्ति का क्षय कर दिया था। अँगरेज़ों की लूट ऊपर से शुरू हो गयी थी। बादशाह अँगरेज़ों के वज़ीफ़ाख्वार हो गये थे। दरबार में उर्दू भी अपना स्थान बना चुकी थी। सानी ने अपनी रचनाओं का संग्रह स्वयं प्रकाशित करवाया। मूल ग्रन्थ फ़ारसी और नागरी लिपियों में, हाथ की लिखावट में प्रकाशित है। यह गौर करने की बात है कि हर पृष्ठ पर ऊपर नागरी लिपि में कविता दी गयी है, उसके नीचे फ़ारसी लिपि में। मुखपृष्ठ पर लिखा गया है –

"नादिराते शाही अबुल मुज़फ्फ़र जलालउद्दीन मुहम्मद शाहेआलम सानी बादशाहे हिन्दुस्तान के उर्दू, फार्सी और हिन्दी

कलाम का मज्मूआ जो ख़ुद बादशाह के हुक्म से 1212 हि./1797 ई. में मुरत्तब किया गया।"

अब इसका प्रकाशन रामपुर रज़ा लाइब्रेरी ने किया है। यहाँ से पहली बार 1944 में, दूसरी बार 2006 में इस ग्रन्थ का प्रकाशन हुआ है। रज़ा लाइब्रेरी के संस्करण में फ़ारसी और हिन्दी की कम्पोजिंग करके सभी रचनाएँ पढ़ने योग्य रूप में भी दी गयी हैं। पूरा संग्रह **ग़ज़ले रेख़्ता, सीठने, इस्तुती पीराँ, मुबारकबादे जशने (नौरोज़ वगैरह), ग़ज़ल व बैते फ़ार्सी, होरी, कवित व दोहाराः वगैरा, मिहँदी-ए-गौसुल-अ'जम, कवित व दोहरा नायका भेद** शीर्षकों से व्यवस्थित किया गया है। मैनेजर पाण्डेय ने बताया है, "**नादिरते शाही** की कविताओं की एक विशेषता यह है कि प्रत्येक कविता के ऊपर राग और ताल का स्पष्ट उल्लेख है।" (**मुगल बादशाहों की हिन्दी कविता**, पृ. 29) फिर भी उन्होंने किसी कविता के साथ राग और ताल का उल्लेख करना उचित नहीं समझा! लेकिन मैनेजर पाण्डेय की बात आंशिक रूप में सही है। **कवित व दोहरा नायका भेद** शीर्षक खण्ड के अधिकांश भाग में किसी राग-ताल का उल्लेख नहीं है। इसमें छन्द संख्या भी नहीं दी गयी है।

इसके अलावा भी अनेक प्रकार की समस्याएँ हैं। शुरू में मैनेजर पाण्डेय के यहाँ 'फरकत दुर्ग' की चर्चा हुई है। वह दोहा इसी खण्ड में है। 'फरकत दुर्ग' पाठ टाइप प्रति में है। (**नादिराते शाही**, पृ. 309) जहाँ-जहाँ हिन्दी का 'दृग' है, हर जगह टाइप रूप में 'दुर्ग' हो गया है। (पृ. 333 इत्यादि) कोई अर्थ निकलता न पाकर हस्तलिखित प्रति से मिलान करके शुद्ध रूप खोजना पड़ता है। यह काम बहुत मुश्किल है। एक तो हस्तलिखित मूल रूप को पढ़ना लोहे के चने चबाना है, दूसरे, टाइप से तैयार रूप में और बहुत-सी गड़बड़ियाँ हैं। राग कामोद में एक दोहा है – "मेरो मन नीको बहे, तू मन मोहे नांह।" टाइप रूप में वह छपा है – "मेरो मन तो कूच है" (उपर्युक्त, पृ. 347) कहीं शब्द छूट गये हैं, जैसे 'आवत ना पी गेह में, कौन कियो सँग नेह' में 'कौन' शब्द गायब है। (पृ. 323) ऐसे बहुत से छन्द हैं जिनमें या तो शब्द छूटे हैं या ग़लत हैं। कहीं 'नवेली' का 'हवेली' हो गया है, (पृ. 229) कहीं 'सुकच' का 'सुचक' (पृ. 219)। 'प्रात नसिहत' का यदि 'पुत्रन सिहत' (पृ. 241) हो जाय तो बिना हस्तलिखित रूप का सहारा लिये कैसे सुधारेंगे? छन्दों के उल्लेख में 'सारंग तिताला' का 'सारंग ताला' हो गया हो तो अनुमान से भी सुधारा जा सकता है, (पृ. 327) लेकिन 'आड़ा, एकताला' यदि 'गारा एकताला' हो जाय, तब? (पृ. 351) 'गौंड, एकताला' कहीं 'गौंड, चलता तिताला' हो गया है, (पृ. 103) 'किदारा, एकताला' अपना राग बदलकर 'पूरया,

एकताला' बन गया है! (पृ. 93) यह बहुत जगह हुआ है कि कहीं राग बदल गया है, कहीं ताल। टाइप रूप से नक़ल कर देना आसान है। मूल हस्तलिखित रूप से मिलान करना मुश्किल। यह काम बहुत समय लेता है। पता नहीं क्या जल्दी थी कि मैनेजर पाण्डेय ने मूल हस्तलिखित रूप से मिलाने की ज़हमत नहीं उठायी। इसलिए उनकी पुस्तक में पाठ सम्बन्धी अराजकता की स्थिति उत्पन्न हो गयी है।

सानी की रचनाओं में भाषा के कई रंग मिलते हैं। उसमें हिन्दी, उर्दू, पंजाबी, फ़ारसी और अरबी भाषा की रचनाएँ हैं। दूसरे, इसमें हिन्दी और फ़ारसी के अनेक छन्दों का उपयोग हुआ है। हिन्दी छन्दों का अधिक, फ़ारसी छन्दों का बहुत कम। तीसरे, कुछ कविताओं में सामाजिक-अर्थतन्त्र का परिचय मिलता है; जैसे, महसूल हाकिम को, जुगात, मण्डी के थानो, साहूकार की पूँजी, इत्यादि। चौथे, हिन्दी की लोकसंस्कृति का गहरा रंग झलकता है। जिसे सीठने कहा गया है, वह विवाह के समय गायी जानेवाली गारी या गाली है, जिनका उपयोग तुलसीदास की रचनाओं में भी मिलता है। गालियों में द्विअर्थी संवाद होता है, एक अर्थ अश्लीलता लिये रहता है, दूसरा सामान्य। ''समधन तेरी तंग बहुत है, सुन्दर सुघड़ अनूठी/ अँगुरी जात नहीं है वा में, ऐसा लाल अँगूठी।'' (सीठने-8) तुलसी इस सीमा तक नहीं गये हैं। इससे इतना तो पता ही चलता है कि दरबारी संस्कृति का असर लोकजीवन पर पड़ा हो या न पड़ा हो, लोकसंस्कृति ने दरबार में पैठ बनायी थी और लोकसंस्कृति में केवल पर्व-त्योहार नहीं थे, अश्लीलता भी थी।

शाहआलम की कविताएँ भाषा की सीमा नहीं मानतीं। कहीं 'फ़रोगे-शम'ए-ईमाँ हज़रते ख्वाज़ा मुइनुद्दीं' जैसा फ़ारसी रूप है, (इस्तुति पीराँ, छन्द 7) तो कहीं चलती हिन्दी, ''आसरो राखत है तुम्हारो, अब हज़रत पीर सुनीजे/ जी के मनोरत पूरे करो, 'शाहे-आलम' को भूमण्डल दीजे।'' (**नादिराते शाही** के इस अंश में छन्द संख्या नहीं दी गयी है।) अनेक स्थलों पर मुहावरेदार रवाँ भाषा है। जैसे – ''कल पड़ेगी न मुझे, मुझसे कल कल न करो''। हिन्दी का यह ठेठ रंग उर्दू आने के बाद का है। यही सानी 'अकबर शाह' नाम से लिखते हैं –

यह मेहँदी हदिये की मिरज़ा अकबर शाह की क्या धूम सूँ आवत है!
"शाहे-आलम" को सब देत मुबारकबादी, ऐसी मेहँदी सब के नैन सुहावत है।
[मुबारकबादे जशने (नौरोज़ वगैरह), छन्द 92]

इसके अलावा छन्द 41, 44, 53, 72, 75, 111 इत्यादि में भी अकबर शाह या शाहआलम और अकबर शाह दोनों नाम हैं। शाहआलम की हिन्दी बहुत साफ़-सुथरी है –

या जग में जब लौं रहे गंग जमन को नीर
सालगिरह तब लों रहे अकबर पीर कबीर **(उपर्युक्त, छन्द 45)**

सानी के यहाँ लोकसंस्कृति के साथ लोकपर्व, लोकविश्वास और ऋतुएँ भी चित्रित हैं। वसन्त का सुन्दर वर्णन देखने लायक है, जिसमें बहार के सौन्दर्य और मन की व्याकुलता का सामंजस्य है –

प्यारे बिना सखी काह करूँ, यह नीकी बहार बसन्त जो आई
फूली गुलाब की सीतल बास बयार मिली चहुँ ओर को धाई
बौरी भई हूँ, बोल न जानूँ, भूल गई मन की चतुराई
बैठ के अम्बै की डारन पे, इस बैरिन कोयल कूक मचाई

(उपर्युक्त, छन्द 67)

यह भाषा ही नहीं, भाव भी हिन्दी के अच्छे रीतिकवियों के टक्कर में है। अलंकारिकता उतनी नहीं है, जितना दृश्य और भाव के सन्तुलन पर ध्यान है।

राजकाज तो बहुत बचा नहीं था, भोग-विलास ज़रूर बचा था। प्रेमी महाशय कहीं और रात बिताकर होली खेलने पहुँचे हैं –

बाँह गही हँस के 'शाहे आलम' जान के मान कियो हितकारी
रात रहे जहाँ जाइए तहाँ, मैं निहारत हूँगी राह तिहारी।

प्रेमी को लगता है कि वह जान-बूझकर मान दिखा रही है। पर प्रिया को शिकायत है कि मैं रात भर राह देखती रही, अब वहीं जाओ जहाँ रात को थे। दरबारी वातावरण में भी स्त्री का आत्मसम्मान बोल रहा है। वह भोग के लिए है, यह उसकी नियति है, तब भी उसका मानवीय अस्तित्व मुखर होता है। जैसी 'मानिनी' नायिकाएँ मतिराम के यहाँ है, वैसी शाहआलम के यहाँ भी दर्शन देती हैं –

लालन की तो नेह अब और तीय के सात
कहा कहूँ तो कों, सखि रही न उन की बात।
झूठ कहो मत मेरे तई, मेरो न लीजो नाम
जाओ जहाँ नित जात हो, करो उसी से काम।

विद्रोह भले न हो, स्त्री का मान यहाँ है। वह व्यथित है। उसकी वैयक्तिक चेतना जाग्रत होने लगी है। व्यापारिक विकास ने यह वैयक्तिक चेतना विकसित की है। भोग-विलास दरबारी संस्कृति का अंग है, उससे कवि भी नहीं बचे, यहाँ तो स्वयं बादशाह उसका

वर्णन कर रहा है; लेकिन स्त्री की शिकायत उलाहना की सीमा पार करके फटकार का रूप ले रही है –

रात गये घर कौन के? सोये किसके सात?
जो जिय में सोई कहो, कब की राखी बात।
जान गयी इन बातन सूँ परतीत पिया तुम काहे को खोई
क्यों बकवास करो बिन काज कों, पीर पराई न जानत कोई।

भले यह पीड़ा काम की है, लेकिन पीड़ा के कारण विश्वास खोने की बात है, जिसके आवेश में नायिका उसे 'बकवास' करने से मना करती है। इस भोगवाद की विशेषता यह है कि विरह-व्याकुल केवल स्त्रियाँ हैं, पुरुष के लिए तो अनेक स्त्रियाँ हैं। हाल यह है कि–

'एक को अंग लगावत हो, एकन को नेह
जनावत हो, एकन के मन लालचावत हो'!

बात यह है कि पुरुष 'चतुर' है और स्त्री 'आतुर'–

जानत थी पी चतुर हैं, पर आतुर नार के हात बिकाने।

रीतिकवियों से शाहआलम का अन्तर भोगवादी भाववास्तु में नहीं है, अन्तर यह है कि यहाँ राधिका-कन्हाई नाम सुमिरन का बहाना नहीं है। कहीं-कहीं कामसाधना के बीच वर्षा के सुन्दर दृश्य भी हैं–

भूम हरी सब देस के, मोर करे हैं शोर
चहूँ ओर घर घर घटा घूम रही घनघोर।

लोकसंस्कृति का प्रभाव है कि शाहआलम के यहाँ पहली बार सरस्वती पूजा का वर्णन मिलता है –

सरसुती के पूजने को सब ले ले आई भर भर थाली
पूरी, कचौरी, समोसा, पापरी, और करीं नीकी सुहाली
[मुबारकबादे जशने (नौरोज़ वगैरह), छन्द 76)]

होली-दीवाली का वर्णन आगे चलकर नजीर अकबराबादी ने किया है। उन्हें लोकसंस्कृति से जोड़कर देखा जाता है। शाहआलम ने दीवाली के बारे में लिखा है –

खील बतासे, चिरवे गर सूँ दिवाली की भरें हठरी चौघड़ा
खेलत निकसे सभी माई अत ही आनन्द सूँ घर भरा
(उपर्युक्त, छन्द 66)

होली अधिक आकर्षित करती है। वह काम की ऋतु वसन्त में आती है और छेड़छाड़ का अवसर देती है। शाहआलम ने होली पर बहुत डूबकर, मस्ती में, आह्वान करते हुए लिखा है। सम्भव है, हिन्दीकवियों जैसा होलीवर्णन न हो, पर होली के आनन्द और छेड़छाड़ का दृश्य सहज रूप में है –

होरी खेलत, सरक सरक जात सारी, बार-बार सँवारत सुघर नारी
नाचत प्यारी सुभ सँवारी, बाजत तारी, घुँघरू की झनकारी
खेल पचारी, सर्व बिसारी, कहूँ कहा री, आनन्द कारी, छब न्यारी
एकै छोरत पिचकारी, एकै नवलासी नारी फगुवा माँगत दे दे गारी

ये स्त्रियाँ केवल लाज नहीं बचातीं, ललकारती भी हैं –

एक सही और दो भी सही, पर तीसरी चोट न लाल सहूँगी।

ये पचास साल बाद पद्माकर की गोपियों की पूर्वजाएँ हैं, जिन्होंने ललकारा था, 'लला फिर अइयो खेलन होरी!' ये स्त्रियाँ 'लाल' को समझा देती हैं कि होली रंग खेलने के लिए है, अशिष्टता के लिए नहीं – "खेलत हो पिया रंग से खेलो, हाथ मेरो तुम क्यों पकरा है।" ये स्त्रियाँ स्वयं भी होली खेलने में पहल करती हैं –

अबीर गुलाल लै लै झोरियाँ और केसर रंग लिये पिचकारी
सब मिल करिहैं किलोल नारियाँ एक एक अंग संग दै दै तारियाँ
घर से निकसीं नारियाँ फूलन गेंद मारियाँ, खेलत फाग दे दे गारियाँ
स्याम कन्हैया ने बाँह गही, तब भूल गयीं सब खेल की हारियाँ।

श्याम कन्हैया होली में याद आये हैं, शृंगार वर्णन में नहीं। दीवाली-होली का यह उत्साह स्पष्ट करता है कि मुग़ल किस तरह जातीय संस्कृति में घुल-मिल गये थे। सांस्कृतिक जीवन में साम्प्रदायिक भेद और विभाजन नहीं था। अँगरेज़ी राज्य में विकसित कट्टरपन से यह संस्कृति अलग है। आज भी समाज में दोनों रूप हैं लेकिन मुग़ल शासन के मौलवियों और अँगरेज़ शासकों की तरह राजनीतिक स्वार्थों ने कट्टरपन्थियों को ही समुदाय का प्रतिनिधि मान लिया है। मुग़ल बादशाहों की रचना हमें सही इतिहास बोध प्रदान करती है जिससे वर्तमान कट्टरपन का विकल्प खोजने में सहायता मिलती है।

(ओ) बहादुरशाह ज़फ़र

बहादुरशाह ज़फ़र अन्तिम मुगल बादशाह सिद्ध हुए। यदि 1857 का स्वाधीनता-संग्राम न होता, तो वे अँगरेज़ों की पेन्शन लेते हुए बने रहते। स्वाधीनता के सैनिकों ने उन्हें

प्रतिनिधि बनाकर अँगरेज़ों की निगाह में चढ़ा दिया और क्रान्ति की विफलता के बाद वे गिरफ्तार करके रंगून भेज दिये गये, जहाँ अपनी जन्मभूमि में 'दो गज़ ज़मीन' की आस लिये दफन हो गये। उनके दरबार में उर्दू कविता का दबदबा था। वे स्वयं फ़ारसी और उर्दू में लिखते थे। उनकी थोड़ी-सी ही हिन्दी कविताएँ मिलती हैं। उनकी उर्दू कविता में फ़ारसी का रंग है लेकिन हिन्दी कविता में बोलचाल की भाषा है, जिसके बीच प्रकृति, कटाक्ष, मुक्त, कांचन जैसी तत्सम पदावली भी झलक दिखाती है। कहीं ब्रज का सँवरा हुआ रूप है –

तुमसों बोलत हो लाल ज्यो तुमसों होय साँची।
वहाँ ही जाओ जहाँ हाय तिहारी काम अहो सिधारो
प्रीत नीभे के बाँची (छन्द 7)

कहीं खड़ीबोली के निकट यह रवाँ ज़ुबाँदानी है –

जिन गलिन में पहले देखीं लोगन की रँगरलियाँ थीं।
फिर देखा जो उन लोगन बिन सूनी पड़ी व गलियाँ थीं।
ऐसी अखियाँ मीचे पड़े हैं करवट भी नहीं ले सकते,
जिनकी चालें अलबेली और चलने में छलबलियाँ थीं। (छन्द 3)

परिवार और गार्हस्थ्य जीवन का यह मार्मिक चित्रण ज़फ़र का ही है –

सास जो चाहे सोई सुनावे,
ननद भी बैठी बात बनावे।
क्या करूँ कुछ बन नहीं आवे,
जैसी पड़ी मैं वैसी ही झेली। (छन्द 6)

मैनेजर पाण्डेय ने इनकी कुल आठ कविताएँ दी हैं। लेकिन हमें 14 कविताएँ मिली हैं।

छन्द और संगीत

रहीम के बारे में पं. चन्द्रबली पाण्डे ने लिखा था, "हिन्दी जनता अपने 'रहीम' को भली-भाँति पहचानती है," रहीम 'हिन्दी जनता' के कवि थे, यह बोध तत्कालीन और वर्तमान साम्प्रदायिक राजनीति का प्रतिवाद करने में सहायक है। इतिहास और संस्कृति को धर्म की आँख से नहीं, जातीयता की दृष्टि से ही ठीक-ठीक समझा जा सकता है। भाषा में साम्प्रदायिकता का उपयोग करनेवाले जो लोग उर्दू के समर्थक रहे हैं, उनका एक तर्क यह है कि हिन्दी कृत्रिम भाषा है, उसके पास अपने दो-चार छन्दों के अलावा अभिव्यक्ति के बहुत साधन नहीं थे, फ़ारसी के छन्दों के आने से हिन्दी का

काम चला। ऐसे लोगों का प्रतिवाद करते हुए चन्द्रबली पाण्डे ने कहा, "परन्तु हमारे परदेसी भाई केवल रहीम का अध्ययन आँख खोलकर कर लेते तो इन्हें यह कहने का दुस्साहस कदापि न होता कि हिन्दी में दोहा अथवा कवित्त के सिवा दूसरा कोई छन्द ही नहीं।" रहीम की एक रचना का नाम 'बरवै नायिकाभेद' है। यह बरवै हिन्दी का छन्द है और रहीम के समकालीन-मित्र भक्तकवि तुलसीदास से लेकर हमारे समकालीन प्रगतिशील कवि त्रिलोचन तक, अवधी में बरवै की रचना करनेवालों की परम्परा है। पं. हजारीप्रसाद द्विवेदी ने बताया है, "बरवै अवधी का अपना छन्द है।" (**हिन्दी साहित्य का आदिकाल**, 1952; बिहार राष्ट्रभाषा परिषद्, पटना, तृतीय संस्करण 1961, पृ. 110) तुलसी से पहले अवधी के ही सूफ़ी कवि जायसी जिस चौपाई छन्द का प्रयोग अपने आख्यान में कर चुके थे, वह भी हिन्दी का है। मुग़ल बादशाहों की कविता में ही दोहा और कवित्त के अलावा सवैया, छप्पय आदि का प्रयोग हुआ है। केशवदास ने तो 'रामचन्द्रिका' में छन्दों का मेला लगा दिया है। उनमें कुछ उनके अपने बनाये छन्द भी हैं जो बाद में चले नहीं। लेकिन इन गिने-चुने उदाहरणों से हिन्दी में छन्द-वैविध्य का पता चल जाता है।

मुग़लों की कविता को संगीत से अलग करके नहीं देखा जा सकता। सभी बादशाहों ने संगीत के रागों में ही पद लिखे हैं। कविता में उनकी भाषा ब्रज थी और उनके संगीत का आधार था ध्रुपद अथवा ध्रुवपद। मुग़लों से पहले अलाउद्दीन के समय गोपाल नायक और अमीर खुसरो की संगीत प्रतिस्पर्द्धा इतिहास में प्रसिद्ध है। उनके बीच जिस संगीत की प्रतियोगिता हुई थी, वह न अमीर खुसरो का उत्पन्न किया हुआ था, न अलाउद्दीन के दरबार तक सीमित था। वास्तव में वह लोकसंस्कृति का अंग था जिसका भारत के उन्नतिकाल में दरबारों में प्रवेश हुआ। आचार्य बृहस्पति और आचार्य रामचन्द्र शुक्ल के विचारों का विश्लेषण करते हुए रामविलास शर्मा ने कहा है, "ध्रुवपद-गायन लोकनृत्य से सम्बद्ध था, इसलिए उसमें लोकभाषा का ही व्यवहार होता था। ...ध्रुवपद दरबारों से निकलकर लोकसंगीत नहीं बना, लोकसंगीत का यह अंग दरबारों में जाकर ध्रुवपद बना।"(**भारतीय साहित्य की भूमिका**, राजकमल, नयी दिल्ली, 1996, पृ. 189) वह जिस लोकसंस्कृति का अंग था, वह हिन्दी प्रदेश की है। हिन्दी प्रदेश का पुराना नाम मध्यदेश है। ध्रुवपद से मध्यदेश का सम्बन्ध निरूपित करते हुए रामविलास जी ने लिखा है, "ध्रुवपद का घनिष्ठ सम्बन्ध मध्यदेश की संस्कृति से है, इसका प्रमाण यह है कि अनेक विद्वानों ने मध्यदेश की भाषा को ही ध्रुवपद के लिए उपयुक्त माना है।" (उपर्युक्त, पृ. 169)

मध्यदेश की जिस लोकसंस्कृति से—लोकनृत्य और लोकगायन से—ध्रुवपद का सम्बन्ध था, वह बहुत पुरानी थी। आचार्य हजारीप्रसाद द्विवेदी ने रासो से भिन्न रासक

काव्य के प्रसंग में आभीरों के रास का उल्लेख किया है। आभीरों का स्थान भी प्रधानतः मध्यदेश है। आभीरों के नायक कृष्ण का ब्रज से सम्बन्ध इसका द्योतक है कि ब्रजभूमि उनका प्रमुख क्षेत्र रहा। यदि इनसे ध्रुवपद का भी सम्बन्ध रहा तो कोई आश्चर्य की बात नहीं। दरबार में पहुँचने से पहले इस लोकसंगीत का संरक्षण भी लोक-परम्परा में ही हुआ। रामविलासजी का यह कहना तर्कसंगत है कि, "लोकमार्ग पर तो ध्रुवपद पहले से था, वर्ना शताब्दियों तक वह जीवित कैसे रहता? इसे भक्तों और सन्तों ने अपनाया। ...ये सन्त अपनी गायन परम्परा दरबारों से नहीं, लोकसंगीत से ही प्राप्त कर सकते थे।" (उपर्युक्त, पृ. 189) भक्तों-सन्तों ने लोकजागरण के जिस दौर में ध्रुवपद को अपनाया, उसी दौर में वह दरबारों में भी पहुँचा। आचार्य बृहस्पति ने अकबर से पहले ग्वालियर के शासक मानसिंह तोमर के बारे में कहा है, "मानसिंह तोमर ने अपने प्रदेश की लोकभाषा को राज्यभाषा होने का गौरव प्रदान किया।" (**संगीत चिन्तामणि**, प्रथम भाग, संगीत कार्यालय, हाथरस, द्वितीय संस्करण, 1976, पृ. 66) ग्वालियर ब्रजभाषी क्षेत्र है। ब्रज से बाहर अन्य जनपदों में उसका प्रसार करने में सूफियों का महत्त्वपूर्ण योगदान है। विदुषी सुलोचना बृहस्पति ने बताया है, "सूफ़ियों के कारण ही यह लोकभाषा गेय बन्दिशों का माध्यम बनी।" (**मुसलमान और भारतीय संगीत**, आचार्य बृहस्पति, राजकमल, तीसरा संस्करण, 1989, भूमिका, पृ. 8)

कवित्त हिन्दी का अपना छन्द है। मुग़लों की बहुत-सी बन्दिशें कवित्त में हैं। आचार्य बृहस्पति के अनुसार, "कवित्त वास्तव में गेय छन्द है।" (**संगीत चिन्तामणि**, पृ. 76) मुग़लों की कविता और उनका संगीत-प्रेम, दोनों हिन्दी की जातीय परम्परा से, हिन्दी समाज की लोकसंस्कृति से सम्बन्धित थे, इसमें सन्देह नहीं। इस लोकसंस्कृति के विकास में जिस तरह 11वीं-12वीं शताब्दी के बाद भारत के उन्नतिकाल में कुछ शासकों ने सहयोग किया, उसी तरह उसके प्रसार में सन्तों-भक्तों-सूफ़ियों ने भी सहयोग किया। लोकसंस्कृति के उत्थान से अकबर-जहाँगीर-शाहजहाँ जैसे मुग़ल बादशाहों ने अपने को जोड़ा। इसलिए यह भारत के, विशेषतः हिन्दी के, सांस्कृतिक उत्कर्ष का काल बन गया। कहा जाता है, इस्लाम में संगीत वर्जित है। मुग़ल बादशाह कमोबेश इस्लाम पर अमल करते थे। पर वे न कविता से परहेज़ करते थे, न संगीत से। जिन सूफ़ियों ने लोकभाषा को गेय बन्दिशों का माध्यम बनाया, वे अवश्य इस्लाम की रूढ़िवादी कट्टरता के विरोधी रहे होंगे। दोनों में अन्तर यह था कि, "मौलवी हर जगह अरबी छाँटते थे, सूफ़ी लोकभाषा में अपनी बात कहते थे। सूफ़ियों के खानकाह में संगीत के स्वर गूँजते थे, मौलवियों की मस्जिद में संगीत वर्जित था।" (**भारतीय साहित्य की भूमिका**, पृ. 185) स्वाभाविक है, कविता और संगीत से प्रेम करनेवाले मुग़ल बादशाह सूफ़ियों के अनुकूल आचरण करते थे, मौलवियों के नहीं। इसलिए संगीत

के प्रति मुग़लों का अनुराग रूढ़िवाद विरोधी लोकजागरण से सम्बद्ध है। यह भारत की प्रगतिशील परम्परा के अनुरूप, उसका विकास है।

संगीत का यह उत्थान हिन्दी प्रदेश और उसके आसपास व्यापक रूप में हुआ। चन्द्रबली पाण्डे ने अपने निबन्ध में इस बारे में संक्षिप्त किन्तु महत्त्वपूर्ण संकेत दिये हैं। उनका कहना है, "मुग़ल बादशाहों की हिन्दी में गानों की प्रधानता है।" इस प्रधानता का सम्बन्ध भारतीय भाषा-परम्परा से है। उधर ग्वालियर के राजा मानसिंह की 'संगीत-निष्ठा' ने ग्वालियर को तो संगीत का घराना बनाया ही, ब्रजभाषा को भी शिष्ट भाषा बनाया। दूसरी तरफ 'गुजरात के बहादुरशाह' का स्थान है, उसने ''मानसिंह के अखाड़े को उखड़ने नहीं दिया।'' बल्कि खुद 'संगीत का आश्रय बना रहा।' यह तो दिल्ली-आगरा के पश्चिम की बात हुई। उधर पूरब में ''जौनपुर और बंगाल के हुसैनशाहों ने भी कुछ कम नहीं किया।''

इस तरह, हिन्दी प्रदेश में ग्वालियर और जौनपुर, उनके पश्चिम में गुजरात, पूरब में बंगाल – दूर-दूर तक संगीत का पुनर्जागरण व्यापक रूप में दिखायी देता है। मुग़ल बादशाहों का संगीत-प्रेम इस व्यापक पुनर्जागरण का अंग है। इस पुनर्जागरण की विशेषता यह थी कि वह दरबारों में और दरबारों के बाहर, दोनों स्तरों पर दिखायी देता है। अलाउद्दीन के समय अमीर खुसरो दरबार में थे, गोपाल नायक दरबार के बाहर; अकबर के समय तानसेन दरबार में थे, बैजू बावरा दरबार के बाहर। उन सभी का गायन ध्रुवपद से सम्बद्ध था।

इस इतिहास में अधिक जाना हमारे विचार-क्षेत्र से बाहर की चीज़ है। जहाँ तक संगीत का सम्बन्ध है, उसमें गायन और वादन का अटूट रिश्ता होता है। रामविलास शर्मा ने सही कहा है, "ध्रुवपद गायन और वीणावादन भारतीय संगीत के दो स्तम्भ हैं।" (**भारतीय साहित्य की भूमिका**, पृ. 165) वीणा के साथ मृदंग को जोड़ लें तो उस संस्कृति के कलात्मक पक्ष का अधिक भरा-पूरा चित्र बन सकता है, जिसने लोकजीवन में जन्म लिया और वहाँ से दरबारों तक पहुँचा। मुग़लों की रचना में बराबर ध्रुवपद, वीणा और मृदंग साथ-साथ दिखायी देते हैं। भारतीय संगीत से मुग़लों का लगाव हुमायूँ के साथ ही शुरू हुआ था। कर्मेन्दु शिशिर ने हुमायूँ के सन्दर्भ में लिखा है, "संगीत-प्रेम उसे विरासत में हासिल हुआ था और मुग़ल साम्राज्य में समृद्ध संगीत परम्परा की नींव रखनेवालों में हुमायूँ का नाम भी शुमार है।" (**भारतीय मुसलमान**, 1/212) चूँकि हुमायूँ की रचनाएँ नहीं मिलतीं इसलिए उसके प्रत्यक्ष प्रमाण देना सम्भव नहीं है, केवल इतिहासकारों के साक्ष्य ही दिये जा सकते हैं। अकबर से लेकर शाहआलम सानी तक जिन बादशाहों की रचनाएँ मिलती हैं, प्रायः उन सबमें हम इस संगीत के साथ उनका घनिष्ठ सम्बन्ध देख सकते हैं।

साहित्य-कला-संगीत में अलाउद्दीन के बाद अकबर का अत्यधिक योगदान है। अबुल फ़ज़ल के अनुसार, उसने दो सौ रागों की रचना स्वयं की थी। (उपर्युक्त, 1/241) रहीम, नरहरि, गंग जैसे कवियों के अलावा अपने युग के श्रेष्ठ गायक तानसेन उसके नवरत्नों में थे। वह तानसेन के गुरु स्वामी हरिदास का गायन सुनने वृन्दावन उनके आश्रम पर गया था। कुम्भनदास का गायन सुनने के लिए उन्हें बुलाया तो उन्होंने प्रसिद्ध पद "सन्तन को कहा सीकरी सों काम... " कहकर उसे फटकारा लेकिन उसने उनका सम्मान किया और दोबारा कभी न बुलाये जाने की उनकी इच्छा स्वीकार की। तानसेन पहले ग्वालियर दरबार में थे। वहाँ से रीवा ले जाये गये। अपनी रीवां यात्रा में अकबर उन्हें आगरा ले आया। ग्वालियर में कुछ समय पहले मुसलमान बने एक सारस्वत ब्राह्मण की प्रतिभाशाली गायिका कन्या हुसैनी से विवाह के कारण **'मियाँ तानसेन'** कहलाने लगे। कहते हैं, तानसेन ग्वालियर के पीर बाबा हज़रत मुहम्मद गौस की दुआ से पैदा हुए थे। वे रामतनु से तानसेन बने हरिदास की दीक्षा के बाद। इस समय कहीं हिन्दू-मुसलमान अलगाव नहीं दिखायी देता। अकबर के सभी 55 छन्द ध्रुवपद की बन्दिशों में हैं। वह कहता भी है –

जानत गीतछन्द धरु धुरपद गावै गुणी बजावै तिनहूँ। (छन्द 42)

ध्रुपद के साथृ मृदंग भी है –

तखत बैठो जसनकीनो साहस कवन्ध...
मृदंग बजाय इन्द्रलोक देखन आयो। (छन्द 47)

कृष्ण के प्रसंग में 'मुरली' का आना स्वाभाविक है –

कान्ह ते अब झगरा पसारो/ कैसे होय निरवारो ...
मुरली बजाय कीनी सब वोरि/ लाज दई तज अपने अपनेमे बिसारो।
(छन्द 7)

राग गौरी, पटताल की एक बन्दिश में वह 'ताकिटतकताक्टतकधेकटूतकधेधीना धाधिलां' के ज़रिये सुर-ताल का अंकन भी करता है। (छन्द 34) कई बार रागों के नाम भी गिनाता है –

भोरही भैरव राग अलाप्यो/ अहो प्यारे वंशी में आन।
खरज गान्धार रिषभ पंचम/ मध्यम निषाद धैवत तान...
आरोही अवरोही अस्थायी/ सच्चाई ताल काल और मान।

उरपति रपलाग डॉट देशी/ मार्ग तानसेन सुनो साह अकबर परमान...

(छन्द 3)

अकबर जब अपने को 'गुरुन गुरु संगीतकलानिपुणन' (छन्द 29) में गिनता है तो यह अतिशयोक्ति नहीं जान पड़ती।

जहाँगीर का पहला पद ही ध्रुवपद, तितारा करषा में है। उसने संगीत के रागों, तालों और वाद्यों का उल्लेख नहीं किया है, लेकिन उसकी अधिक रुचि तोड़ी में है (जिसे टौड़ी कहा गया है)। यों भी, वह संगीत से अधिक पैठ चित्रकला में रखता था। उसके पुत्र शाहजहाँ ने अवश्य अपनी संगीत रुचि को कविताओं में व्यक्त किया है –

प्रथम खरज सुर साधे सोई गुणी जों सुध मुद्रा वाणी गावै।
द्रुत मध विलम्पत लघु गुण पुलित कर दिखावै... (छन्द 3)

अथवा –

ताल मूरा खरज आदि भरत संगीत कहियत तुम
सब विध गुण पारखी जान। (छन्द 21)

समस्या इन बादशाहों के साथ नहीं है। समस्या है औरंगज़ेब के साथ। साम्प्रदायिकता का विशेष सम्बन्ध औरंगज़ेब से जोड़ा जाता है। जब उसके नाम पर सड़कों का नाम तक न सहन किया जाता हो, तब समझ में आता है कि यह समस्या जितनी औरंगज़ेब के साथ है, उससे अधिक आज की राजनीति के साथ है। बहुत से लोग सोचते हैं, औरंगज़ेब की साम्प्रदायिक नीति से हिन्दू-मुस्लिम संगीत भी विभाजित हो गया। भारतीय संगीत 'हिन्दू संगीत' हुआ, मुसलमानों का संगीत मुस्लिम संगीत। वास्तव में इसकी शुरुआत अँगरेज़ी राज में हुई। रामविलासजी ने इस बारे में बिलकुल सही कहा है, "ब्रिटिश भारत में हिन्दू पानी और मुस्लिम पानी जैसा भेद हर क्षेत्र में था, यह संगीत का भेद भी पैदा हुआ। . ..साम्प्रदायिक आधार पर संगीत का विभाजन भारत को छोड़कर और कहीं नहीं किया गया।" (**भारतीय साहित्य की भूमिका**, पृ. 174) यहाँ हिन्दुस्तानी और कर्णाटक संगीत का विभाजन है, हालाँकि दोनों का आधार एक ही सप्तक है, इसलिए यह विभाजन से अधिक शैली-भेद है। हिन्दू संगीत-मुस्लिम संगीत कुछ सम्प्रदायवादियों के दिमाग के बाहर कहीं नहीं है। औरंगज़ेब के काफी दिनों बाद आचार्य बृहस्पति के परदादा पण्डित दत्ताराम के समय रामपुर के नवाब यूसुफ़ अली खाँ और नवाब कल्वे अली खाँ (1855-1887) के यहाँ हिन्दुस्तानी संगीत और ध्रुवपद गायन को पूरा संरक्षण मिला। उसी से संगीत का रामपुर घराना बना, जिससे पं. दत्ताराम का भी सम्बन्ध है।

औरंगज़ेब इस हिन्दुस्तानी संगीत का जानकार और प्रेमी था। पं. चन्द्रबली पाण्डे ने उसके बारे में यह कहा है, "औरंगज़ेब संगीत का द्रोही नहीं, रागरंग अथवा भ्रष्ट और अश्लील गानों का शत्रु था।" साम्प्रदायिक दृष्टि से हटकर सांस्कृतिक दृष्टि से देखने पर यही निष्कर्ष निकलता है। जन्मोत्सव का वर्णन करते हुए औरंगज़ेब कहता है –

चरण धर धर मेरे गृह लालन भए खाए आए मेरे...
मृदंग बजावहु मंगल गावहु भागनही पाए... (छन्द 2)

मंगल गान और उदात्त वाद्य मृदंग का सम्बन्ध देखने योग्य है।

मुइजुद्दीन की रचना में लोकवाद्य 'तुरई' का ज़िक्र है। (छन्द 17) मुहम्मदशाह रँगीले तोड़ी का बहुत प्रेमी था। उसकी कविता में भिन्न-भिन्न तालों में तोड़ी के अनेक गान हैं। तोड़ी ध्रुवपद का ही राग है। रँगीले के समय भले ख़याल का जन्म हुआ हो, ख़याल के साथ वाद्ययन्त्र के रूप में वीणा के समान्तर सितार का और मृदंग के समान्तर तबले का आविष्कार हुआ हो, पर वह इन सबका प्रयोग शायद ही करता है। 'टौड़ी', तिताला की एक बन्दिश में वह वीणा का उल्लेख करता है –

वीण बजावै माईरी गावै नीकी तान नएरी
माई यह बाबू का छोहरा। (छन्द 15)

टौड़ी राग और मृदंग का सम्बन्ध भी उसे पता था –

लाल मदमाते वन वन खेलत फाग।
छिप छिप लुक लुक देतहो टौड़ी राग...
बाजत मृदंग चंग संगतसों ठाय भेदकी लाग... (छन्द 6)

यहाँ मृदंग के साथ चंग भी है। आगे 'वंशी' भी बजती है। (छन्द 90) नयी तानों के साथ दूसरे वाद्य भी हैं –

डफ वीणा मृदंग रबाब गावत तान नवीने। (छन्द 170)

होली में तो मृदंग के साथ-साथ 'डफ़ ढाल नोलासी खड़म' भी हैं। (छन्द १८५) 'रँगीले' के वंशज शाहआलम सानी ने तो नौरोज़ और गोधन पूजन के अवसर पर 'बीन, रबाब, तंबूरा, कानून, दमामे, सारंगी, मुहचंग, झाँझ, मंजीरा, ढोलकी, दाइरा, बांसरी, करह, हीचंग, खटजरी और कटतार' जैसे लोकवाद्यों की पूरी सूची तैयार कर दी है। यही वाद्य होली में भी हैं, 'दायराः, ढोलक, दफ, बाँसरी, ताल, मिरदंग, मुहचंग' आदि! ये मूलतः लोकपर्व हैं। उनके साथ गीत-संगीत के लोकरंग का घनिष्ठ संबंध है।

हिन्दी संस्कृति से ही नहीं, हिन्दू देवी-देवताओं से भी इन मुग़ल बादशाहों का कोई विरोध नहीं था। अकबर से शुरू हुई परम्परा का नया स्तर 'रँगीले' की कविता में व्यक्त होता है। भजन की महिमा बताते हुए उसने एक पद लिखा है, राग खम्बावती, ताल तिताला में –

रसिया भजन ही जग में सार।
सुक नारद भीष्म श्रुति देवा भजन ही भए भव पार...
ध्रुव प्रह्लाद उपमन्यु विभीषण अचल पद के सिरदार।
शिव सनकादिक आदि ब्रह्मादिक और हु ब्रज को नार...
भजन रंग रँगीले जे भए पाए साक्षात्कार... (छन्द 225)

पारम्परिक भारतीय जीवन, यहाँ की लोकसंस्कृति और देवी-देवताओं तक से भावनात्मक स्तर पर जुड़कर मुगल बादशाहों ने जिस कविता और संगीत की रचना की, उसकी कल्पना आज के उन्मादी साम्प्रदायिक वातावरण में कठिन है। इस उन्माद की शुरुआत 1916 में **संगीत रागकल्पद्रुम** के पुनर्प्रकाशन के समय हो गयी थी। **संगीत रागकल्पद्रुम** के सम्पादक नागेन्द्रनाथ बसु ने अपने समय की राजनीतिक परिस्थितियों को देखते हुए मुसलमान कवियों के प्रसंग में एक अत्यन्त महत्त्वपूर्ण बात कही है, "अन्ततः इस रागकल्पद्रुमोक्त मुसलमान कवियों पदकर्त्ताओं के बनाये शत-शत पदों से हम यह समझ सकते हैं कि किसी समय मुसलमान बादशाह और मुसलमान लोग हिन्दुओं को हर्गिज़ विद्वेष की दृष्टि से नहीं देखते थे। हिन्दू देवलीला भी उनके निकट सम्पूर्ण अवज्ञा की वस्तु नहीं मानी जाती थी। ऐसे दिन बीत गये हैं, जब हिन्दू-मुसलमान एक-दूसरे को आत्मीय भाव से देखते, धर्म-विश्वास में कभी विरुद्धवादी न होते; उनके परस्पर-धर्मकार्य में सहानुभूति रखते थे।" (**संगीत रागकल्पद्रुम**, भाग 1, खण्ड 1, पृ. XXXI)

यह बात अक्षरशः सही है। यदि हिन्दू-मुसलमान पहले एक-दूसरे को आत्मीय भाव से देखते थे तो कोई कारण नहीं कि भविष्य में वे फिर वैसा न करें। आज जो कटुता और वैमनस्य दिखायी देता है, वह ब्रिटिश उपनिवेशवादियों की देन है, उसे सत्ता की राजनीति का साधन बनाकर सम्प्रदायवाद ने अत्यन्त उग्र रूप दे दिया है। फिर भी हमारे जीवन में आत्मीयता की संस्कृति का पूर्णतः लोप नहीं हुआ है। *संगीत कविता हिन्दी और मुगल बादशाह* से उस संस्कृति को खोजने और अपने सामाजिक जीवन को फिर सहज बनाने में सहायता मिलेगी, इसका विश्वास है।

नयी दिल्ली
11 अगस्त, 2019

पुनश्च,

मुग़ल बादशाहों की कविताएँ ध्रुवपद के रागों में हैं। इन रागों का उल्लेख **संगीत राग कल्पद्रुम** में है। लेकिन उन नामों में एकरूपता नहीं है। राग **पूरिया** कहीं शुद्ध रूप में है, कहीं 'पुरीया' रूप में। 'पूरबी' और 'पूरवी' दोनों रूप मिलते हैं। यमन, एमन और ऐमन तीनों रूप वहाँ दिखते हैं। 'खम्बावती' भी कहीं-कहीं खम्बवती है। धनाश्री को धनाश्री के रूप में भी पाया जाता है। यही स्थिति अन्य रागों के साथ भी है। इससे स्पष्ट होता है कि 19वीं सदी तक इन रागों के नाम स्थिर नहीं हुए थे। किन्तु अब वे स्थिर हो गये हैं। हमने छन्दों में पाठ की प्रामाणिकता की यथासम्भव रक्षा की है, किन्तु रागों और तानों के नाम वही रखे हैं जो अब स्थिर हो गये हैं। यह इसलिए कि अब के पाठक को कठिनाई न हो। यहाँ, पूरवी, यमन, खम्बावती, अल्हैया और धनाश्री रूप ही रखे गये हैं।

इसी प्रकार, 'रेख़्ता' और 'रेखता', 'मौसी की' और मूसीकी' का प्रश्न है। अब 'रेख़्ता' मान्य हो गया है इसलिए हमने यही रूप रखा है। जहाँ मूल रचना में 'रेखता' है, वहाँ तो रहने दिया गया है, जैसे शाहआलम सानी की कविताओं के एक खण्ड में है। फ़ारसी शब्द 'रेख़्तन' से 'रेख़्ता' निकला है, जिसका अर्थ था डालना, गिरना। मूलतः यह हीनतासूचक शब्द था। इसी से 'रेख़्तादम' बना है, जिसका अर्थ है कुन्द धार – किसी पत्थर जैसी कड़ी चीज़ पर गिरने से तलवार की धार का कुंद हो जाना। अरबी शब्द 'मूसीकी' है, जो बहुत कुछ 'मौसीकी' के रूप में प्रचलित है। लेकिन हमने प्रामाणिक कोषों और अरबी-फ़ारसी विद्वानों के साक्ष्य से 'मुसीक़ी' रूप ही रखा है।

अजय तिवारी

संगीत कविता हिन्दी और मुग़ल बादशाह

अकबर

(अ) शिवसिंह सरोज

(1)

शाह 'अकब्बर' बाल की बाँह, अचिंत गही चलि भीतर भौने
सुंदरि द्वारहि दृष्टि लगाय के, भागिये की भ्रम पावत गौं ने
चौंकत ही सब ओर बिलोकति, संक सकोच रही मुख मौने
यौं छबि नैन छबीली के छाजत, मानो बिछोह परे मृगछौने

(2)

शाह 'अकब्बर' एक समै चले कान्ह बिनोद बिलोकन बालहिं
आहट ते अबला निरख्यौ, चकि चौकि चली करि आतुर चालहिं
त्यों बल बेनी सुधारि घरी, सु भई छबि यौं ललना अरु लालहिं
चंपक चारु कमान चढ़ावत काम ज्यौं हाथ लिये अहि-बालहिं

(3)

केलि करै बिपरीत रमै, सु 'अकब्बर' क्यों न रती सुख पावै
कामिनि की कटि किंकिनि कान किधौं गनि प्रीतम के गुन गावै
बेंदी छुटी मनिमै सु ललाट तैं, यौं लअ मैं लटकी लगि आवै
साहि मनोज मनो चित मैं, छबि चंद लए चकडोरि खिलावै

(आ) संगीत रागकल्पद्रुम

(4)

भोरही भैरवराग आलापे हो प्यारे बंसीआ ऽ न।
खरज ऋषभ गान्धार मध्यम पञ्चम धेवत निषादता ऽ न।।
अरोही अवरोही अस्थाई

सञ्चाई तालकाल और मा ऽ न।
उरपति रपलाग डाँट देसी मारग तानसेन के सुनो
साहअकबर यह विधि मुरली में कीने गा ऽ न।।

ध्रुवपद, भैरव-चौताल

(5)

भोरही भैरवराग अलाप्यो
अहो प्यारे वंशीमे आन।
खरज गान्धार रिषभ पञ्चम
मध्यम निषाद धैवत तान।।
आरोही अवरोही अस्थायी
सञ्चाई ताल काल और मान।।
उरपति रप लाग डाँट देशी
मारग तानसेन सुनो साह अकबर पमान।

ध्रुवपद, भैरव-चौताल

(6)

लाल के सङ्ग ललना रैन जागी और लाललोचन
लागोहि आलीरी मानों वधू पसीठे।
ता मधपुरी ऐसी शोभा मानों
भँवर लपटात उन मध उड़ परे रङ्गम झीठे।।
उनके देखे भूँखे रहिहौं मेरे
जान खंजन कमल मीन मृग लागे बसीठे।।
साह अकबर पियको मोहेत
दीजियत अरसाने नींदन
अघाने अलख लाड़े पुन वाटछवि ढील चितवन मीठे।।

ध्रुवपद, भैरव-तिताला

(7)

कान्हाते अब घर झगरो पसारो
कैसे होय निरवारो

यह सब घेरो करत है तेरा रस
अनरस कौन मन्त्र पढ़ डारो।।
सुरली बजाय कीनी सब वोरि
लाज दई तज अपने अपनेमे बिसारो।
तानसेन के प्रभु कहत तुमहि सों तुम जितो हम हारो।।

ध्रुवपद, भैरव-चौताल

(8)

अश्वपति गजपति नरपति भुवपति
चकतावली चकतारण।
दारिद्रहारन दिनमणि सूरज शशि उरगन
भुजबलभीम डर तेरी त्रास दान समान कलीकरन।।
राज साजा के तुब समान इन्द्र
भण्डारी कुबेर आयो तुव शरण।।
अपबल बली अचल रहो जलालदीन
अकबर साह जोलौं तो नाम मधु अधरण।।

ध्रुवपद, भैरव-झपताल

(9)

सब साहन साह को साह शिरताज कीनी
विधना जव धरो अकबर नाम।
भुव लोक मध लोक उजारो कर थप्यो
तखत बखत तोहि दोनों अचल करके नेहचे
अब जहाँ सोहत साँची राज।।

टौड़ी, चौताल

(10)

नैनन मग जोवत मध भुअ पलक न लोगरी ढगए।
जादिनते बिछुरे प्राणपति तबते

निश बासर मोको जात सब एक टगए।।
हों इनके समीपते कबहुँ
न्यारी ना भई न जानों एतो दुख
आलीरी हो विरह सताबैरी अनङ्गए।
अकबरसाह बिचित्र भैटोंगी
अङ्गो भरत बजे हैं मों तन मनमथ दगए।।

टौड़ी, चौताल

(11)

बङ्कासुर चोंप प्रगटि छवि प्रकाश और सुर कटाक्ष दशन
मनी मध गजवनी पियूषअधर वदन इन्द्र धरन।
मन्द अमन्द परमल वास तेरी लछमी और जेती रम्भा
प्राणपति पीरहरण।
उदद मादत ततु अरतन कारण
भस्मनाम सुखसङ्क भई ऐसी चञ्चलता धरन।
यह लीन प्रकारन लीनो अकबरसाह
कामधेनु लागी अति सेवा करन।।

देशी टौड़ी

(12)

मीन-दीन ख्वाजा साह अकबर के दुरजन दूरकरन को एकच्छत्र राजा।
अचल करके तोहि दीनों अष्टसिह नवनिह करो काजा।

टौड़ी-तिताला

(13)

प्रवलदल भञ्चन विकटग्रहगञ्चन कौन जोधा संसार होई।
अमार मार किए अडंड डंडनजे निपट गढ़ दहन धाक सोई।।
धरन धरकत धकत धरक गई छाती भुवपाल
द्रगपाल तिनकी चढ़ी रहत नित जोई।

शाह अकबर डरन तुव दरन थरथर काँपत
रहत अमर हत तुव सम न धीर होई।।

टौड़ी-झपताल

(14)

जैसी जीत दक्षन सुभट पच्छिम जीत
उत्तर पूरब सब लछन बखतवर।
अगन ईशान वायव नेरत बाजे बजाए निशान
फिरी दुहाई शाहनशाह अकबर वर।।

टौड़ी-ताल रूपक

(15)

शाह अकबर के दुरजन दूर करो मीन-दीन खाजा।
सप्तदीप और अष्टदिशा पर हुकम होय
सब मुलक खलक पर और जाय तन मन ते
दुख दारिद्र भाजा।।

टौड़ी-तिताला

(16)

जाँसो बनआई प्रीत की रीत तासो क्योन जाई रितमानी।
एतो दुराव कत करत प्यारी एबाते तो सब नीके जानी।।
एते पर आवत उत्तर बनावत खिजावत हो याते
चतुर सुजानी और न जानतहों निपट अजानी।
साह अकबर पिया तोय परसत भागत याते
विनती करूँ चानन तनकसी भौंहे तानी।।

टौड़ी-तिताला

(17)

श्रवण तराजू कीनी रच पच वधना तोहे राग
जोखत आप गई घटी बढ़ी कहे लीनी परल परी तान।

सप्त स्वरनकी जोती विच एक मन मेरो पूरो तोल कर ध्यान।।
अक्षर जिनस जवाहर धुरपद कों जल गाहक
जलालदीन अकबर मोल लेत गुणीयन पहचान।।

पूरिया धनाश्री-चौताल

(18)

भान उदोतकरण तिमिरहरण प्रकाशपति ज्योतीसरूप अपनो दया जनावै।
सप्तदीप नवखण्ड परजौरी किरण तनी तनावै।।
दृष्टि न जुरत महाप्रताप तेज एसो करतार दियो जनावै।
साह अकबर प्रभुको प्रसाद व्यापत भयो याते जग रसाल ले आवै।।

गुर्जरी, चौताल

(19)

सीखी सुनी बातें कोलों रोको जोलों न आवै गरे की तान।
जो कुछ जानी तो साधो रङ्गरङ्गके प्रमाण।।
विनही पढ़े विनही समझे विनही सीखे कहावत ज्ञान।
गुरुनगुरु साह जलालदी साह अकबर सब विध जान।।

गुर्जरी, चौताल

(20)

सेत असेत तारे जा तारकों निरमल अमल नवल
पुतरी मानो कमलन मासी।
पूरण चन्द की छाय परी इन नैन की तपन पै
मञ्ज कहे खञ्जनने दगा देने कासी।।
कमलन में मञ्जन छिप करि बीधे रीधे अकबर साह
कों छाजत एक सरस मद अली जुग सार समाती
सो आप आपको अफर उमड़ चल दियो
पठान वरणी धरक भयो नीरज तिन में हठ
कियो दाना की बुध नाटी यह अँखिया जलाल महमद की आरसी।
तिनमें आपनमें आप नहीं देखो चाहे

मानो हों अञ्जन कों मञ्जन से लीभ सम लई
मनमथ तपन कों ए चाई मानो अग्नि वासी।।

गान्धार, राग प्रारम्भ

(21)

शाह अकबर निपट बड़ो ढीठ कर मान तेरो
वेहदह और महम्मद महबूब प्रगट रहम करम हो मनायो।
वारगाह विशात ऊँचीहों सुन्दर वरवड़ वरको
इह माने विध अध आसमान बनायो।।

गान्धार, तिताला

(22)

आज माईहों आनन्दी आनन्दन मेरे ग्रह धरे पिय चरण।
अब साँचो पायो पूर्वलो फल मोहे मिलोरी कामहरण।।
लट लट के मुख देख दुःख गयो अनगन सुख भयो अमृतवचन।
सुन श्रवण जनम घरी मोकों मिले शाह अकबर मानो जानोरी पीत परन।।

आशावरी, चौताल

(23)

तू नोरङ्गी लाल रङ्गीलो जलाल रङ्गीलो वानक वनक छबीलो।
जाके रसाल रसक्यों भईरी जे रोम रोम रसिक रसीलो।।
तो उन विन निश दिन कबहूँ न रहों माई परम
कठोर तिह नेक नेम निरखत अहजूँ न लगीली।
शाह अकबर प्यारो न्यारो न कीजिए और है
मेरी सीख सुन धुन काम हठीली।।

आशावरी, चौताल

(24)

दूलह आयो अकबर नारि दिल्ली दुलहिन वनपायो।
चित्रकला विराजत अलम्मंत घनश्याम फ़ानूस मसार वखत प्रताप जगमगायो।।

जब धिंगांने ठेल पेल लीतहै दुरजन देश देश दहेज मगायो।
राखो निशान बजाया घर घर मङ्गल गाय चिर जीवो हुमायूँ को जायो।।

आशावरी, चौताल

(25)

अहो तुम झूँठी-झूँठी बातें कथत ज्ञान की रसना
नाहिन बनत मानत नाहिनरी आली कहूँ तूँधों कहा भयो लाभ।
दादर निशदिन नाल मूल है चाहहुन पइयत है कैसे पइयत पद्मनाभ।।
काहे योगी जपी तपी संन्यासी काहे शेष मशायक
जो इच्छा पूजवे एसो कौन को भयो ज्ञानलाभ।
शाह अकबर को मन मनाइ जो कहो तुम ताही के शीश धरो वमदाभ।।

आशावरी, चौताल

(26)

प्रथम मंञ्जन कीनोरी आली उदिया को दोउ पदरस लीनों।
हसन बोलन डोलन मानो सरस्वती लिये वीण हुमायूँ को नन्दन
अकबर वस कीनों।।

आशावरी तथा बंगाल, चौताल

(27)

ए जित तित सुनीयत बावर वंश जीतो।
अरिनन मार हदसद कीनोरी दरीया पार खाँड़ो
पखारो कियो अपनो चीतो।।
देश देशन के नरेश काँपत डरपत कहत
जरव जोरके कहा कियो एसो पीतो।
चिर चिर जियो शाह अकबर सबन तोड़ कियो अजीतो।।

आशावरी, आड़ा चौताल

(28)

नैनन शीश हाथ देखवे को और श्रवण वचन सुनवेकी।
कर छुवन और अङ्को भर भेंटत सुख पायी यह घरी जनम लेखवेकी।।

पाछले विरह कों दुख दन्द गयो सोतन अनख मुख पेखवेकी।
अकबर शाह सुजान मिले मोको परम विचित्र यातें निघरी सुख विलसवेकी।।

धनाश्री, चौताल

(29)

शिक्षाकार अनुकार रंचक भावक गायन तान प्रमाण।
धात मात योग ध्यान इन भेदन भेद ध्यान शरीर की सुरत मन्त्र बखान।।
जे अलङ्कार सुर ताल प्रस्तार विस्तार जानत सब बहु विध अङ्ग अंग सुजान।
शाह अकबर गुरुन गुरु सङ्गीतकलानिपुणन किए भए न गान।।

मालश्री, चौताल

(30)

मीठे मीठे हो मीठे मीठे लागत फरिदो गञ्ज शकर।
सब कोऊ कहत है मीठेई मीठे ज्ञान ध्यान कर देखो
शाह अकबर नाम लेत रसना कोनो पवित्रकर।।

रागिणी-पूरवी, चौताल

(31)

अकबर सर वर देहो उनके नर वर।
हौं न करों अंत न्यारो प्राण पियारे को मेरे
काम दन्द सहेज को जपोरी पहर हर।।

रागिणी-पूरवी, तिताला

(32)

दीदार पायो मैं शाह अकबर को भई निहाल बन्दी।
रोशन जम्बीर पूर नूर भरो देखियत आँखन पूतरीन
हिल मिल करन मानो खान किए अमृत नन्दी।।

रागिणी-पूरवी, रूपक

(33)

अकबर गुण सागर गुण विद्याआगर गुणी पावैराग रङ्ग पाग।
जर कामर और पट पटपर अनेक लाल हीरा दए एसे सेत
मन्दिर में रागी अन वैराग।।

रागिणी-पूरवी, सुरफाखता

(34)

पट्ताल नीको ताल अक्षर धाय चोसट ताल गत प्रस्तार हो अधार हो मेरे जियको
शाह अकबर को रिझावन पटताल रस लावन और अनेक भेद उपजावन।।
ताकिटतकताक्‌टतकधेकट्‌तकधेशीना धाधिलाङ्ग
धाधिलाङ्गधिकिट धिधिकन धिधिकनधेधिनाकिट दिगथो।।

गौरी, पटताल

(35)

जेही तेही केइ भाँत मान मन मनाइये सोहाग लाड़ली।
शाह अकबर परसतही वाकी प्राणपतीहै जो घरी
घरी पल पल नित नित चाड़लीको।।

गौरी, पटताल

(36)

वदन ढ़ाँप पोढ़ी लीला पट पछेरे सीस रहोहे प्यारी।
जबही घूँघट पट न्यारो करत पय मानो जीत लजारी।।
आरस प्यारी पहरे पीतम परम विचित्र महारी।
शाह अकबर निहोर करत तिय है उठ चल हँस बोल हों वारी।।

विहाग, आड़ा तिताला

(37)

बिन दामों का गुलाम कहायो यह साहबज़ादा नीशेरानो।
कान पकर जब सामने आया तो बातें कामरू जानो।।

दिलकी अँगूठी में पुतली का इश्क बँध इश्क की आन में फंकानो।
एसी सीनेकी चौकीपै आँखों की मशनद पलकोंसे झाड़ बिछानो।।
चौकी हो गर एसौ मशनद हो एसी पलकोंसेही झरानो।
भला ऐसी क्यों बात न कहिये ऐसी बनरी रैन बिठानो।
एसी अँगीठी आगे इश्कबँध एसाहो तो क्यों न कहानो।
एक दाना जले सतर लाटले दोनों की अब ना गहानो।।
वहाँ प्यारी बनु को बैठावे बना हाथ बाँधे खड़ा रहे आनो।
भला एसी जगजरा कहिये न क्यों एसी बनरी परे न बैठानो।।
एसे बाँध बूँध कर कीना अली गुलाम शाह हासानो।
अकबर देहरी बैठो सलाम करे एसे टोनेसे देहरी चढ़ानो।।

धनाश्री, तिताला

(38)

भावत सोई जलालके मनमानी त्रिय।
और रसबस कर राखो ते साह अकबर पिय।।

टौड़ी, देशी-धीम तिताला

(39)

हलाहली धरणी कमठ पीठ कल मल गई
गरद उड़ गगन रविते अलोप्यो।।
आयोरे शाह गर्भगंजन अकबर मेरे जान
शाह जलालदीन शाहनशाह दिलीनरेश कोप्यो।।

टौड़ी, झपताल

(40)

प्यारे तू मन मेरे तनमें बसत रजनी दिन तोहीसों जीवन बनत मेरो।
सोवत सपने अन्तर अनत रिफर तौऊ संग
लागी रहतहों पिय छाड़त नाहीं औसेरो।।
नेत्रनकी पुतरीनमें मोहनीमूरत देखवोई
करत तोऊ व्यापत न मोमै काम अनेरो।

विरहनी नारन तारन अकबरशाह सुजानहो आई
सेवा कारण काई सोतनके कहैते अब तुम जिन मोपर तेजो फेरो।।

आशावरी, चौताल

(41)

ए साह अकबर तुमसों न बोलो मानमाने हो नहीं माने।
जे तुमारे औगुन मोहि कैसे भूल गए सोतनकी
वाँही गए गेह आन डोलत सो तो मेरे हियमें जो भले जाने।।
अब आवो मोपै मान छिपावन न जाने जोजाने।
साहजलाल अब कैसे आए हो पोत कर परछाने पिछाने।।

आशावरी, तिताला

(42)

जाने तार सुर के भेदन को गत साधे असुध को सङ्गत।
और जै जै सप्त त्रवट पिकार कहियतु है तिनके
व्योरे उगत जुगत सो एसो भरत के मत पंगत।।
जानत गीतछन्द धरु धुरपद गावै गुणी बजावै तिनहूँ
को बिलौच कर मानत नाही साज रङ्गत।
शाह अकबर गुरुन गुरु सकलकलासम्पूरण विव
विवेक चित्त न अङ्गत।।

मालश्री, चौताला

(43)

जे छिन छिन लगन के समीप रही एसी घरी लेखे में गिन लइए।
सोई तो विचित्र चातुर अधिक सुनिरी जो उनकी प्रेम प्रकृति लिए रहिए।।
भाग सोहाग ताही को गिनोरी जासों पिय हँस बोले जियकी बात कहिए।
शाह अकबर प्यारेके मन रञ्जन घड़ी घड़ी घड़ी घड़ी पल पल चहिए।।

मालवी, चौताल

(44)

तेरीरी वदन जोत चन्द्रह तें अधिक निर्मल
सो समीप लगेही रहत है मुक्ता ढिंग जैसे पोत।

प्राणपियारे को प्राण में बसे झूठेही श्रवण कारण दोत।।
शाह अकबर छत्रपति रहसन अरी तुव पलक के ओट होत।।

मालवी, चौताल

(45)

भुजंगी लाल तेंदी कीनी दुरंगी गातही गात पीत् उमंगी।
कइँक बोर बोर दरकी दरकी एसी लागत
मेरे जान आली मान काम ओप प्रगटी तन यंगी।।
और प्रसेद प्रेम अब जगमग रह्यो जोवन तीय भर उमंगी।
याछविसों आपे भईरी अकबरशाह और तुअ अंग संगी।।

मालव, चौताल

(46)

कर विद्या तूँरी जहाँ पढ़ पूरण काम करत अज्ञान
उगत जुगत विधना भली।
प्रगट कर शाह अकबर जगत गुरु जलालदीन
अष्टयाम विनान करत राग रंग महावली।।

मालव, चौताल

(47)

तखत बैठो जसनकीनो साहस कवन्ध
पण्डित घरी विचार अचल राज पायो।
कनकदण्ड चवर छत्र रतन जड़ित
जगमगात सुर नर मुनि गुनी गन्धर्व गायो।।
मृदङ्ग बजाय इन्द्रलोक देखन आयो।
ए समै जो वकस गजमुक्ता तरङ्ग देत
अरव खरव जैसे मेघझार लायो।।
चिर चिरजीवो जलालदीन अकबर
चहुँ चकसीस निवायो।।

ध्रुवपद, भैरव-चौताल

(48)

चढ़े दल साज अवनिदल मलनको धरण प्रताप करण सो यश जगतमें।
जाके बाजे सुन इन्द्र डरप गयो निरास भयो जो सकल भूपतमें।।
लंका परी धाक जमहिर हिरानों कलवलानी शेष भूमि हलतमें।
साह अकबर छत्रपति नरेश लीनो सब देश पल झपकतमें।।

गुर्जरी, झापताल

(49)

जाने तार सुर के भेदन की गत साधे असुध सङ्गत।
और जै जै सप्त त्रवट पिकार कहियतु है तिनके
व्योरे उगत जुगत सो एसी भरत के मत पंगत।।
जानत गीतछन्द धरु धुरपद गावै गुणी बजावै तिनहूँ
को बिलौच कर मानत जाही साज रङ्गत।
शाह अकबर गुरु न गुरु सकलकलासम्पूरण विव
विवेक चित न अङ्गत।।

मालवी, चौताल

(50)

नवरङ्गी अकबर शाह जलाल करिए हो निहाल आएहो
मेरे मया कर कर।
तन मन धन नोछावर करौं आवन पर तपत
बुझावन और रङ्ग उपजावन पर वलमा हो इन
भाँतिन जनम जनम के सब दुख गए सुख पायलीनी
अङ्कम भुज विनाल भर भर।।

धनाश्री, चौताल

(51)

ऐसे वलवन्त प्रचण्ड अडंड डंड जाके डर काँपत नवखण्ड थर थर।
सुनत धाक धक धक होत छाती द्रगन पालन को
धीर न रहत सकल अरिन जबते गहत कर।।

तुम अपवली भुजवली दलवली जाके चढ़े धरन् धसकत धर धर।
चिर चिर जीवो शाहनशाह अकबर हुमायूँनन्दन वीरन वीरवर।।

पूरवी, चौताला

(52)

गर्व गरवानीरी आयानी मैं होत सयानी कहेते
कब कियो कहा टेक टेक ही टेका।
हातो और तीय सबही मथन रीझौ पीय चित
बनही तिन तन याते निपट अधिकानी।।
धीयकी प्रकृत लीये जो चलहे धन तो पावेहे सुख
अनगन सुवनरी पीत मनमानी रूसेमें कौन सवाद
कौन विवाद उछ चल मिल शाह अकबर प्रतपानी।।

मालव, तीताल

(53)

अचलराज करो लाख बरस लों कायम रहो
महम्मदशा अकवरशा पातशाह कों सोहत छत्र
तखत सब देश देश तें लीजे खेरात।
अनेक जशन नोरोज करोर करोर होए एसेही
जैसेही शुभ नखत जागे सब दुनिया के भए मनके काज चात।।

भैरवी, चौताला

(54)

गुणी अकबरकी जो गोष्ठके जो जग में जगमगाय रही प्रगट प्रसाधमइ।
जिनको गुण हमपै वरनो न जाय एसे विद्या अनेक
सम्पूरण तिनकी अस्तुत न आवत कइ।।

त्रिवण, चौताल

(55)

हौंही वैरागी कीनी लागीरी लाल अकबर अनुरागी।
इन सम्बोधन पतियन पतियन पीय वेग मिलन कर

आप तेरी हौंही गँवार भईन अवध बदी बहुत दुख दीनो मोहे सुखध त्यागी।।
उमगपतिकी मूरतको ध्यान धरेंरी मेरी अखियाँ रैन एक टक जागी।
रैन दिन सुमरण करत रहत हेरी ललना तरैंया
गिनत जात रसना रट लागी।।

गौरी, चौताल

(56)

अकबर प्राणनाथ अनाथन को यहनाथ ए जापै अष्टसिद्ध नव निध पाइये।
परमदाता ज्ञाता सबही को मनरंजन यहदुःखुभंजन कल्पवृक्ष प्रतक्ष धाइये।।
अन्तरयामी खामीजग काज करवे को ए रस नाल बनाइये।
जलालदी महम्मद ऐसे दोता किए तिहुँ लोक में यश गाइये।।[1]

◆

1. यह छन्द मैनेजर पाण्डे के संग्रह से है। किन्तु यह अकबर का रचा नहीं प्रतीत होता। ऐसी आत्म प्रशंसा वह खुद क्यों करता? उसके रचे अन्य छन्दों से तुलना करने पर बात स्पष्ट हो जाती है।

जहाँगीर

(1)

ए जहाँहगीरको साहजहाँ जिन जगपर
कियो कर साह मरदानजाको
अपबल दयो एहाँ अपबल दियो
समपत संग मँगाई शिरमोर धोल
शिरसिंगीसाँई पातसा किए बड़ाई
जग पर कियो कर सिमर सुरधर।।
तेरे कुल होते आए तिमरलिंग
अमर बाबर हिमाऊँ दीनदार
जाके साह अकबर ताके साह
जहाँगीर नरपति नर।
रावराने लागे डरन मीन दीन अधार
करनराज तेजकायथ दायमको तव अटर।।

ध्रुवपद, तितारा करषा

(2)

बषत यार बषत बली चली तेरे नाम की कर
सुर नर मुनि गुण गन्धर्व कहे नर जहाँगीर
जे अज्ञान ते भए सज्ञान ये दिन दिन धन कल्याण
करत है अहो सागर आगर तोको है चलगए तीर।।

टौड़ी, चौताल

(3)

अति छवि छाजत है ललना लोचन तिहारे।
रंगरंगीले रसाल छबीले सोहत लजीले सौहैं खात जात
झुकोहै कछू उझको है एसे सोहन होत हमारे।।

अदभुत रूप गोप बरनो न जाय कोटिक काम द्युति
सुध वुध विसारे।
साह जहाँगीर जान बूझ कर सकुचावत इन नैनन में
रैन विहारे।।

टौड़ी, चौताल

(4)

भाज भाजरे गढ़पति शाह जहाँगीर शाह रिसानो।
चहुँचक जाकी आन कबूल खुरासान लपक झपक लीनी पग
लागो राजा रानी।।

विहाग, आड़ा चौताल

(5)

बनि बनि वनिता आईहैं पिय मन भाई सौतन
मध खेलत लालभँवर मागों फूल फुलवारी।
एकनसों नैन सैन एकनसों मीठे वैन एकनको
पाछेते अङ्क भरत अचानक छवि
भई दूनी टुले रागहिण्डोल मिल गाई।।
उत्तम मधुरित फूली इत कामकी वेली
ऐसे पिय तय दोउ भाँत एकदाई।
अति सुखदायी दोउ विवसन राई
सुलतान सलेम पिय रुसीहै मनाई।।

ध्रुवपद, भैरव, धीमा तिताला

◆

शाहजहाँ

(1)

अरि कुरङ्गन जिमि भाजत फिरत वन त्रासके हरि जब आवत जानत।
अत कार छल कर कारे जिम चिक्कारे जो दूर
जाए गिरिन में वाही आन मानत।
फुनसारनी सीख देत तूँ जित लालची तल
भूमि तन मिलहै प्रवल शाहजहाँ की मानत।
जो मिलत रक्षा कर तन तलफत अहद शिकारगाह
कर राखी यह ठानत।।

धनाश्री, चौताल

(2)

आदि महेश कंचन को छत्र हितीया को चन्द मुक्तमाल गङ्ग।
अलके सारी लुवध रही सोई और मोह तजो उलझो जन काके सङ्ग।।
पोहपनके हार पहराई अरस परस करत अनङ्ग।
एसो विधके प्रीत रस कोनों शाहजहाँ राखी अरधङ्ग।।

मालश्री, चौताल

(3)

प्रथम खरज सुर साधे सोई गुणी जों सुध मुद्रा वाणी गावै।
द्रुत मध विलम्पत लघु गुण पुलित कर दिखावै।।
सप्तसुर तीन ग्राम एकईस मुरछना बाईस सुरत
उनचास कोटितान ताको भेद पावै।
सरसती होय प्रसन्न हो सोई शाहजहाँके श्रवणन कों रिझावै।।

पूरवी, श्रीराग-चौताल

(4)

पाइये जेह लाल सोई विध करीये काहे कों गुमना भरीये।
ता पर मान मया पीय की काइकी कही कित जिय धरीये।।
जहाँ नेक रीझे तहाँही करत हित ऐसे पीतम से डरीये
बहुनायक प्यारो शाहजहाँ जाँन सोतन तें वावरी
घरी घरी पल पल छिन छिन अंग सरीये।।

श्रीराग-चौताल

(5)

सुनीयत छत्रपति शाहजहाँ किरान सानी की चढ़वे की आवाज।
चढ़त पीठ कलमली दक्षिण देश दलमली भुवपति
राजा कर जोरे अरज करत हेरी मिलवे की आवाज।।
कायम रहो जोलों चन्द सूरज गगन तार कोई सुनी
आपन फौउज चलवे को कियो हुकुम आवेंगे आज।
दिल्लीपति चिरञ्जीव रहो शाह अकवर महाप्रतापी
जो लों धरन ध्रुव धीरन धरवे को आवाज।।

श्रीराग-चौताल

(6)

गईं नींद उचट सखी सोवो हरो नेकन आई।
एक टग रहे पाटी लग मग निरखत तेसी चलत पवन पुरवाई।।
वेकल रहत रोम रोम तलफत परी विरह जो नमाने मोरी माई
मीन जल जोई शाहजहाँ दरसन विन अंग अंग सताई।।

विहाग-चौताल

(7)

भाँदो कैसे दिनन माई श्याम काहेकों आवेंगे।
कोकलाकी कुहुक सुन छाती माती राती भई विरही
आगे ऊधो फूँक जरावेंगे।।
शाहजहाँ पिया तुम बहुनायक विरहिन के अँसुअन
की तपत बुझावेंगे।

विहाग-आड़ा तिताला

(8)

सब जगत सरफराज कीने सरफ को
शाहजहाँ पातसाह बैठे तखत।
राजा राव बस किए द्रगपाल उमराय
भुवलोक मध नर नारियनके जागे वखत।।

आशावरी, तिताला

(9)

माई मैतो कवन काज आवैला जो जिय डरावै।
बिन देखे शाहजहाँ पिउ कलन परत
निश दिन मोंको कछून भावै।।

टौड़ी, एकताल

(10)

कुच महेश नख छत दुतीया को चन्द मुक्तमान गंग।
अलकसारी लुवध रही सोई और सोहत अरजन के संग।।
पोहपन के हार पहराई एसो मानो कारो पूजा कर
धरत सपत सीखत रस परस करत अनंग।
एसे विध के पीउ रति रस कीनों शाहजहाँ राखी अरधंग।।

(11)

रस विनोदी गुण गहरत विवेक चिन्तामणि ध्यान शाहजहाँ जान
जेजे तारध्याय सुरध्याय रागध्याय निके करे लक्ष लक्षण विद्या प्रमाण
वल वल करना उनइ से देत एसे कोटिन दान।
चिर चिर जीयो छत्रपति प्यारो जोलौं भुव ध्रुव रहैं शशि भान।

(12)

माई काहे को कहो अब ही जो मोहि जिन बरजो
लाल तन को री चितबो।
मनमोहन प्राणेश्वर की छबि रीझत
अति मति गति सुध बुध बिसारी

सब अजहूँ भूल जैहै री तोहि सिख देबो।।
लगन सों फल ताकी कहा कहिए री
अब लोगन सुन्दर सखि भायो प्रेमबीज को बोयेबो।
पर रुचिर हो 'साहजहाँ' तिनको पंचसरहू ते सरस
अपबस करके मति गति मनहर लेबो।।

ध्रुवपद, भैरव-तिताला

(13)

बन आभरण और सोहत कण्ठमाल विराजत गरे।
सीसफूल टेढ़ी और दुकूल नाकबेसर
या शोभा तियगुण कर आगे सरे।।
तैसी अरुणसारी और अँगिया फुलेल भींजी
तामें राजत माथे टीको मुक्ता माँग लरे।
यह छवि देख रीझे साहजहाँ पिय रीझके अंको भरे।।
निरत करत रीझ रंगीभूमिते गहि बहियाँ रंगमहल ले सिधारे।
सखी सब रीझा मुसक्याय मुँह फेर रही आपही
हँसत गए रसनिधि भरे।।

मालश्री, चौताल

(14)

अधर चन्दन घसीले पुरी सखियाँ आज मोरे आइए।
रसलावन गुणवन्त जुरमिल सखियाँ इन सेजरीयाँ
बनाए साहजहाँ पिय अंग अंग सुख पाइए।।

टौड़ी जौनपुरी, ताल सवारी

(15)

साहजहाँ लंगर पिउ सुन्दरवा
आज कौन रंग रस राते।
मद पीए मस्त भए डोलत फिरत इत उत मदमाते।।

आशावरी, गान्धार, धीमा तिताला

(16)

छत्र छवि नित्य नई भई रीति जैसी
सभी आभा वा सुरपत की।
सदन सदन मणिमुक्त रतन छत्र वरण
वरण रंगन रंगन छवि बिसात निरख
नर नरेश ताते सुरेश हुते अधकी।।
और मखमल जर बाफता सतिनके
शामजाने असपक कंचन खम्भ लगे
और नग जगमगे तखत कैसो कही
न जात उपमा जा बखतकी।
शहनशाह किरानसानी शाहजहाँ जूको नौरोज दीनो अरब खरब
छीनो गरबिन के गरब तिहूँ लोक में चर्चा कीरत की।।

भैरव, चौताल

(17)

मेरे तो आये हो भोरे सब निसि अनतही बसे
तुरतही मानि रित सों
कैसे दूरत लिए सो आस सब हरे।।
चारों याम जानत जनघेरी हम संग जगवेकी गरज हरे।
शाहजहाँ पिय पे न गई तुमारी चोरी छोहरे।।

ध्रुवपद, भैरव-तिताला

(18)

विराजत सिंहासन बैठो गाजे
जगजीवन सकल दरसनकौं।
रोज रोज नवरोज होत पुन
अष्ट दिकपाल आस करत पुन देसनके
नरेश आये चरन परसनकौं।
दसो दिसा के गुनी मन मिल मान लये
ते दान लये सुरपति भूपति

आनन्द भयो मति हवसनकौं।
बड़ो जीय सहस रसनाको
सनतान सहित पृथ्वीपति नरको
नर शाहजहाँ जहाँलो रवि ससि नभ रहे उर वसुधा
वर सदा बरस दिन दिन बरसनकौं।

ध्रुवपद, भैरव-तिताला

(19)

अति दुख पायो मेरी अखियन हो प्यारे जो तुमरि दरस बिन।
और सब अङ्गनते बहुत पिरानी पीर न सिरानी एक छिन।।
केते उपाय कर हारी उन विरह भई पिय तन।
साहजहाँ पिय रम रहे अनत पीत और सब सुख पूजे धन आजको दिन।।

टौड़ी, देशी-धीमा तिताला

(20)

माई मैतो कवन काज आवैला जो जिय डरावै
विन देखे साहजहाँ पिउ कलन परत
निश दिन मोंको कछून भावै।।

टौड़ी, एकताला

(21)

ताल मूरा खरज आदि भरत सङ्गीत कहियत तुम
सब विध गुण पारखी जान।
सुधि विकत अलङ्गार इकईश मुरछना कोटि तान।।
रागाङ्ग भाषाङ्ग क्रियाङ्ग उनञ्चास
देश देश पर पूरण गुणी उचार करत है
जैसी जाकी विद्याके परमान।
औड़व खाड़व सम्पूरण तुम सब विध निपुण
साहजहाँ साह तुम गुणनिधान।।

गुर्जरी, चौताल

(22)

देखत सपनेहुँ अपने पीयको जेते
धन धन धन माई।
मेरी तो वैरन नींद गई तादिनते जादिन
ते विछुरे सुखदाई।।
झूँठहूँ न आई सहाई रस लेत सो मेरे
जानबे को यह कौन सों पाई।
सो प्रथम प्यारे साहजहाँ सङ्ग जागतमें
कबहूँ वाकी बात न चलाई।।

गुर्जरी, सुरफाख़्ता

(23)

एरी हूँ तो लेन आई लालन मया कर बुलाई।
हों जो मानवत तू नहीं मानत कीन बदी एसी निठुराई।।
मेरो कहो तू मानकररी तोहै लाल को दुहाई।।
उठ चल हिल मिल साहजहाँपै वही तोहि सुखदाई।
तू अब लागि पियाने पठाई छूटे हार
टूटे हार सखीरी मुख पर आई पिराई।।

टौड़ी, चौताल

(24)

पोहोपावली धरन मुरन वरन विछोना
घन बरसत समान जलधर तनाव तनायो।
बाजन गाजन निशान इन वनिता वन इन्द्र वधू
हाहाहूहू करे गुणीयन यश गायो।।
साहब किरान शाहजहाँ पातसाह झरलायो
जगजे पायो मुक्ताहल ज्यों मेह बरसायो।।

गान्धार, चौताल

(25)

वश कीने सुन्दर एक विचित्र वाल एरी
विश्वासन तो तन रस माते।

मदन सरूप नेकही निरखत पियके
कामको रूप लग जाते।।
ज्यों ज्यों वे भेदन ते सरस अति त्यौं त्यों तेरो
रूप उजारी चन्द्रकला तें।
दिन दिन दूनी प्रीत बढ़े अति देख एहो
शाहजहाँ पियकी निज कृपातें।।

गान्धार, चौताल

(26)

हौं निरगुणी भईली माईरी पीया मोरा गुणवंता।
शाहजहाँ पिया मोकों बुलावे कैसे जाऊँ
अरे भला सबही के मनवंता।।

विहाग, तिताल

◆

औरंगज़ेब

(1)

छत्र छबि छाजे बिराजे हुमाऊँ तखत
बैठो चारों चक जीत आयो दिल्लीवर।
ऐसो हठीली नर नरेन्द्र नरेश धावत
शत कोस काइ पै न रोको जाय तकवर।।
राख लई इमर मिमिर लिंग बाबरकी
वृद्ध किरात साहन मन बादसाह ताहि दयो अलहवर।
नायक पूरण करत बखान तेरो बाबरसुत
ताँको सुत हुमाऊँ अकबर सबल नर।।
अकबरसुत जहाँगीर ताको साहजहाँ
ताको औरंगज़ेब भयो है भुवपर।।

टौड़ी, चौताल

(2)

चरण धर धर मेरे गृह लालन भए खाए आए मेरे।
तनके दुख सब दूर गए सुख आए मेरे नेरे।।
मृदंग बजावहु मंगल गावहु भागनही पाए कर रही
प्रथमही जतन बहुतेरे।
साह औरंगज़ेब प्रीतम अबमें धन जनम कर मानत
जब आँखन भर हेरे।।

टौड़ी, झपताल

(3)

बागेकी कहूँके सोधेकी छबकी कहीय न जाय।
तखत बैठे साह औरंगज़ेब मौरे नैनन रहिए समाय।।

टौड़ी, कबीर

(4)

जैसी है साधन कोई ना बचाई तैसी एराय उमराय भूपन की भीर लागत सुहाई।
जैसोई राग रङ्ग सुगन्ध सरसाई दुंदु विछुरत बही विध चलत सभा बनआई।।
शुभ घरी तोलों साह आय बैठे रतन जड़ित तखत साह आनन्दन
आनन्द आशीश बढ़ाई।
साह औरंगज़ेब तुम कोटि वरसलों एसेही करो वरसगाँठ वधाई।।

गान्धार, चौताल

(5)

ध्यायन गायन गाव बाजन बजावत।
आनन्द भयो नरनारी इच्छा भर पावत।।
पुनि कही न परत शोभा सभा तू केहि विध कमल न दुरावत।
साह औरंगज़ेब जियो कोटि वरसलों वरस गाठन की शादी फरमावत।।

गान्धार, चौताल

(6)

उत्तम लगन शोभा सगुन गिन गिन ब्रह्मा विष्णु
महेश व्यास कीनो शाह औरंगज़ेब जसन तखत बैठो आनन्द।
नग खोंच दाम विशात गायन मोहनप्रत
ब्रह्मा स्वौ तिन मध गायन गुमी जन गावत तिनके हरत दुखदन्दन।।
एक निर्तत निर्तत लास ताण्डव रंग भावन एक वन
बावत वन्दिक पंडित कर कवि सरस पूरण चन्दन।
शाह औरंगजेब जगत-पीर-हरण लोक तारे
निस्तारे फन्देही रहत दुख दारिद्रके गंजन।।

आशावरी, चौताल

(7)

सोहै साहबी साहब सुलतान औरंगजेब जाहीकों
जे परम वली महासावर महाजान
साहजहाँ-नन्दनके दरवार भई भीर नृपनकी

अतिते पावत खिलत गुनीजन देत आशीसप्राण।।
जुग जुग जीवो अकबर-वंश कल्पवृक्ष जगत शिरखाँन।।

आशावरी, चौताल

(8)

अतिबुध कारीगर रच पचके सुनखत वखत
वली करन तखत अनुपम बनाए।
जहाँ लगे रतन जड़ित गुण सबगुणके पुनि चिन्तामणि
कामधेनकों एसे नगनकों कापै जाय मोल मनाए।।
सो गावत बजावत निरत करन लगे जहाँ तहाँ हीर
चीर अरायश और नगन जड़ित खंभन नील
जर वाफ तारी तनावन बनाय वनाए।
शुभघरी साध बन बैठो मध नायक दिल्लीपतिकों
जेवदा औरंगजेब पातसाही सबन आशीस दई सब
गुणीनको दुख दारिद्र हनाए।।

आशावरी, चौताल

(9)

तोहि अति भावेरी शाह औरंगजेब उजारो।
दरस देखेते रोमरोम सुख होतहै डर होत हेरी दुख अधियारो।।
एक रसना अस्तुति कैसे करों कही जाय प्राणहूँ ते प्यारो।
राखोंगी हियमें दुराय कर नेक न करहों न्यारो।।

आशावरी, चौताल

(10)

तुव गुण रवि उदै कीनो याही तें कहत तुमकों बाई उदैपुरी।
अनगिन गुण गायन के अलाप विस्तार सुर जोत
दीपक जो तोलों सों विद्या है दुरी।।
जब जब गावत तब तब रससमुद्र लहरे उपजावत
एसी सरस्वती कौन कों फुरी

जानन मन जान शाह औरंगजेब रीझ रहे याही तें
कहत तुमको विद्यारूप चातुरी।।

धनाश्री, चौताल

(11)

अब घरी आवत हैरी लाल माईरी अबधको दिन आज।
वेग प्रफुलित भयो सुगन्ध मंजन कर कर आभूषण
वसन बनाय पहरे प्यारी तबही अरगजा भेटत
लगाए जब होवे मन भावतो काज।।
यह देखो वे गए मनमोहन वलमा अन्तरयामी
खागी करवन वरण कारण विरहन कारण तेरे
अनगन मानो पतितन को दीनो सुखसमाज।
शाह औरंगजेब जीनी गलेहो लगाय कीनी निहाल
तोहै वाल दोनों ढिग विव सुहाग भाग आनन्द राज।।

रागिनी, मालश्री

(12)

एरीए वह हमसों रहन लागे है हमको माने पहचान नाहीं।
उनकी पीतको कछु अन्तर परे ताको विलग न मानो याही।।
भूलेहूँ न कह्यो जाय कही जब तब दरस परस में कहूँते
हम तुम एसी निबाही।
जैसी कछु निभइ तैसी तुम देखहुँ अपने
प्यारे औरंगजेब सो तुही क्योन दृष्ट जोही

आशावरी, आड़ा चौताल

(13)

बहोत भावत है वह तुमे होई नीके कर जानत।
इतनो तोइ कान करो तुम एसी न बूझिये
जो मेहेदी आगे बाइ को नाम ठानत
दैया कैसे अपनी टेक के नेकइ लाज जोयमें नहीं आनत
शाह औरंगजेब बहोत हौं बौरी जे यो बात बखानत।।

श्रीराग, चौताल

आज़मशाह

(1)

मलक पुर मलयाबाद मारु मरहठ मुगेरे मालवा
महावन मकनपुर मेवात मुलवान मेवाड़ मिसर।
बगदाद वङ्ग बरार बन्दर बदाऊँ बुखार बुन्देलखण्ड
बून्दी वृन्दावन विजेपुर और विधनोरपुर।।
समरकन्द सोलापुर सारंगपुर सारसन सूरत
समशावाद सीरोज सुन्दरपुर सुरङ्ग सिङ्गलदीप
सेलाज शेखपुर मकरपुर सम्भरसर घर घर।
काशी कमाऊँ काबुल कच्छ वा कनोज काशमीर
करोली केदार करवला केगर कोकन शाह आजम
जग तीम अप वस कर लिए मानत दोहाई नर नरेन्द्र सकल भुव पर।।

गान्धार, चौताल

(2)

प्रगट चतुर वरने नारी तेरे किधों खंजन कमल
फसे कहे कटाक्ष मात पिता मुख सुखसागर जे
पंकज कछाय सरोवर में मीन करत कलोल।
किधों चन्द हे सुतन गोदन बैठो कजरी भौंहें
डाड़ी कर पुतरी न होय दोउ पल कीनो आलीरी
तामेरी विध अनूप रूप जीवनन छवि तोल।।
मुख सुख सलिता बिच दोना व फिरत भाव भरी
वरनी चोप सोहत किधों जुग कुरंग
फन्दे ही अंजन फंद खुलत न खोल।
किधों जुगल मंजीर पलक पाट मूँदत खोलत
काम भण्डारी साह आजम के हुकमते तोल
देत जात बिंब कटाल हीरा मुक्ता हलसों तोल तोल मोल अमोल।।

गान्धार, चौताल

(3)

गौरी ईश्वरी शिवा भवानी आनन्द देजै।
रुद्राणी सर्वाणी सर्वमंगला मृड़ाली मैनका दारिद्र भंजे।।
दक्षिणी उमा कात्यानी सुवर्णा पार्वती दुर्गाराणी
तिहूँ लोकमानी मन विचक्रम तजै।
चण्डिका अम्बिका आरजा गिरिजा मेनकात्मजा
निरमोल सेवको अनेक विद्या कर सजै।
जो रीझे शाह आजम सुजान नरेन्द्र और होय सुदा सभा में जय।।

आशावरी, चौताल

(4)

थोरेरे दिनकी नबल दुलूहैया नयो योवन नयो रङ्ग।
नई प्रीत रीत नए आभूषण शाह आजमके सङ्ग।।

राग परज, तिताल

(5)

झगरा मैं क्यों ठानोंगी पिया मोरा इन सोतनियाँ वश कीनो।
तुम विन मेरो और कौन है ऐसो सुघर प्रवीनो।।
याइ वासको वसवो कठिन है सौतनके आधीनो।।
आजम पिया सों विनती करत है मैं तेरे ही रंगभीनो।

विहाग, राग परज, तिताला

(6)

वालम आयोरी हम चीनोरी।
शाह आजम पियकी मोहनी मूरत चितवन में कछु कीनोरी।।

पुरिया धनाश्री, तिताला

(7)

तोहिसों शारदा प्रसन्न भई लई सब वीताए
अपनेही वस करहों रस रङ्गत सो मेहा जंगतए।।

तूँजी आति रागकी तीख चोख खरी कर जानत मानतए।
और तेरोहो अलाप ध्याय तान तेरोही अक्षर मन लागताए।।

आशावरी, चौताल

(8)

भस्म भूषण अङ्ग चर्चित गङ्ग शिखर बहुर रूप शिवजी
गाण्डवर में डमरू बाजत फुंकत फणेश भारी।
योग युगत ज्ञाता शिव सत स्वरूप शङ्कर शतकण्ठ
कण्ठा पर बिषनागन वरण राजत पद्मआसन
ध्यान धरत भक्तरूप अवतारी।।
यती शती जङ्गम योगी नबी संन्यासी दुग्धधारी
अघोरी ऊर्द्धवाहु अवाकर और दूतन गण कर
पिणाक कर आदेश करत है आचारी।
धन धन धन महादेव सिद्धदेव देवन रिद्धसिद्ध दाता
शाहन शाह शाह आजम को होय सुखकारी।।

श्रीराग, चौताला

(9)

निपट कर जो दुराव करत मोसों हौं नहीं जानत
पीय अधिक चतुर तुमही और हौंही अयानी।
कोटि यतन करत है तिन गुण कर प्यारे तुम्हारे
देखीयत जे करत फिरत घर घर मनमथके वस
जपो तिया अङ्ग सङ्ग रङ्ग करत वहु ज्ञानी।।
अटपटी पाग पेच लट पटे कीन्हे बोलत मन्द वचन
चक कहत कहानी।
शाहआजम विचित्र छत्रपति की बातें की बातें तेऊ मेरे
जान पाई तब त्योंही मुबारकना आवत तुमारी
गत हम मन विच क्रम कर पहचानी।।

श्रीराग, चौताला

(10)

बार बार बरजी तोहिं यह कौन चतुराई।
ज्यों ज्यों प्यारे की प्रकृत त्योंही पेचलिए अब
याहीमें बड़ाई।।
धन तेरो रूप सोहाग भाग योते सोते छटइ लागे माई।
धन तेरो लहनो जाके शाह आजम कृपाकरे सुखदाई।।

ध्रुवपद, भैरव-तिताला

(11)

वारण निरवारोरी आली अनसत सिङ्गार सों
प्यारो मोह लियो चोपन अत निरख निरख मारग रहे जो तुव तन।
दिगन अञ्जन खञ्जन देहमञ्जन कर कर भूषण पहरे
प्यारी बेग वस कर ले तू रूप जोवन गुणवान कवन।।
पिय समीप तुव बिन पल पल बरखसे जात हैं
क्यों न जाय अपने रस पगाय अनुराग बढ़ाय ले हो उन मन।
शाह आजमको प्यारी तेरे जोर सकल सोते रहे
दबजाय ऐसे जैसे दब जात तरैयन जोत शशी-उदय होत गगन।।

मजमूआ, परज-चौताला

(12)

प्यारे मोंसों भोरीसी बतियाँ
करन लागे रसिक रसीले सुरजनवा सोघतीयाँ
आजम तुम बिन कल न परत है
कैसे कटे दिन रतीयाँ।।

भैरव जलद, तिताला

(13)

रिसानीसी हों कछुक रिसानी तिहारे रूप वाल ममोमै समाए है।
जकी थकी क्यों रहत जात तुमारे उनीदे आए लख मेरे अङ्ग अलसाएहो।।
द्रगन में लाली और असुआ काहे ते प्यारी तुम बहो रङ्ग रचे
देख ए चरण सकुचाए हो।

और कछू जिन बूझो शाह आजम तुमजो जम्भात याते मेरो
मन भरमाए हो।।

धनाश्री, चौताल

(14)

शाह आजम आनन्दपत तुम मेरी तो यह गत भई
सुध बुध भजी नीद भूख तज गई सब सुखन मोते आन लई।।
भूल गए हो सब विसरो विलास रोम मरमको कहा कहो जैसी विथा छई।
शाह जलाल चाहत ही पै सवल तें निवल हौं रही यातें नाह गई।।

धनाश्री, चौताल

(15)

निपट कर जो दुराव करत मोसों हौं नहीं जानत
पीय अधिक चतुर तुमही और हौंही अयानी।
कोटि यतन करत है तिन गुण कर प्यारे तुम्हारे
देखीयत जे करत फिरत घर घर मनमथके वस
जपो तिया अङ्ग सङ्ग रङ्ग करत वहु ज्ञानी।।
अटपटी पाग पेच लट पटे कीन्ह बोलत मन्द वचन चक
कहत कहानी।
शाहआजम विचित्र छत्रपति की बाते तेऊ मेरे
जान पाई तब त्योंही मुवारकना आवत तुमारो
गत हम मन विच क्रम कर पहचानी।।

श्रीराग, चौताला

(16)

बालम आयोरी हम चीनोरी।
शाह आजम पियकी मोहनी मूरत चितवन में कछु कीनोरी।।

पुरिया धनाश्री, तिताला

♦

'मोजमशाह' शाहआलम बहादुरशाह

(1)

अब तुम जागो क्योंन मोरे मीत
पियरवा हमारी प्रीत तुम सन लागी।
नींदके माते साहआलम सुर जनु
बाग बनावा सगरी रैन रंग रस पागी।।

ख्याल, भैरव, तिताला

(2)

माईरी जहरपीर मीरा जाहरपीर मीरा साह आलम होय सुफल।
दीदार देखेतो सकल पाप हरत और दीनको वल।।

आशावरी, आड़ा तिताला

(3)

एरी धन निठुर धन मेरी छतीयाँ बिन प्रीतम बीभत विरह घतीया।
जो लों दरशन देखों प्राणपति को तोलों, आनन्द, सखियाँ लहों साखियाँ।।
आलीरी ऐसी प्यास कैसी होत कहा जो भयो पीय पठाई पतीयाँ।
शाह आलमशा के निठुर मिल कहा ठाकुर होत है अब दूसरे
आवतरी बैरन रतियाँ।।[1]

श्रीराग, चौताला

(4)

मुवारक जश्न नौरोज नयो जातें भयो जनम श्रवण
कोंजो पुनि देखो उदै दिल्ली तखतको।
कोटि कहत धन हमज्यों इच्छा भई सबनकी विधना
राखे राज कायम साह आलम वादसाह प्रथ्वीपतिको।

---

1. अन्यत्र इसका दूसरा पाठ मिलता है। देखिये आगे छन्द - 9 — सम्पादक

आनन्द हुलामन गुणीजन गावत बजावत पावत जरी
सरोपाव तुरंग पावै हम तुमतें समरथ रविरथकों।
अशीस देत सुरभावन अटल रहे तुमारे अव्वा
कीनों तुमकों सजाई सदा रहो हिम्मतकों।।

गान्धार, तिताला

(5)

बतीयाँ दिन गिनत हारी कठिन भई कर पल्लवरी कहूँ कासेरी यह दुखरे।
आजइ धीरज अपराधन प्रीत लगाव नहीं जायरे।।

श्रीराग, चौताला

(6)

एरी धन निठुर धन मेरी छतियाँ विन प्रीतम बीभत विरह घतीया।
जोलों दरशन देखों प्राणपति को तोलौं आनन्द सखियाँ लेहों सखियाँ।।
आलीरी एसी प्यास कैसी होत कहा जो भयो पीय पठाई पतीयाँ।
शाहआलमशा के निठुर मिल कहा ठाकुर होत है अब दूसरे अब
आवतरी वैरन रतीयाँ।।

श्रीराग चौताला

(7)

तुमारी असवारी बहो दल भारी के सुनत सोच
भयो अति भुव गिर नाव सुर सिन्ध पावत यह
हम कौन गत चतुर दल चलेंगे जब।
भुव कहे चलो दल तब हालो दलवर शेषकमठ
वृषभ दै दै और राखे न सम्भार देहै डार गिरके
जो गड़ गड़ गफ सेवे चार खोरतार और दव।।
नभ कहे चल मोहे दूत बराबर पठेहै कंकर
नाहन वाय उड़ाय दए सूर कहे प्रताप तेज जीत लैहै
सुतीर काजे सोतो पान चलो रहो न जाय हैहै सब।
सुभ नखत वली वखत बैठो पातसाह साह
आलम जग जीतवेकों आएहै अब।

गान्धार, चौताल

(8)

जानत थौलि किताबनि को जे निसाफ के माने कहे हैं ते चीन्हे
पालत ही इत आलम को उत नीके रहीम के नाम को लीन्हे।
'मोजमशाह' तुम्हैं करता करिबे को दिलीपति हैं वर दीन्हे।
काबिल हैं ते रहैं कितहूँ, कहूँ काबिल होत हैं काबिल कीन्हें?

(9)

छन्द-3 का एक पाठान्तर यह मिलता है :

दिन गिनत हारी कठिन भई करपल्लवरी अब कौन
सों कहोंरी में यह दुख बतीयाँ।
कों लों धीरज धरों अपराध न पीत लगन न आदख
होरी धन धन मेरी निठुर छतीयाँ।।
जौलों दरसद देखूँ प्राण्यति को तौलों आनन्द लहों
आलीरी बस सुप्यास केसी होत कदा भयो जो पीय
पढाई पतीयाँ।
शाह आलम शाह के बिन मिले कहा ठाकुर होत है
और दूसरे अब अवतारी बैरन रतीयाँ।।[1]

गौरी-चौताल

◆

1. पहला छन्द (छन्द-3) संगीतराग कल्पद्रुम, भाग-1, पृ. 295-296 पर है। उसका यह दूसरा रूप भाग-1, पृ. 301 पर है। दोनों छन्दों में अलग-अलग रागों का प्रयोग है। पहले (छन्द-3) में श्रीराग है, दूसरे (छन्द-9) में राग गौरी है। — सम्पादक

मुईजउद्दीन जहाँदारशाह 'मौज'

(1)

कीनो एसो सर तुव कर वर वर वर डर काटे अपार और दीनो बिड़र।
सैन भर कमठमानी अरु शेष डगे गोली सडार।।
खल कमट्यो इन्द्र गहत मया कीजिए जिय डर
जब सुने बाजे इन्द्र बजावत कीढार।
अतपे वरषा डर बरषायो अधिकर एसी मची मार।।
एक गैरन चाहे जाय करकी बाद भजी जातरो लार।
मिटि डार उड़ प्रवल उड़गए जित तित जुतें न
लगत वय पड़त चरण कीरत चल महावली साह
मौजदीन लीजिए पग पर वार जो जगमें प्रतक्ष राम अवतार।।

आशावरी, आड़ा चौताल

(2)

सोवतही सपने चोंक परी तबही
नैनन उघर गई अब क्या करूँरी।
पलक मून्द अंवर ढाँक ध्यान लाए
वाइसे वाकी सूरत मिलो अंग भरूँरी।।
सपने सजन मिलन बस भए
यह नैन वैरी मेरे इनसे लरूँरी।
साहब सुन्दर मौज बखान अबके जो पिया पावै
आवेंगे मेरे दौर पायन परूँरी।।

धनाश्री, चौताल

(3)

मोरे गरवाँ फुलवनको हरवा।
रात चोरी चोरी आन कर डार गयो प्यारेसे सुन्दर मीत पियरवा।।

हौंतो ऐसी नींदकी माती करवटीयाँ न लई सारी रतवा।
नेक जागती जो अपनी मौजसे न छोड़ती में उनको अचरवा।।

झिंझौटी, पीलू-तिताला

(4)

यह जग दरशन का मेला है जो तूँ आया है यहाँ तो
कुछ देख भाल चल फिर मिल जुल हँस बोल बता
ले खा पी इस कारण सबको एकठोर सकेला है।
इस मन्दिर बिचमें रखता क्या रंग विरंग मूरत है
हिरदे से तनक परख तूँ इन मूरतों में क्या क्या सूरत है अपसरद।।
धन उस कारीगरको जिसने इन अपने हाथ बनाया है
गुण ज्ञान जीवन छवि रंग रूप में हरएक आप नबेला है
जबलों सब यहाँका है तबलों शहर है बाग बहार है
मन आनन्दे और चैन करत हैं लहरें मारे हैं यह
सुखका समया और सगरे यह देखन हारे आजी हैं
कल आप आप को चल जायगा एकही कावे अकेला है।।
ए जो देखे है तूँ आपसमें यहाँ एक से एकका है नाता
कोई बाप बना कोई बेटा है कोई चचा भतीजा कहलाता है।
कोई मियाँ अपने को जाने है, कोई दास आपकों
माने है कोई, पीर मुरीद कहाता है कोई गुरु कोई चेला है।
जिस दम यह अपना रस्ता गह जावे गए दोस्त
निशबत ना है यह यहाँ के यहाँ ही रह जावेंगे यह
बूँदे जिन दरियोंकी हैं जब मौजसे वह मिल जावेंगे
फिर तो कुछ ठंडा है न उसन है बखेड़ा झगड़ा है न झमेला है।।

मजमूआ, अल्हैया, तिताला

(5)

यह और दमका मेला है जो तू जग आया तो हिल
मिल जुल खा पीले बैठ उठ बोल बतलाव फिर
आता यहाँ का दुहेला है।

तै नातेतें अपने तईं घेरा, नाहक कुनवेकों कहे मेरा,
इसकौं तो मनमें सोच समझ माय बाप भाई कोई
नहीं तेरा, तू आपी अपना अकेलारे।।
अव्वलसे लेदे आखर तकता इह धोके में बहत जाते पै
कामकी बातें नहीं पाते, यह हस्ती दरशन मेला है।
दरशन मेले में सूरत है सूरत में क्या क्या मूरत है ।।प.।।

मजमूआ, अल्हैया, तिताला

(6)

बड़ी रैन गइली अजहु नहीं आये पी अब कहा करूँ
कित जाऊँ एरी दई।
आपन जायके अनत बिरम रहे नींद गमाई औरनकी।।
हम जानी न थी एरी सखी जो होवत है प्रीत अतही बुरी।।
मौज कहू का तुम जानत हो होवत हैंगी रङ्ग जवाबरी।।

मजमूआ, सोहनी, तिताला

(7)

ओजो मैं तो कांई जाँणा छे राज
थाँरी नगरीरो बाट।
अब भूला भूला फिरा छाँ या जगरे माह अब थाँरो।
नाम जवाँ छा छाम्हे मुख पाठ हो जी म्हारा
आनी मौजसे पूरण करदे थाट।।

मजमूआ, सिंदूरा

(8)

हाँजी मैं तो काँई जाणा छे राज थारी नगरीरो बाट।
भूला भूला फिराँ छे या जगरे माह
थारो नाम जपाछाँ मुख पाठ।
हाँजी म्हारा अपनी मौज सों पूरन कर दे थाट।

सोरठ, देश-तिताला

(9)

म्हारो राज आज मारूजी म्हारे पावना ड़ेहली रङ्गरास
चतुरकारी इलमार रीझ सों
मौज महलाँ महलाँ दरसे।

सोरठ, चौताला

(10)

कौन देश जाए रे बालम बिरमाए राम कही री
सखी अजहूँ नहीं आए मोर मन्दिरवा मीत पियरवा
कासें कहूँ को पतियाए।
धाम छोड़ तोरे मोर रहत फिरत है जो उनसे
नेता लाए वे तो मौज करे सोतनके जो मेरे आवने
नहीं पाए।।

मजमूआ, खम्बावती-तिताला

(11)

भोरइ भवा मइका नीक सगुनवा आवेंगे पियरवा
मन्दिरवा सखीरी मोरो पहर सिंगरवा करहु
भेंट जोबनवा।
मौज भई जियरा सुख पाइलो आनन्द से चमक
रह्यो धाम अङ्गनवा।।

मजमूआ, कलिंग, खेमटा

(12)

बुढ़िया सोच सोच मनमें पछतावत अपने अब क्या कीजे
चरखा हुआ पुराना चलता नहीं
फेर फेरहों हारी।
डगमगात पटरी दोऊ हिलत लगी सब
गुरीयाँ मूल लाठ लरजत तकला झुको हतो धरनी
खात तकले वल परो चमर खस कदम सुकड़ो
भई पखड़ीया न्यारी न्यारी।।

जब था नया अति रङ्गीला और चटकीला नवन
बाँधो मनको तार काती पुनि हीन कुकड़ी
चित दे अटी अटेर नएको गाले रुई जोती माल
सभी न सभाल चुटकी पीत दीया दी डाल
अब रीती पड़ीहै पिटारी।
डरतूँ जब धान बोले उघाही बालो मागे जो जमा
दाम तब क्या करूँगी मोपै सूत न कपास नहीं गुदड़ी
की आस रही सखियनके साथ मौज करत नित
योंही उमर गई मेने मेने करते अपनी सारी।।

धनाश्री, मूलतानी-तिताला

(13)

मत सोच करे मन मेरे वो आप धनी देखत है जैसे
जाको देत तैसोही रख वापै नजर एरे।
कीड़ी कोकन और हाथीकी मन जैसो जाको
भाव होय ताही कों तेसे दैरे।
वनादा आचुनारो जी रस नादकी दाना अदराहे
राव मानद मौज से वाहीको नाम लेरे।।

धनाश्री, मूलतानी-तिताला

(14)

कौनज जानेरी सखी मनकी बात विरानी।
भली बुरी बीततहै जापै वोही बहे पहिचानी।।
सार विरहकी सोई जानै जाके लगी तन मानै।
मौज इस राहमें बहोत गएहैं मल मल हाथ सयाने।।

झिंझौटी, पीलू-तिताला

(15)

गढ़पत दलपत देशपत अतमाते
जे गरब अङ्गधीरेही लिए।
जे सण्ठ बैठे और कुलगन तिनकी

वले सिकार मारजीत लए।।
चतुरङ्ग दलत तबलया चाल कर धात बलकर
जल पछाड़ प्रवलके देख मद दल खल सों खल
परिखल बलतब बेपग पङ्ख पसार बाजन उड़नको धाए।
तिन पर वरछी कोउ बनाय कुलम्यान
उतराय दस्तगी भाले पहरायते गगन धाए।।
बे कोकी जाय सुलगी धाय धायके मारे
भुव गिराय शेर भारी औजाय तिनके प्रमाण
चाख चखाय दए।
साह मौजदीन महावली किएहैं
शिकार देख काँपहैं थिर थिर नर
सर सफरेस लंकेश दृगपाल सब देख तेज भजगए।।

टौड़ी-टौड़ी ध्यानम्

(16)

अवध पीता संङ्ग गुईयाँ विरह आनन्द खेलत मो सङ्ग चोपर।
विशात तन मन योवन सबन पर सरि छिन लगन
तापर मोहे अङ्ग धरे सुध वुध गुणपार से बनाय कर।।
ध्यानन चलाय सरि पकाय लाई पीत अवध सब घर
अवध सब घर।
तिनके बाँध पंजे छक्के कर ध्यान तक जक जीत
लई पकाय बाजी लाई शाह मौजदीन रूप सुन्दर।।

श्रीराग, चौताला

(17)

तुह्मारे होत असवार सह नाना राग विस्तार मिल
सुरसलनकार धुँकार बनो रङ्ग उपाय तिन
प्रतिधुन उन सुरपत डर विचार समझ सवारी
गुणी गावत पठाए।
करनान रवन लगी नवदर्पण उड़न मानो असुरन
डर घरन छोड़न लगे अस्तुति करण दुँदवान

दमकन लाग्यो वे मड़ हलन मानो घन गरजन इन
तरफन झाँझ झनकत मानों दाँत तन गहे इन्द्रमें
घर साल लाए।।
तुरई बाजत यों लागत मानो ऐरावत बोलन आवत
बाजत मानों नरसिंहा नकिरो मानों उचैश्रवा
आदिदे सुर सब लगे हैं नए।
शाह मौजदीन की यह असवारी सुनत दिगा
द्रगपाल लङ्केश फनेश छिपो पताल सबन पर
विकराल अरि कोउन ठहराए।।

पूरवि चौताल

(18)

आयो अयोरे वलवन्त शाह छत्रपति अकवर।
सप्तद्दीप नवखण्ड देश देशान नर नरेन्द्र काँपे थर थर डर।।
अश्वदल गजदल पयदल भारी एकसों एक योधा अजगर।
एक एक औ सुभट मेधा मे वे कमान गुरुजन जात सवर।।
हुमायूँ को नन्दन जगवन्दन दुशमन अरिगञ्जन
सुनियत जहाँ तहाँ जीतत आवत शाह मौजदीन की लश्कर।।

पूरवि तिताला

(19)

मन हर लीनो मेरो इन साँबलियाने मोपै डारके प्रेम प्रीतको फेरो।
बिन देखे मोहे कलन परतहै सुनरी सखी कैसी करिये
बाकी तो सूरत छवि हित चितमें बसतहै नैनमें
फिरत रहत घरी पल छिन अब नहीं छूटे अपनी
मौजसे कोऊ कहो बहुतेरो।।

झिंझौटी, तिताला

(20)

कौन जानेरी सखी मनकी बात विरानी।
भली बुरी बीततहै जापै वोही बहे पहिचानी।।

सार विरहकी सोई जानै जाके लगी तन मानै।
मौज इस राहमें बहोत गएहैं मल मल हाथ सयाने।।

झिंझौटी, पीलू तिताला

(21)

कौन देश जाए रे बालम बिरमाए राम कहो री
सखी अजहूँ नहीं आए मोर मन्दिरवा मीत पियरवा
काँसें कहूँ को पतियाए।
धाम छोड़ तोरे मोरे रहत फिरत है जो उनसे
नेहा लाए वे तो मौज करे सोतनके जो मेरे आवने नहीं पाए।।

मजमूआ, खम्बावती, तिताला

(22)

बालम तोर कौन विध जइहूँ मोरे राम।
ननदिया बैरन जागे डरपत हूँ को मत देख पावै चरचेगी
मई खिजावन कारन कर गई एक ठोर सब धाम।
एक तो यह डर दूजो पायल बिछुवा बाजे झनन झनन
तीजे रैन उजारी चौथे मौज करनकों मन करे नहीं मानत काम।।

मजमूआ, खम्बावती, तिताला

(23)

भोरइ भवा मइका नीक सगुनवा आवेंगे पियरवा
मन्दिरवा सखीरी मोरो पहर सिंगरवा करहु भेंट जोबनवा।
मौज भई जियरा सुख पाइलो आनन्द से चमक रह्यो धाम अङ्गनवा।।

मजमूआ, कलिङ्ग, खेमटा

(24)

इश्क़तियाक बन्दी दार तु दारद दिखे मन दिले मन
दाँन दो मन दीओ दान दिले मन।
अब तो दया कर अपनी मौजसे करले बेदरदी चाह जितन।।

मजमूआ, कलिङ्ग, खेमटा

(25)

आज होरी खेलत देखी छवि जो मोहनकी लागी सुन्दर मेरे मनमें निपट।
उर वनमाला मकराक्कत कुण्डल कटि पीताम्बर शीर्ष मुकट।।
उत ठाढ़ी व्रजवनिता सकल दृढ़ इत व्रजराज कुमार किये हट।
वे मारत पिचकारिन तक तक ये फेंकत अबीर गुलाल झपट।।
ये उघटत वे नृत्यत हँस हँस त त त ता थेई थेई उलट पलट।
मौज निरख प्रभु की एक शोभा को सारद की गई बुद्ध उचट।

होली रंगीन गान, काफी-अल्हैया

(26)

ए री तू तो कहत हो जात है लेन यमुनातट शिपरकी बूटी।
उत जाय अकेली नन्दलाल सो होरी खेलत पे छूटी।
भीजे वसन गुलाल मुख लागे अँगिया दरकी माला टूटी।
तेरो साँच तो प्रगट है मौज भी कैसे कहै हम झूटी।।

होली रंगीन गान, काफी-सिन्धु

(27)

जैसी तू खेलत है गो होरी मोहन ऐसी तो काहू नयन देखी न सुनी।
तेरे चलन को निरख निरख कर कहत हैं सबनरनारी पुराने गुनी।।
चन्दन अबीर गुलाल केशर रङ्ग यह देखी नेकवहाँ न दुनी।
मेरे तो मनकी मौज में यह आवत उर लाऊँ मुखे चूमूँ तेरे पगकी झुनझुनी।।

होली रंगीन गान, काफी-टोड़ी

(28)

तुम कौन हो भला कहाँके हाँ आए कहाँत कहाँ जाओगे।
यहतो टुक बतलायो हमें किसने भेजा क्या है काम
जो नया नगर आ झाँकहो।।
इहाँ आते हो तुरत जो रोते हो कुछ लाए हो सो
खोय गया किस सोचमें हो क्या भूल गए हमने
जो पूँछा है तुमसों इस्का दो जल्द जवाब हमें
आँखे खोलो क्यों ढँके हो तुम कौन हो।।

हिन्दू हो के मुसलमान हो दुनियादार के फकीर
निदान देखो इधर किधर है ध्यान मुहसे तो कछु
बोलो भाई बेपारी हो या हो सिपाई सीधे हो के बाँके हो।।
वतन तुम्हारा है किस ठाँव बड़ा शहर है याके गाँव,
इन दशों दिशामें यह तो कहो पूरब पच्छिम उत्तर
दक्षिण ईशान अगन नेरत वायब धरतीके हो के
आसमाँ के हो तुम कौन हो।
क्या नाम तुम्हारा था वाँप जात में कौन कहलाबे थे
अब इहाँ कहा कहिये क्या हो तुम कुछ हमको तो
मालूम नहीं तुम आपी अपने साहब हो के दास
किसी के हाँके हो।
इस नगरी में जो आए हो मौज से यहाँका सुख देखे
पर डरते रहियो याद रखो मैं तुमको समझा दीना है
कुछ एसी करनी मत कीजो जो यहाँके रहो न वहाँ के रहो।

मजमूआ, अल्हैया, तिताला

(29)

कुछ बन नहीं आवै छोहरा मलाह राम कैसे पार उतरिए।
नदिया गहरी नाव झाँझरी कहा करिये नवादवाद
बाँनन चपुनव लीना कोउ जाको खेवनहारो पवन
चलत पुरबैया उछलत गैड़ा पनिया अथाह मझधार जोर करे।
नाके मगर कच्छ मच्छ पैरत फिरें देख देख जिनसों डरिए राम।।
अनघट घाट पाट अति चोड़ो पायन मिलत रेती
नहीं दीसत लहर पैलहर चढ़नकी उठत आवै
बहार किनारे छलकी छलकी जावै कित जइये
कासों कहिये धीरज मनकों कौन बिध धरिये राम।
बहुत देरसे आय किनारे, बैठ रही हों तुम्हरे सहारे,
अपनी दयाकी नाव पर मोकों बेग बैठाकर ए
सीतावर पहले खेवे अपनी मोजसों पार लगा किरपा करिए।।

मजमूआ, अल्हैया, तिताला

(30)

मोरे गरवा फूलन को हरवा।
रात चोर चोरी आन कर डार गयो प्यार से सुंदर
मीत पियरवा।।
हौं तो ऐसी नींद की माती करवटीयाँ न लई सारी रतवा।।
नेक जागती जो अपनी मौज से न छोड़ती मैं उनको अँचरवा।।

झिंझौटी, पीलू-तिताला

♦

मोहम्मद शाह 'रँगीले' (सदारंग)

(1)

ऐसें देखियतु लालन, जागे भाग हमारे आज रस-भीने।
एक बसंत जान सब को उते देखत, कृपाते कर सुगंध नबीने।।
उदै भए गर्भ दोऊ औरीते आए, अंजन अधर लगाय लींने।
'सदारंग' महम्मद साह छन-नायक यातें मन बस कीने।।

भैरव (खयाल), धमाल ताल

(2)

नित सुमरन करतहै ए सखि ए तिहारे शरन
मों मन नयनको सुखदीजे।
महम्मदसाह पिया इतनी मिनती मोरी सदा रंगकी सुन लीजे।।

खयाल, भैरव तिताला

(3)

एक पलछिन कबहूँ न बिसरे माई
लालन नित नयनन आगे ठाढ़े रहें।
श्रवनन सुन तुरत रस उपज्यो मोंमन आगे
सदा रंगीले महम्मदसाह कहै सो वन्दीकरे।।

खयाल, भैरव, जलद तिताला

(4)

मेरे मियाँ सारी रयन अनत जागी
लोग जरवा बाजत आए।
चन्द उदोत गवन न कीज्ये महम्मदसाह आए।।

खयाल, भैरव-एकताला

(5)

साह आलम लुत्फ कियो तोपर सदा।
बेग उठ चल हिल मिलरी बानक जिन होय नजदा।।
सबही अंगन तूतो भाई बेऊ हैं गुणरूप सदा।
साहनसाह महम्मद दिगर गदा।।

टौड़ी, तिताला

(6)

लाल मदमाते वन वन खेलत फाग।
छिप छिप लुक लुक देतहो तारी गावत टोड़ी राग।।
बाजत मृदंग चंग संगतसों ठाय भेदकी लाग।
सदारंग रिझवार सुनतही होरी लग्यो वारन पाग।।

टौड़ी, ताल धपार

(7)

अब कोकिल धूम मचाई अब गोकुल धूम मचाई री।
पिय विदेश मोहे पाई अकेली विरहन जान सताईरी।।
अबके कही न जात जैसी उन कीनी बौरी करत चढ़ाईरी।
कुहुक कुहुक डरपावत अतही हिय में हूक बढ़ाईरी।।
यह सौत मेरे पाछे परी है कहा करूँ हों माईरी।
बोल बोल वाने जब लागत तन मन बेंधत आईरी।।
बीते वसन्त आयोहै फागुन देत काम अधिकाईरी।
यह वैरन मोरे पाछे लगीहै सदारङ्ग होहु सहाईरी।।

टौड़ी, ताल धमार

(8)

चिकनीया मोरा संग न छाड़ई
अरे वलम कहा करूँ कित जाऊँ।
वाट घाट मोहे रोके टोके बरजो नमाने ढीट लंगरवा
सुनले वाको सदारंगीले महम्मदसा नाऊँ।।

टौड़ी, तिताला

(9)

उतते कोऊ नहीं आतरी जासे पूछू बातरी।
उन बिन कछु न सोहावै न भावै सदारङ्ग पिय
कोउ आन मिलावै तलफ तलफ जिय जातरी।।

टौड़ी, तिताला

(10)

किरपा करोरे मोपर गुसैंया मनवाञ्छित फल पाऊँ।
होंतो सेवक तिहारे दरवारको
याचक मन विच क्रम कर तुमहीको गाऊँ।

टौड़ी, तिताला

(11)

प्यारे तुमारी तो रसना पानसी पलटत नित।
पहलेतो सदारङ्ग दिखाय रिझाय लेतहो पाछे वदलत कित।।

टौड़ी, तिताला

(12)

ताण्डव नाच नचाइरे लैलै उरपति रप लाग डाट
ताल भेद परणन बजावत श्रवण सुहावत
देशी देखावत सदारङ्ग को रिझावत
इन प्रकार निरत गत साँच यह जानत महेश।।

टौड़ी, तिताला

(13)

जीवेजी म्हारा लाड़था जुग जुग
नित नित तुम जीवो करो।
रवि ससिलो चतुर सहत सुघर संगत सी
सदा रंग करो।।

टौड़ी, तिताला

(14)

मलीयारे तोरी बारी फुल रही महकाय।
अबतो मो मनही लालते यों ठहरी कब
मिलेंगे सदारँगीले महम्मद शाय।।

टौड़ी तिताला

(15)

वीण बजावै माईरी गावै नीकी तान नएरी
माई यह बाबू का छोहरा
मद पी भए मद माते लागत है हाँसी
औरके करसे लै छीन बजावै।।

टौड़ी, तिताला

(16)

राज करो या नगरी में जामे बातनहू के चवाव चलत है।
और जो धन्धा छाड़ लोगन को हमरे औगुण कीही खोज रहत है।

टौड़ी, तिताला

(17)

मैड़ी आज जीदी वेमीयाँ कोई नहीं सुणदा
जिथ वलजाय पुकारा मियाँ
महम्मद शाह सदा रंग दीतु साथाँई कहाणी ए
पै दादनी देदानी हूहँ कारा मियाँ।।

टौड़ी, तिताला

(18)

राजा तेरी मालनीया हार सुधार गन्ध लाई।
वनरा वनरी कायम दायम नर नारिन मङ्गल गाई।।

टौड़ी, तिताला

(19)

लोक लाज मोहि आवै मोरा जीय चाहे तोरे ढिगवा बैठ रहों।
घरी घरी पल पल छिन छिन मोको विरह सतावै
कहा करूँ किधर जाऊँ वे दुख अतिही सतावै।।

टौड़ी, तिताला

(20)

आजरे महम्मद सा घर अनन्द वधावा
ए मा पूजवल मनके काज।
कर मन भर पाइला सजनी वनरा बन आइला
भइला सदा रङ्गीलरा मोरा राज।।

टौड़ी, तिताला

(21)

पातुकवा मोरे हमरे मुखकी
इतनी जाय कहियो विसर गए सब बतीयाँ।
और सन्देसो इतनो जाय कहियो कहूँ
न पठई पतीयाँ।।

टौड़ी, धीमा तिताला

(22)

जीवे जो तुमरा लाड़ला जुग जुग नित नित
राज करो कोटि वरसलो महम्मदसा पातसाह।
चकता तोहे नूर सलामत यह अशीस
हम तुमको दीनी सब गुणीयन को
दियो करोर चतुर सहित सम्पत सदारंग चाह।।

टौड़ी, धीमा तिताला

(23)

सुघर बना सिर सेहरा मोतीयन का और सोहै गलसुआ चोलरा।
सब सखियन मिल मङ्गल गाइला सदा रङ्गीलरा राज दुलारा।।

टौड़ी, तिताला

(24)

मेरा जिय चान्दा रेदा सोणामैड़े यारढोला निरमोला।
मै तो तेनू ढूढ़ँदी फिरेदी सुन मीयाँ
राँझड़ा सदारङ्ग कहि बोला।।

टौड़ी, तिताला

(25)

पनघटवा रोकि ठाड़िला ढीठ लंगरवा कैसे कर
जाऊँ पनीया भरन।
बाट घाट मोंसों करत ठठोली सास ननद
मोरी लागी लड़न।

टौड़ी, तिताला

(26)

छिकनिया मोरा संगहू न छाँड़े अरे बलमा
कहा करूँ कित जाऊँ।
वाटा घाटपै रोके वरजो न माने लंगर तुरकवा
सदा रंग महसदसा वाको नाऊ।

टौड़ी, तिताला

(27)

साजन गलवाँही डार ड़ोलेरी।
हमरी चुनरीया मोरे पियकी पतरीया
उझ रहे कैसे खोलेरी।।

टौड़ी, तिताला

(28)

तेरा सो मेरा मेरा सोहै है
साँच कहत हूँ सदा रङ्ग को कोई पूँछ
म्हों मै दाँत तेरे केहैं।

टौड़ी, तिताला

(29)

रहस नचाव करोगी आज मोरे आइला पीयरवा।
मङ्गल गावो चोक पुरावो मोतीयन थार भरावो...।।

टौड़ी, तिताला

(30)

दुनीयाँ दे कोल डरिए भरिए होतै डोर जासो निभहै।
सदा साहवको पहचाँन वन्दे मत होजा
अयान रखदा सदा रङ्ग दीअदा।

टौड़ी, तिताला

(31)

महम्मदसा के आनन्द बधाबरा ए माई पूजलो मनके काज।
तन मन वारूँ वापेरी सजनी सदा रङ्गीले ए राज।।

टौडी, जलद तिताला

(32)

आनन्द बधावरा सोहलरारे सो इस घर गावो
सब मिल सखी सहेली रहस रहस फूली न समात।
एतू महम्मदसा सदारङ्गीले दरस देख कर जात।।

टौड़ी, आड़ा चौताला

(33)

अबतुम मानो मेरी बात प्यारीरी
महम्मदसा पिया गरे ही लगावो
सदारङ्ग सो तेरे हाथरी।

टौड़ी, आड़ा चौताला

(34)

आज सो दिन कृपा करि हो हम जानिएरी।
तू जगनिस्तारन अन्तरयामी अदा रङ्गको
सदारङ्ग कीजिए अपनी पीतरी।।

टौड़ी, आड़ा चौताला

(35)

सुघर वनरा बन आयो गावो सखियन
मिल आनन्द बधाव रामा।
शुभ घरी शुभ दिन मोरे घर आइला
चतुर वना रामा।।

टौड़ी, आड़ा चौताला

(36)

जा जारे पतङ्गवा मोरे पियासे कहि देहु बतियाँरे
पहले मुखते कहियो तुमरा खुदा हा फिज
तुअ विन सदारङ्गीली जरीजात छतियाँरे।।

टौड़ी, आड़ा चौताला

(37)

धाय मिलूँ जब आवै मोरे घर महम्मदसा
प्यारा गर धाय।
गाय बजाय नीकी तानसे मेरा मन बस कर
रहिलवा धाय मृदंगसें भेद परे धाकिट् धुमकिट
तक्धितिलानागिड़धाएरेधाय।।

टौड़ी, एकताला

(38)

बरजोरी ए लोगवा माई मिलन न देइ पियरवा
सानु कौन भाँति पीवाऊँ मधवा भर भर सरवा।
एकतो सदारङ्ग वीन वजावै भर आवै
छतीया कुमलावै हरवा।।

टौड़ी, तिताला

(39)

आजरे महम्मदसा घर आनन्द वधावरा में पूजीरी मन के काज।
तन मन धन आइला सजनी वनरा आइली सदा रँगीली मोरे आज।।

टौड़ी, तिताला

(40)

दैया वट दुवर भइलो मइकु लङ्गरवा
भरन न देत गगरीया।
विहान तोरे सङ्ग कैसे जाऊँ सजनी
बीच माझ ठाड़ो सदा रङ्ग उचकैया।।

टौड़ी, एकताला

(41)

हम योगी परदेशी हमारा गुण औगुण न चित धरिए
जो कछु चूक परी प्यारे तुमही देहो वताय।
भिच्छा माँगूँ तोरी नगरीया और डगरिया जानन
पाऊँ सदा रँगीले महम्मदसा पिया तुमही वाहिको देहु मिलाय।।

टौड़ी, एकताला

(42)

मोको लाज वैरन भई अब कैसे
निकसो पियरवा तोरे ढिंगते अगनवा।
व्याकुल भई जिय कल न परत है
सदा रङ्ग महम्मदसा सुरजनुवा।।

टौड़ी, तिताला

(43)

फरकीले भुजवा माई अनुआइरी।
मिलने कारण पीने तरसाई जियरवा उन बिन जबते
सदा रँगीले महम्मद सा की बात पाईरी।।

देशी जलद, तिताला

(44)

मेरी विनती उनसे जाय कहो पतंगवा
लिख पतियाँ महम्मद सा कों भेजो सदा रँगीले
जबते न आवो सन्देशवा।।

देशी टौड़ी, जलद तिताला

(45)

हमहूँ छाड़ गए सोतन के घर एरी सुनो ननदीया।
सदारंग विन कल न परत है पीसो मोकों मिलावे ननदीया।।

टौड़ी देशी जलद, तिताला

(46)

याही दरवाजबा ठाढ़ी से दरवानु
तनक शरण होरे सहवसन भेटवा।
नवीय चली महम्मदके संग वाले चलो
मोरी बहिया पकर अच्छेरे सहवासन भेटवा।।

टौड़ी, देशी जौनपुरी, तिताला

(47)

वेतो आई वसन्तकी मुबारकी देन
सेवकको गाय बजाय रिझाय वीन।
महम्मदसा तेरे दरवार सदा रंगीले छाजै निजामदीन।।

टौड़ी जौनपुरी, तिताला

(48)

सखीरी विछुवा मोरा बाजे माई कहाँ करूँ कित जाऊँ।
सास बुरी मोरी ननद हठीली और कुटंबके
लोगवा जागे सदारङ्गको कैसे रिझाऊँ।

टौड़ी, तिताला जौनपुरी

(49)

अब मोरे कन्था आ मिलो एक पल
छिन मोरे सङ्गवा।
नेह लगीला तुम सन मोरा सुघर महम्मदसा
नेकइ न लागीलो अङ्गवा।।

टौड़ी, साबनी

(50)

भौरकेई मिलन बनीलवा मोरी मा प्रीत सङ्ग
बार हम मदीलरा बाजे मन्दिलरा।
आवो गावो नाचो सब सखी सहेली
सदा रङ्ग गर लाग रहीलबा।।

टौड़ी, गान्धारी

(51)

हजरत खाज कुतवदीन के दरबार बरसे नूर।
इनहीपै क्यों न मागे सदारङ्ग सकल कष्ट
करे सब दूर।।

टौड़ी, गान्धारी

(52)

फरकई भुजवा बाई मिलने कारण पिया संग गईली।
तरसे तरसे जियरबा उन विन जबतें
सदा रंगीले महमदसा की बात पाईली।।

टौड़ी, जौनपुरी, जलद तिताला

(53)

बरजईए लोगवा माई मिलन देई पियरबा
कौन भाति पिवाउँ मधबा भर भर सरबा।
सदारङ्ग बिन जीउ डरे जान छतियाँ भरे कुमलाबन लागे हरबा।।

टौड़ी, जौनपुरी, जलद तिताला

(54)

महम्मदसा पातसा आज हम सन तुम सन
भेंट भई कजवा असवा चौंक पूजीले।
जीवउ जागउ कोटि वरसानो भेंटवा तुमरे
कायम दायम रहो सदारंगके मनके चित पूजीले।।

टौड़ी जौनपुरी, जलद तिताला (कहरवा)

(55)

नवरोज तखत मुबारक होवै तुमको महमदसा
जुग जुग नित नित जशन नयो।
विकामै तो वरदाहमाकार उस खुदविन्द वेती
निगदार तो नयो।।

टौड़ी, जौनपुरी, ताल एकताला

(56)

सो अबमोरे कन्था अबनको पल छिन मोरे सङ्गहू लागे।
नेह लगीलो तुमसे मोरा सुघर महम्मद सा लगन
लागिली अङ्गवा पागे।।

टौड़ी, जौनपुरी, तिताला गान्धार

(57)

आली एरी तोरे देखन का सुरजन
उठ क्यों न नींदवा के माते
भोर भए उठ मन रङ्गीले छबीले जोवन राते।।

गुर्जरी, तिताला

(58)

प्यारी वनरी तेरा प्यारा वनरा अब बन आया।(माई)
मोतीयन चोक पुरावो शीश सेहरा बँधावो
सदा रंगीला महम्मद सा वर पाया।।

गुर्जरी, जौनपुरी

(59)

बाजे घुङ्गरवा मोरे कैसेके मिलो पिय सन माए।
सूरत मूरत देखन कारण जिय हटके भटके
मोरा सदा रङ्गीला मो मनवा जनाए।

गुर्जरी, सोरी

(60)

किरपा करोरे मोमन सइयाँ तन मन धन
नोछावर करहूँ परहूँ पइयाँ।
महम्मदसा सुजान अब कहि भाग हमारे जागे
लेहु वलैया सुरजन सइयाँ।।

गुर्जरी, तिताला

(61)

मोरी खवरियाँ लाय देरे मतवारे हमरी
सुध बुध गइली भइली खुमारीयाँ
नींद मोरी उचट तब गइली कोउ मधुवा
आन पिवावै जान रङ्गसो कहे हमारीया।।

गान्धार, तिताल

(62)

अबतो नेहा लागीला मोरा हामा लागिला मा
महम्मदसा सुन्दरसन।
अपने में सो पे नोछावर करहूँ तन-मन-धन।।

गान्धार, तिताल

(63)

भोर के मिलन वनिलवा मोरी मा पीतमसनवा
रहस मन्दर वाजे मन्दिलरा।
आवो गावो नाचो तब सखी सहेली
सदारंग गरे लाग भेटलवा।।

गान्धार, धीमा तिताल

(64)

बरसे नूर हजरत ख्वाज कुतबदीनके दरबार
उनही पे क्यों न माँगे सदारंग करत कष्ट सब च्छार।।

गान्धार, जलद तिताल

(65)

सङ्गवा नहीं छाँड़ो तोरा तुमही और निभावो मोरे मितवा
वाल सँगाती हमरे तुम सइयाँ तुमहूँ जाय तबतें कितवा।

गान्धार, तिताल

(66)

तेरेही रित वावरी गईरे बुन्दरीया बरसे पियरवा
झरवा डारे अमराइया।
देख बदरीया चोंक परी मनमें हमरे
सदारंग सो मिलाइया।।

गान्धार, तिताल

(67)

बरजोरीए लोगवा माई मिलन नदे पियरवा सों
कौन भाँति पिबाऊँ मधवा भरभर सरवा।
सदा रंग विन जीउ उरावै लाज आवै छतीयाँ
कुमलाना हरवा।।

गान्धार, तिताल

(68)

महम्मद सा पातसा आज हम मन तुम सन
भेंट भइली कोटि वरस सुरजनुवा कजवा सब पुजीला
जीवो जागो कोटि वरस लों ढीटवा तुमारे
कायम दायम इहै सदा रँगीले कर मन चीते हुजीला।।

गान्धार, जौनपुरी तिताला

(69)

तुम विन मोरी यह गत भईरी कलन परत घरी पल
छिन मोंकों तलफत जीय बहुत दुख सहीरी
सदारंग जिन जावो विदेशवा घरवा
बैठ रहो सुख अतिहौ पाईरी।।

गान्धार, तिताला

(70)

वीर सोनरा वराहो सुधार जो मोरी होवै, इन लोगन में नेक न घटाई
जो तुम एसो यंत्री रे फूँक नीके सुहाग बढ़े, सदारंग संग सुहागन चाई।।

गान्धार, तिताला

(71)

आवो वलमा हमी तुमी जहाँ जइए जहाँ
दुरजन होवै न कोय।
घनी अमरैया ठनी गलबहियाँ डार पी सों
बहीं सो सहिए होनी होय सो होय।।

गान्धार, तिताला

(72)

मेरा देहो रंगाय बाबुल चोला।
जैसी रंगीली पियकी पगरी तैसेही
मोती लागे सदारंग अनमोला।।

गान्धार, तिताला

(73)

कोऊ तो मोहे बतावोरी पियसों मानकरबे को ढब।
ए एसे कीजे जामें वे नेक मलीन न होय और
अपनी हूँ बात रहे सब।।
उनको कहा कहों वे तो निपट प्रवीण सकल लाल
अनेक आँखन को करकत देख रहे तिनसों छिप सके कब।
यह सूल मन आय गई सो तुमसों कहो तातें
सदारङ्ग रीसहु में मरूँएसो कबहूँ जब तब।।

आशावरी, झपताला

(74)

अबतो मोरे कान भनकवा परी लो मोरी मा
लालन आए मोर मन्दिवा।

जब पग धरिहै जाऊँ दरवाजवा तन मन धन
नोछावर करहूँ सदारङ्गीले सुनल झनकवा।।

गान्धार, तिताला

(75)

रोजा निमाज कर वन्दगी ईवादत याद
साहबदीनकों सवाद जानो जगतमें तुम सब।
आयत हदीस सिवाय अब कछू नहीं तुमारे
मुख बीच दीनी हिदायत तुमको रव।।
पाँचो ब खत सङ्ग सुनि लात मुसफति लावत कीनो
जिकर फिकर और सब।
मदत अल्लाह पञ्चतत्व पाकहाज दे इमाम ईद
मुबारक होय महम्मदसा पातसा तुमकों अब।।

आशावरी, चौताल

(76)

मलीयारे तोरी वारी फूल रहीली सुगन्ध लाय।
अबतो मो मन लालसा एसी वलमि कब मिलेंगे
सदारँगीले महम्मद साय।।

आशावरी, तिताला

(77)

वेरुख होनी खूब नाहीं प्यारे हमसे तुमसे परेगा काम।
अब क्या करोगे जानो याद आवैगा सदारङ्गीले आराम।।

आशावरी, तिताला

(78)

मोरे कंथा आन मिलावो पल छिन मोरे संगवा
नेह लगीलो तुमरे सुधर महम्मदसा
नेकन लागीलो अंगवा।।

आशावरी, होरी ताल

(79)

गोकुल गामको छोहरारे वरसाँने की नार
यह दोऊन मन मोह लियोहै रहे सदारंग निहार।।

आशावरी, मूलतानी-होरी

(80)

एरे हारे लोगवा मनमें रहीली पिय मिलवेकी बात।
यह दुखवा में कासे कहूँरे बिन सदारंग जिया निकस जात।।

धनाश्री, मूलतानी-तिताला

(81)

ढोलन मैडे पर आमिये सोणा मीया तो मैवी ताडे सदके जावाँ।
मुख वेखाँ तोमें जीवाँ सदारँगीले दरस ताआँ पावाँ।।

धनाश्री, मूलतानी-तिताला

(82)

डावर नैणी मृगनैणीदा चूड़ा रंग लायारे।
सुधारंग चुनरी साड़ी देखण की सदा रंगदे मन भायारे।।

धनाश्री, मूलतानी-तिताला

(83)

पे ऊधो वा दिनकी मै वारी वारी वारी जासे
मोहन कब घर आसी।
तन मन धन नोछावर करहूँ परहूँ पइयाँ लेहों वलैयाँ
जादिन मोकों मुख वेख लासी।।

धनाश्री, मूलतानी-तिताला

(84)

मार हमन गावहुरे मंगल चार याह वनरा आया।
इच्छरीया सब पूजी मनकी सदारँगीले
महम्मदसा वर पाया।।

धनाश्री, मूलतानी-तिताला

(85)

सुरजनवा तोसरे प्रीत कैसे दुराऊँ तुम
मन लागल हितवा मितवारे मोरे वालमुवा।
सदा रङ्गीला छवीला रङ्ग रस सों करले बतीयाँ
कहाँ करेंगे दुरजनवा मनके भवनवा।।

धनाश्री, मूलतानी-तिताला

(86)

एरे मन हरि सुमरण करले निशदिन घरी घरी
पल पल छिन छिन हरिचरण चित धरले।
इत उत जित तित काहे भटकत है सदारङ्ग
रस भरले।।

धनाश्री, मूलतानी-तिताला

(87)

मागले महबूब नाल भिक्षा होंतो तोरे दरशनको भिखारी।
वेखणदे मुस्ताक सदारङ्ग लाग रही माँई आस तिहारी।।

धनाश्री मूलतानी-तिताला

(88)

सुरजन सोतन सों उरझो कौन भांति समझाऊँ।
अरी एरी में कौन भांति समझाऊँ।
तुम डार डार के भँवरा तुमसो रङ्ग रस कैसे करिए
इत चितवत उत बात करतहो कैसेके विरमाऊँ।
सदारङ्ग पिया मनके भवनवा वेग दरसवा पाऊँ।

धनाश्री, मूलतानी-तिताला

(89)

अरे रस माली केरे पचरङ्ग महन्दी लावरे।
नवीय महम्मद व्याहन चढ़िया मोतियन चोक पुरावरे।।

धनाश्री, मूलतानी-तिताला

(90)

कहा करूँ मारी माय तानन मानन वस कर लीनो।
वंशी बजाया रिझाय सदारङ्ग मेरी चित हरि लीनी।

धनाश्री, मूलतानी-तिताला

(91)

अरे मोरे बमनारे सगुण विचार मेरे सइयाँ
को मिलना कहदे कब होवेगा
घरी घरी पूँछे सदारँगीले महम्मदसा दिन
चाव चढ़ावैगा।।

धनाश्री, मूलतानी-तिताला

(92)

सुन सुनरे सइयाँ मोरे मैं परहों पइयाँ तोरे
परदेशवा जिन गवन करो।
इतनी विनती महम्मदसा पिय सदारङ्गीले रसकी
बतीयाँ छतीयाँ विरह दरो विदेशवा पग डग
जिन धरो।।

मूलतानी, धनाश्री-तिताला

(93)

सुघर सुन्दरवा वालमुवारे मोकों देहो
पायलिया घड़ाय।
झनक मनक नेवरियाँ बोले विछुवनकी झनकार
सदारंगीले महम्मदसा पिय रहस रहस गर लाय।

मूलतानी, धनाश्री-तिताला

(94)

अबतो सुनले वनके पपीहा तू पिउ पिउ
पिउ पिउ जिन बोलो
सदारंग पिया पाती न पठाई छाय रहे अज होंलो।।

मूलतानी, धनाश्री-तिताला

(95)

अब तो सुनले वन के कगवारे भगवा।
अगवा आवै पियरवा उठ उड़ जावो अटरवा।।

मूलतानी, धनाश्री-तिताला

(96)

आज श्यामसुन्दरवा चितके हरवा सुधर चतुरवा
मनकेभवनवा आवै।
उन विन कछन सोहवै न भावै घरी पल छिन
मोकों विरह सतावै।
काग उड़ावत बहीयाँ थक गई निश दिन जुग सम
सेज न चहावै
सदारंग भरे कान चनकवा वेग दरसवा दिखावै।

मूलतानी, धनाश्री-तिताला

(97)

अरे मोरे मनके भीतर मोरे मीत पियरवारे कासन
कहिए दुखवा जाय।
सदारंगीले महम्मदसा पिय जब आवें तब मिलोंगी धाय।।

धनाश्री, मूलतानी, तिताला

(98)

उन विन मोकों कलन परत है सुनरी मोरी
माय घरी पल छिन जुग सम वीतत हैं धरहीं उनके पाय।
सदारंग विन कछन सुहावै नाहिन भावै मोकों
सजनी कैसे रजनी विहाय।।

धनाश्री, मूलतानी, धीमा तिताला

(99)

तारे दानि तुम तनन दिरना तदीयनरे तदीयनरे तारदानी।
यललीयललतुमलुमलुमयलायलायललललेनाद्रद तुंद्रद्रतुंद्रतनदिरना।।

धनाश्री, मूलतानी-तिताला

(100)

हरवा गरवा डारूँगी मा जब पिया अइहैं मोर
मन्दिरवा करिहों सोलह सिङ्गरवा।
जब पइहों मै पीतम प्यारे सदारङ्गीले छबीले
सुन्दरवा घर पाइन महल अन्दरवा।।

धनाश्री, मूलतानी-तिताला

(101)

राझण मैड़ा मिलिया मीया हो की करो रव करी एसी पावदी गलाँ।
सदारङ्ग दी गलाङ्ग अति सर वर कीती आशक नु मिल देनी भला।।

धनाश्री, मूलतानी-तिताला

(102)

रे मन काहेकों फिरत भ्रम भूल।
या घटमें है हरिका वामा आनन्द मूरत मूल।।

धनाश्री, मूलतानी-तिताला

(103)

तुम सङ्ग लाग्यो नेह मितवा जोवना में कैसेके दुराऊँ।
तुमही हमारे वारी हमही तुमारे सदारङ्ग मन भाँऊँ।

धनाश्री, मूलतानी-तिताला

(104)

मन्दिलरा तूम बाजरे बाजु मन्दिलरा सब सहेली
मिल वरण वरण वसन साज।
सात सखी मिल देहो मुवारकी महम्मदसा घर काज।।

धनाश्री, मूलतानी, एकताला

(105)

वल वल जाऊँ मीता मोरे तोरे रे कारण लोगवा बुरेरे।
ले चल अपने देश सदारङ्ग पाछे परे निगोड़ेरे।।

धनाश्री, एकताला

(106)

तूँ जिन तोरहु मोरा हरवा प्यारे हौं तो रिसाय
रहोंगी तुम मन जनम जनम ते न बोलूँगी।
अतही सतावै सास ननदीया मोरी देवै गालियाँ
करही शोर डोलोंगी।।

धनाश्री, एकताला

(107)

तूँ तो बोल साँचे मनकी मेरे आगे कबहूँ झूँठ बोलो प्यारी।
वे आप महम्मद चतुर सुघर सदारङ्गीले उनकी है
बात मेरे आगे से फेर फेर वार डारी।।

धनाश्री, तिताला

(108)

हो मैड़ा हाल सदारंगीले महम्मदसा प्यारे
तिखियाँ निगाह भोहों जटियाँ पलकाँ नाला मीयाँ
सबे जिन्द वक्स लेवे कों टारे।।

धनाश्री, तिताला

(109)

मान तूँ करवो ना जारेरी।
देखने कों उठ चल वेग काहेकों करत एतो गुमानरी।।

धनाश्री, तिताला

(110)

सबल वेख लेवे अपनी अपनी बाकी जूड़ेवाली वाली चवाली।
फिरे लटकेदी काना सोहै बुँदे वाली।।

धनाश्री, तिताला

(111)

तैंड़े वेषणदा हो रहो मैड़ा हाल
सदारंगीले महम्मदसा प्यारे।

तिखीयाँ निगाह भों हो जटीयाँ पलका नाला मीयाँ
सवे जिन्द बकस लेवे कों टारे।।

धनाश्री-तिताला

(112)

अरे मन धीरा करिए नाहीं उतावली अबहीं।
जैसी बनी तैसी सहिए बावरे समझिए जबकी तबहीं।।

धनाश्री, एकताला

(113)

पियारे तुमारे लाल होठन के लाग रही है काजर रेख।
कुच मुख पोंछ वेने आयो कियोही खिजायवेको
एक कीनों यह भेष महम्मदसा सदारङ्गीले
पाछे मोसों बात कीजे पहले तो करमें करले काह देख।

धनाश्री, एकताला

(114)

ज्योंई जाकी भावन सोतो चाहिए जैसे चन्द विन
चोर चकोर को एक छिन न सराइए।
दीपक पतङ्ग मीन नीर विन सदारङ्ग कैसे कर जराइए।।

धनाश्री, एकताला

(115)

टौनवा मोंकों कर देरे जो वस होवै पिया मोरा।
गलेको हार दूँगी कर को कङ्गणवा गुण मानोगी तोरा।।

धनाश्री, एकताला

(116)

माई कुहुक कोयलीया बोलेरे विरहा की तान।
अम्बुवाकी डारन महुआ टप टप टपके रोवन
अम्बुवा गदरान।।

धनाश्री, एकताला

(117)

सुरजन जिन छाड़िए महम्मदसा पीर हरनकी देहली।
देखत कों सब दुखवा गइला सदारंग तन सुखवा
भइला एसी निभाय लईरी पीत पहली।।

धनाश्री, एकताला

(118)

सरारङ्ग नित उठ कर लाए दवाई तैनु निरोग रखसी रव साँई।
काज दुनीयाँदे पुरेथों गुमान न करवे दुनियाँ
विच वे कदम दरवे शारद बलाई।।

धनाश्री, एकताला

(119)

रङ्गदेरे मोरी सुरख चुनरीया रङ्गरेजवा लाल।
आज सुहाग की रैनि चढ़ी है मन वाँधे वेश
मिशीदीरे खुशीका कजरा नैनादा जाल।।

धनाश्री, एकताला

(120)

चले तुम जाती लङ्गरु अपने मगवा सास ननदीया रिसाय।
सदारङ्ग रङ्ग रसकी बतियाँ करत हो मीठी बात सुनाय।।

धनाश्री, एकताला

(121)

बाहीं आँख झरके सो अब फरके मा देखा कवधों मिले साँई।
हमरे मनमें एसी आवत है उमगत रङ्ग अबहीं डाल मिलो गल वाँही।।

पूरिया धनाश्री, तिताला

(122)

अबतो नेह नजर ही राखे बने प्यारे।
तुमरी मया तें जग जीवत नित महम्मदसा
सदारङ्ग कों देत सुख न्यारे।।

पूरिया धनाश्री, तिताला

(123)

जाजारे अपने मन्दिरवा सुन पावैगी सास ननदीया
सुनहो सदारंग तुम कों चाहत है क्या तुम हमकों छोड़ दीया।।

पुरिया धनीश्री, तिताला

(124)

भला वे मीयाँ मानु साडे कीसी नाल करदा गलाँ।
इश्क़ महोब्बतरी एसी रीत ताड़ी सदारङ्ग ढङ्ग वेखण नु भलाँ।।

पुरिया धनाश्री, तिताला

(125)

तैनु रवदी अमानवे चाहिदड़ा जग दावै तुसी जीवी जम जम।
तुसी तखत मुलक अलाने दियो मुबारकी होवी
महम्मदसा मक्के मदीने के थम थम।।

धनाश्री, होरी खयाल, तिताला

(126)

एसी सुघर चतुर पिय प्यारे के घर काज आवतरे।
हो रङ्गीले कहत सदारङ्ग रङ्ग रसरी बातरे।।

मालश्री, तिताला

(127)

मैड़े नाल करतू सदारङ्ग दी गलाँ मान गुमानी।
जो चाहे तैन उसनु तूँ चाहे दुश्मन ताक दोस्त पहचाँनी।।

मालश्री, होरी ताल

(128)

लालकी बास आवत हैरी तेरे अंग।
मानो मिल आवत है महम्मदशा सों पूँछत कहत हित तंग।।

रागिणी-पूरवी, चौताल

(129)

प्यारे मेरे आवेंगे ए मनभावन।
समझ बूझा यह बात सदारङ्ग महम्मदसा के घर आवन।।।

पूरवी, राग वांड़ी-चौताल

(130)

बाबूकी मन्दिर बाजे नाथ गोरख जागे।
निज ढिग बैठ तो मै सेवा करोरे बाबू सदारङ्ग घर काज।।

पूरवी, राग गौरी, तिताल

(131)

समधिन अलख लाडली गहली डोरे भोरे सदारङ्गीले रङ्गमें।
समधीकी बतीयाँ सुन सुन फूली अङ्ग नाहीं समाये।।

पूरवी, मालव-एकताला

(132)

बाबुलरे सुन मोरी बतीयाँ हौंतो जइहों पिया के देश।
रैन दिना मोहे नीद न आवे सदारङ्ग विनु बूढ़े भइले केश।।

मालव, श्रीराग, तिताल

(133)

डरीए राम सन आईरे अस का हमसन भइली खोर।
गुमान भरी तुमरी बतीयाँ सदारङ्ग कही चोर।।

मालव, श्रीराग खयाल-तिताल

(134)

ठगोरी डार गयो मोपर माई ऐसो दीट लङ्गर वटपार।
जबते कछू न सोहाय तबतें सदारङ्ग चतुर खिलार।।

श्रीराग, मालव, तिताला।

(135)

छुम छननननन बाजे घूँघरु और बाजे पायलीया

झनननननन कैसे मिलों गुरुजनवा।
जागे सदारङ्ग लाज आवत मोरे मन कैसे चलो ठनननननन।।

श्रीराग, मालव, फारना तिताला

(136)

अब कैसे कहोरे लोगवा पीयके ढङ्ग रङ्गी।
सदारङ्ग लालन विन देखे निशदिन रहत जगी।।

श्रीराग, गौरी-तिताल

(137)

आनन्द जश्न दिन दिन मुबारक होय तुमकों
नित नित महम्मदशा वादशाह।
जीवो जागो अशीस फकीरवा सदारङ्ग कीनो दीने
इलाही मन चाह।।

श्रीराग, गौरी-तिताल

(138)

मेरा अलवेला मीत पियरवा।
लाड गहेला अतही नवेला सदारङ्ग सब खेल खेला
सोमैं कर राखूँगी हार हमेलाँ।।

हमीर, एकताला

(139)

जबते देखे नैन भर भर कुँवर श्याम मोही वा रूप पेरे।
सदारङ्ग बनी वनिता सब निकस ठाड़ी पे ऐ वाको ना कोऊ सोहीरे।।

विहाग, तिताल

(140)

एतू मोरारे सुरजनुवा घर आव तोरे कारण मोरा जीउ तरसाई।
वटवा छडवाके भेटवा हो बंदौहूँ सदारंगीले
महम्मद सा जानै ना देहों फेंट गह राखो कर सोही।।

विहाग, तिताल

(141)

दरवा देहों मोरे कंथ पिया मोरा नहीं पास।
बिछुरे मिले आज सदारँगीले पूजिले कही मेरे मनकी आस।।

विहाग, तिताल

(142)

बोलरे रङ्गीले वनरे मोसे बोल होवे तूँ मोसे बोल।
एक पग ठाड़ी दोऊ कर जोरे हँस हँस घूंघट खोल।।
आज वनी से बोल बोल रे रङ्गीले वनरे मो.।।

विहाग, एकताल

(143)

मेरी बतीयाँ मानले प्रीतमवा सुरजन साई।
सदारङ्गीले लालन विछुर मत करहो अबमे हाहा करहूँ परहूँ पाई।।

विहाग, तिताल

(144)

वालम रे मेरे मनके चीते होवन देहो वन दे कही मीत पीयरवा।
सदारङ्ग जिन जावो विदेशवा सुखदी गलीया सोवन दे।।

विहाग, धीमा तिताल

(145)

कैसे सुख सोवूँ नीदड़ीया काम मूरत चित चढ़ी।
सोच सोच सदारङ्ग उकलाया हिय वेदन अति बढ़ी।

विहाग, तिताल

(146)

तुमसे मनुवा लागिला सजनीरी मिलिहु भुज भर
गरव श्यामसुन्दर नन्दके दुलरवा
चितवन में मोरा मन वस कर हर लीनो चतुर
सुघर सदारङ्ग पियरवा।।

विहाग, तिताल

(147)

सुनरी बहूरी या मोरा मन तुमीसों अटक्यो
अब घर जिन जावो एरी बहूरी
साँची बात गोपाले भावे जाको सदारङ्ग चाहे ता
सोई बड़ भागके बड़े भागरी।।

विहाग, तिताला।

(148)

दरद मदारु परवाह किसदीवे दरद दीदारु राँझा।
सरण जीवन तू एक रजानदा दिठे सदारङ्गीला
ख्याल उनोदा एही गल बीच बसें दी।।

विहाग, तिताल

(149)

दरुवा देहों माए मोरे मीत पियरवा मोरे पास।
विछुरे मिले सदारङ्गीलरा मोरे पुजई मनकी आस।।

विहाग, जल्द तिताल

(150)

समनेमें आए जबते तबते मोरी मा सुख चैन कीरी कल गिर गइली।
हौंजी चाहों सदारङ्ग गहवे कों पकरन इनकीरी पल उधर जइली।।

विहाग, जल्द तिताल

(151)

मोही वा रूपपै जबते देखो नैनन भर भर कुँवर श्याम।
जब सदारङ्ग विनवत वाम।।

विहाग, तिताला

(152)

आज कोयलिया बोलइरे फिरवा देखो बोलन लागी।
पीऊ परदेश अब कौन गयो सदारङ्ग या समय मोपर
विरहन को मन तोरन लागी।।

विहाग, तिताल

(153)

महोब्बत लगीवे मियाँ कीकराँ मेंड़े तेड़े नाल तुसी जानदा नाहीं।
महम्मदसा पिया सदारङ्गीले जोरधि गाना में ठगी।।

भैरवी, धीमा तिताला

(154)

जिन्द घोल्लीदा निजारे नालवे सोणा।
दोस्तीदे नाल सुख पाया महम्मदसा ऐसी तेरी बातैं भोली भोलीवे।।

जंगला, तिताला

(155)

अब तो नेह नजर हो राखो ये बने प्यार।
तुम्हारी दयाते जग जीवत नित महम्मद सा
रँगीले लाल सबको सुख देत नयारे।।

मूलतानी, मियाँ धनाश्री

(156)

साहब मेराहै बहीरंगी उस बहीरंगी के हौं बलजाई
जहाँ तहाँ सब घट रमरहो हरघटमें हरिजीकी परछाई।।
आपही लाला आपही मियाँ आपो सेवक आपी गुसाँई।
महम्मदसा पिया श्याम-सुन्दकों जोलों जिओं तोलों यश गाऊँ।

मजमूआ, आशावरी-तिताला

(157)

बिनन गईली बारी फुलवा न लागीला मोरे हतवा।
सदा रँगीले महम्मद सा सुन्दर बने
मोरी बहियाँ पकर लीनी मीज डारी।।

मजमूआ, राग-देश

(158)

सुरत लागीली गोरीरे पीउ तुमी
यार आवो गरवा लाग मिले।

सदारँगीले महमद साह पियरवा नेक चल मो ढिग
मंदर बैठो जो सुख पावै हितू अनहितू देख जले।।

मजमूआ, सिंदूरा

(159)

पीतम नैणोरी कटारी हो राज।
हतियन राज सम्भालो हो कलेजे म्हाँणे।।
महम्मद सा पिया हमारे डेरे आइलो
थे तो म्हारी लाज सँवारो हो राज कड़ेजे।।
बालम राज गाढ़ो रङ्ग माने छे।।
दूलो पूत पठानरा राज मुड़े शबज कमानी सैला राज
तू सुणरे म्हारा वारीके भँवरा रैन घनरो रङ्ग मानेछे।।

मजमूआ, सोरठ-जंगला

(160)

एरी मैं तो लाग रही चरण।
महमद शा पिया सदारंगीले जन्म जन्म हो शरण।।

मजमूआ, परज, धीमा-तिताला

(161)

सूरत लागी रे बलमा पिया और आवो गरवा लाग मिले।
सदारङ्ग महमद शाह रुक ढिग मन्दिर बैठे तब
सुख पावे हैं आनन्द दोऊ जने।।

कीर्त्तन, जैजैवन्ती-तिताला

(162)

कौन देश पीउ गइल वा मा।
वहाँ माई में चलीं सदारङ्ग परदेश।।

कीर्त्तन, जैजैवन्ती-तिताला

(163)

तुम्हारे विन कोई नहीं हमारे जो चाहे सो करो
तू घरी भर में रहीम सतार जब्बार जुलफ़कार।
अपनी करक लीनी मोरी बहियाँ पिय रखा कर
कलह बोलन लागे दादुर झिंगरवा
दादुर मोर पपीहा बोले और झिंगरवा सदारँगीले
पायर बाजे छाँड़ दे लंगरवा।।

कीर्त्तन,जैजैवन्ती-तिताला

(164)

आवो बलमजी हमारे डेरे अबीर गुलाल मलो मुख
तेरे होरीके दिनन में ना कर झेरे।
महम्मद शा पिया चतुर रंगीले दूर न बसो या बसो मोरे नेरे।

होली रंगीन गान, भैरवी, धमार-यत्

(165)

ए री हाँ लाजकी गारी दे गया दे गया दे गया ए अनारी।
जाय कहि हों मैं तो मुहम्मद शाह सों तुम जीते हम हारी।।

होली रंगीन गान, खम्बावती-यत्

(166)

आवो बलमजी हमारे डेरे अबीर गुलाल मलो मुख
तेरे होरीके दिनन मोसे मत उरझे रे।
जो पिया मोसे रूस रहे हो बलि बलि जाऊँ सब ही घने रे।
महम्मद शा पिया सदाही रंगीले दूर न बसो बसो मोरे नेरे।

होली रंगीन गान, खम्बावती-यत्

(167)

मै तो लाई केसर रङ्ग भरके छिरकत रङ्ग हुलस पिय हरखे।
अपने री अपने रङ्ग बनाय लाई अरे लाला डोरी बनी वा के कर से।
महम्मद शा पिया सदा ही रँगीले फगुवा लूँगी मैं झगरके।।

होली रंगीन गान, खम्बावती-यत्

(168)

होरी की ऋतु आई सखी री चलो पियापे खेलिए होरी।
अबीर गुलाल उड़ावत आवत शिरपर गागर रस की भरी री।
महम्मद शा सब मिल मिल खेलै मुख पर अबीर मलो री।।

होली रंगीन गान, खम्बावती-यत्

(169)

जे तिय ते सब ठाड़ी भई आप आप गड़वा बनाय
आगे धर दीने।
महम्मद शाह दक्षिण के लक्षण क्षणकमें टोनासों
मन वश कर लीने।
डफ वीणा मृदंग रबाब गावत तान नवीने
सदारङ्ग रङ्गन में भीजे बाल लाल सम लीने।

होली, गान, भैरवी-धमार

(170)

देखियत लालन जागे भाग्य हमारे आज रसभीने।
कर वसन्त जिन सबकी ओर देखत ही छपा ते
कर लिए सुगन्ध नवीने।।
जे गर्व भरी तेऊ आय ठाढ़ी भई सब अपने गड़वा
बनाय आगे धर दीने।
सदारङ्ग महम्मद शाह दक्षिणके लक्षण समझे क्षण
एकमें टोना से मन वशकर लीने।

होली, गान, भैरवी-धमार

(171)

प्रभु कैसी होरी मची सब जग देखत गुलाल
रङ्ग से बादर।
एके प्रगट भई छवि देखत उन का वला जानेको
कोऊ करन आदर।

उनही केसर रङ्ग डारियत जे सबही मैनादर।
अबके जो फाग जगत्में मच्यो सदा रङ्गीले कादर।।

होली, गान, भैरवी-धमार

(172)

हों तोको कौन सीख दे हों री नागर।
तू तो होरी में अत छिन छिन में रिगसावै
उनके मनही में सब रसगुण के आगर।।
अब तुम मान गहे राखो सखी ए रिझए प्रेमसागर।
अबके मुहम्मद शाह कोऊ मनाय ले आवे तो
भरूँगी री कची गागर।

होली गान, ललित-धमार

(173)

निश नींद न आवे न भावे मोकों पिया बिन सेज।
जैसी सदारंगीली चाँदनी तैसेही आभूषण ते वनिता बन आई
या समय 'महम्मद सा' सुन्दर को कोऊ देहो भेज।।

केदारा, तिताला

(174)

नींदकी माती गई सोय अरी ए में ना जानूँ काँई।
महम्मद सा पिया मोरे डेरे आइलो
राखती में नेवणा दोय अरी।।

मजमूआ, सोरठ

(175)

आनन्द भइल मोरे मनचित आए मोरे पासु।
पग परसन नोछावर करुहूँ सदा
रंगीले बलमा मोरे पूजो मोरे मन की सबहीआसु।।

ध्रुवपद भैरव, जलद तिताला

(176)

अबहूँ न आई तुमरी सुन जर लीनी
क्या पिया जो होनी होय सोहोय
सदारङ्ग सुन जर देखिए जोय।।

खयाल भैरव, जलद तिताला

(177)

बालमवा तुम बिन अकेली रह न सकतहूँ।
आओ घर सूर जन जावो प्यारे सदा रङ्गीले
मन्द हसन मुख सुसकतहूँ।।

ध्रुवपद, भैरव, धीमा तिताला

(178)

तोरी वारी फूल रहीरी वरन वरनकी
फूल वहाँ वलिगाऊँ तोरे रङ्गनकी।
जेती कलियाँ दूजे यौवनकी माती और
सबहीको सोहाती वाको तो रखवारी।।

ध्रुवपद, भैरव, तिताला

(179)

आई डार भवर नदी में हीरासोना।
फूल रही फुलवारी सदा रंगीली कलीयाँ रस लेहो चाहीरा।।

ख्याल, भैरव, तिताला

(180)

तोरे रंगीले रस भरे देखत कहाँ जागी सारी रैना।
सब गुनीयनमें तू चतुर चतुराई करत हो
मोसों अब काहे वहकानोरी नैनना।।

ख्याल, भैरव, एकताला

(181)

मेरे मियाँ सारी रयन अनत जागी
लोग जरवा बाजत आए।
चन्द उदोत गवन न कीज्ये महम्मदसाह आए।।

ख्याल, भैरव, एकताला

(182)

बहोत दिना तुम छिप छिप बैठे अब तो हमने पाएहो।
मोमकी चादर मुँहु पर लेकर अहमद बन बन आएहो।।
अहद शमद मलकुतम होके सब कुछ तुम्ही कहाएहो।
कहा कहों मैं कमाल तुमारा यहाँ महम्मद नाम धराएहो।।

ख्याल, भैरव, तिताला

(183)

आनन्द भइल मोरे मनचित आए मोरे पासु।
पग परसन नोछाबर करूहूँ सदा
रंगीले बलमा कोरे पूजो मोरे मन की सबहीआसु।।

ख्याल, भैरव, तिताला

(184)

करत रहत हो प्यारे तुम झूँठ बैन।
सदा रङ्गीले सुख सम्पत चैन।।

ख्याल, भैरव, तिताला

(185)

अबके होरी में प्यारी लरवे को यह समान तैने कीने।
ढफ ढाल नोलासी खड़म गहे सौतिनके गुमानसुभट मारदीने।।
मृदङ्ग तोप गेंदा गुलाल धूम ताकी आवाज ते गरुड़ छीने।
महम्मद साहके सुहाग बढ़ो याते अनहितुअनके
झुण्ड मुख मोर फेर दीने।।

टौड़ी, ताल धमार

(186)

बरजाइए लोगवा सा ए मिलन न देई पियरवा
कइ कौन भाँत पिवाउ मधवा भर भर सरवा।
सदारङ्ग विन जीव डरे छतीयाँ भरे
कुमलावन लागे हरवा।।

टौड़ी, तिताला

(187)

मेरा जिय चाहँदा रेदा सोणा मैडे यार ढोला निरमोला
मैतो तैनु ढूढ़दी फिरदी सुण मीयाँ
राँझा सदारङ्ग कहि बोला लोला।।

टौड़ी, तिताला

(188)

घरी घरी पल छिन कल न परत है मोहे
कैसे रहों पिय विन में अकेली।
सदारङ्ग तुम मनके भवन हो तन मन
वस भइली नवेली।।

टौड़ी, तिताला

(189)

सोया मूरित भावनी लागे बदरिया बरसे
पियरबा ढिग होजाय।
देख बदरिया चोकन उमग जियामें हमरे
सदारङ्ग सों मिलाय।।

टौड़ी, सूरस्सया

(190)

आज रंङ्ग लागिला लागिला रे।
साजन मिलाव राव मिलवा सोबड़ भागन
पाइला गाइला बजाइला।
सब सखी जन मिल सदारङ्ग वर साइला।।

टौड़ी, जौनपुरी, एकताला

(191)

पन घटकों सुख लाग रहेगो भूल गयो हो नन्दलाल।
सदारङ्गीली कुँजनकी शोभा कहाँली करोगी यह व्रजवाल।।

टौड़ी, सुहै.औ,फ़री.

(192)

छजई तुव मन्दिलरा तुअ दरवार नीजामदीन।
ऋत आई वसंतकी मुवारकी देन सदारङ्गकों
गाय बजाय वीन।।

आशावरी, तिताला

(193)

बक्स लीजिए मोंको रब रहमान दाता विधाता तेरो नाम।
सदा रङ्गदाता पुर गुन्हेगार तू सत्तार परवर
दिगार धरते दुख दूरकरो देवो आराम।।

ध्रुवपद, भैरव, ताल पटताल

(194)

मुड़ आमी मैउढे प्यारे इस दुनिया दा वेखीवे तमासा।
इन वे लोगानु देख सदा रङ्गीले दाला झामर नेदा सासा।।

धनाश्री, मूलतानी, तिताला

(195)

सोतनीया सोतन संग उरझी कैसे सुरझाऊँ।
एरी वेतो माने न में कौन भांति समझाऊँ।।
एरी एरी में कैसैके समझाऊँ।
कह कह हारी बहो भांतिनसों अनेक जतन कर
सदारङ्गीले बरवस ठानत निश दिन महम्मदसा वर पाऊँ।।

मूलतानी धनाश्री, तिताला

(196)

अबतूँ जोगी भेषले जग जीवन थोड़ा थारारे।
सीख मानले सदारङ्गकी बहोत कियाहै वखेरारे।।

मूलतानी धनाश्री, तिताला

(197)

गरवा हरवा डारूँगी मा जो पिय आवै मोरे आङ्गनवा।
चतुर सुघर बालमुवा मोरा कवन देश रहिलवा।।
सदारङ्ग कोई जाय सुनावै उनके कान भनकवा।।

धनाश्री, मूलतानी, तिताला

(198)

मन भावन लाड़ लड़ावन रङ्ग उपजावन जगत जीवावन
भाग बड़े सबहीके मिल देहीं आशीश जो पायो
महम्मद सा अपरम्पार गुण अमोघ पावन।।

धनाश्री, एकताल

(199)

अबतो महम्मदसा पिया घर आए।
चहल पहल फागकी देखो जित चित सदारङ्ग वरसाए।।
चैनन गावो रहस रहस कर लाखन पाए।
एक होरी दूजे मिली पियासों यह छवि कहियन जाए।।

धनाश्री होरी, ताल-धमाल

(200)

यह छिन जिन परसे पाई साह केरी भई तीनकी
सम विध की मुक्त उन सन अतही आनन्द बाढ़े।
जिन तन देख्यों भर सुदिष्ट की नजर ना हरत
उनके दुख दन्द दाढ़े।।
ए सो अवल बली जाके त्रासतें त्रिहूँ पूरने अरि काढ़े।

धन अँखियन जो देखो यह महम्मदशाह कों
दरस धन रसना गुणहु बाढ़े।।

जयतश्री, ताल चौताल

(201)

अनत रित मान आएगी पिया तिहारी बात में जानी।
काहे कों दुराव करत हो महम्मदशा चिन्ह प्रगट
देखियत एसी मन आनी।।

मालश्री, तिताला

(202)

कहते थे यों नेह लगे कबहूँन छूटे।
जावो जू वार हो तुम उनीके भला सदारङ्ग झूँठे।।

पूरवी, तिताला

(203)

एरी हौंतो जाऊँ वाही देश पिया जहाँ मोरा लोभाइला।
जबहीं देखो नजर सदारङ्ग चरणनमें जाय समाइला।।

पूरवी, तिताला

(204)

गोकुल गाँव को छोहरारे वरसांने की नारि।
इन दोउन मन मोह लईरी रही सदारङ्ग निहार।।

मूलतानी, तिताल

(205)

सुमरण तोरा करीम रहीम रव रहमान।
हों बन्दा गुन्हेगारतूँ वकसनहार और दाता विधाता
सबही कों देत सदारङ्ग को दीजे ईमान।।

ईमन, तिताल

(206)

निश नींद न आवे न भावे मोंको पिया विन सेज।
जैसी सदारङ्गीली चाँदनी तैसेही अभूषण ते वनिता
बन आई या समय महम्मदसा सुन्दर को कोऊ देहो भेज।।

केदारा, तिताल

(207)

डगर डगर डगर चले आइरे तब नीभे धुर ओरकी।
जब एसे चले सदारङ्ग तब शाह कहावे नातर
मार खाए चार चोरकी।

विहाग, तिताल

(208)

यारा गम खा खा केवे कीतावे कलेजा फाड़दा।
सदारङ्गदी गलाँ कोई नहीं जानदा चेरी दे नाल गुजारदाँ।

भैरवी, तिताला

(209)

सोणा चाँर वालीयाँवे सोणा ओ तोकों गल करी साड़े नाल।
सदारङ्गन वारी हँस हँस मुख वेखलामी ज्यों भामी त्यों पाल।।

भैरवी, धीमा तिताला

(210)

मैड़ा दुख दूर करिवोरव्व साँई असी तैड़ी लेवा बलाईं।
सदारङ्ग तैड़े जाँदे वारी तुझबिन और न कोई मेड़ा साँई।

जंगला, तिताला

(211)

दोउ अटके नैन हमारे मनमोहन मुरली बालेसे।
लोक कहै तुम लाज करो क्यों न लगगई तब लाज कहँरि।
सदारङ्ग पिय सब गुण पूरे अनेक जतन करि हरि।।

सिन्धु मूलतानी, तिताला

(212)

साँवलाजीहो म्हे जान्यो थारो जान।
रतमानी परभातड़ी आया झूठो करोछो बखन।।
प्रगट पुकार करीछे कजरा पोक पोक अधरान।
इनमें झूँठ नहीं तिलजो काँई रङ्गीला प्रीतसरो आन।।

मूलतानी ठुमरी, तिताला

(213)

हरवा गरवा डारोंगी माजी पीय आवैमोरे मँदिरवा।
चतुर सुधर बालमवा मोरे कबन देश रहिलवा।
सदारङ्ग कोई आन मिलावै उनके परसु चरणवा।।

मूलतानी, तिताला

(214)

निश दिन आनन्द भइलवा मोरे श्यामसुन्दर घर आए।
सदारङ्ग पिय मनके भवनवा रहसन गरवा लगाए।।

धनाश्री, तिताला

(215)

यारदा निजारा सानु मेरा सोना प्यारा लगना
कीकराँ जिन्द मेरी खसदीयाँ।
दै दीदार जमदाल करम तेरे मिलनदा चाह दम
दमदा सदारङ्ग मेरी गल मानदा भी नाहीयाँ।।

तिलंग, तिताला

(216)

एरी माइ अँगना बुहारूँ पलकनसों मीत पियरवा
साजनवा आइलो मेरे घर।
तिहारे मिलने कही मन हुलसोला सुघर सुन्दर चतुर
बालमुबा पाइलो।।
सदारङ्गीले पूजीले सबही इछरीयाँ बड़ भागन पाइलो।।

सोहनी, एकताला

(217)

नींदकी माती गई सोय ये री ए मैं ना जानूँ।
महमदसा पिया मोरे डेरे आइले
रखती नैणवा लगाय।।
मइकूँ न जगावो सइयाँ निदिया लागीरे।
बरि बरस पै सइयाँ मोरे आइले परहुँ तोरे पइयाँ।।

(218)

बगवाँ बगवाँ कोयल बोले ज्यों ज्यों बोले
त्यों त्यों मोरा जिउ थर थराय।
अरे अरे सलिया हों डरपोकनी अकेली
बलालों देखिये सदारङ्ग कौन आज मिलाय।।

मजमूआ, सोरठ

(219)

चूड़ा रङ्ग लाग रह्यो छे म्हारे आलीजा हो राज।
आप रङ्गीला थारी सेज रँगीला रङ्गरङ्गीला साहबाँजी
काँई और रँगीली थारी रात।।।

मजमूआ, सोरठ

(220)

सुरत लागली मोरीरे पिउ तुमही और आव
गरवा लाग मिले।
ए सदारङ्गीले महमद सा पियरवा नेक चल मंदर
मो ढिग बैठो सो सुख पावै
हित अनहितू देख जले।।

मजमूआ, सोरठ

(221)

बनाइ ठेहो आवै हो आवै हो राजीन्द्र है।
अतरसो तरो वारो पीत बढ़ावै।।

मुणे कहे कै थांणें चाँहूँ एसो कपटी सङ्ग
सदा रङ्ग नैन सो सैन छिपावै।

मजमूआ, सोरठ

(222)

घोड़ला चढ़ियाला म्हाँरो सुन्दर सरस नाल।
कमर कटारो थारो बाँकड़ोजी सदारङ्ग
गुमानीड़ा काईं रूड़ी रूड़ी सैल करेस्याँ चाल।।

मजमूआ, सोरठा

(223)

नींदकी भाती गई सोय अरी ए में ना जानूँ काँई।
महमद सा पिया मोरे डेरे आइलो राखती में नेणवा दोय अरी.।।

मजमूआ, सोरठा

(224)

साजन मोरा अत ही रङ्गीला देखन कों सब आईं सखियाँ
हमसों अवध बद अनत बसीला जियकी करत है हमसों घतियाँ।।

खम्बावती, अष्टताल

(225)

रसिया भजन ही जगमें सार।
सुक नारद भीष्म श्रुति देवा भजन ही भए भव पार।।
ध्रुव प्रह्राद उपमन्यु विभीषण अचल पदके सिरदार।
शिव मनकादिक आदि ब्रह्मादिक और हु व्रजको नार।।
भजन रङ्ग रङ्गीले जे भए पाए साक्षातकार।।

खम्बावती, तिताला

(226)

अइलो रे मोर मन्दरवा आ आ गुणन भरे गुणवन्ता
सइयाँ देखत ही नैननमें अति ही छवीलरा।
जनूम जनूमलो सङ्गवा न छाड़ों हो चरण न गहे

रही हो देहो असीसवा सदा रङ्ग युग युग जीवे दिन
दुलहा महम्मदशा चतुर रङ्गीलरा।

परज तिताला

(227)

तू करले जालम फेर वो मन मेरा मेरा मुशताक़ तेरा।
सगरी रैन मोहि तलफत बीती किसका तम्बू डेरा।।

परज, धीमा तिताला

(228)

सवाजी म्हारे वो तुम मनरी बात थे काईं जाने।
आप रङ्गीला थारी सेज रङ्गीली आपही आप पहचाने।।

परज, धीमा तिताला

(229)

माझली रात मारूड़ो मारू ढोलो अधक
छकावै जी थे म्हारा मन।
सगरी रैन जगावो सदारङ्ग कहीं सखी अरज
म्हाकी राज माण।।

परज, कलिंग

(230)

आज मोरे जानीके मिलनेकूँ आईरे मो मन चीते
कजवा भइले मन्दरवा।
आवो गावो नाचो सब सखी रे सहेली सदारङ्ग
कहीं मिल है सुन्दरवा।।

कलिंग, खेमटा

(231)

ससकर मोरा हियरामा राजे कसम कसक मोरौ
अँगिया कसके पिय सदारङ्ग अति ही रसभीनो।।

जैजैवन्ती, तिताला

(232)

ननदी मोसों वैर परी पियसो कहत न बात।
आवत जात मोरे मनुवारे सदारङ्ग जिय ललचात।।

जैजैवन्ती, तिताला

(233)

सूरत लागी रे बलमा पिया और आवो गरवा लाग मिले।
सदारङ्ग महमद शाह रुक ढिग मन्दिर बैठे तब
सुख पावे हैं आनन्द दोऊ जने।।

जैजैवन्ती, तिताला

(234)

कौन देश पीउ गइल वा मा।
वहा माई में चलों सदारङ्ग परदेश।।

जैजैवन्ती, तिताला

(235)

तुम्हारे विन कोई नहीं हमारे जी चाहे सो करो।
तू घरी भर में रहीम सतार जब्बार ज़ुलफ़कार।
अपनी करक लीनी मोरी बहियाँ पिय रखा कर
कलह बोलन लागे दादुर झिंगरवा
दादुर मोर पपीहा बोले और झिंगरवा सदारङ्गीली
पायर बाजे छाँड़ दे लङ्गरवा।

जैजैवन्ती, तिताला

(236)

हिगुण सरगम कियो विचारगुरुनपे सिखके
खरन को सुधार।
सारेसा सारेगरेसा सारेगमगरेसा सारेगम पमगरेसा
सारे गम पध पम गरेसा सारे गम पधनि सा।।
निध पम गरेसा नि ध प म रे सा धप मगरेसा।
पमगरे सा मगरेसा रेसा सारेसा सारे गसा सारे

गमसा सारे गमपसा।।
सारे गम प ध सा सारे गमपधनिसा सानि सानिधसा
सा नि धपसा सानिधप मगसा सानि धप मगरे सा।
सा नि नि धनि नि धप सानि नि धप मग पमगरेसा
मग रेसा धुरपद मध्य सदा रङ्ग बनाई।।

ध्रुवपद, दूसरा आभोग

(237)

रङ्गरसिया माँका राज।
रङ्गरसियाजी म्हाके अन्तर वसिया जमीय नेह निभाज्योजी।।
केशरिया अत हँसिया बालम मालमवे के बुलाजो जी।
रङ्गीला प्रीतम म्हारी मनरी आशा तन को तपन बुझा जो जी।।

कलिंग तिताला

(238)

प्यारी थाने खमा हो म्हाने राख्याजी दिलाशा दे दे दर्मा।
राज बुलाया थे नही आया कोलो खायो मैं तो गर्मा।।
मीठा बोला वारी छाती छोला साँच नहीं छे मूल जर्मा।
रङ्गीला प्रीतम थारी आश ही में वन आई
घाँकावाया पगाने म्हे नर्मा।।

कलिंग, तिताला

(239)

अति मदमाती डोरे सब ही तियनमें तू री चतुर खेलार।
तन सों रङ्ग भीनी सारी सोहत गर पुहुपनके हार।।
झपट पीत पट खैचै मोहन को लाज सकुच सब दई है डार।
सदा रङ्गमें भीज गई है फगुवा लिए छाड़े मुरार।।

सिंदूरा, धमाल (होली रङ्गीन गान)

◆

अहमदशाह

(1)

तुँही मुराद करो मन भावन।
दिन दिन सुहाग बढ़े लाड़ले दुलहा कोते
अब वसकर पायोहै लाड़ लड़ावन।।
विनती सुन लीजो कान धर हमारी
अहमदसा बादसाह प्यारे मनभावन।
होंजो धरतीपै मेघ वरषत तैसे वरसे वरषका चाहिए
मोपरज्यों सावन हरो भरो डह डहो देखो करो
लागी रहों तिहारीहै दावन।
कहत सुरभावन नाम धरो नीको तिहारे
नामते निहाल होत मोसी करोरन वामन।।

आशावरी, तिताला

(2)

करीम रहीम अब चल पातसाही तुम कोनें करतारके।
धन करम जान आए खिदमत में तुमारी सब सरस
भट आवत संसारके।।
जैसी नीमरुद भूलो आपन तन सम मकरन लागा
सकत आगे साहकी भारके।
अहमदशाह राज करो कोटि वरसलों आलम
हुसैनन के सिपाई सरकारके।।

पूरवी, तिताला

(3)

अयत विंब उठजा घर मत छुवे मैडा हाथ।
चढ़े इश्क देकै कहै उतर शिरदे हाथ।।

इश्क खेतसों नाटरे आबै बैठ उसास।
चश्म चोटसे शिर उड़े उड़ चाले शावास।।
चलनाहै रहना नहीं चलना विसवा बीस।
अहम्मद सहेज सुहाग पे कौन गुँधावे शीश।।

भैरवी, जपतश्री

(4)

घटानें छोड़ी लटा बूँदनकी अब कहा रोऊँ माई।
बिजरी चमके कोयल कुहुक कुहुक डरावै।।
रङ्गरस भरे अहमदसा कों देख री मेरो ध्यान बटावै।।

मजमूआ, सोरठ, एकताला

(5)

तनकी तनक सराय में किनइ ना पायो चैन।
शाम नगारा कूँचका बाजतहै दिन रैन।।
को रूप देखके चित न रहा एक ठोर
अहमद अपनें मीतकी वह चितवन कछु और।

◆

अज़ीज़ अल-दीन आलमगीर

(1)

प्यारनको विछुवा सहजनहीं हौं
भई तुमारे दरश विन मानो मीन विन नीर।
हिए धरत न धीर औसु करत भीर
रोके नाही जाय एतो गहर गम्भीर।।
च्यार दिन में जाय चहूँ देश में तेग विजय
वेगमिलोगे आयवीर जवदास
आलमगीर होसो च्यार द्रगकोरज
जितो तिहारे काजपर आवै वधसीस
तेरो ताजराखुतो तुमारे मानो वजीर।।

ध्रुवपद, भैरव-चौताल

(2)

हिन्द में आनन्द भयो कोटि दुरजन गए
बैठे तखत वली आलमगीर सानी।
बाजे निशान फहरान सुने गढ़पति
फरर नई गई धाक डर हुकम मानी।।
आगे चहुँ ओरको ते मिलत कों जोर जोर
आगे चहुँ डोला दार सुघर रानी।
अदल अदलो उनसपत अदारङ्ग
कहाँ लग कहुँ जाके कादर करीमकी महरवानी।।

टौड़ी चौताल

(3)

काहूँ मनमें ठानी मेवारीयाँको राज महाने बतलायो।
वाका मारुड़ राजदुलारा सङ्ग अजीज दीन अरज करे रीत पीत अछी थँको।।

मजमूआ, तिताला

(4)

मोहे सैन बुलावै बाँका मारुड़ा मै कैसेकर आँउ तोरे ढिग आगे।
चाँदनी रात प्यारे मोरे ननद जेठानी देरनिया जागे।।
तोरी परछइ मइ लुकके आजीजदीनको समीप
कैसे आऊँ जो तुँ चली श्याम वसन पहर आगे।।

मजमूआ, सोरठ

(5)

असो भला तारदा वो यार
तैड़ी रूड़ी रूड़ी नजराँ प्यारदी।
अजीजदीन गमझाँ तेरी तीखी
अखियाँ अकल खोंदी हशियारदी।

मजमूआ, सोरठ

(6)

सौतन के मन में एसी विधना चढ़ आवै मत अब जानी
तुम हमको बिसराय के बैठे किस बिध मिलना होय।
'अजीजदिन' उमग जातहै जोबना और बह्यो जात है पानी।।

धनाश्री, मूलतानी-तिताला

(7)

पियाके संग एरी नार चौसर क्यों नहीं खेले।
इस अवसरको निपट सार जानो यह दिन है तीन चार।
जो जीते तो पियको जीते हारे तो रहे पिया लार।
तेरी तो सब तरह जीत है जीत ह्वेत न कर शोच विचार।।
सात पाँचकी कंची पंची तो सोलह है हार।
दाव रखे सो रङ्ग है वाको वोही जीते सौ बार।।
अब तो अदिया बन्द चले है कर है धों धन रार।
जब छक्के छूट जावेंगे तेरे सब क्या करोगे खेलार।।
आठ याम इनकी सुध राखो यह जो खुले दश द्वार।

तेरी भलाई सजीमे प्यारकी कामकी ले नरद मार।।
और पाँच तिथि हैं पन्द्रह को निहार चंवदे भुवन
खुले तो कों जब ते इनको सवार।
ग्रीष्म भरी ऋतुकी प्यास बुझावो दशों लगावो वार।।
निधिकी ऋद्धि सिद्धि हो तब हीं के जो तुझे है अहंकार।।
बारह हैं बाट अठारह हैं पैंड़ा और चालें हैं हज़ार।।
तू चल गुरुकी बताई चाल याही ते उतरेगी पार।
अब तू रङ्ग कर रङ्ग रहो जो न करत तकरार।।
जाकीं जाको सत्रह सोलह है कौन करे पिय को प्यार।
अब कुछ पासोमें पै पासा हाथ एकनके मुखतार।।
चहिये कुछ और आवे कुछ और याहीते लाचार।
ऊपर चाल कब हूँ तो सूझे हमको कहो मतवार
युग युग जिये अज़ीज़दीन ऊपर उठना है एकबार।।

मजमूआ, कलिंग परज

(8)

जो होवे खादिम निज़ामुद्दीन का दिल से ए ग़रीब,
उसके तई होता है ताज खुखरबी जग में नसीब।
खादमी की थी अजीजुद्दीन ने बा सिद्क़ वो यक़ीन,
ताज़ाहे हिन्द का मुझको दिया है अनक़रीब।
मर्ज़ दिल उफ़गार का मेरे वह सेहत बख्श है,
बेगज़ा वो वेदुआ वो बेदवा वो बेतवीब।
बस परेशाँ हाल है अब ख़ल्क़ में महबूबे हक़,
फ़ज़ूल कर तक़सीरवार पर तुम हो हक़ के हबीब।।

♦

अबुल मुज़फ्फ़र जलालउद्दीन मुहम्मदशाह आलम सानी

(क) ग़ज़ले रेखता[1]

(कविताएँ 'नादिराते शाही' से)

(1)

पाता नहीं हूँ और किसी काम से लज़्ज़त
जो कुछ कि मैं पाता हूँ तेरे नाम से लज़्ज़त
कैफ़ियतें उस दीदए-मैगू से जो पाई
पाई न कभी बादे से और जाम से लज़्ज़त
जाहिर है तेरी नर्गिसे-मख़मूर से मस्ती
टपके है तेरे ला'ले-मै-आशाम से लज़्ज़त
पाता हूँ मज़ा बेकली और दर्द का ऐसा
पावे है कोई जैसे कि आराम से लज़्ज़त
रखता है हवस बोसे की तेरे "शाहे आलम"
पावेगा बहुत तेरे इस इनआम से लज़्ज़त

(2)

क्या हो, अगर जो प्यारा आ मुझ से बात कर ले!
आकर, गले में मेरे उल्फ़त से हात कर ले!
फिर वह ही गर्मजोशी, अल्ताफ़ी-मेहरबानी
करता था आगे जितनी, अब मेरे सात कर ले!
रम-करदे-दिल हमारे वहशी के सैद .खातिर
आँखों को कर करावल, कई दाव घात कर ले!
मग़रिब में जुल्फ़ के फिर दिल 'आफ़ताब', का ले
फुर्क़त के दिन को, ऐ मह, वसलत की रात
कर ले!

---

1. यह रूप मूल पुस्तक में है। यहाँ यही रूप रहने दिया गया है। - सम्पादक

(3)

गो सुध नहीं उस शोख़ सितमगर ने सँभाली
तिस पर भी कोई बात अदा से नहीं ख़ाली
कुछ होश नही मुझा में रहा, जब से पिलाई
उस नर्गिस - मख़मूर की, ख़ाक़ी ने, पियाली
शबनम के अर्क़ में हुआ खज़लत सेती गुल तर
देखी जो लबे-ला'ल की उस शोख के लाली
वे गैर ही हैं, जिन की हर इक बात हो सुनते
हमने तो जो कुछ अर्ज़ की, सो सुनते ही टाली
तौसीफ़ कौई करसके क्या! ऐ "शहे-आलम"
रुतबा है तेरे शे'र का गुफ्तार से आली

(4)

लाचार हूँ मैं अपनी आँखों के हात, यारो!
करती हैं दुश्मनी नित यह मेरे सात, यारो!
क्या क्या ख़याल जी में रहते हैं; लेक जब वब
आता है, मुझ को तब कुछ नहीं आती बात, यारो!
इक इक घड़ी बराबर रोज़े-शुमार के हैं
किन किन ख़राबियों से कटती है रात, यारो!
आईना उसके आगे पत्थर से सख्त तर है
देखी है जिस ने नाजुक उस गुल की गात, यारो!
नूर 'आफ़ताब' के से हर ज़र्रे की चमक है
इस बात को है जाने सब काइनात, यारो!

(5)

मुझ से सुलूक आँखों ने क्या कुछ किया है, हाय!
दिल मेरा दामे-इश्क़ में फँसवा दिया है, हाय!
जूँ गुल, किसू तरह नहीं पाता है इलतियाम
इस चाके-दिल को जितना कि मैंने सिया है, हाय!
बेहूदा-गोई से जो उठाता नहीं है हाथ
नासेह का, कोई पूछे कि, मैं क्या लिया है, हाय!

मानन्दे-लाला, गुलशने-दौराँ में आके आह!
खूने-दिल अपने साग़रे-दिल में पिया है, हाय!
ऐ 'आफ़ताब' कल शबे-हिज्राँ में दिल मेरा
बेताबियों से, आह! मुवा और जिया है, हाय!

(6)

चीं-बर-जबीं ही मुझ से रहा गुल'ज़ार, हैफ़!
दिलबर ने मेरा हाल न पूछा, हज़ार हैफ़!
मैं तो इसी उमीद में रहता हूँ रात दिन
आया न मेरे पास कभू, ऐ निगार, हैफ़!
ऐ रश्के-आइना, मेरा दिल तुझ से साफ़ है
मेरी तरफ़ से दिल में तेरे है गुबार, हैफ़!
कहते थे "बेवफ़ाई करूँगा न तुझ से मैं"
है क्या सबब, जो भूले वह क़ौलो-क़रार, हैफ़!
वह रश्के-मह कभू न हुआ मुझ पे मेहरबाँ
करता हूँ 'आफ़ताब' यही बार बार हैफ़!

(7)

बिन देखे तेरे, दिलबर, दिल को न चैन आवे!
दूरी में तेरी, दिलबर, टुक ख़्वाबोंख़ुर न भावे!
दिन ही न दर्दोग़म में कटता है, यार, तुझ बिन
रोते ही रोते मुझ को सारी यह रात जावे!
सुनता नहीं है अस्ला तू दर्दे-दिल किसी का
तुझ हर्फ़-नाशनौ को कोई हाल क्या सुनावे!
निकले हैं साँस ठण्डे बे-इख़्तियार दिल से
ता चन्द सर्द-मेहरी तेरी कोई छिपावे!
ऐ 'आफ़ताब' दिल को ज़रा न चैन तुझ बिन
उस रश्के-मह को जल्दी मुझ से कोई मिलावे!

(8)

जूँ माहे-ईद, उस पर हैगी नज़र जहाँ की
तारीफ़ हो सके नहीं, कुछ तेरे अबरुवाँ की

करते हैं बेवफ़ाई मुझ से यह जैसी हर दम
किससे करूँ मैं जा कर फ़रयाद इन बुताँ की?
नहीं दोस्ती का मेरी उसके तई यक़ीं कुछ
क्या कहिये बदगुमानी उस यारे-बदगुमाँ की!
जों शमए-सुबहगाही, कोई दम को मेहमाँ है
प्यारे, ख़बर शिताबी ले अपने नीम जाँ की!
ऐ 'आफ़ताब' उस का चाहूँ जो कुछ लिखूँ वस्फ़
क़ासिर मेरी ज़बाँ है, ताक़त नहीं बयाँ की

अल्हैया, एकताला

(9)

तड़पे है बिन तेरे दिल, बेआब जैसे माही
देता है कुछ तेरा भी, ऐ शोख़, दिल गवाही
दुनया में जो कोई है, करता तेरी तरफ़ है
तेरे सितम से, कीजे जा किससे दादख़्वाही!
वे ग़ैर ही मुसाहिब हैं तेरे रात दिन के
भाती नहीं मुलाक़ात अपनी तो गाह-गाही
नहीं शर्म से उठाता टुक भी तो आँख ऊपर
अल्लाह ही अल्लाह, ऐ बुत, इतनी भी कमनिगाही!
चाहे वह माह हमको टुक मेहरबानगी से
ऐ 'आफ़ताब' हमने अक्सर यह बात चाही

सरपर्दा, एकताला

(10)

हमसे कहो, ऐ दिलबर, दिल किससे जाके अटका?
दिन रात जी को मेरे रहता है एही खटका
उल्फ़त से जब कि हमने दामन को तेरे पकड़ा
तूने वहीं छुड़ाया, ऐ शोख़, देके झटका
ग़ैरों के साथ कैसी वाशुद है तुझको, गुलरू!
काँटा सा, एक मैं ही नज़रों में तेरी खटका

उस नाज़नीं दहन से हर्फ़ इस अदा से निकला
गोया कि गुन्चए-गुल सहने-चमन में चटका
अफ़सूँ न हो मोअस्सिर कोई, 'आफ़ताब' उसको
देखा है जिसने उसकी जुल्फ़े-सियह का लटका

सरपर्दा एकताला

(11)

करती हैं मेरे दिल पर जो कुछ जफ़ा, सो आँखें
तक़सीर नहिं किसू की, जो हैं बला, सो आँखें
ख़ाना-ख़राब, इन्होंने उश्शाक़ का, किया है
हैं दिल के तईं फँसाती हर जा बजा, सो आँखें
दिल को इन्होंने बस में दिल्दार के फँसाया
बेचार दिल करे क्या! हैं बेवफ़ा' सो आँखें
खूबाँ से आशना हो, बेगाना हमसे हो गई
देखी हैं सब जहाँ में नाआशना, सो आँखें
क्या दिल को ता'ना कीजे! उसका गुनाह कुछ नहिं
ऐ 'आफ़ताब' कर गई मुझ से दगा, सो आँखें

(12)

करता हूँ अर्ज़ जो मैं, सुन लीजे, मेरा साहिब!
सुन कर, जो आवे दिल में, कहदीजे, मेरा साहिब!
मत पूछो, मसअले में क्या है सज़ाए-आशिक़?
मा'शूक जो किया हो, सो कीजे, मेरा साहिब!
गुस्से से ला'ले-लब को कीजे न जेरे-दन्दाँ
यूँ खूने-आशिक-को मत पीजे, मेरा साहब!
दो दिन के बाद आख़िर टूटेंगे फिर टाँके
ज़ख्मेंजिगर मेरा अब, गो, सीजे, मेरा साहिब!
सुनके यही दु'आ है, ऐ 'आफ़ताबे-आलम'
आलम की ता बिना ही, नित जीजे, मेरा साहिब!

तोड़ी, चलता तिताला

(13)

जब वह नजरें दोचार होती हैं, तीर सी, दिल के पार होती हैं
रन्ज़िों मेरी और उस गुल की, रात-दिन में हज़ार होती हैं
इश्क़ में बे-हिजाबियाँ दिल को, क्या ही बे-इख़तियार होती हैं
तू जो जाता है बाग़ में, ऐ गुल! बुलबलें सब निसार होती हैं
कुमारियाँ बन्दगी में तुझ क़द की, सर-बसर तौक़दार होती हैं
'आफताब उसके वस्ल की बातें, बा'इसे-इज़तिरार होती हैं

तोड़ी, एकताला

(14)

उस यारे-सब्ज़रङ्ग को जी चाहे देखिये
महबूबे-शोख़ों-शंग को जी चाहे देखिये
हँस हँस के बाड़ झारे है हर बात बात में
उस काफ़िरे-फरङ्ग को जी चाहे देखिये
मुद्दत से क़ब्जे में है उस अबरू कमाँ के दिल
बाँके पलक ख़दंग को जी चाहे देखिये
अबरू चढ़ाना जिसका तबस्सुम के साथ है
शोख़ो-शिताब-जंग को जी चाहे देखिये
ऐ 'आफ़ताब' अब मैं उस जाँ अज़ीज़ साथ
दिल की कभी उमंग को जी चाहे देखिये

सारंग, एकताला

(15)

जी चाहता है, चलिये प्यारे के अब नगर
उल्फ़त की बातें कीजिए, पर वह मिले अगर
आने की मना' करते हो किस वास्ते, सनम?
तेरे अगर न आऊँ, कहो, जाऊँ फिर किधर?
नाज़ो अदा से तुमने मेरे दिल को लेके अब
आशिक़ के क़त्ल पर तो बाँधी है क्यों कमर?
ऐसे डराए सेतो मैं डरता नहीं, पिया
हैं फ़ज़्ले-हक़ तो हमको किसी का नहीं है डर

या रब, यह तेरी ज़ात से रौशन है 'आफ़ताब'
है याद उसको तेरी तो हर शामो हर सहर

सारंग, चलता तिताला

(16)

दुनया पे मत ही फूलो, इसबात कुछ नहीं है
आखिर को सब फ़ना है, है हात! कुछ नहीं है
दुनया सराय-फ़ानी है स्वांग पेखने का
दिल को लगाना अपने इस सात कुछ नहीं है
तू जाने या नजाने, तुझ बिन, मेरे ऐ प्यारे!
क्या कहिये, आह! कटती औक़ात कुछ नहीं है
दिन ईद का सा गर हो, और शब-बरात सी रात
तू ही नही, तो फिर यह दिन रात कुछ नहीं है
मुँह पर मेरे ख़ुशामद और पीठ पीछे शकवा!
प्यारे, यह शेवा बद है, यह बात कुछ नहीं है
तुझ हिज्र की घटा है 'आफ़ताब' जबसे
आँखों की झड़ के आगे बरसात कुछ नहीं है

धनाश्री, एकताला

(17)

वाहिद है ला-शरीक तू, सानी तेरा कहाँ!
आलिम है सब के हाल का तू, ज़ाहिरो-निहाँ
ज़ाहिर में तू अगरचे नज़र आता है नहीं
देखा जो मैंने ग़ौर से, तू है जहाँ तहाँ
एहसाँ तेरे शुमार में कोई क्योंके ला सके!
राज़िक़ है सारी ख़ल्क़ का तू ही तो बे-गुमाँ
क़ासिर है यह ज़बान मेरी शुक्र से तेरे
क्या कर सकूँ हूँ हम्दो-सना का तेरी ब्याँ!
यह अर्ज 'आफ़ताब' की है तुझसे, या करीम!
तख़्ते-शाही पे मेरे तईं रखियो जावेदाँ!

धनाश्री, एकताला

(18)

इस जौरो-सितम सेतो तेरा नाम न होगा
मुझ जैसे के मारे से तो कुछ काम न होगा
जूँ आहूए-वहशी, यह मेरा दिल है रमीदा
बिन तेरे दिलासे के, वले, राम न होगा
हाथ अपने में है वह मये-वहदत का पियाला
दिल जैसा जहाँ में कोई और जाम न होगा
दूरी में तेरी रहता हूँ मैं मुज़्तरिबुल-हाल
बिन वस्ल के तेरे, मुझे आराम न होगा
यक ज़र्रा तसल्ली न हो .खुदरशीदे जहाँ को
इस बोसा भी जब तक इसे इन'आम न होगा

(19)

दिलबर से दिल लगाया, इन आँखों का बुरा हो!
जी मुफ्त में फँसाया, इन आँखों का बुरा हो!
कब चाहता था मैं यह, जो दिल बुताँ के तई दूँ
मुझ दिल के तई खुवाया, इन आँखों का बुरा हो!
उस शम'रू सनम से, मेरी लगन लगाई
तन मन मेरा जलाया, इन आँखों का बुरा हो!
दामानो-आस्ती को, ऐ 'आफ़ताब' मेरे
खूनाब में डुबाया, इन आँखों का बुरा हो

गौरी, एकताला

(20)

हम सेती तुमने, प्यारे, दिल सख्त क्यों किया है?
सच कहियो, यार, तेरा अब हम ने क्या किया है?
तुम बार बार हम को आँखों में घूरते हो
इस तरह सेती, दिलबर, गोया के कुछ दिया है
फुरक़त में तेरी मैं तो पज़मुरदा हो गया था
आने की तेरे सुन कर, दिल फेर कर जिया है

कहता है अपने रस से यह 'आफ़ताब' हरदम
"यह चत्रो-तख़्ते-शाही तू ही ने सब दिया है"

गौरी, चलता तिताला

(21)

मतलूबे-दिल हमारा, ऐ गुल'ज़ार, तू है
सब गुलरुख़ाँ पे ग़ालिब, ऐ नौ-बहार, तू है
मुझको न सैर भावै बाग़ों की और गुल की
मेरे बहार दिल की, ऐ मेरे यार, तू है
सूरज-मुखी किया दिल इस आफ़ताब रू ने
ऊधर को दिल फिरे है, जीधर कों 'यार' तू है
दिल बेक़रार हरदम तेरे फिराक़ में, आह!
मुझ बेक़रार दिल का, प्यारे, क़रार तू है
तुझ जुल्फ़ में फँसा है दिल 'आफ़ताब' का अब
अब दीं रहा न इसलाम, जुन्नार-दार! तू है

स्याम, एकताला

(22)

हर यह वसीला ढूँढे है हर ज़ी-हयात का
मेरे तई वसीला है तेरी ही जात का
तू है करीमो-रहिमो-रोज़ी-रसाने-ख़ाल्क़
मा-बूद भी है तू ही सभी काइनात का
दाना है तू ही ख़ैरो-शर्रे-ख़ल्क़ का मुदाम
वाक़िफ़ है तू ही सब की हयातो-ममात का
वाजिब न जाने जब तई तेरे सुजूद को
सूरत न पकड़े काम कोई मुमकिनात का
नित 'आफ़ताब' को दे यह तख़्ते-शही क़ियाम!
मुख़्तार, ऐ के तू ही है, उसके सबात का!

स्याम, एकताला

(23)

मेहँदी की रोशनी की चमक देखो, पीर की
इस में तजल्ली नूर की है दस्तगीर की
मीरो-वज़ीर, अमीरो-फ़क़ीर आयें क्यों न सात
मेहँदी चली ही आती है दीं के अमीर की
भेजो दुरूद मिल के सग़ीरो-कबीर सब
शब उर्स की है आज अमीरे-कबीर की
वह ग़ौसे-पाक मुहिये-दीन, जिस के नूर से
है रोशनी यह सब महो-मेहरे-मुनीर की
यह 'आफ़ताब' उसके मुरीदों का है मुरीद
रहती है याद इसे उसी पीराने-पीर की

स्याम, एकताला

(24)

देखो तो, किस अदा से रुख़ पर हैं डाली जुल्फ़ें!
जूँ मार, डसती हैं दिल दिलबर की काली जुल्फ़ें
चाहे हैं जिस न तिस को, बाँधे गिरह में अपनी
दिल लेने को बला हैं यह पेच वाली जुल्फ़ें
मिस्ले-सलासिल इस में उक़्दे हज़ारहा हैं
टुक पेचो-ताब से मैं देखीं न खाली, जुल्फ़ें
मारे-सिया जुदा कब रहता है गंजे-ज़र से?
होती नहीं हैं उसके रुख़ से निराली जुल्फ़ें
थी रात जो यकायक दिन देखने लगे सब
जब 'आफ़ताब' उसने रुख़ से उठाली जुल्फ़ें

स्याम, एकताला

(25)

जी वस्ल तेरा चाहता हर चन्द, यार, है
इस दर्दे-दिल के हाथों कहाँ इख़्तियार है!
कहने से किसके, कह, नहीं आता है इस तरफ़?
मिलने का तेरे मुझ को सदा इन्तिज़ार है

सर ता क़दम में आब हुआ मिस्ले-आइना
तो भी तो, मुझसे तू नहीं होता दोचार है
क्या चाहिए है मेरे तई साग़रे-शराब!
आँखें तेरी के देखे से जाता ख़ुमार है
हो 'आफ़ताब' क्यों न अदू पर जफ़र तुझे!
तेरा मुईन, हज़रते-परवरदिगार है

कामोद, एकताला

(26)

पीराने-पीर की है मेहँदी यह जी से भाई
ऐसी कहूँ न देखी, जैसी यह मेहँदी आई
तख़्ते कँवल के रौशन हैं इस बहार सेती
सैरे-गुलो-गुलिस्ताँ उन सब ने है दिखाई
जिधर निगाह जावे, है उस तरफ़ चिराग़ाँ
पहुँचे नज़र जहाँ तक, यकसर है रोशनाई
है गोया बारिशे नूर, अज़बसके छूटती है
महताब, जाही, जूही और फुलझड़ी, हवाई
फ़ज़्ले-ख़ुदा से तूने, ऐ 'आफ़ताबे'-आलम
जो थी मुराद जी की अपने, सो आज पाई

यमन, एकताला

(27)

दिलबर से मिलके, आह, इन अँखियों ने किया क्या!
की ऐसे बुत की चाह, इन अँखियों ने किया क्या!
ऐसा गुनह किया के दिया दिल के तई डुबा
सब कहते हैं "गुनाह इन अँखियों ने किया क्या"?
दस्तेसितम से उस बुतेजालिम के, दिल को अब
हरगिज नहीं निबाह, इन अँखियों ने किया क्या!
दिल उस सनम के हाथ से छुटना मुहाल है
हम सेती, या अल्लाह, इन अँखियों ने किया गया!

ऐ 'आफ़ताब' कर नहीं सकता हूँ कुछ बयाँ
मुझ से सुलूक वाह, न अँखियों ने किया क्या!

यमन, एकताला

28

करता है हर मुहिम को तू, आली जनाब, फ़त्ह
या मुर्तज़ा अ'ली, तू मुझे दे शिताब फ़त्ह!
मैं बन्दा .खाकी तुझसे यह करता हूँ इलतिमास
"कर मेरे मुश्किलात को, यह बू तुराब, फ़तह"!
मुश्किल-कुशाये-.खलक़ तेरा नाम-पाक है
तूने किया है कल'ये-खैश्र का बाब फ़त्ह
दुनयाओ-दीन में कुल मुहिम्मात को मेरे
तू कर, ऐ रहनुमाये-तरीक़े-सवाब, फ़त्ह
पकड़ा है तेरा हाथ शहे-जुल्फ़-क़ार ने
चाह उस से हर मुहिम में तू, ऐ 'आफ़ताब', फ़त्ह

यमन, एकताला

(29)

मेहँदी यह हज़रते-ग़ौसुस-समदानी की है
रोशनी उस शर्फ़े-इन्सियो-जानी की है
आइना राज़े-हक़ीक़त का है, जिसकी सूरत
रोशनी उस गुहरे-बहरे-मा'आनी की है
ज़ाहिर आफ़ाफ़ में हैं, जिस के फ़ुयूज़े-बातिन
मेहँदी उस आलिमे-असरारे-निहानी की है
हसनी और हुसैनी है, वा बा .खुल्क़े-हस्न
रोशनी उस हस्ने-बसरिये-सानी की है
'आफ़ताब' उसका सनाख्वाँ है जहाँ में, जिसकी
जा बजा .खूबी बयाँ शीरँ ज़बानी की है

यमन, चलता तिताला

(30)

क्या ही दमक चिराग़ों की रखती बहार है!
मेहँदी हमारे पीर की ज़र्री-निगार है
रोशन कँवल के तख़्त हज़ारों हैं यक तरफ़
यक सू छुटे भुचंपे, हवाई अनार है
मुतरिब सदाये-ख़ुश से बयकसू ग़ज़ल-सरा
और यक तरफ़ को रक्स में हर गुल'अज़ार है
उरसे - शरीफ़े - हज़रते - पीराने-पीर है
आरास्ता यह बज़मे करामत-निसार है
जिस पीर का मुरीद बदिल है यह 'आफ़ताब'
इसका मुमिद, यह मुफ्श्तख़रे-रोज़गार

भोपाली, एकताला

(31)

रहता मलूल हूँ मैं, दिल मेरा शाद कीजे!
सब मेरे कामो-मक्सद तिबक़े-मुराद कीजे!
हो तुम तो पीरे-पीराँ, मैं हूँ ग़रीब ख़ादिम
मुझ मो'तक़िद का मजूर अब ए'तेक़ाद कीजे!
हो दख़्ल ममलिकत में सब शश जिहत की मेरा
दौलत मेरी निहायत हद से ज़ियाद कीजे!
हो सल्तनत को मेरी रौनक़, ऐ पीर मेरे
और अहद से मेरे अब रफ़'ये-फ़साद कीजे!
यह 'आफ़ताब' तुमको एक ज़र्रा भूलता नहीं
शाहा, कुबूल इसकी हर दम की याद कीजे!

भोपाली, एकताला

(32)

जानाँ, हमारे घर को भी अब तुम गुज़र करो
अहवाल पर हमारे शिताबी नज़र करो
यारो, यह दिल हमारा तो जाता है हाथ से
उस यारे-दल-नवाज़ को जल्दी ख़बर करो

होते हो क्यों मेरे ही गुलूगीर दमबदम?
ऐ आहो-नाला, दिल में टुक उसके गुज़र करो
इस दर्द-मंद दिल को सताना भला नहीं
आशिक की आहे-सर्द से, प्यारे, हज़र करो
अपने ख़ुदा के नाम को ओराद के तई
ऐ 'आफ़ताब' मूनिसे-शामो-सहर करो

किदारा, तिताला

(33)

आँखों के बीच तेरी फिरती है, यार, सूरत
भूली नहीं है, हरग़िज लैलो-नहार, सूरत
गुलशन की सैर अब तो भाती नहीं है, प्यारे
लगती है हमको तेरी, बाग़ों-बहार, सूरत
ता'रीफ़ उस घड़ी की कब हो सके किसू से!
आकर जो हम से होवे इकदम दुचार सूरत
औरों के देखने से होती है कब तसल्ली
भावे न कोई तुझ बिन, ऐ गुल'अज़ार सूरत
मुद्दत से चाहता है यह 'आफ़ताबे-ताबाँ'
आकर दिखावे अपनी, गर वह निगार, सूरत

किदारा, बँधा तिताला

(34)

जब माह-रू के सामने आती है चाँदनी
मुखड़े पर उसके सदके ही जाती है चाँदनी
सैरे-चमन को निकले है जब माह-रू मेग
सतहे-ज़मीं पै फ़र्श बिछाती है चाँदनी
हमराह आशिक़ों के न हो तू ही जब तलक
किसको यह सैर और किसे भाती है चाँदनी!
इक अब तो टुक निक़ाब को मुखड़े से दे उठा
जलवे को मुन्तज़िर तेरे आती है चाँदनी

आईना रू को देख मेरे होगी मुन्फ़'इल
क्यों अपनी ख़ुदनुमाई जताती है चाँदनी?

किदारा, बँधा तिताला

(35)

आई है मेहँदी धूम से, बजते नक़्क़ारे हैं
छुटते हर इक तनफ़ से भुचंपे सितारे हैं
ता'रीफ़ क्या बयान चिराग़ाँ की कीजिये!
गोया यह जगमगाते हज़ारों पे तारे हैं
रक्श्क़ासा रक्स करती है इकसू बज़्रे बो-जैन
क़व्वाल गाते, बैठे हुवे इक किनारे, हैं
पीराने-पीरे-ख़ल्क़ की मेहँदी का यह है ठाठ
जिसके मुरीद, पीर, ज़माने के सारे हैं
या पीरे-दस्तगीर, यह है अर्जे-'आफ़ताब'
बरलाओ तुम शिताब जो मक़सद हमारे हैं!

सोहनी, एकताला

(36)

घर ग़ैर के जो यार मेरा रात से गया
जी सीने से निकल गया, दिल हात से गया
मैं जान से गया तेरी ख़ातिर; वलेक हैफ़!
तू मुझ से ज़ाहिरी भी मुदारात से गया
या सालो-माह था तू मेरे साथ, या तू अब
बरसों में एक दिन की मुलाक़ात से गया
देखा जो बात करते तुझे रात ग़ैर से
दिल मेरा हाथ सेतो इसी बात से गया
उस रश्के-मह की बज़्म में जाते ही 'आफ़ताब'
दिल सा रफ़ीक़ मेरा, मेरे सात से गया

सोहनी, एकताला

(37)

क्या .खूब मेहँदी आई मेरे पीर की यह आज!
बख़्शे है नूर आँखों के तईं रोशनी यह आज
तख़्ते कँवल के रोशन इन आराइशों से हैं
दिखलाते हैं बहारे-गुलिस्ताँ सभी यह आज
वज्दो-समा ओ-र क्सो-सरूदे-मुग़त्रियाँ
दिल को अजब तरह की हैं देते खुशी यह आज
पीराने-पीर की है शबे-उर्स का ज़हूर
अन्वारे-हक़ की जिसमें है जलवागरी यह आज
मेहर उसकी से जहान में रोशन है 'आफ़ताब'
मजलिस है जिसने पीर की तरतीब दी यह आज

सोरठ, एकताला

(38)

कल का वादा न करो, दिल मेरा बेकल न करो
कल पड़ेगी न मुझे, मुझ से यह कल कल न करो
कहीं जला दे न उसे शो'लये-आहे-आशिक़
पल्कों की टट्टी के तई आँखों की ओझल न करो
कर चुकी तेग़े-निगह काम तो पल ही में तमाम
तीर पल्कों का मुक़ाबिल मेरे पल पल न करो
उसको हर शबद है ज़्वाल, इसको नहीं है कुछ नुक्स
बदर को चेहरे से उसके मुतमस्सल न करो
दुख न पावे कीहीं वह नाज़नीं गरदन, प्यारे
तकया, ज़िनहार, सरे-बालिशे मखमल न करो

गौण्ड, एकताला

(39)

तुमने बख़्शा है जो उसको ताज, या ताजन-नबी
शाहे-आलम की रखो तुम लाज, या ताजन-नबी,
बादशाही उसके तई तुम बख़्शो हफ्त इक़्लीम की
सारे मुल्कों का दिलाओ बाज, या ताजन-नबी

रुबऐ-मस्कूँ में जो दुश्मन उसके हैं यकबार सब
मार का जग से करो इख़राज, या ताजन-नबी
पूरे करदो सब मतालिब उसके दिल के आज ही
माँगता हूँ तुम से मैं यह आज, या ताजन-नबी
सर-बुलन्दी 'आफ़ताब' अपने को बख़्शो दहर में
क्योंकि हो तुम साहिबे-मे'राज, या ताजन-नबी

गौण्ड, एकताला

(40)

दिखला टुक आके इसको अपना, ऐ दिलबा, रुख
मुश्ताक़ हैं यह आँखें, तो देखें अब तेरा रुख
तुम भी ज़रा तो ईधर, प्यारे, करो तवज्जुह
हम तक रहे हैं तुमको, तो देखें अब ज़रा रुख
शह पाके, ग़ैर हम से अड़ कर हैं चाल चलते
देता नहीं जो हमको तू, शोखे-बेवफ़ा, रुख
हम देखने न पावें मुखड़े के तई तुम्हारे
जुल्फ़ों में इस लिये है तुम ने लिया छिपा रुख
दिल 'आफ़ताब' के में यह आरज़ू रही है
देखा करे तेरा ही, ऐ रश्के-मह सदा रुख

गौण्ड, चलता तिताला

(41)

ऐ दिलरुबा, वफ़ा का तुझे मुद्द'आ नहीं
क्या है सबब, जो हम सेती अब तक मिला नहीं?
पूछेगा कौन तुमको तुम्हारे यह ढंग देख?
मुझ सा तो, प्यारे, तुमको यह आ'शिक बुरा नहीं
मानो हमारी बातें, सुनो गोशो-दिल सिती
अब संग-दिल भी होना तुम्हें कुछ भला नहीं
मैं दिल फ़िदा किया है तुम्हारी तो राह पर
देखा जो तुमको, तुम में मुहब्बत ज़रा नहीं

साया .खुदा का सर पे तेरे, 'आफ़ताब' है
सारे जहाँ में कोई अ'दू अब रहा नहीं

गौण्ड, चलता तिताला

(42)

मेरे नले से आन के प्यारा जो फिर लगे
यह अबरू यह बहार मुझे .खूब तर लगे
बिन देखे उस पियारे के, आँखों ने अपना हाल
ऐसा किया है, जैसे कि बाराँ का झड़ लगे
मत इस अदाओ-नाज़ से गुलशन में कर गुज़र
डरता हूँ मैं मबादा, किसी की नज़र लगे!
हो चार चश्म कौन सके ऐसे यार से
आँखों के देखते ही पिया की, .ख़तर लगे
हर लैलो-हर नहार तेरी जाते-पाक से
कहता है 'आफ़ताब' दुआए-सहर लगे

गौण्ड, एकताला

(43)

मैं क्या कहूँ? ग़रज़ कि अजब ही बहार हो!
इस वक्त सैरे-बाग़ में, यारो, जो यार हो
कोई जा सके, के आवे शिताबी वह बेवफ़ा
तो जाने-बेक़रार को मेरी क़रार हो
मुज़तर हूँ उस बग़ैर निहायत ही, वह सनम
आवे, तो दूर दिल का मेरे इज़्तिरार हो
होवे हमारे गुन्चऐ-दिल को शिगुफ्तगी
गर हमकलाम हम सेतो वह गुलउज़ार हो
वाशुद हो सैरे-बाग़ से तब दिल को, 'आफ़ताब'
वह सर्वे-.खुश खिराम जब आ हमकनार हो

गौण्ड, एकताला

(44)

मत मिल रक़ीबों सेती, हया की तुझे क़सम!
ऐ बुत, हो साफ़ मुझ से, खुदा की तुझे क़सम!
वा'दा खिलाफ़ियाँ न कर इतनी भी मेरे साथ
आईन रु है, सिदक़ो-सफ़ा की तुझे क़सम!
जौरो-सितम से हाथ उठाता नहीं है तू
देता हूँ गर्चे तर्के-जफ़ा की तुझे क़सम
मत 'आफ़ताब' अपने से कर बेवफ़ाइयाँ
ऐ दिलरुबा, है महरो-वफ़ा की तुझे क़सम!

गौण्ड, एकताला

(45)

दिल दामे-ख़त का तेरे गिरफ़्तार है, सनम
ज़न्जीर, तेरी जुल्फ़ का हर तार है, सनम
बातों में तू लुभाता है सब के दिलों के तई
क्या दिल फ़रेब यह तेरी गुफ्तार है, सनम!
देखा नहीं जहाँ में कोई ऐसा दिलरुबा
जैसा कि तू बुतों में तरहदार है, सनम
सर दिश्ता दीं का हाथ से खोया है शैख ने
देखा जो तेरा रिश्तऐ-जुन्नार है, सनम
उसको खुदा-न-ख्वास्ता कुछ और नहीं ख़ियाल
क्यूँ 'आफ़ताब' अपने से बेज़ार है, सनम?

जैजैवन्ती, एकताला

(46)

बेदादगर ही पाया, और बेवफ़ा ही देखा
तुझको तो मैंने जब तब ना आशना ही देखा
मेरी ज़रा तो तूने अस्ला .ख़बर न पूछी
जब तुझको मैंने देखा, प्यारे, .ख़फ़ा ही देखा
क्या .खू बुरी पड़ी है! कर दूर उसको दिल से
तुझको मैं सब से अपना करते गिला ही देखा

उलफ़त की मेरी तुझको अस्ला .खबर नहीं है
अपनी तरफ़ से तेरा दिल मैं फिरा ही देखा
दिल 'आफ़ताब' का क्या तुझ से मिले, कि हरदम
ऐ संगदिल, तेरा तो दिल पुर दग़ा ही देखा

जैजैवन्ती, एकताला

(47)

क्यूँ इन दिनों में बैठा है हम से किनार हो?
तश्बीह तेरे दिल की मगर संगे-ख़ार हो
अव्वल मता थी दिलो-दीन, सो तो ले चुके
अब जाँ निसार है, अगर अंदक इशार हो।
नै मेहरबाँ रक़ीब है, नै कोई आशना
कूचे में तेरे किस तरह अपना गुज़ार हो?
वह गुलबदन जबीं से जहाँ हो अरक़ फ़िशा
उस जा में गुल शिगुफ्ताओ-लाला हज़ार हो
ज़र्रा भी मिहर यार के दिल में न 'आफ़ताब'
महबूब मिहरबाँ हो, तो हरदम नज़ार हो

जैजैवन्ती, एकताला

(ख) सीठने

(1)

समधी ने समधन को जल्दी हाथ में ले दिखलाया
मोटा, .खासा बड़ा, सुनहरा, भला पलँग का पाया

(2)

समधन चाहे समधी का ले हाथ में अपने मोटा
कच्ची बूटी भावे नाँहीं, माँगे बड़ो निरोटा

(3)

पकड़ रही समधी का समधन, थी अपने वह गौं की
लम्बा, मोटा, ठहरा, बाँका, सकरकन्द ले हाथ में चौंकी

(4)

टेढ़ा, बाँका भावे नहीं, समधन खावे सीधा
एक दोय से खुशी न होवे, सौ दो सौ से बीधा

काफ़ी, चलता तिताला

(5)

बैठ के समधी का समधन ने खड़ा देख .खसखाना
समधी का फ़व्वारा छुटना, समधन का मुस्काना

सारंग, चलता तिताला

(6)

आगा खोल दिखाया समधन एक दर अपना बड़ा
हँस हँस के समधी ने डाला साचक़ का सब ठाठ खड़ा

पूरवी, बँधा तिताला

(7)

छाती दिखावे, आँख लड़ावे, बोलत बोल बढ़ावा
समधन आई समधी के धिग, लेकर हाथ चढ़ावा

पूरवी, अड़ा तिताला

(8)

समधन तेरी तंग बहुत है, सुन्दर सुघड़ अनूठी
अँगुरी जात नहीं है वा में, ऐसा लाल अँगूठी

मूलतानी धनाश्री, बँधा तिताला

(9)

समधन की सुकरी के अन्दर फँस के जावे सारा
वह समधी का ऊमी, गली में, घोड़ा सजा सिंगारा

पूरिया, चलता तिताला

(10)

काम भरी, अति रस मसी, आई समधन फूल
फूला फाला, दला मला, दीनो समधन फूल

गौरी, बँधा तिताला

(11)

समधन मलिक जमानी ने कहवे रात पुकार
समधी बस कर, अब मुझे फूलन गेंद न मार

हमीर, एकताला

(12)

समधन साहिब महल जब बोली "क्यों हमकूँ तुम छेड़?"
वहीं हाथ समधी ने पकड़ा, मूँ में डाला पेड़ा

हमीर, एकताला

(13)

बैठ गई समधन समधी का खड़ा देख के डेरा
समधी ने डाला जब, चौंकी, पर्दे चिलमन घेरा

भोपाली, बँधा तिताला

(14)

समधन के अति जी को भाया, समधी का लम्बा और मोटा
हँस हँस के और दौड़ दौड़ घड़ी घड़ी कहे सोटा

भोपाली, बँधा तिताला

(15)

लख जुब्दतुज़्ज़मानी समधी को रीझी अच्छा लम्बा गोल
आबदार और तेज नुकीला ख़ंजर निपट अमोल

भोपाली, बँधा तिताला

(16)

जब डाला समधी ने तबहीं चौंक उठी समधन इकबारी
हार मज़ाख पड़ा उर में, और शादी के लोगों में आय पुकारी

किदारा, बँधा तिताला

(17)

समधन का देखन आया जी समधी का खोटा
ढूँढ़ी हाथ चलाय कर समधी का वह मोटा

किदारा, बँधा तिताला

(18)

समधन पै समधी चढ़ा सज बरात ले साथ
पकड़ाये वह आप नो बीड़ा समधन हाथ

किदारा, चलता तिताला

(19)

साहिब महल जब बन ठन आई साजे सकल सिंगार
पकड़ हाथ समधी ने डाला गल फूलन का हार

विहाग, होली

(20)

समधन हौज़ किनारे बैठी देखे छुटना फुहारा
हँस हँस के समधी ने उस के हाथ दिया छुहारा

अड़ाना, एकताला

(21)

समधन से समधी यों बोला "मुझे अड़ाना आवे"
समधन बोली "मुझे चटापट ताल सवारी भावे"

अड़ाना, एकताला

(22)

समधन के घर जुड़े बराती, आपस में कर धामक धूमा
जाम पिला शरबत के, सब ने मिरज़ा बाबा का मूँह चूमा

खमाच, बँधा तिताला

(23)

समधन समधी सों यों बोली "मुझको लाकर उथे खिलाओ
सीधा लम्बा, मोटा, रस का पौंडा तुरत मँगाओ"

परज, बँधा तिताला

(24)

समधन ने हँस हँस हुलास से, समधी के सीस फिराया छत्र
समधी ने समधन की छाती बीच मला करने को अत्र

परज, बँधा तिताला

(25)

समधी का सब ले गई समधन शरबत आय
समधी दोनों हाथ में, लीनो मुँह से लाय

सोहनी, चलता तिताला

(26)

समधन के सब आगे रखा, और नहीं कुछ सोभा
हँस हँस के बैठी खावे समधन समधी का...[1]

सोहनी, चलता तिताला

---

1. यहा मूल में एक शब्द मिटा है। – सम्पादक

(ग) इस्तुति पीराँ

(1)

करम की नज़र कीजे, ख़्वाजा मुईनुद्दीन पीर
चिश्ती "शाहे-आलम" के रहो पुश्ती
बिनती कर कहत हूँ, मान लो, मेरी पार लंघाओ
मुराद की किश्ती

(2)

माँगत याही, रसूल, सुनो तुम, नेक निगाह इते कर लीजे!
"शाहे-आलग" नायब राव रहैं, अब जी की मुराद सबे भर दीजे!

(3)

माँगत हूँ यह ख़्वाजा कुतुब, तुम जी की मुरादें सभी भर करना
धाऊँ तुम्हें, तुम ही सूँ पाऊँ, लाग रहूँ तुम्हरे चरना

(4)

माल मुल्क "शाहे-आलम" को दो, और .खजाने तुम्ही भरना
सैर करें अमराई तले लख छूटत चादर और झरना

(5)

ख़्वाजा मुईनुद्दीन के आये हम दरबार
पाई मुरादें जिय की, लागे नाहीं बार

(6)

हज़रत कुतुबुद्दीन की देख जागती जोत
"शाहे-आलम" पादशाह की इच्छा पूरन होत

(7)

फ़रोग़े-शम'ए-ईमाँ हज़रते ख़्वाजा मुईनुद्दीं
चिरागे-बज़्मे-'इरफ़ाँ, हज़रते ख़्वाजा मुईनुद्दीं
ए'आनत औलियाए-दीं को दीनदारी में तुम से है
तुम्ही हो पीरे-पीराँ, हज़रते ख़्वाजा मुईनुद्दीं

तुम्ही हो कुताबे-दीं, गंजे-शकर, सुल्ताँ मशाइख़ के
नसीरे-दीने-यज़दाँ, हजरते ख़्वाजा मुईनुद्दीं
तुम्ही से ख़्वाजगाने-चिश्त सारे फ़ैज़ पाते हैं
तुम्ही हो बहरे-इहसाँ, हज़रते ख़्वाजा मुईनुद्दीं
तुम्हारे रोज़ाए-जन्नत-निशाँ के जोकि दरबाँ हैं
रखे हैं हुक्मे-रिज़वाँ, हज़रते ख़्वाजा मुईनुद्दीं
गदाए-दर तुम्हारा जो के है, वह शाहे-आलम है
तुम उसके हो निगहबाँ, हज़रते ख़्वाजा मुईनुद्दीं
तुम्हारे दर पे आया 'आफ़ताब' उसकी जा मुश्किल है
करो जल्दी से आसाँ, हज़रते ख़्वाजा मुईनुद्दीं

(8)

अर्ज़ करूँ हूँ इतनी मैं, या कुतबल-अक़्ताब
''शाहे-आलम'' की दीजिये जो इच्छा है शिताब

तोड़ी, चलता तिताला

(9)

किया है गुस्ले-शिफ़ा आज साहिबे-मे'राज
सफ़र के माह का आया चहार शन्बा आज
बहक़्क़े-ताजे-रुसुल, रहियो, ऐ ''शाहे-आलम''
अज़ल तलक तेरा काइम हमेशा तख़्त और ताज!

तोड़ी, चलता तिताला

(10)

आसरो राखत है तुम्हारो, अब हज़रत पीर रसूल सुनीजे
जी के मनोरत पूरे करो, ''शाहे-आलम'' को भू मण्डल दीजे

देवगरी, अड़ा चौताला

(11)

हज़रत मुईनुद्दीन के तुम हो कुतुबुद्दीन
नेक नज़र से देखिये, तेरो दामन लीन

यह अर्ज़ करूँ हूँ अब, या ख़्वाजा मुईनुद्दीं
दो मेरी मुरादें सब, या ख़्वाजा मुईनुद्दीं
सिर अपना मैं रखता हूँ हर रोज़ तुम्हारा नाम
जपता हूँ तुम्हें हर शब, या ख़्वाजा मुईनुद्दीं
सर अपना क़दम करके मैं पहुँचूँ ज़ियारत को
तुम मुझको बुलाओ जब, या ख़्वाजा मुईनुद्दीं!
दो सारी खुदाई की दौलत मुझे और हशमत
जल्दी बहुफैले-रब, या ख़्वाजा मुईनुद्दीं
सुन लो "शहे-आलम" की यह अरज़ कि तुम उसके
बरलाओ सभी मतलब, या ख़्वाजा मुईनुद्दीं

तोड़ी, एकताला

(13)

या हज़रत ख़्वाजा कुतुब साहब, मेरी सुन के नेक नज़र कीजै
"शाहे-आलम" .ख़ादिम तुम्हरो तुम सूँ माँगे माल मुलक दिल्ली दीजै

मूलतानी धनाश्री, एकताला

(14)

दीजे मुराद दिल की मेरे, पीरे-दस्तगीर!
अफ़ताद अम बपाये तू, तू दस्तमद-दस्तगीर!
महबूबे-हक़ हो ख़्वाजओ मख़दूमे-काइनात
सुल्ताने गौसे-आ'ज़मो दरवेश और फ़क़ीर
सय्यिद हुसेनी और हसनी हाशिमी नसब
और कहते तुम को मुहयिऐ-दी सब हैं, या अमीर!
तुम शैख़ो अबदे-क़ादिरो कुतबे ज़माना हो
मैं हूँ मुरीद, और सभी पीरों के तुम हो पीर
रोशन है नूरे महर तुम्हारे से "आफ़ताब"
जो माह आफ़ताब के है फ़ैज़ से मुनीर

स्याम राग

(15)

हज़रत पीर की रोशनी की मेहँदी "शाहे-आलम" जब मन्दिर आई
आनन्द चाव हियो में भयो, और जी की मुराद सबै भर पाई

स्याम, एकताला

(16)

हज़रत पीर दस्तगीर, तुम दियो मुरादें "शाहे-आलम" जब मन्दिर आई
रब के सँवारे, और हज़रत ग़ौसुलआ' ज़म के प्यारे, सारे जगत दुलारे की

हमीर, एकताला

(17)

रँगारंग मेहँदी सबै पूरे मन के काम
भई रोशनी पीर की "शाहे-आलम" के धाम

हमीर, एकताला

(18)

तुम खुदा के वली, या हज़रते-ग़ौसुल-सक़्लैन!
फ़.ख़रे-आले-नबी, या हज़रते-ग़ौसुल-सक़्लैन!
तुम्ही सय्यैद, तुम्हीं सुल्ताँ, तुम्हीं मखदूम फ़क़ीर
ख्वाजये-दीं तुम्ही, या हज़रते-ग़ौसुल-सक़्लैन!
हसनी और हुसैनी हो तुम्ही आली-नसब
गुले-बाग़े-अली, या हज़रते-ग़ौसुल-सक़्लैन!
"आफ़ताब" अपने की, अर्ज़ बहरे-रसूले-मुख़्तार
दो मुरादें सभी, या हज़रते-ग़ौसुल-सक़्लैन!

हमीर, एकताला

(19)

माँगत हूँ तुम सूँ, दीजे मेरे मन की सब, मुहम्मदे-अरबी!
दूजी करें हम से जो कोई, मारे जावें सबै ज्यों काफ़र हरबी
ऐसो हो राज मेरो, चहुँ जग में माने सब धाक रक़ी और रबी
"शाहे-आलम" है .ख़ादिम तुम्हारो, सुन लीजे बाकी कीजे मेहर की नज़र रबी!

(20)

माँगत तुम सूँ आज मैं, हज़रत ख़्वाजा पीर
"शाह-आलम" को दीजिये माल मुल्क मन धीर

शहाना कान्हड़ा, चलता तिताला

(21)

ले आये अपने मन के मनोरत तुम्हारे दरबार, हज़रत रसूल, दीजे
"शाहे-आलम" पादशाह की सातों देस में सल्तनत मुहकम कीजे

भोपाली, बँधा तिताला

(22)

"शाह-आलम" धावे तुम्है, करम करो अब, पीर
बिन्ती सुनो मुरीद की, बेग बँधाओ धीर

पूरिया, जलद तिताला

(23)

हज़रत रसूल मक़बर का साया "शाहे-आलम" के सीस पर सदा रहे बनी
आदी अन्त लूँ राज क़ाइम रहे, होवेगो सातों पादशाहत को धनी

किदारा, बँधा तिताला

(24)

हो तुम पीर मेरे दस्तगीर आलम मैं, हूँ फ़िदा मुरीद तुम्हारो
माँगत हूँ तुम से, दीन दुनिया के "शाहे-आलम" के सब काज सँवारो

किदारा, बँधा तिताला

(25)

नज़र करम की कीजिये मो पर, हज़रत पीर!
"शाहे-आलम" मुरीद की, दीजे मुरादें, अमीर!

किदारा, बँधा तिताला

(26)

हो तुम पीर, मुरीद मैं तेरो हूँ, रैन दिनाँ तुम्हरे गुन गाऊँ
ताज अब तख़्त दियो सब राज तैं, तो "शाहे-आलम" शाह कहाऊँ

चाहत हूँ जग में इतनी अब सो मुख सूँ कह तोहि सुनाऊँ
नेक निगाह रहे नित हीं, और जी की मुराद सबै भर पाऊँ

(27)

या हज़रत पीर दस्तगीर, अपनी मिहर की नज़र कीजे
"शाहे-आलम" पादशाह मुरीद के मन की सब दीजे!

गौण्ड, चलता तिताला

(28)

भूम हरी अति नीकी सुहावे, और घेरे चहूँ ओरतें बादर
ख़्वाजा कुतुब से माँग मुरादें, कीजे ज़ियारत हीं यह नादर
मोर झिंगारें पहाड़ के ऊपर, सोर करें सगरे मिल दादर
नैनन नीको लगै झरना और छूटें भली सब ही तें चादर

गौण्ड, चौताला

(घ) मुबारकबादे जशने (नौरोज़ वग़ैरह)

(1)

राज करो सुख सूँ "शाह आलम" आयो तुम्हे नौरोज़ मुबारक
मार बिडारिये शत्रुन को, और छीन के लीजिये देस हज़ारक
सेत सिंगार सजो तन मैं, और दुरजन के मुख दीजिये कारक
हो हैं मनोरत जी के सबै अब आवें .ख़ज़ाने बड़े दिन चारक

(2)

आवन लागी हैं सारी सखी, मिल गाय बजाय, अरी मोरी आली
खेल मचा सब खेलन लागीं, छोटी बड़ी सब बैस की भोली भाली
जब खेलन लागीं "शाहे आलम" सूँ हार गई साँवरी गोरी जोबन वाली
हा हा करत अब पंय्याँ परत सब देत असीस मुबारक दिवाली

(3)

बस न सेत और सेत तन नयो भयो नौरोज़
"शाहे आलम" को सफल है शत्रुन को गयो खोज

(4)

रब ने कीनी क़बूल दु'आ तुम्हरी, आई भली यह आज नवीद
''शाहे आलम'' तुम्हे पिया को होए सदा यह मुबारक ईद!

(5)

सातों दिस का राज करो ''शाहे आलम'' कर औराद तबारक
गाय बजाय कहें नर नारी ''होवे तुम्हे बकरीद मुबारक''!

(6)

कीनी निमाज़ और राखे रोज़े क़बूल करे हैं अल्लाह नबी नै
होय मुबारक ईद तुम्हें, ''शाहे आलम'', दीनी मुबारकबाद सबी नै

(7)

आनन्द सूँ ''शाहे आलम'' के घर किलोल के सब सामान करुँ
हज के दिन सब शुतुर तुम्हारे ज्यों उश्तुर कुरबान करुँ

(8)

शुतुर की कुरबानी करे ''शाहे आलम'' हज्ज सवाब लियो है
लाखूँ तुम्हें बकरीद नसीब हो, ऐसी मुबारकबाद दियो है

(9)

आप मुहम्मद कीने आनन्द हैं, आज के रोज़ बड़ी सुख कीजे
''शाहे आलम'' बाग की सैर करैं, चलो, सखी, चारशबे की मुबारक दीजे

(10)

कीनी नेक नज़र तुम पर हज़रत महबूब सुबहानी हर रोज़ हर माह
कियो करो जश्न नीके तुम को मुबारक हो सदा, ''शाहे-आलम'' पादशाह

(11)

इदि-कुरबाँ बतो, ऐ शाह, मुबारक बाशद!
हर ज़माँ शादिये दिलख़ाह मुबारक बाशद!
इन दु'आ दरहक़्क़े-तो हूरो-मलाइक दारद
''ऐशो'इश्रत बतो हर माह मुबारक बाशद!''

(12)

साज सबै गजराजन बाजन, फ़ौजन के दल साज तूलानी
राज दियो भूमण्डल को तुम को पीर मुहीउद्‌दीन जीलानी
बैठ दिल्ली तख़्त करो सुख सदाई, या बकरीद महासुखदानी
देत हैं मुबारकबादी तुमको, "शाहे आलम", करो आज कुरबानी

(13)

बसन, भूषन रङ्ग रङ्ग के जरी पहरें निकसें अपने दर पर
आज ईद बकरीद आई, "शाहे आलम" घर आई मुबारकी दें नर नारी सब मिलकर

(14)

आज ईद को बसंत ले आई बनिता बनाय हज़रत रसूल के दरबार
काज मचाई सब नारी पहरे ज़री सिर पाओ और अभूषन अनमोलन के हार

(15)

रोज़े को राख निमाज़ पढ़ी, तुम कीनी इबादत रब रिझायो
मुबारक ईद तुम्हे, "शाहे आलम", जी की मुराद सबै भर पायो

(16)

ऐ-शो निशात दिह् तू, .ख़ुदा, लख हज़ार मह!
गरदां तू फ़ज़्ले-ख़ेश दरीन साले याज़दह!
मक़्सूदे-मा हमीन कि .ख़ुदा दाद अज़ करम
ऐ शाह, बतो मुबारक ई जश्ने याज़िदह्

(17)

चलरी सखी, आज गोधन पूजने जाइये "शाह आलम" प्यारे राज दुलारे के गेह
आज त्योहार के दिन की मुबारकी दीजै, अपने प्यारे संग लगाइये नेह

(18)

ऐसी माई, करम अल्लाह "शाहे आलम" पिया की नित रहे बिहबूदी
ऐसे मौसम के रोज़ देखिये यह बहार दाऊदी

(19)

पूरन रोज़े करे रमज़ान के, कीनी कबूल भयो रब राज़ी
साल हज़ार मुबारक ईद तुम्हैं, जग मैं "शाहे आलम" ग़ाज़ी

(20)

रब रसूल की मदद है नितहीं तुम को "शाहे आलम" प्यारे
ईद भई, कुरबानी मुबारक, शुतुर भये कुरबान निहारे

(21)

नानी और दादी खुशी सब गोत भयो, सुन बेगम जान के लाला
दाई, ददा, और ताई, चची सब लेत बलायें पूफी और .ख़ाला

अल्हैया, एकताला

(22)

हज़रत रसूल मक़बूल की नियाबत कीजे और दीजे बार बार हीरा मोती लाल
"शाहे आलम" पादशाह तुमको मुबारक हों जश्न हज़ारों ऐसे जैसे बारवाँ साल

देवगरी, अड़ा चौताला

(23)

भूषन अंग सिंगार सबै, और चीर चुनाय सुगंध लगाई
दे दे मुबारकबाद कहैं "शाहे आलम" को बकरीद सुहाई!"

देवगरी, अड़ा चौताला

(24)

आत तख्त पर बैठे जश्न कर "शाहे आलम" नज़र सभी की लीनी
चलो सब सखी सहेली आनन्द सेती मिल जलूस की मुबारकी दीनी

सूहा, एकताला

(25)

आयो है नीको तुम्है नौरोज़ हुलास बिलास करो मन भाई
पूरे मनोरथ होय सबै, और अंग निरोग आनन्द बधाई

भैरवी, आस्थाई बँधा तिताला, अंतरा जलद तिताला

(26)

आज हमीद जदीद यह रब ने "शाहे आलम"
को सातों दिस का राजा दियो है बधाई
दीजे मुबारकबाद, भली सुभ साअत है,
रमज़ान की ईद सईद नवीद ले आई

तोड़ी, एकताला

(27)

आज नवीद करें सब हीं, रमजान को ईद मुबारक आई
रोज़े नमाज़ क़बूल भए, "शाहे आलम" को सब देत बधाई

तोड़ी, चलता तिताला

(28)

राज करो सुख सूँ "शाहे आलम" काज भये तुम्हरे मन माने
मंगल चार भया मन मैं, सुनि आज मुबारक ईद के आने

तोड़ी, बँधा तिताला

(29)

रब रखे तुम्हारो तख़्त ताज क़ायम यही सबके मनरे
हज़ारों साल सुख सम्पत सूँ रहे पीतम प्यारे तिहारो तनरे
आज के रोज़ सभी मिल मिल जावें और वार दई सब धनरे
तुमको यह ईद मुबारक होवे "शाहे आलम" पिया प्यारे बनरे

तोड़ी, चौताला

(30)

ऐरी माई, क्या नीको भई आज यह नवीदे रोज़े सईद
"शाहे आलम" तुम को मुबारक होवे ईद बकरीद!

तोड़ी, एकताला

(31)

अल्लाह नबी ने तुम्हारे मनकी मुरादें दीनी, और राखा साया अपना फ़ज़ल का
"शाहे आलम" पादशाह, तुमको मुबारक होवे मिलना नवाब ज़ीनत महल का

तोड़ी, एकताला

(32)

ऐरी आली, आई बकरीद, पाई मनकी मुरादें खुशी से "शाहे आलम" के घर
सोभा सूँ सँवारें सब नर नारी, नज़र ले ले आगें आईं अपने अपने कर धर

तोड़ी बँधा तिताला

(33)

देखत बैठ सिंघासन पै जुलूस किये, सबके नैन सियरे भये, रब राखे तुमको सबमैं सरस
हैं मदद तुम्हारी को औलिया, अंबिया, ग़ौस कुतुब और हूर, मलायक, अरस, कुरस
पूरे भये अब सब के मनोरथ याही समै, जो पाय लिओ है तिहारो दरस!
"शाहे आलम" पादशाह, चौधवाँ जश्न तुमको मुबारक हो और ऐसे लाखों बरस!

तोड़ी, चौताला

(34)

आयो सो हे चारशंम्बह, जा मैं हज़रत मुहम्मद सुख पायो
"शाहे आलम" नाइब घर, आनन्द सूँ सुन्दर रोज़े मुबारक आयो

तोड़ी, बँधा तिताला

(35)

बीन, रबाब, तंबूरा, कानून, दमामे, सारिङ्गी, मुहचंग
झाँझ, मंजीरा और ढोलकी, दाइरा, बाँसुरी, करह और हीचंग
खटजरी और कटतार लिये सुरनाई भली करनाई अबपंग
गाय गुनी "शाहे आलम" को सब देत मुबारकी बजाय मिरदंग

तोड़ी, चौताला

(36)

जानत नाइब अपनो साये को सीस पै हाथ हज़रत रसूल धरे हैं
देहैं मुराद सबै मन की भर, मदद को औलिया पीर खरे हैं
हुये हैं नसीब तुम्हैं, "शाहे आलम" जेते जहाँ मैं ख़ज़ाने भरे हैं
ईद मुबारक है बकरीद की शुतुर सबै कुर्बान करे हैं

तोड़ी, चौताला

(37)

आज सबै उर लागत हैं मिल बातें करे हैं और नवीद की
गाय बजाय "शाहे आलम" को देत मुबारकी बकरीद की ईद की

तोड़ी, चलता तिताला

(39)

या अल्लाह! जौलों, आफ़ताब, महताब, तारागन,
धूतू, लों इस साहिब को राज सईद हो
साहिबकरान पादशाहन को पादशाह,
पावत जहाँ न जासों नित ही मुफ़ीद हो
गुनी जन गावत बजावत हैं, आगे आय,
करत आनन्द सबे देखा दीद हो
बरसों में आवे और कहूँ एक दिन
"शाहे-आलम" की नित ही बकरीद हो

सारंग बिन्द्राबनी, चौताला

(40)

साज समाज सों राज करो गजराज और बाज सजाये हज़ारक
ईद नवीद मुफ़ीद तुम्हें "शाहे-आलम" हो बकरीद मुबारक

सारंग, चलता तिताला

(41)

ऐ री माई, कैसी बन आई यह सालगिरह अकबर शाह प्यारे की!
सुभ घड़ी जान सब नारी बन आंइ आज दीनी सुभ गिरह् नारे की

तोड़ी, अड़ा चौताला

(42)

आज आनन्द भयो सभी के मन, "शाहे-आलम" को सब मिल चलो दें असीस
मुबारक हो तुम को हदिये की शादी सिहरा मोती न बाँधे अकबर शाह के सीस

तोड़ी, अड़ा चौताला

(43)

जम जम तुम्हरो अल्लाह् और मुहम्मद पञ्जतन पाक नित रहें हामी!
"शाहे-आलम" तुमको मुबारक होवे यह आज बधी मिरज़ा अकबरशाह ने आमी

पूरवी, चौताला

(44)

जिय्यो, जागो कोट बरस लों जग में अकबर प्यारे लाल
जम जम नित-नित होय मुबारक तुम्हें सालगिरह् लाखूँ साल

पूरवी, एकताला

(45)

या जग में जब लों रहे गंग जमन को नीर
सालगिरह् तब लों रहे अकबर पीर कबीर

तोड़ी, बँधा तिताला

(46)

ऐ री आली, आज मैं सपना देखी जानूँ
"शाहे आलम"कूँ रब ने दीनो तखत ताज
देखत हीं मन में आनन्द भयो सब के,
सखी री, क़ायम रहे सदा यह राज
दुर्जन सब माज़ी भये, और दोस्त के भये
पूरन मन के सब काज
चलो, री माई, मिल के आनन्द बधाई
गाय नाच बजाबें मृदंग उनके साज

पूरवी, बँधा तिताला

(47)

आज भई ऐ भली बरस गाँठ जहाँदार शाह पियारे की
साथ सखी बन बन आओ, देहो मुबारक बाद अल्लाह् निस्तारे की

पूरवी, होरी ताल

(48)

जात कही महिमा न कछू इस ही करता नहूँ लोग को स्वामी
दिवस भयो सुभ दिवस बड़ो, नौरोज़ को रङ्ग है बादामी
दूजे दिलीस के संग करै जिन जायेंगे मारे सबे ते हरामी
काज बने "शाहे आलम" के अब, लोग कहो सबही मिल आमी

पूरवी, अड़ा चौताला

(49)

पहरो नीके बसन सब, भूषन तन पुखराज
आयो सुभ नौरोज़ यह, मिलो मीत सूँ आज

पूरवी, अड़ा चौताला

(50)

सैर करो तुम बाग़न की, सब देखत हीं छब होत अचंभे
राज करो सुख सूँ "शाहे-आलम" लाखूँ मुबारक हों चारशंबे

पूरवी, अड़ा चौताला

(51)

अंग सँवार सिंगार करो अत आनन्द काज सूँ छल्ले ही दीजे
आयो भलो चारशंबे आज बाग़ चलो और सैर ही कीजे
गागर तोर भरी जल की अब... दुर्जन छीजे
राज करो सुख सूँ "शाहे-आलम" मित्रन सेती मुबारकी लीजे

पूरवी, चौताला

(52)

गुसंय्याँ ने अब करम किया, और हुक्म कियो "शाहे-आलम" के घर
आई दिवाली मुबारक यह माल मुलक सब दीनो भर

धनाश्री, बँधा तिताला

(53)

रब दियो पुत्र बेगम जान को, आय गुनी मिल मंगल गायो
लाल चुनी जड़े पलना पर मौद सूँ गोद ले नानी झुलायो

मूलतानी धनाश्री, तिताला

(54)

नन्द भयो सुन बेगम जान के नानी और नाना जियो हुलसाये
जान छटी, मिल चाव सूँ खिचरी नौबत चार बजावत लाये

मूलतानी धनाश्री, तिताला

(55)

रतन जुड़ाव को पालना बनाऊँ मिर्जा अकबर की नन्द कूँ झुलाऊँ
लोरियाँ दे दे लाड़ लड़ाऊँ मुखरा चूम और लेकर आप खिलाऊँ

(56)

आनन्द भयो "शाहेआलम" के मन, गोद में ले के तियाँ झुलायो
नन्द को नन्द भयो सुभ बासर कन्चन को पलना बन आयो

जीत सरी, चलता तिताला

(57)

अगर चंदन को पलना रेशम डोरी ललित लगाई
बेगम जान को लाल झुलायो, सुगन सूँ मंगल गाई

जीत सरी, होरी

(58)

चन्दन को पलना रच के और ता पिछ हीरा लाल जड़ाये
बेगम जान की नन्द लिये अत चाय सूँ रेशम डोरी लगाये
मन्दिर में सब नार बुलाय के, आनन्द सूँ मिल मंगल गाये
सुन्दर बास बिछाये सुगन्धित ता पर ले ललना को झुलाये

जीत सरी, चौताला

(59)

बेगम जान के पुत्र भयो, सुभ कन्चन के पलना पे झुलायो
नानी निहार भई अब ही, लखि नाना महा मन में सुख पायो

जीत सरी, बँधा तितला

(60)

खंजन खंभ जड़ाव जड़े जग सुन डाँडी में लाल लगाई
बेगम जान के पुत्र भयो, सुनि पूरी भई सब के मन भाई

पूरवी धनाश्री, एकताला

(61)

कन्चन को सुभ पालना, लागे हीरे लाल
बेगम जान सूँ लाड सूँ रहस झुलावत लाल

पूरवी, धनाश्री, एकताला

(62)

ऐ फ़रमाये पैगम्बर के आज के रोज़ बाग़ की सैर कीजे सुख लीजे
नये नये बसन भूषन पहरें और आनन्द सूँ सब को छल्ले दीजे

सिरी, बँध तिताला

(63)

आज ले ले आई सब सखी मिल यह नीको रङ्ग
नये नये फूलन सूँ खेलन बसंत "शाहे-आलम" के संग

गौरी, ताल होरी

(64)

अल्लाह करे! तुम जीबो करो सदाई शहिंशाह् "शाहे-आलम"
ताज तख़्त होवे तुम को मुबारक, राज करो जुग जुग ताई!

गौरी, चलता तिताला

(65)

मंजन कर खंजन दीजे, सजनी, सब मिल कीजे सिंगार
सीस सुधर गड़्वा लीजे, गाये बसन्त दीजे मुबारक "शाहे-आलम" के दरबार

गौरी, ताल होरी

(66)

खील बतासे, चिरवे गर सूँ दिवाली की भरें हठरी चौघड़ा
खेलत निकसे सभी माई अत हीं आनन्द सूँ घर भरा

गौरी, बँधा तिताला

(67)

प्यारे बिना सखी काह करूँ, यह नीकी बहार बसन्त जो आई
फूली गुलाब की सीतल बास बयार मिली चहुँ ओर को धाई
बौरी भई हूँ, बोल न जानूँ, भूल गई मन की चतुराई
बैठ के अम्बै की डारन पे, इस बैरिन कोयल कूक मचाई

गौरी, ताल होरी

(68)

साल नयो अब आयो भलो "शाहे-आलम" के घर होगी बधाई
मुबारक हो नौरोज़ तुम्हे अब जी की मुराद सबे भर पाई
भूषन अंग सिंगार सजे, अब धाय के लक्ष्मी गेह में आई
दुर्जन नास भये तुम्हरे, अब देत यही चहुँ ओर सुनाई

गौरी, चौताला

(69)

रङ्ग भयो नोरोज़ को जैसो है वैसी ही चीर को रङ्ग ही साजी
गावो सबै मिल, देवो असीस यह, राज करो "शाहे-आलम" गाजी!

गौरी, चलता तिताला

(70)

देत असीस गुनी तुमको चारशम्बे को रोज़ मुबारक आयो
बाग़ की सैर करो, "शाहे-आलम" होय सबे तुम्हरो मन भायो

स्याम, एकताला

(71)

सुभ दिन, सुभ मुहूरत सूँ "शाहेआलम" जैसे आज को रोज भयो ऐसे होवें सदाई
नर, नारी मिल आनन्द सूँ जलूस के चाँद की सब देत बधाई

हमीर, एकताला

(72)

रङ्गारङ्गी मेहदी आई हदिये की मिर्ज़ा अकबर शाह के
सब सखी मिख मंगल गाओ, मिरदंग बजाओ देवी असीस अवमाह के

हमीर, एकताला

(73)

आये आज साजोमन्दीलरा ''शाहे-आलम'',
घर सादी देखत सब के मन भयो सुख
नर, नारी मिल अकबर शाह के हदिये की देत,
मुबारकबादी, सब गुनी गात मंगल सुख

हमीर, एकताला

(74)

लाखों साल जग में राज कीबो करो, जीबो दल के मतालिब करे सब आसानी
तुम्हीं कूँ नयाबत हज़रत रसूल है, सदा औलिया अम्बिया रहें मेहरबानी
सोहत तुमको तख़्त चतर पादशाही, कीनो तुम पर कसम रब सुबहानी
आज को रोज़ को जश्न तुम को मुबारक होय "शाहे-आलम" साहिबकरानी

हमीर, चौताला

(75)

गावत मंगल चार सबे तिय आपस में मिल रात जगाई
बाजत ताल मुहचंग पखावज, गाय सुनी, नौछावर पाई
लाखों साल हुलास बिलास सूँ, राज करो सुख सूँ सुखदाई
अबकर शाह की सालगिरह्, ''शाहे-आलम'' को सब देत बधाई

हमीर, चौताला

(76)

सरसुती के पूजने को सब ले ले आई भर भर थाली
पूरी, कचोरी, समोसा, पापरी, और करीं नीकी सुहाली
आनन्द सूँ गाय बजाय सभी नर नारी दे दे ताली
किया नीको मिचोरी आज माई कनी बन को बनो हार दिवाली

हमीर, चौताला

(77)

ऐ री माई, आज अतिहीं आनन्द सूँ सब गुनी करें पूरी सुहाली
"शाहे-आलम" पिया के मन्दिर भई रोशनी जगमगात की रात दिवाली

हमीर, बँधा तिताला

(78)

आज मेहँदी लगावन को अकबर शाह पियारो लायो
अतिहीं रङ्गीली मेहँदी बिस्मिल्लाह की जीना बेगम के घर मचायो

हमीर, एकताला

(79)

सुभ दिन, सुभ महुरत, काज भये घर रब सँवारे के
दियो मुबारक सब मिल आज बरसागाँठ भई अकबर शाह पियारे के

हमीर, अड़ा चौताला

(80)

ऐसी नीकी, शबरात ता में आतशबाजी,
और छूटत हतफूल हात
जाही, जूही फुलजरी, महताब, सितारे,
और ऐसी ही फूल रही चाँदनी सब मन सुहात
हाती दीवट रोशन कर आनन्द सूँ पहर पहर जरी,
सरपाव तैसे भई अभूषन की जोत जगमगात
चिर चिर जियो "शाहे-आलम" कुटुम सहित,
ताके दीखें तें अँखियाँ सब की सुहात

हमीर, चौताला

(81)

ऐ री माई आज नीकी जगमगात सुँ शबरात "शाहे-आलम" के घर आई है
सब नारी भाँति भाँति की आतशबाजी छोर, नाँच गाय, देत बधाई है

हमीर, एकताला

(82)

दीखत चाँद "शाहे-आलम" को देत सब मिल के मुबारकबादियाँ
जैसी आज हुई शबरात, तैसी लाख करोर साल बसाल होवें नित शादियाँ

हमीर, एकताला, व हम कामोद, अड़ा चौताला

(83)

दसम साल जगत निहाल हाल आई है
शबरात तातें महा सुखदाई है
बाजे सब बाजे साजे-साजे अति आनन्द के राग
और तमाशन की शोभा सरसाई है
बख्त बुलन्द "शाहे-आलम" तखत बैठे
लगत हवाई ताकी ऐसी छब छाई है
चन्द होय के तारन समेत मानों भू में
आज आली रफ़त आमद मचाई है

(84)

ऐ री माई, गाय बजाय आनन्द सूँ रिझाओ
अकबर शाह की मेहँदी अनेक जतन सूँ रचाओ

(85)

अनार, फुलजरी, हतफूल, महताब, बरन बरन की आतशबाजी
भुचम्पे, सितारे, हवाई छूटे, चलो सखी देखें शबरात को घर "शाहे-आलम" गाजी

हमीर, एकताला

(86)

हाथ लिये हतफूल सखी महताब मुखी अति हीं छब छाई
फूलजरी सूँ बात कहें अनार लखें चल सो यह सुहाई
चादर, जाही, जुही, घन चकर, झार छुटें, झलके रोशनाई
आनन्द सूँ "शाहे-आलम" को शबरात की रात को देत बधाई

हमीर, चौताला

(87)

पूरन करें मन की मुरादें तुम्हारी हज़रत रसूल
छूटत अनार, सितारे, महताबी, फुलजरी, हाथ हतफूल
आई शबरात की रात सुहाई, माई और रात नहीं कोउ इसकी तूल
चलो सखी देखें तमाशों शबरात को "शाहे-आलम" के घर
रब ने कीनी क़बूल

हमीर, दोताला

(88)

दीनो है राज हज़रत मुहम्मद तुमको और पूरी भई मनोरत सब जी को
सुख सम्प्त सूँ आनन्द करो, "शाहे-आलम" मुबारक हो यह
चारशंबा आयो नीको

कामोद, एकताला

(89)

जीवें जागें जगत में जम जम, नित नित रहें सुख सूँ जौलों सूरज चन्द
अकबर शाह को मुबारक हो सालगिरह साल बसाल अतिहीं करैं आनन्द

कामोद, अड़ा चौताला

(90)

आनन्द भरी आज सब माई आयो हदिये की मेहँदी सुगन बिचारो
भई रौशनी महल शाह की, जुग जुग जीबो मिरज़ा अकबर शाह पियारो!

कामोद, अड़ा चौताला

(91)

बरन बरन की अराइश बनाय लाय मिरज़ा नौबत धर
आज मेहँदी बिस्मिल्लाह की सुभ साअत आई बेगम जान के घर

शहाना कान्हरा, चलता तिताला

(92)

यह मेहँदी हदिये की मिरज़ा अकबर शाह की क्या धूम सूँ आवत है!
"शाहे-आलम" को सब देत मुबारकबादी, ऐसी मेहँदी सब के नैन सुहावत है

कान्ह, चलता तिताला

(93)

हाँस हुलास सों ले निकसीं मिल गाए बजाए दिखावन नारी
नन्द, जिठानी गही बहियाँ दे बेगम जान की लाल पियारी

शहाना, एकताला

(94)

आनन्द भयो सब के मन मों और आज भई सुभ दिन की शादियाँ
नर, नारी "शाहे-आलम" को सिंगार किये देत नौरोज़ की मुबारबादियाँ

शहाना कान्हरा, चलता तिताला

(95)

गावत मंगल चारी गुनी मिल नाँच लखें धन वारि दियो है
दादी, फूफी खुशहाल फिरें मन अंग समात न फूल गयो है
तारे दिखाए के लेत बलाएँ सो मन्दिर बीच बिनोद नयो है
अकबर शाहे के नन्द भयो, सब के घर बीच आनन्द भयो है

यमन, चौताला

(96)

आज री आनन्द के सब तराने माई, देहो शाह् को मुबारकबादी
सखी सहेली सब मिल बन आवो "शाहे-आलम" घर शादी

यमन, बँधा तिताला

(97)

देखन निकसीं मेहँदी अकबर शाह की सब नार बनी परियाँ
सब समधन मिल द्वार रोक खरीं ले हाथों छरियाँ

यमन, एकताला

(98)

बाग़ की सैर करो सुख सूँ जहाँ रङ्ग अनेक के फूल रहे खिल
आज चलो शाह को चारशंबे की देन मुबारकी सबे मिल

भूपाली, बँधा तिताला

(99)

गोधन पूजन बन बन आँई सब ही ब्रज की नारी
गावत राग हुलास भरे अतहीं आनन्द सूँ नाचत गोप कुमारी

भूपाली, बँधा तिताला

(100)

बेगम जान के पुत्र भयो, ता की छटी सब देत बधाई
आयें सबे तिय चाय बढ़ाय के ले ले बलायें करें मन भाई

भूपाली, एकताला

(101)

बालक बेगम जान को रहिस झुलावत बाल
लाये नाना पालना हीरेस जड़ के लाल

भूपाली, एकताला

(102)

रोज़ भयो उनको सुखदायक, ऐसे नसबी नमहे हों हज़ारक
ले के छल्ले, सब लोग कहें "शाहे-आलम" को चारशंबा मुबारक!

पूरिया, चलता तिताला

(103)

देखन निकसीं मेहंदी अकबर शाह की सब नार बनी परियाँ
सब समधन मिल द्वार रोक खरीं ले हाथों छरियाँ

पूरिया, एकताला

(104)

ऐ री सखी, चलो मेहँदी देखनी पियारे बने की अनूठी
सब गुनी मिल देहो मुबारक दान पा भर मूठी दान पा भर मूठी

पूरिया, एकताला

(105)

मुबारक हो शबरात आज आनन्द की रात
"शाहे-आलम" घर आनन्द काज फुलजरी हतफूल हात

पूरवी, ताल होली

(106)

बेगम जान के पुत्र भयो, मोद से गोद खिलावत नाना
लोरी दे चूम झुलावत पालना नानी जीय बड़ोई सुख माना

पूरवी, एकताल

(107)

फुलजरी, हतफूल, अनार, छूटे घनचकर और हवाई
चदर जाही सितारे की अत हीं जोत सुहाई
झार, भुचंपे छूटे घनचकर हाथन में कर के रोशनाई
देत सबे "शाहे-आलम" को शबरात की रात कों लोग बधाई

किदारा, चौताला

(108)

सब नर नारी नीकी निकसीं बसन भूषन अंग सँवारे हार
सरनाई, करनाई, झाँझ नफ़ीरी, जैल दमामे बाजे सब द्वार
बाजत ताल, तंबूरा, मिरदंग, बीन, रबाब, सारंगी और कटतार
गावत गुनी आनन्द बधाई, देत बधाई "शाहे-आलम" के दरबार

किदारा, अड़ा चौताला

(109)

रब रसूल को साया रहे सीस पे, औलिया अँबिया रहें नित पुश्त पनाही
"शाहे-आलम" पादशाह, तुम को मुबारक होवे लाखूँ साल नौरोज़ अव तख़्त शाही

किदारा, बँधा तिताला

(110)

जहाँ मुहम्मद नूर हुआ, हुआ जहूर और
नामत निज म'सूर गुनी गंधर्ब जम और साज

जी में प्रतीत धरें आवत चरन धावत "शाहे-आलम"
छतर पति शहनशाह करें अचल आराम राज
देस देस के नरेस पेसकस दियो करें जोलों मही
मेरो सागर नीर पूरन तोलों रहे दुनी में लाज
कायम रहो जग में सुख सम्पत सूँ, सहस सहस
बरस लों अल्लाह रसूल दीनो तुम को तख़्त ताज

किदारा, चौताला

(111)

आई है बरस गाँठ छबीले "शाहे-आलम" को दिठोना मिरज़ा अकबर पियारे की
मिरदंग बजाओ, मंगल गाओ, देहो असीस सब नर नारी लाड दुलारे की

अड़ाना, बँधा तिताला

(112)

आज मेहँदी मिरज़ा अकबर शाह पियारे बने की देख कैसी नीकी बन आई
अच्छी जगमगात, रोशनाई रँगा रङ्ग की, सब गुनी गाय बजाय देत बधाई

अड़ाना, बँधा तिताला

(113)

होय मुबारक तुमहे सालगिरह की आज शादी
"शाहे-आलम" नित क़ायम रहे छतर तख़्त अव आबादी

अड़ाना, बँधा तिताला

(114)

नियाज़ करी सब पीरन की, अब जी की मुराद सबे भर पाई
नर नारी मिल हास हुलास सूँ, अल्लाह मियाँ की रात जगाई

अड़ा, एकताला

(115)

आज पहरे जरी बसन निकसीं सब नार
पूजने को सुरसती नीकी सुहाली
सोला सिंगार किये बेस की नारी सबे
रूप की उजारी आंई संग लिये आली

भाल परे तिलक लगाय हातन पायन मेहँदी
महावर सजे सिंगार कर कर लै धर आई थाली
जबे आनन्द भयो नाचत गावत रिदंग
बजावत दे कर ताली रात दिवाली

अड़ाना, चौताला

(116)

आज दिवाली आई सुभ "शाहे-आलम" घर है आनन्द बधाई
नर नारी गावत बजावत दीनी मुबारकी सब मिल धाई

अड़ाना, चौताला

(117)

राज करो सुख सूँ "शाहे-आलम" शत्रुन को घर खोज गयो है
हर रात तुमहे शबरात भई, और हर दिन ईद नौरोज़ भयो है

अड़ाना, एकताला

(118)

देखत बाग़ बहार जहाँ, "शाहे-आलम" फूली सुहाई लतारे
गावत राग कंचन, बाजत बीन, रबाब, तंबूर, अली तारे
होत आनन्द सूँ नौबत बाढ़ी गुन्जन कन्जर जोर तारे
आज शबरात की रात है, छाली री, छूट रहे चहूँ ओर सितारे

अड़ाना, चौताला

(119)

आज छटी है प्यारे लला की जो माता के जिय में गोद भयो है
नानी तो लेत बलायें घनी, अब फूफी मुमानी ने गोद लियो है

अड़ाना, एकताला

(120)

बनरे की मेहँदी बनी, जग में जगमग जोत
कोल अराएश सात सब लख नैंनन सुख होत

परज, बँधा तिताला

(121)

बाजत नौबत द्वारो, गावत गुनी जन, देखने चलो सोभा हज़रत पीर दस्तगीर की
नीके जवाहरख़्वानन में बनाय धरी रौशन भई क्या ऐसी ज़िंदह पीर की।
मुक्ता की झालरें लगी हैं ख़्वानपोश में, तैसी बनी है बहार ज़रन के चीर की
कैसे ही पियार आज "शाहे-आलम" ने मेहँदी बनाया क्या अच्छी तदबीर की

गौण्ड, चौताला

(ङ) ग़ज़ल व बैते फ़ार्सी

(1)

आयो नीको सुभ दिन आज चारशंबे को सुख सूँ सैर कीजे बाग की
"शाहे-आलम" बादशाह ऐश इशरत करो तुम, सुनूँ बातें गौण्ड राग की

गौण्ड, अड़ा चौताला

(2)

अंबर भूषन अंग सिंगारये जोत जवाहिर में तन छायो
राज सिंहासन पै नित बैठो, रब रसूल को सीस पे सायो
हास बिलास है मित्रन को अब शतर को आश बिनास मनायो
राज करो सुख सूँ, "शाहे-आलम", आयो तुम्हें नौरोज़ सुहायो

गौण्ड, चौताला

(3)

राज करो सुख सूँ "शाहे-आलम" बात करें सब आज नवीद की
नर नारी मिल गाय बजाय दियो सब मुबारकी तुम्हें बकरीद की

भटियार, तरल होरी

(4)

सरीरे सुलैमाँ मक़ामे तो बाद!
सिकन्दर व दारा गुलामे तो बाद!
मुती'ये तो बादा तमामे जहाँ
दरीं जश्न ख़ुरशीद रामे तो बाद!

(5)

नौरोज, शहा, बर तो मुबारक बादा!
हाफ़िज़ बतो यासीनो तबारक बादा!
खुशनूदीये ई जश्न मुहिब्बाँ दारद
अ'दाये तुरा तेरा ब बारक बादा!

(6)

ख़ाहम कि कुनम दर्दे दिल ख़ुद बतो ज़ाहिर
गुफ़्तन नतवानम चो शवम पेशे तो हाज़िर
चश्मे तो रसानदीद बमान नशअये मस्ती
जुल्फ़े तो बमा दाद परेशानीये ख़ातिर
अफ़सूने अजीबे बदिल मज़द निहे तूग
चूँ चश्मे तो हरगिज़ बनज़र नामदा साहिर
बुर्दी दिलम अज़ दस्त बअन्दाजे खिरामे
कुरबाने सरे पाये तो मन, ऐ बुते काफ़िर
नुसरत तलबम अज़ कि बआलम "शाहे-आलम"
जुज़ हज़रते हक़ कूस्त मरा हाफ़िज़ो नासिर?

(7)

माहे सफ़र रसीदो शिफ़ा याफ़्त मुसतफ़ा
ई चारशंबा अस्त मुबारक बतो, शहा!
खल्क़ ज़हानियाँ हम दारंद ई दुआ
"अ'दाये तो हमेशा बिमानंद दर बला!"

(8)

दारेम आरजूये जमाले तो, ऐ सनम
गाहे नशुद नसीब, विसाले तो, ऐ सनम
विस्यार फ़ाश अज़ तो शनीदेम, ऐ सनम
ग़ैर अज़ जफ़ाओ और नदीदेम, ऐ सनम

गौण्ड, बँधा तिताला

(9)

बे दीदने तो, जाना, दीवाना शुदम, वल्लाह!
बर शमये रुख़त, जाना, परवाना शुदम, वल्लाह!
गुफ़्तम बतो दर्दे दिल, बेशुबह बिदाँ, जाना
दारम क़समे फ़रक़त, दीवाना शुदम, वल्लाह!

गौण्ड, चलता तिताला

(10)

ऐ दोस्तदारे मन, तो गुज़र हम नमी कुनी
अफ़सोस! यारे मन, तो गुज़र हम नमी कुनी
दर बाग़े सीना अम, ज़ि फ़िराक़े तो, गुल शिगुफ्त
बर लालः ज़ारे मन, तो गुज़र हम नमी कुनी
मन इनतिज़ारे वस्ले तो हर रोज़ मे कशम
ऐ गुलअ'ज़ारे मन, तो गुज़र हम नमी कुनी
दर बहरे इश्क़ ग़रक़े महब्बत, चो माहियम
बहरे शिकारे मन, तो गुज़र हम नमी कुनी
सोज़म ज़ि इश्क़े तो, सनमा, मिस्ले 'आफ़ताब'
ऐ दिलफ़िगारे मन, तो गुज़र हम नमी कुनी

गौण्ड, चलता तिताला

(च) होरी, कवित दोहराः वग़ैराः

हों बरजोरी तो को तो बरजोरी लाय 'शाहे-आलम' सूँ खेलन के ढोरी
ले गुलाल अँगया भर दीनी, मुख ऊपर लाय गह अञ्चर झकझोरी
तोरी तनी कञ्चुकी छोरी, बाँह मरोरी, कुच का रिहो कर सूँ आप घोरी
मेरी कहो न मानो तब सूँ, अब कैसे कहे री, राज करो ऐसी होरी

होरी खेलत, सरक सरक जात सारी, बार बार सँवारत सुघर नारी
नाचत प्यारी सुभ सँवारी, बाजत तारी, घुँघरू की झनकारी
खेल मचा री, सर्ब बिसारी, कहूँ कहा री, आनन्द कारी, छब न्यारी
एकै छोरत पिचकारी, एकै नवलासी नारी फगुवा माँगत दे दे गारी

जाओ जित जाबत हो तुम, हूँ अब तो चुप नाह रहूँगी
नोखे नये जो खिलार भये, तुम जैसी कहोगे, हूँ तैसी कहूँगी
छाड़ के लाज सखी की पिया की सूँ रावरे तो अब फेंट गहूँगी
एक सही और दो भी सही, पर तीसरी चोट न लाल सहूँगी

या होरी के दिन में सब गुनी मिल अच्छी नीको रङ्ग सजायो
दफ, मिरदंग, ढोलकी माल बीन रबाब और दायरा चंग मुँहचंग बजायो
अबीर, गुलाल कुमकुमा, फूलन गेंदन सूँ अपने सब ही अंग बचायो
फेंट गह फगवा माँगत, "शाहे-आलम" संग यह ढंग मचायो

अंग भिजाय दियो पिचकारन सें, जावत हीं पकरो अँचरा है
खेलत हो पिय, रङ्ग से खेलो, हाथ मेरो तुम क्यों पकरा है
खेलन कों जिय ताहि चहे, तुम छाँड़ो हमें, कछु को झगरा है
जाने न दूँ, जब जावै कहाँ तू, होरी नहीं? यह क्या नखरा है

पाय पड़ी निस जाय कहाँ तुम, पेच खुले यह पाग सँवारो
रैन दिनाँ जहाँ रङ्ग मचाओ, वाही तियान के गेह सिधारो
खेल कछू नहीं जानत हूँ, पिया, मेरे तई तुम काहे निहारो
होरी को खेल लख्यो न सुन्यो जब जैसो यह खेल हो लाल पुकारो

अंग मेरो सब रङ्ग भरो, सखि देत है मोहि को सौत रिसाई
खेलत होरी के कुच गहो, पिय, ऐसी डिठाई तो मो को न भाई
ऐसो खिलार बड़ी लगवार अबीर गुलाल से धूम मचाई
बहुती करी बिनती कर बाँध के, ता पै लला पिचकार चलाई

देवगरी, ताल होली

आई आज खेलत सब नार अनमोली अबीर लिये भर झोली
भर भर मूठ गुलाल चलावत, सखी, दरक गई मोरी चोली
औरन सूँ तीखे बोलत, मो सूँ नित उठ करत बोली ठोली
"शाहे-आलम" संग कह, कैसे खेलूँ, री सजनी, अब मैं ऐसी होली

तोड़ी, ताल होली

अनुराग है रङ्ग भरो बहु भाँत छुटे रङ्ग डोरी सुधार से झोरी
पिचकारी मन नीलम काजर है, तरुनी मद मूठी से छूटे न ढोरी
अजटाई गुलाल लिये पल फेंट अबीर है सिता कुमकुम गोरी
कर लाज बड़ी "शाहे-आलम" के संगत नैनन हीं में खेलत होरी

तोड़ी, ताल होरी

भाज फिरो तुम हात तिया से, कैसे खिलार हो, लाल, कहाओ
मेरे हो आठों जाम रहो, अब औरन के नहीं खेल को जाओ
अबीर, गुलाल ले झोरी भरो और मारन को क्यों दीठ बचाओ
आपस बीच हो होय गई, पिय, खेल की बातन काहू सुनाओ

तोड़ी, ताल होरी

गाढ़ी कुच मह लगाय मों, कीनी बहुत मैं झक झोरी
मुख मींडो मन भायों कीनो केसर केसर में मोहि बोरी
ऐसे चतुर खिलार लखे री सुन कीनो सभी की चोरी
कहा कहूँ री सजनी, "शाहे-आलम" ने खेलत होरी मोरी बाँ मरोरी

सारंग, बिन्द्राबनी, ताल होरी

लाल गुलाल लगूयो लख बाल के लाल नहीं अँखयाँ रतनारी
भौंहें चढ़ाय के बैठ रही अनखाय तें निवाय के प्यारी
बाँह गही हँस के "शाहे-आलम" जान के मान कियो हितकारी
रात रहे जहाँ जाईये तहाँ, मैं निहारत हूँगी राह तिहारी

सारंग, बिन्द्राबनी, ताल होरी

अतर, गुलाब, अरगजा, चुवा, चन्दन सब हीं तुम नित अंग रचायो
अबीर, गुलाल, कुमकुमा, केसर, राग और रङ्ग, नाँच सुहायो
कौन है ऐसी वह प्यारी तिया हम को तज के मन वासूँ लगायो
साँची कहो, तुम मोसूँ पिया, या फाग के रङ्ग में तुम कौनके चाहत जायो

सारंग, बिन्द्राबनी, होरी

धूम मचावत गावत राग अनेक चलावत हैं पिचकारें
और ही अंग पे घात लगावत और ही दीठ सूँ अंग निहारें

तोरत हार, हमेल, सबे और रङ्ग रँगी अँगया गह भारें
लाल गुलाल, अबीर की मूठ ले, देख तिया छतियाँ तक मारे

सारंग, बिन्द्राबनी ताल होरी

क्यों छल छन्द करो इतने? चतुराई की बात सो मोहि न भावे
केसर सूँ अँग कों रँग आय हो लाग गरे कर के चित चावे
सोहन खाय गये हम सूँ तुम, कैसे जिया तुम सूँ पतियावे
कैसी मनाई यह होरी, लला, नख दाग़ कपोल पे नेक सुहावे

मूलतानी, धनाश्री होरी

अबीर, गुलाल सूँ झोरी भरी अब रङ्ग भरी पिचकारी लई है
खेलत होरी को नेह बढ़ा चतुराई सूँ खेल खिलार नई है
पीतम ने जब बाँह गही, उन सेती कही तब हा हा दई है
आवत आई कर चोट चलाय भिजाय के लाल को भाज गई है

मूलतानी, धनाश्री, ताल होरी

तुम तो बड़ी हो चातुर खिलार, लालन तुम सूँ खेल मचाऊँ रङ्ग भिजाऊँ
दफ, ताल, मिरदंग, मुह्मंग बजाऊँ, फाग सुनाऊँ, अनेक भँत के भाव बताऊँ
चोवा, चन्दन, अबीर सुगन्ध लगाऊँ, फेंट गहन कों धाऊँ, और तुम को रिझाऊँ
जब यह राग रङ्ग ढंग मचाके, तब देखूँ चतुराई, तुम्हारे जी को कैसे न भाऊँ

मूलतानी, धनाश्री , होरी

सुकच रही अपने जिय में अब सब सखियन मों बाँह मरोरी
मो सूँ कहो नैंन भर देखो, देखत बिसर गई सुध मोरी
जैसी करी आज हम सूँ तुम, तैसी कासूँ बात कहूँ यह बोरी
ऐ तुम होरी खिलार लालन मेरे काहे मींडन को करत हो बर जोरी

धनाश्री, ताल होरी

आज रङ्ग खेल आई सकल ब्रज की नारी
चोवा, चन्दन, गुलाल और पिचकारी रङ्ग मारी

गौरी, ताल होरी

ऐ बनिता बन आई दफ़ मिरदंग बजाय गाय रुत बहार
फूलन के गड़वा बना लाई "शाहे-आलम" के दरबार

गौरी, ताल होरी

फूलीं सब डारियाँ भई हैं बहारियाँ नैनन निहारियाँ क्यारियाँ
लागें अत प्यारियाँ सो लेकर पिचकारियाँ और गावें गीत गारियाँ
सीस लिये गड़वा फूलन को खेलत बसन्त नवलाइयाँ मारियाँ
सब मिल करें किलोल नारियाँ एक एक के संग दे दे तारियाँ

गौरी, ताल होरी

देत कहे यह अंजन की जो लीक पिया तुम अंग लगायो,
"खेलत फाग लगी कहीं घात, अब साँच कहो किन रैन जगायो"
और के पेम को नेम छुटाय के, आपनो ही उन पेम पगायो
कौन तिया बड़ भागन है, जन फागन में तुम्हें रङ्ग भिगायो

गौरी, ताल होरी

अबीर, गुलाल अब फूल लिये कर बाजत तार सुहावन लागी
भूषन अंग सिंगार सजे सब खेलत खेल मिली अनुरागी
कुंजन में अली गुंजन लागी सबै वन कोयल कूकन लागी
आनन्द हुलास भये सब के मन, आई बसन्त भली रस पाली

स्याम, ताल होरी

फूल गुलाल, अबीर ले जी में किया विचार
खेलत होरी, लाल को लीजे गेंदन मार

रूपमती और रस भरी करके सबे सिंगार
आवत प्यारी बाल वह भरी रङ्ग पिचकार

राग देस

खेलत होरी मैं, पीतम नें, सखी, आज तो रङ्ग सूँ भिजायो
दायराः; ढोलक अब दफ़, बाँसरी, ताल, मिरदंग, मुहचंग बजायो

खेल अबीर, गुलाल मचाय के काम घटा पी संग मचायो
कै बरजोरी लियो मुख मींड के बाँह गही अब उमंग हसायो

राग हमीर, होरी

आज ली काहू ने जानी नहीं कछू, चोरी ही चोरी में पीत जो जोरी
कैसी रही सब नन्द जिठानी मों, बाँह गहें जब आन के मारी
लाल को रङ्ग में लाल करूँ, सख, कैसे भिजाऊँ हूँ सास की चोरी
लोग की लाज अब लाग नई, कहो, कैसे पिया संग खेलिये होरी

हमीर, होरी

होरी में होरी कहो री सबै मिल गोरी उन्हें चल आज रिझावें
गारीदे तारी बजावत नारी घने रँग की बरखा बरखावें
फाग सिंगार सुहाग सूँ खेलन कूँ "शाहे-आलम" सूँ तिये आवें
कौन कलापच जी हो भला अब ला मिल रङ्ग सूँ अंग भिजावें

राग हमीर

सखी, भिजावन लाल कूँ बाड़ी जिया उमंग
अबीर, गुलाल जोरी भई कर पिचकारी रङ्ग

कामोद, ताल होरी

सभी बजावत आत हैं दफ़, दाइरा, मृदंग
बसन बसन्ती फब रहें सुघर सलोनी रङ्ग

कामोद, ताल होरी

माघ बीतत भई, रुत फागन आये, गुनी सब खेलत होरी
ले पिचकार भरें नर नार अबीर गुलाल लिये भर झोरी
लाज तजी घर लोगन की, सब खेलो निसंग हो, कौन की चोरी
गावत गीत, बजावय ताल, कहें मुख तें भरुवाहो जोरी

कामोद, ताल होरी

हार सँवार सिंगार निकसीं खेलन फाग सबै मिल नारी
अबीर, गुलाल भरी होरी झोरी, दीठ बचा के गेन्द की मारी

दफ़, दाइरा, मिरदंग बजावें, गा गा सब देवत गारी
''शाहे-आलम'' संग झूमर खेलें रङ्ग भर के पिचकारी

कामोद, ताल होरी

अबीर, गुलाल के नादिर रङ्ग सबै बरसावत आई
ताल, मिरदंग रस भीनी तिया मिल फाग को गाई
रङ्ग फुहार परें चहुँ ओर, अब फूलन गेंद सूँ खेलत भाई
घात लगाय के आपस में मुख मींडन को सब लाल के धाई

कामोद, ताल होरी

नार नवेली[1] की हाथ भली अत रङ्ग भरी पिचकार सुहाई
खेलत हैं सब रङ्ग भरी कहा आपस में कर के चतुराई
रीझ रहीं तब हीं सुन कै, जब बाँसरी कान्हाय बजाई
देखत लाल को फाग के ख्याल को बाल अबीर, गुलाल लै धाई

कान्हरा, होरी

अबीर, गुलाल सुगन्ध ले मुख मींडन को धाए
छल बल यों करती फिरे नैनन नैन लगाए

यमन, होरी

आवे उमंग सूँ खेल को पिचकारी कर लाए
पीतम सूँ बस ना चले, हा हा करती जाए

यमन, होरी

खेलत फाग को आई सबे बन, गावत है मिल साँवरी गोरी
लाई अबीर, गुलाल को खेलत केसर रङ्ग सूँ अंग से बोरी

---

1. 'नादिराते शाही' में यह शब्द 'हवेली' छपा है। लेकिन हस्तलिखित (प्राचीन) प्रति में 'नवेली' है। — सम्पादक

खेल सकूँ नहीं, लाज लगे, पिया, पाय परूँ, कहू बाँह मरोरी?
रङ्ग सुरङ्ग भरी "शाहे-आलम" के मन्दिर नीकी मची आज होरी

भूपाली, होरी ताल

लाज छुटी, ग्रह काज छुट्यो, और बात खुली सब हीं मुख आनी
हास सह्यो, उपहास सह्यो, घर बास न देत है नन्द जिठानी
लोग चवाई सूँ नाम धराये कै मैं अपनौ मन दे पचतानी
नौज लग्यौ तुम सूँ अँखियाँ, पिया, लागे की सार नहीं तुम जानी

भूपाली, चौताला

केसर रङ्ग सूँ अंग हीं भीजे, अबीर, गुलाल लिये भर झोरी
नार सलोनी सुघर अब आई, पिया सूँ खेलन होरी
फाग मचो कुच कलस पै होय गई, तब लाज सूँ निहोरी
हा हा करो भाज चली, जब खेलत लाल नै बाँह मरोरी

भूपाली, होरी

साँची कहो, पिया, कहाँ बन ठन चले तुम ऐसे अमोल
ऐसी है वह कौन पिया प्यारी, जा से करोगे किलोल?

पुरवी, एकताला

ताल, मिरदंग मुहचंग बजाय के प्यारी तिया गुन बैठ के गाओ
खेलिये खेल अबीर गुलाल सूँ, औरन को नित पेम पगाओ
भूल गई, कछु याद नहीं, अब सोवत हैं नहीं काम जगाओ
अंग में तोरी सो बोरी, लला, अब अंग सों हात न मेरे लगाओ

अड़ाना, होरी

आज यों बोली नहीं हूँ कछू, कोई एक कहे, मैं चार कहूँगी
हों आप करूँगी रङ्ग से पर औरन को नहीं खेल कहूँगी

गाय रिझाय कै पीतम को चित चोर सदा फिर बाँह गहूँगी
आई बसन्त बहार, सखी, अब कंत को ले के इकन्त रहूँगी

अड़ाना, होरी

खेलत फाग को आज सबे, मोरी भीज गई अब रङ्ग सूँ सारी
खेल की राह सूँ खेल करो नहीं फेंट गहों और देऊँगी गारी
अबीर, गुलाल सुगन्ध रलो, और रङ्ग भरी पिचकारी ही मारी
मो सूँ करो बरजोरी लला मत, दौर गहो नहीं बाँह हमारी

अड़ाना, होरी

दौर के बाँह गहे हँस के बरजोरी करे बरजो नहीं माने
चीर नए जिन के पहरे गर ले के अबीर गुलाल के रङ्ग में साने
मैं सखियान की लाज करूँ, वह तो अत ही बरजोरी ही ठाने
होरी को कहिये वा दीठ लंगर सूँ, मूरख खेल को रङ्ग न जाने

मालकौस, ताल होरी

लाल गुलाल सूँ खेलन होरी को आई सबे रस भीनी यह नारी
लागे भली सब नारन में, तुम देखो सखी, यह प्यारी हमारी
ताल, मिरदंग, मुहचंग बजावत हैं मिल के कर सूँ करतारी
लाल उठे जब खेलन होरी को भाज चली है सब दै दै गारी

खमाच, ताल होरी

खेलत हैं मिल के सखियाँ वह हाथ लिये यह रङ्ग डरो री
भर भर मूठी अबीर की डारें, और आवत है सब रङ्ग सूँ बोरी
नेक नजर सूँ फाग निहारो, और दौर गहों मत बाँह को मोरी
बरजोरी करो मत चातुर लाल, अब खेलिये रस सूँ होरी

सोहनी, ताल होरी

घात से चातुर खेलत होरी को आज लला रँग नेह रचायो
आवत सखीन के हो के अचानक वा को भिजाए के आप बचायो

लीने अबीर गुलाल तिया कर प्यारे पिया सँग रङ्ग मचायो
ताल, मिरदंग बजाए भली डफ़ आपनो भाव तो नाँच नचायो

सोहनी, ताल होरी

तो सूँ को खेलै होरी लंगर तू तो फाग की रीत न जानै
हमारे पाछे क्यों लागों है आवे, वहीं जाओ जहाँ तेरो मन मानै
एक न सूँ रङ्ग गुलाल अबीर खेलन मो सूँ बरजोरी अब मार के ठानै
जाओ, पिया, रङ्ग आप मचाओ, तेरी कही अब कोऊ न मानै

सोरठ, ताल होरी

रङ्ग भरी पिचकार लिये अब अंगन में सखी आए खरी है
चातुर चार खिलार बड़ी अति रूप तिया गुन की अगरी है
गावत फाग सुहात भरी और अंगन में सब अंग भरी है
हाथ सुगन्ध गुलाल लिये कहा फूलन की बौछार करी है

सोरठ, ताल होरी

होरी खेलन आइ सबै मिल अपने कन्त सूँ साँवरीं गोरी
हाथ भरी पिचकारी है रँग की, अबीर गुलाल लिये भर झोरी
दफ़ मिरदंग बजावत गावत, केसर रङ्ग में हैं सब बोरी
खेलत फाग में घात सूँ प्यारे कन्हैया नै मोरी बाँह मरोरी

सोरठ, ताल होरी

स्याम कन्हैया सों खेलें सबै मिल अबीर गुलाल अब फूलन मार
रङ्ग लिये पिचकारी भरी अब बोलत बोल भले ततकार
गावें गुनी सब नीकी भली, दफ़ मुहचंग बजा खटतार
खेलन होरी को काज मचा घर से निकसी है नवेली सी नार

जैजैवन्ती, ताल होरी

खेलत अबीर गुलाल सूँ होरी, नैनन नैनन नैन लगावे
दीठ बचाए के पीतम की, सखी, मूठ चली को आप ही धावे

रङ्ग लिये, सखी, केसरी को तिय भीजत आप अब लाल भिजावे
चंचल मार चली पिचकारी के आँचल ओट दे चोट बचावे

गौण्ड, ताल होरी

अबीर गुलाल भर भर झोरियाँ और केसर रङ्ग लिये पिचकारियाँ
सब मिल करि हैं किलोल नारियाँ एक एक अंग संग दे दे तारियाँ
घर से निकर्सी नारियाँ फूलन गेंद मारियाँ, खेलत फाग गा गा गारियाँ
स्याम कन्हैया ने बाँह गही, तब भूल गई सब खेल की हारियाँ

गौण्ड, ताल होरी

केसर रङ्ग के चीर चुने और भाल में लाल गुलाल बसन्त हैं
फूली हैं बेली नवेली सबै और गाए बजाए सबै ही हसन्त हैं
फूलन के गड़वा अत सोहत फूल के अंग सिंगार सोसन्त हैं
दे दे मुबारकबाद, गुनी, "शाहे-आलम" कूँ सब गावें बसन्त हैं

भटियार, ताल होरी

प्रथम बसन्त बहार को गड़वा बनाए, गुनी, लाए हज़रत रसूल के दरबार
दफ, दाइरा, बीन, रबाब, कानून, मिरदंग, मुहचंग, डौर बजावत है सब नार
सुख सम्पत हो नित हीं नित प्रतरनसिहत दीजे दुख और दारिद्र बिडार
गाए बजाए के माँगे मुरादें "शाहे-आलम" कूँ दिलादीजे मुल्क मालगंज हजार

भटियार, ताल होरी

आज बनाए गुनी गड़वा दरबार रसूल के ले के चलें हैं
बेल नई और पात नए क्या नीकी बसन्त के फूल खिलें हैं
आई नवीद रसूल के द्वार सूँ, जी के मनोरत बेग मिलें हैं
होयगो राज चहूँदिस को, "शाहे-आलम" के दिन आए भलें हैं

भटियार, ताल होरी

फूलन के हार चार जोही, चंबेली, चम्पा,
सोसनरा बेल देख कोकिला की बानी जीत करें

सरसों पाए लो फूल रही मुख गुलाब
नैनन नरगिस अधर दस कंवलन की सामता धरें
बेली से नवेली बाल जा के बात बात में सब दादरा केवरा,
केतकी, मोतिया, सुगन्ध फूल झरें
आप बन आई कामनी बसन्त रुत गड़वा देन आई
''शाहे-आलम'' बादशाह के घर भरे

भटियार, ताल होरी

मानत नार जो बरजे मोहि आन न देत, दिवावत गारी
चंचल ऐसो कहों न लखी हम, दूसरो और न देखो खिलारी
दीठ कहूँ कर चोट कहूँ यह देख अचम्भे रहीं सब नारी
घात लगाए के सीस, सखी, अब छाती लला पिचकारी ही मारी

भटियार, ताल होरी

ले पिचकारी चलाए लला, तब चंचल चोट बजाय गई है
अपनी नाक सूँ खेलत है, कहा चातुर नार खिलार नई है
ऊचक आय सखीयन को छोर के लाल गुलाल के मूठ दई है
नीकी लगे यह आँखन में, कहा रङ्ग अबीर सूँ होरी भई है

जैजैवन्ती, ताल होरी

(छ) मिहँदी-ए-ग़ौसुल-अ'जम

ठाठ बनाए अनेकन भाँत के पीर की है मिहँदी सुखदाई
बास सुगन्ध की फैल रही सुभ साअत शाह के मन्दिर आई
चाव बढ़ो सब के चित में हित सूँ बिनती कर जोर सुनाई
दीनी मुबारकी गाए गुनीन मुराद सबे ''शाहे-आलम'' पाई

ग़ौसुल-आ'ज़म की मिहँदी यह रङ्ग रङ्गीली मुराद ले आई
नर सूँ कँवल के तख़्ते बिराजत, नूर चिराग़न नैन झुकाई

गावें गुनी जन बोल सुहावने, मजलिस आज बनी मन भाई
आज के काज बने सब हीं "शाहे-आलम" दास की प्यास पुजाई

हमीर, चौताला

ठाठ बनाए, चिराग़ धरे, और पूरन नेह की जोत जगाई
देखे सबे नर नारी खरी चहूँ ओरन चारु भई रोशनाई
कीनी बिनती कर जोर दुऊ भयो ग़ौसुल-अ'ज़म पीर सुहाई
बाढ़े हुलास हिये "शाहे-आलम" जी की मुराद सबे भर पाई

हमीर, चौताला

हज़रत पीर की नीकी बनी मिहँदी यह देखत हीं मन भाई
रोशनी दीपन की अत दीपत अव महताबन की छब छाई
छूटत हैं चरखे चहूँ ओरन फूलजरी, हतफूल, हवाई
आनन्द सूँ "शाहे-आलम" अपने जी की मुराद सबे भर पाई

हमीर, चौताला

जोत लखी जिन आज यह मिहँदी की नैन सखी अत सिइरे भए हैं
रोशनी चारु भई चहूँ ओर में ताहि तके दुख दूर गए हैं
मन्दिर में "शाहे-आलम" के सब भाँतन के सुख छान छए हैं
ऐसे दयाल जहान में पीर हैं जी के मनोरत पूरे दिए हैं

हमीर, चौताला

मिहँदी आई पीर की रोशन चन्द सो चन्द
"शाहे-आलम" मुरीद के घर में भयो आनन्द

कामोद, होरी

मिहँदी आई पीर की जगमग जोत सूँ आज
"शाहे-आलम" को दस्तगीर ने अचल कियो है राज

कामोद, बँधा तिताला

हज़रत ग़ौसूल-अ'ज़म की यह नीकी बनी मिहँदी बन आई
रोशनी फैल रही चहूँ ओर चिराग़न की अत दीपत भाई

नाचत गावत लोगगुनी अब लागत देखे सदा सुखदाई
राज आहे "शाहे-आलम" को यह कीरत जा की दसों दिस छाई

यमन, चौताला

हज़रत पीर दस्तगीर, तुम मन के कीजे काज
दरजन सबे बिडारिये माँगत हूँ यह आज

यमन, चलता तिताला

हज़रत पीर ग़ौसुल-अ'ज़म सूँ बार बार यह इलतिमास की
माल मुल्क सब दिला दीजै, सुनो बिनती अब मुझ दास की

यमन, एकताला

रङ्ग सुंरङ्ग के फूल बने और नीकी आराइश रङ्ग रली की
सुन्दर लाल धरी मिहँदी जहाँ सोभा बनी अत कँवल कली की
पाई मुराद सबे जिय की "शाहे-आलम" चाव सूँ नियाज़ भली की
देखत होत हुलास हिये अत रोशनी यों मख्दूम वली की

यमन, चौताला

आए मुरादें माँगने तुम से, हज़रत पीर
"शाहे-आलम" अपने दास को बेग बँधाओ धीर

यमन, बँधा तिताला

आई मिहँदी पीर की लाल जड़ी खुशरङ्ग
गुनी राग गावन लगे, बजत बीन, मुहचंग
"शाहे-आलम" बिनती करें रङ्ग... रङ्ग अंग[1]
दिई मुराद मुरीद की, बाढ़े हिये उमंग

यमन, बँधा तिताला

रङ्ग सुरङ्ग बनी मिहँदी और चाव सूँ रोशनी नीकी सँवारी
कँवल पे दीपन के गन सोहत बाजत बाजे सबै सुख कारी

1. मूल ग्रन्थ की हस्तलिखित प्रति में भी यह अंश छूटा हुआ है। — सम्पादक

नेक निगाह करो नित हीं तुम पीर बँधाओगे धीर हमारी
दीजे मुराद कहे मन की, "शाहे-आलम" लीनी पनाह तुम्हारी

भूपाली, चौताला

आई मिहँदी पीर की जगमग जगमग जोत
"शाहे-आलम", इस साल में तुम्हें मुरादें होत

पूरिया, जल्द तिताला

आई धूम से मिहँदी हज़रत पीर दस्तगीर
ख्वाजह मख्श्दूम मौलाना ग़रीब पीर की
दीनी मुरादें "शाहे-आलम" पादशाह की,
कीनी रोशनी पादशाह दरवेश पीर दस्तगीर की

किदारा, बँधा तिताला

क्या नीकी आज यह रोशनी मिहँदी की हज़रत पीर दस्तगीर की बन आई
चिरागन की जोत जगर जगर ऐसी लागत जैसी रंगारंग के जवाहिर से छाई
कैसी धूम की बाजत नौबत और छूटत आतिशबाजी, गुनियन मिल के गाई
कीनी नज़र मिहर की अपने मुरीद पर, "शाहे-आलम" ते मन की मुराद भर पाई

अड़ाना, चौताला

हज़रत पीर की आई बनी मिहँदी अत रंग भरी बहु रंग सुहाई
कीनी नज़र दस्तगीर ने तुम पर, "शाहे-आलम" माँगा मुराद जो ही अब आई

खमाच, एकताला

अत ही रंग रंगीली मिहँदी रोशन भई आनन्द सूँ हज़रत पीर की
सब मुरादें भर पाई और कीनी नियाज़े पीर दस्तगीर की

सोरठ, ताल होरी

(ज) कबत व दोहरा नायका भेद

छब कों देखन दें नहीं पीपल बैरी नैन
घरी न लागें रात को दिवस देत ना चैन

मो को तो अब, ऐ सखी, लाल न पूछें बात
जावत दिन है आस में, रोते रोते रात

सुनो न काहू कान धर, बैरी भए सब लोग
पाछे तेरे लाल हूँ बड़े किये हैं जोग

ए री माई, देखा तू ने, मो सूँ उस दीठ ने कहा कीनी
ओरन सूँ रंग रलियाँ करके हम को बिसार दीनी

साँची कहो प्यारे कहाँ से आए रैन के जागे
सारी रैन और सूँ रस पागे भोर आ मेरे उर लागे

उनींद भए अत नैन लला के कैसे लगें जैसे रैन जगाए
ऐंडें फिरें, सखी, आज पिया, काहू प्यारी तिया को अंग लगाए

हा हा हमें मत आज कहो, करकी बंगुरी, पिय छाड़ो करयाँ
ठनो जो जीय में सु काल को कीजै, न कीजै पिया वह आज बिरयाँ

सुन्दर साई ढोलन, साँची कहो, अब, कहाँ रहे तुम रतियाँ?
मुँह की मोसूँ जी की औरन सूँ, काहे करत हो झूठी बतियाँ

ए री माई, सरसुती का पूजन कर के माँगत हूँ यह भोर नूर
"साहे-आलम" पिया के मन की मुरादें सब ही दीजे भरपूर

प्यारे हम तुमसे करें रस बतियाँ
न्यारे न हो, पल छिन यों कह लागी छतियाँ

हों तो जी की कहूँ तो सूँ सजनी, वे तो मेरे मन में बसे हैं
ऐसे सुघर प्रान अपने काम में सो तो रंग रसे हैं

जो पिया आवै मोर घरवा, करूँ संगरवा, लेहूँ बलाएँ! परहूँ पाएँ
कहा करूँ, कित जाऊँ, सखी री, भोर भए लो अज हूँ न आए छैल तुरकवा

मन मेरो अमोल ले जात, पिया, तुम बार कछू न लगावत हो
पहले तो लुभाइ भले, फिर पाछे उसे उचटावत हो

अत छैल छबीले, रँगीले, महा गुर बेली, रसीले कहावत हो
तुम राख न जानत हो, तो कहो, चित काहे पराई चुरावत हो

बिन प्यारे कछू और तुम कीजो ना सखी बात
बैरी है तू, ना हितू, जाऊँ न तेरे सात

दीजे बता जो साँच हो पूछत है यह बाल
रंग रँगे हो कौन के नैन तिहारे लाल

सोच करो मत, ना मिलो, अपनो जी क्यों खोइ
जो सब ऐसे ही मिलें, तो सुख कैसें होइ

लाल जगाई कौन घर, कहो, सखी तुम, रैन
पियरो लगे है रूप सब, और उनेदे मैन

लालन की तो नेह अब, और तिया के सात
कहा कहूँ तो कों, सखी रही न उन को बात

झूठ कंहो मत मेरे तई, मेरो न लीजे नाम
जाओ जहाँ नित जात हो, करो उसी से काम

तुम्हें रहे नहीं याद एक, भूले सब सुख बैन
लखो रूप जो तीय का समाय गए मेरे नैन

आवो तुम पीतम, मेरे मद माते, तेरे चाव के बीच भई भोर
कौन तिया संग रैन बिताई, न जानूँ कौन के तुम रहे ठौर

उठो तुम, प्यारे, नींद के माते, राज दुलारे, भोर भई, तुम जागो
कागा बोले, और चिरयाँ चहचहाएँ ऐसी बहार में तुम गरे लागो

नित नारन में जो आप डरे, मोरे ऐसी भेट की पेट न भावे
सखी सें मिलावे, ढिग नहीं आवे ऐसी तिया और कौन के जावे

पिया मोरे जाग रे, जाग रे, रैन तो कठिन अत लागे
"साह-आलम" ने तुम्हारे देखन कों सगरी रैन उमाहे जागे

रात गये घर कौन के? सोए किसके सात?
जो जिय में सोई कहो, कब को राखी बात

रैन रहो घर कौन के, कहाँ लगाए नैन?
रस बस में वा के भए, हम सों हस हस बैन

पहचान गई इन बातन सूँ परतीत पिया तुम काहे को खोई
क्यों बकवास करो बिन काज कों, पीर पराई न जानत कोई

बोलत बोलत चुपके रहे क्यों, अब कहो, कौन के बैन चुराए
साँची कहो तुम मो सूँ साजन काहे फिरो अब नैन दुराए

जब से गए अज़ीज़ मिल, चैन गयो सब सात
रैन गई सब ध्यान में, कछू न भाई बात

सुन री, सखी, इक बात अनूठी, पियारे ने ली मेरी अँगूठी
लिये अँगूठी जात चले औरन के घर, इन कारन मैं उनसे रूठी

छाँड़ दे, सजनी, मो कूँ पिया बुलायो होगो तोकूँ
चाहत हैं पिया तोकों, तू झूठी बतावत मोकूँ

हिल मिल रह तू प्यारे संग और कभू न हो उन सूँ न्यारी
लाल चले हैं लाला देखन, नाफरमान न हूजो, प्यारी

रैन जगे कहूँ प्यारे तिहारे नीके लागत अनींदे नैन
देखत हीं पहचान गई, अब काहे बनावत हो तुम बैन

काह भयो जो बोलत ऐसी, ता को, तिया, यह लागत फीकौ
जाओ, सखी, उत बैठ रहो, नित बिल्ली के भाग न टूटत छीकौ

जात नहीं छब मो पै कही मुसकान सै जोत लजावे छटा को
नार खिलार बड़ी है तिया, जो उछालत है लिये हाथ बटा को

साँवरे सलोने साई मेरो मन लागो जब तोसूँ रसिया
घरी घरी पल छिन दिन मन मोंहत बसिया

दोनों मिल फिर जात हैं अँखियाँ नीर भराइ
भले मिले ती पिय, सखी, तन मन नैन सराइ

मो सैं न पूछो ती कछू कटी है कैसी रात
अपने मन सूँ जानियो मेरे मन की बात

जात कही चतुराई नहीं कछु पीतम ने जब आँख लड़ाई
लीने कीतै मन पीतम ने, सखी, हों अपनौ मन दै घर आई

तिया, लगावै आप तू मो को करै बदनाम
मैं न सुनुँ तेरो, सखी, तू ही बिगाड़े काम

दीजे न सुमरन हात से, रहे न दाना हात
ती माला तेरी जपै को कहे मन की बात

का से कहूँ नहीं जात कही, सखी, लागो हमें यह नेह नयो है
जो मन में कहिये को करै मन ही में रहे तन ताप तयो है
सोय कै मैं पचतावत हूँ इन नैनन कों मेरे काह भयो है
बैरन नींद न चैन न दीनो, आयो पिया घर फेर गयो है

आप... हीं आवत नेह को, औरन को नहीं ऊतर दीजे
पीतम सूँ वह बात करो, जो जा में तिया अब नेह न छीजे

पीतम कों ना छीन लै, मो कूँ यही परेख
आगे पी, पाछे तिया, सखी, अलग हो देख

हाल रहो ना बात, तू रख ले मेरी लाज
चाहूँ तेरी जात सै, लीजै मोहि़ नवाज

समझ गई कहते, सखी, तो मैं पी की बास
कहो छुप कह ना सकत रह रह लेत उसास

भई दूबरी सोच मैं, रहो न मेरौ अंग
पीतम के, सखि, बिरह सूँ रूप रहो ना रंग

भली न तो को बात यह जानी ख़बर न भूल
कीजै वह जो रब कहै, और कहै जो रसूल

आवन की भोरह कही, होय गई अब शाम
बीत गई सगरी निसा लेवत तेरो नाम

कहा करूँ, कित जाइये, देत उठाई लाज
मेरे नैन, मेरे सखी, बैरी भये हैं आज

बैरी यह तन मैं बसै, यासूँ, सखी, न आस
मेरौ मन ही गहन को रहे पिया के पास

मेरी सुन सब जीव की, कहे न अपनी बात
बैरन सूँ सखि, पी मिले, कैसे मिलूँ इन सात?

मन की सब मन मैं रही, कासूँ कहूँ हों बैन
पीतम बिन अब, ए सखी, तरसत हैं जो नैन

मेरी सुनै एक पी, अपनी करै सब बात
घड़ी परै नहीं चैन दिन, तड़पत जावै रात

जब तैं रूसी तू तिया, लिया, जिया को चैन
मोसों मिलो तुम बेग ही मीठे करो अब बैन

आपस मैं मिलो सोच कर, करतीं सबै विचार
चरचा करौ न लाल यह, चरचैगी कोऊ नार

अवध किई, आये नहीं, पूछत हूँ अब तोह
घेर रखी किन चाह मैं, सखी, पिया को मोह

चमक तिया के रूप की लेत जिया को चैन
नथ के मोती निरख, सखि, न थके काके नैन

जी चाहे गर लाइये, सियरी चलत बयार
झुक झुक के रस लीजिये, आन मिले जो नार

पीतम के अब हाथ सै कीधर को कह जाऊँ
समझ समझ, सख, जीय में अपने हूँ दुख पाऊँ

होर परी अब आदवो, होनी होइ सो होइ
जैसी इन नैनन करी, ऐसी करै ना कोइ

नैन करो नहीं सामनै, मन में समझो पी
करो न मोसूँ बात कछु, कहाँ लगो है जी

पीतम, सुनो हमारे दरद की बात बिन देखे दरस की
"साह-आलम" पीव को तुम्हारे मिलन तपत भुझे बरस की

ए री माई, नैनन दीठ लगे रहत, पिया को देखन कैसे बन आवै?
कल न परत, पल को नहीं लागत, निस दिन मो को बिरह सतावै
जब आन मिले पिया प्यारौ मेरौ, तब सब तन सुख पावै
जनम जनम की हो रहूँ वा की, जो कोई मोसूँ आन मिलावै

जंगल जंगल ढूँढ़ती कर जोगी को भेस
पावत रुत कैसे सहूँ लालन गए बिदेस

तड़फत है दिन रात अब, साथ गए ले चैन
नैनन नैनन पीय सूँ, कर गई, सख, ती बैन

सोच चलै कब काहू को, कछू रखे जी माँह
साई चाहै सो करै औरन को बस नाँह

जिया जिया मैं सुन, सखी, जली तिहारे हात
का मुख सूँ अब आइं के करै तू मोसूँ बात

साँवरो रंग सुहावनो लागत, गावत आवत राग नयो है
बन्सी बजाय कछू मुस्काय लला मन मेरौ लुभाय लियो है
नीकी भली चली जात हती, सुध जात रही, यह कैसो भयो है?
देखत ही मन मोहन, की, सखी, मो तन को सब चैन गयो है

कौन के रैन रहो, कौन से सैन करो, कौन से लगाए नैन
हमसै मुख के बैन न करो तुम अब, कहो, पिया कैसे कै चैन?

उनींदे भये अत नैन लला के कैसै लगें जैसे रैन के जगायै
ऐंडे फिरें, सखि, आज पिया, काहू प्यारी तिया को अंग लगायै

आज अचानक आय गये पिया प्यारे हमारे मन्दिर सूने
देखत ही उनको, सजनी, तन मन मेरौ भयौ सुख दूने

कैसे भये पिया हम से कपटी! मो को, सखी, यह बात न भाई
कीने उपाये बड़े, सजनी, पर प्यारे की रीझ की बात न पाई

तुम्हें कैसी पड़ी यह टेव, पिया, जो बैरन सूँ जा नैन लड़ो हो
बोलो नहीं हमसै ती, लला, कौन जिया तै बैन करो हो

कान करो नहीं मेरौ कहो तुम, अन तिया की सुनै, पिया, बातैं
आवत हो तुम काहे इतै, उत जाओ जहाँ नित लावत घातैं
चातुर प्यारौ हमारो, सखी, सब जानत अपनौ और बिरानौ
तुम काहे फिरो इत को उत को, अपने जिय में कह बात को ठानौ

हो यार, तैंड़ी याद दिल सूँ मैनूँ भुलाई नाहीं नाहीं
सूरत देखूँ तैनू तैंड़ी सिकांदी जिन्द मैनूँ जावे नाहीं

सुनो री सखी, आज आये सुरजन साई मोरे द्वार
काज भये मोरे मन्दर करूँगी सिंगार सीस गुँधाऊँ, गाऊँ मंगलचार

कह तू मोसूँ, पिया, कौन तिया सूँ रैन दिनाँ काम मनावत है?
हूँ तोह देखत लाज करूँ, ती, तोकों लाज न आवत है

सारी रैन औरन सूँ हिल मिल के रहे लालन, मोरे भोर उठ आवत काहे?
जाओ जी जाओ, तुम्हारो अब कछु काम नहीं, जाओ जिन से रात हो उमाहे

कब लो देख दुख सहिये, रावरे को चालन सूँ ऐसी को है नेह निबाहे
यह निहचै कर जानी हम ने ऐसी ही फल पावै जीयसूँ कोऊ तुम को चाहे।

सुन री माई, आज के दिन एक अचंभो जो रही मैं देखो
जो चाहै प्यारे को मान करनो, सो अब प्राण प्राण प्यारी नै सीखो

ऊतर देत न बात कहै, चुप बैठ रही मानो चित्र की लीखी
जो बात करो तौ न बोले कछू, जो न बात करौ, तो होवै है तीखी

जेती, निहारी, यह तो मैं तिया, अब और तिया मैं यह बात न देखी
लगाय लगै, डराइ डरै, यह चाल तिया, सखी, कैसे तो सीखी

सुध रही नहीं पी को हमारे, कैसे, सखी, यह बात है सीखी
औरन सूँ नित पेम लगे रहें मोसूँ करें जो बात सो तीखी
बड़ाई करो मत मोसूँ पिया की, मैं तो सभी हित हान ही देखी
जानत है नहीं कोऊ किसी की, भाल हमारे कहा बिध लेखी?

सीस कहै, पड़े पाय रहूँ, और बाँह कहै, उन्हें छाँड़ न दीजै
जीब कहै, बतियाँ ही करूँ, और कान कहैं, धुन वा की सुनीजै
अंग कहैं, लिपटाय रहूँ, और जीव कहै, मुझ माँह रहीजै
पाय कहैं, घर वाही के जाइये, नैंन कहैं मुख देख ही कीजै

देखत पी को दूर सूँ, लगी नेह की भाल
जाय कहो यह लाल सूँ, बाल भई बेहाल

पहले नेह न कीजिये कर कै देवो निबाह
नौजु कोई ऐसी करै, जैसी तेरी चाह

समझ तू अपनी .खाक कों फ़ानी जनम न खोइ
भूलो मत उस राह को बाक़ी ओही होइ

लट पटी पटियाँ सीस की नैंनन अन्जन सोह
छैल छबीली आई सी, रूप दिखा मन मोह

पीतम के, सुख, नैन लख कैसें भये हैं लाल
मो को देखत यों लगें, जागे निस संग बाल

हों पीं सू रूसी रहूँ, ए अँखियाँ मिल जाई
इन बैरन सूँ बस नहीं दूर ही नैंन लख धाई

भाग बड़े उनके कभी आवत जिन के भौन
रव सों मुख तेरो, तिया, देख सकै है कौन?

बैठ रहो घर जाय के, आने न देगी बार
गुन औगुन सब, ए सखी, झलकत है तन नार

बिसरी हमरी पीत सब, तुम्हें न आई लाज
ढोलन, तुम घर कौन के बिरम रहे हो आज?

राग अल्हैया, बँधा तिताला

काम न आवे साई बिन, किया करो कछु भेस
भूलो मत इस देस पै, बसोगे दूजे देस

राग अल्हैया, बँधा तिताला

आइ के बैठे पास जब, जी में बड़े हुलास
रिम झिम की बूँदें परैं, स्याम मिलन की आस

सपर्दा, चलता तिताला

भये अयाने फेर के, लगी जीब तुतरान
तुम को कैसी यह, पिया, पड़ी अनोखी बान?

सपर्दा, चलता तिताला

नैनन सूँ मुसकाय कर, पी सूँ हिया मिलाइ
जब तक सो फिर कर गई, चन्द मुखी घर आइ

सपर्दा, चलता तिताला

जायें पिया जो हाथ से कहाँ रहे फिर नाम
लाज करूँ कब लूँ सखी, बिगड़े मेरो काम

कह न सकत हूँ, ए सखी, कहा कहूँ मैं तोह
करी कनौंई जगत की, इन नैंनन ने मोह

सुनो नहीं सौत के रहे न तेरौ नाम
रसक रसाल लाल सूँ तू क्यों रूसी बाम?

बिलावल, चलता तिताला

रोम रोम सुख पात है सियरे होवत नैंन
दरस देख पी को, सखी, पावत है मन चैन

बिलावत, एकताला

क्यों कर लीजै हाथ अब, कहा बनाऊँ बात?
बड़ी सोच मो कों, सखी, दूत लगी पिय सात

काफ़ी, एकताला

साईं पर रख तू नजर, इतनी नाँह सकोच
जात अंधेरौ एक पल, करो न जी में सोच

काफ़ी, एकताला

मेरे मन की सब बिथा उन सूँ कहो सुनाइ
जाओ, सख, समुझाइ कै लावो पिया मनाइ

काफ़ी, एकताला

का से कहूँ जी की बिथा, कल न पड़त दिन रातरयाँ
"साह-आलम" संग नेह लगे, तो सुनावे उनकी बातरयाँ

देवगरी, अड़ा चौताला

अब तुम निपट कपटी भये, मोसें काहे काहे, पिया
औरन सूँ तुम बैठ कीनो, हम से फेरा फेरा जिया
देवगरी, अड़ा चौताला

बोली पी की और तू तो से अटके पीइ
सखी नहीं, तू सौत है, क्यों न कुढ़े वह तीइ?
देवगरी, एकताला

आई ती घर बेग हीं, संग लगाई लाल
गोरस बेचन को गई लई मोल मन माल
देवगरी, चौताला

कौन ठगो री डार कै लियौ मेरो मन हात
बात बिसारी पेम की, लगे और के सात
देवगरी, बँधा तिताला

अंजन, सखि अब यह भयो, होवत नैनाँ जोत
पी को देखँ नैंन भर, रोम रोम सुख होत
देवगरी, अड़ा चौताला

मन मेरो तुम को चढ़े, तुम्हरो चाहत और
जो चाहो नहीं ओर को, क्यों जावत हो दौर?
देवगरी, अड़ा चौताला

लोग लाज घर में तजो, हैहै मालिक तूह
समझोगे तुम आप को, दरपन देखो मोह
देवगरी, अड़ा चौताला

हम तुम मिल के अब चलें, कहें पिया सूँ हाल
जासूँ लगे कलंग जग, ना चलिये वह चाल
देवगरी, अड़ा चौताला

बाँह गही जब लाल ने, गारी लागी देन
अगुँरी पकड़त बाल, सख, सिसकी लागी लेन

देवगरी, बँधा तिताला

मूरख, किस पै भूलि है, राख सके ना कोइ
उन के पायन लाग, जो जग में आदर होइ

देसकार, जल्द तिताला

रीझ रीझ, रिझाय रिझाय, काम के किलोल कर
मन के मनोरथ करै सहस सहस
आँखों देखी, न कानों सुनी ऐसी जैसी तू तिया है,
भचक रहत हूँ तो कों लहस लहस
यह देखी तो में रीत नई, सखी, जाने न पूछे कछू
पीतम के जब आवै मोसूँ रहे बहस बहस
हँस हँस करत अछी बतियाँ लग छतियाँ सूँ
अपने पिया को उर लावत रहस रहस

तोड़ी, चौताल

ए री सखी, हम तेरो कहो करि हैं, पिया कों कर दै कछु टोना
सुन लै प्यारी, टोना किये होत कहा, करमों लिखी सों होना

तोड़ी, बँधा तिताला

रब्बा, तैंड़ी बन्दी हूँ आज़िज ग़रीब हमारी, मुरादें भर दीजो मन की
तैनूँ छाँड़ के किस नूँ धाऊँ, मैंड़े मौला लीजो ख़बर मेरे तन की

तोड़ी, चलता तिताला

लाज आवत है मो को, माई, न जानूँ पिया अब मोसूँ कैसे कहैगौ
आयी मनावन लालन री, अब देखिये कैसे कै मान रहैगौ

तोड़ी, बँधा तिताला

मूरख नारी हूँ जान लिई जी को होत, कहा तेरी ऐसी आस दिये
भाग बड़ों, तेरी तियान मैं, पिआरौ रहे नित पास लिये

तोड़ी, बँधा तिताला

अंगन में आय देखो सहज सुहाय, मो ही सोभा दरसाय प्रेम रस पियाय दियो है
नैंनन लगाय फेर मन को लुभाय, बैन मुख बनाय मेरा चित चुराय लियो है
आनन्द समय, वह कीनी चित चाय, माँगत हूँ से बुलाय और रिझाय कर हियो है
नीक सुर गाय, आछी तान परबीन बीन कूँ बजाय सुनाय, कछु चेटक सो कियो है

तोड़ी, चौताला

कह के गई थी रात के आवन, मो को, तिया, तेरो ध्यान रहा
तू जो बखानत ऐसी, तिया, अब साँच कहो, कह आन लहा
प्यारी लगें उसकी बतियाँ सुनि सुनि के सबै मैं मान सहा
मेरे आगे न बात बनाओ, सखी, मो को तिया नै जान कहा

तोड़ी, तिताला

जान लियो, पहचान लियो, जौन तिया संग जाग आये हो रतियाँ
बोलो नहीं हमसे ती, पिया, जाओ वहीं जिन सेती करो तुम रस की बतियाँ

तोड़ी, चलता तिताला

लाल खुशहाल मैं देखो जबै तब हीं मन मों सुख चैन भयो है
आज को रोज़ बड़ो, सजनी, जो पीतम सूँ रस रैन लियो है

तोड़ी चलता तिताला

दीजिये दोस, कहो, किस को? अब मेरी ही बैरी हैं मेरे नैना
देखत रूप फसाय दियौ मन, छीन लियौ सब जी से ती चैना

तोड़ी, एकताला

बात नहीं कह आवत है, भई पीतम की कहि भीत तू प्यारी
तो को भली यह चाल न थी हितू से ती भई अब सौत हमारी

भागन आगे कहा तिया चाहिये भाग भले की चाल है न्यारी
कानों सुनी तुम होगी मसल "मन भावन को है ढोला सुपारी"
तोड़ी, चौताला

ऐ री आली यौं जी चाहत मोरा रहे पिया के संग
अब तो देखन कों तरसत नैन यौं कहत हैं नीकौ रंग
तोड़ी, बँधा तिताला

जावाँ पी बसती राँझी मैंड़ी गल्लाँ नहीं मानदा
रैन दिनाँ मैंनूँ ध्यान उन्हाँ दा, पियारा साडी कदर न जानदा
तोड़ी, चलता तिताला

नेह निबाहो, पिया, अपनौ वह नार सूँ प्रेम के साथ पगी है
पैहो नहीं ऐसो फेर कभू, अब के तो उपाइ सैं हाथ लगी है
सोच करों मत जी मैं कछू, वह जागे नहीं सब रात जगी है
सोवत सेज पै बाल अकेली है जाओ लला, अब घात लगी है
तोड़ी, चौताला

कह बातन सै मन लीनो तिया नै पीतम को अत पेम लगाई
मेरी नहीं राह लेवत हैं अब, वाँ ही पिया नै रैन जगाई

जानूँ तभी तो ऐसी अली, कछु डार ठगोरी क्यों मोहि ठगाई
बेर भई पिय आवन को, सखि, सौतन बैरी ने देर लगाई
तोड़ी, चौताला

सोच रही काहे, तिया, तू ही बुलावन रैन
दाँतन अँगुरी दाब कै रही देख पिय सैन
तोड़ी, बँधा तिताला

रैन दिनाँ जावे मुझे लेवत तेरो नाम
नेक नज़र सूँ देखिये, होत हमारो काम

तोड़ी, चलता तिताला

तो कों बड़ों नहीं काम कछू, तू नहीं जाने नेह
सब गुन मेरे पीय में, सखी, बूझ लख नेह

तोड़ी, तिताला

पी के बिछरे, ए सखी, मो को कल है नाँह
घरी घरी दिन की मुझे गुज़रे है पल माँह

तोड़ी, बँधा तिताला

सखी, सुनी यह लाल की? आवे बिसवे बीस
फड़कत दृग, तरकत तनी, सरकत सारी सीस

तोड़ी, बँधा तिताला

जान पड़ै यौं ही, सखी, रहे तिया के पास
आज रात तन लाल के आत सौत की बास

तोड़ी, चलता तिताला; कामोद, एकताला

नई नवेली नार सूँ नयो लगो है नेह
मले दले निस के तिया आये बासर गेह

तोड़ी, चलता तिताला

मानै ना समुझाय सै, यही कहत है बाल
औगुन औगुन रावरो जान लियो है लाल

तोड़ी, चलता तिताला

मेरे मन तू ही बसै मेरी न जानी जाय
कहाँ रहे? घर कौन के? भूले ना इत आय

तोड़ी, जौनपुरी, बँधा तिताला

सात रहे तू रात कूँ, आप करे तू घात
मो सूँ पूछै, ए सखी, पिया मिलन की बात

तोड़ी, चलता तिताला

मारी बिचकी पेम की पीतम के नित ही
संग न छोड़ै एक पल, कैसे निकसे पी?

तोड़ी, होरी

गई तिया की सुध, सखी, रही न काहू नंग
लगी नहीं नख रेख मुख, लगो काम को अंग

तोड़ी, बँधा तिताला

हार गये सब चातुर चित मैं सीख सिखाय कै जेते सगे हैं
चंचल चाल सो भूल गये, और लाज के काज सबै ते भगे हैं
देखत रूप न और निहार के जा दिन तें उन संग जगे हैं
नैंन नहीं सुरझैं उरझे अब ए री सखी, अत पेम पगे हैं

तोड़ी, चौताला

पीतम के, सख, रूप को जो देखैं लग जायें
जादू हैं कछु नैंन, जो सब के मन को भायें

तोड़ी, जौनपुरी, चलता तिताला

मन अटको अब लाल सूँ, बात न तेरी भाय
सखि, मैं जानूँ तब तुझै, घर जो पी को लाय

तोड़ी, बँधा तिताला

ऐ री सजनी, जो आज भेज दे हादी मोरा पियरुवा
सेज बिछा काज करूँ, शादी सुख बसे जियरुवा

तोड़ी, तिताला

काहू सूँ अवद बदें, काहू सूँ जा भेंट करें, काहू सूँ कहें बात, काहू
सूँ लगावें घात
कहें कछू और करें कछू, और सोच ना संकोच जाके काहूँ सूँ नहीं
लजात
छल बल उन के उनहीं कूँ बन आवैं, और कहा जानै कोऊ ऐसे
मन की बात
एकन कूँ साई देत, एकन के बधाई करें, लाल पियारे की बात
मो पै कही न जात

तोड़ी, चौताला

साँची कहो हम सूँ, सजनी, हमरी कबहूँ पिया पूछत हैं बातैं?
हमसे ती पिया मुख यौं बोलें, औरन के जा बितावत रातैं

सारंग, बिन्द्राबनी, बँधा तिताला

प्यारी सूँ जाय मिले फिर, लालन, मो को दियो तुम और को बाला
कहा कहूँ मैं तुम्हारी बतिया? ऐसे दाग़ दियो तुम जैसे लाला

सारंग, चलता तिताला

करै न करै ऐसी बात करै, जा के सुनें ते सब मो कूँ हँसें हैं
बोलो नहीं हम सेती, लला, यहाँ देखों चवाई लोग बसें हैं

सारंग, चलता तिताला

हिल मिल के बलमाँ सूँ अपने रंग रलियाँ करैं और तन मन कूँ सुख दीजे
देख ग्रीषम जी में आवत है री सखी, पी संग बैठ अमराई की छायें, रस लीजे

सारंग, बिन्द्रावनी, चलता तिताला

हों पिया नया और जानूँ! नहीं, जो माँगै पिया सो सब ही दीजै
मानै नहीं अब जाने नहीं, सखि, कौन उपाय, कहो अब कीजै

सारंग, बिन्द्राबनी, बँधा तिताला

साँची कहो कबहूँ नहीं काहू सूँ, लालन हो यह कोन सिखायो?
कहो कछू और, करो कछू और, कबहूँ अपनो नही साँच दिखायो
सारंग, बिन्द्राबनी, बँधा तिताला

टूट गये डोर सबै, और छूट गई अधरान तें लाली
खेलत होरी, पिया बरजोरी मुख मींड लियो, देखत सब की बात बनाली
सारंग, ताल होली

न मन को ताब है बिन देखन, न ताकत है जो पाती लिखूँ
लाचार भई हूँ तेरी पीर सूँ, लालन, नैंनन सूँ राह तकूँ
सारंग, ताल होली

बल मैं पल में ही लिपट लियो मन, लालन नै सजो कैसो है फेंटा
डार ठगोरी ही रूप दिखा, अब देखूँ सखी, फिर कब लौं हो भेंटा
सारंग, बिन्द्राबनी, तिताला

सोई थी रूठ कै, चौंक पड़ी, तब हाथ लला को गहे हूँ मुठी थी
क्यों न मिले, सखि, आज पिया हमें, अपनौं हाथ मैं देख उठी थी
सारंग, बिन्द्राबनी, चलता तिताला

चौंप लगी मिलने की पिया के, सौत के कारन हाथ न आवै
मैं तो उपाव किये बहुते, अब सोई हितू जो बनाव बनावै
सारंग, बँधा तिताला

मुख देखन कों तेरे चाव, पिया प्यारे, मन मो मोरे
का सूँ कहूँ जी की बिथा, अब कभू आवो मेरे, बल जाऊँ मैं तोरे
सारंग, बिन्द्राबनी, बँधा तिताला

ऐ अतहीं खुमारी नैंन खुब गये तैंड़ी मैंड़ी दिल मैं
घायल कर कर मायल कीती खोल घुमाँड़ी मिल मैं
सारंग, बिन्द्राबनी, बँधा तिताला

जात कही उपमा नहीं और ही नीकी रची बिध सुन्दर जोरी
आधी निसा में अँधेरी पड़ी तब वाय समै को करे रस चोरी
दीपक राग दिये मन सीस में रूप अपूरब बिता को लखो री
पी गोदी तिया बैठौ काम भरौ मुख फेर सखी कर खैंचत डोरी

सारंग, बिन्द्राबनी, बँधा तिताला

आज कछू कल और कछू गही न जावत बाँह
सखी, कहो, मैं क्या करूँ, गेह न आयो नाँह

सारंग, बँधा तिताला

रब्बा, मैं काहू सूँ न डरूँ न डरूँ और डरूँ तो तोही सै डरूँ
तू ही करीम, रहीम, दाता मेरा, तेरा ही कहा अब सब मैं करूँ

बिन्द्राबनी, चलता तिताला

पूछो मत तुम, ऐ सखी, निकसत नाँही बैन
देखत ही यह फिर गये मो सूँ मेरे नैन

सारंग, बिन्द्राबनी, बँधा तिताला

तन सूँ होत कहा, सखी, लागी मन की लाग
बातन सूँ यह ना छुपे, सुलग रही है आग

बिन्द्राबनी, बँधा तिताला

नैनाँ तरसें मेह से, पीरी भई सखि, देह
आवत ना पी गेह में, कौन कियो संग नेह?

बिन्द्राबनी, बँधा तिताला

जी चाहे सो कीजिये, फसे पेम के जाल
उर सूँ लाल लगाइये चम्पे की-सी माल

बिन्द्राबनी, बँधा तिताला

चाहत हों तो कूँ, सखी, एही मोहि न भाइ
सौ गुन हैं तो में, अली, एकी, औगुन आहि

सारंग, बिन्द्राबनी, एकताला

क्या जाने, तब क्या करे, आय रहे जो रैन
तुरत किये बस लाल तिय, जुरत नैन सूँ नैन

सारंग, बिन्द्राबनी, जलद लिया बँधा तिताला

सुभ घरी, सुभ दिन, सुभ महूरत लालन मेरे ग्रह चरन धरे री
मन मैं आनन्द भयौ, रोम रोम सीतल भये, जब तें डीठ पड़े री
बिरह बेदन अंग अंग तें दूर किये रहस रहस लागे मोगरे री
मेरो भाग सुहाग जागो सुनत हीं सब दूतन के मान गुमान झरे री

सारंग, चौताला

सोच जिया के, ऐ सखी, चाहे पल में खोय
मेरौ बस कछु ना चले, पी चाहें सो होय

सारंग, बँधा तिताला

पीतम, जिन के नित बसो, जाय बसो वा गेह
वै अँखियाँ अब ना रहीं, जिन अँखियों कियो नेह

सारंग, बँधा तिताला

बिन पीतम बौरी भई, कछू न ती को भाय
ग्रीषम अंबौ बैठ कै कोयल कूम मचाय

सारंग, तिताला

रूप बनायो कौन को, कहाँ लगी है लाग
दूर कीजिये पीक कूँ, लगे कपोलन राग

सारंग, चलता तिताला

सखी, कहा देखायगी, मो को कछू न भाय
पीतम की मो नैंन में मूरत रही समाय

सारंग, चलता तिताला

बार बार तो सूँ कही, तू मत परै बसीठ
दूजी परी नहीं दीठ मैं जैसी तू ही दीठ

सारंग, चलता तिताला

तेरी न मानूँ सिख सखी, मो कूँ ना यह भाय
जा ही सूँ डाढ़ो हियो, वा ही सूँ सियराय

सारंग, एकताला

काम भरौ तन मैं, सखी, पी कूँ देख दिखाय
नई लगन ती को लगी, झुक झुक झाँकत आय

बिन्द्राबनी, सारंग, बँधा तिताला

बिन देखे तन को, सखी, मन को पड़े न चैन
ना जानूँ, मेरे तई कैसे बीते रैन!

सिंदूरा, एकताला

सौतन सूँ अत पीर जिया मोर दुख पाय
गये दूर दिस कूँ, सखी, पीतम पीत लगाय

सिंदूरा, एकताला

देखत ही यह रूप, सखि, लगी जिया कूँ चोट
नट की सी गत लै गई, पट घूँघट की ओट

कौकब, एकताला

ऐ री सखी, सुनि काम पिया नै तन मेरो सब घेर लियो है
देखे बिना ती चैन न आवे, नाजानूँ उन कहा कियो है

पूरवी, बँधा तिताला

अली, जब जानूँ मैं तो कों चातुर, जो तू पी के मन की बूझै
जानत नाँह तू भोली प्यारी, मन की तो सब तन सैं सूझै

पूरवी, अड़ा चौताला

चातुर प्यारो हमारो, सखी, सब जानत अपनो और बिरानो
तुम काहे फिरौ इत को उत को अपने जिया में कह बात को ठानो

पूरवी, अड़ा चौताला

नैंन कहे सब देत हमें, कहो पीत लगी अब और तिया की
मैं तुम्हरे गुन जानत हूँ, पिया, मो से न बात छिपाओ जिया की

पूरवी, अड़ा चौताला

महशर का दिन याद रख, हाल न अपना भूल
इस में बख़शे जाओगे, कलिमः पढ़ी रसूल

मूलतानी, तिताला

अब लौं गई नहीं बात है, रख लै अपने हाथ
जो न मिले तू पीय सूँ जाय रहें कहीं रात

मूलतानी धनाश्री, बँधा तिताला

हर दिन उसकी याद रख, जा में सब कछु होइ
आये न दिनया काम कुछ, गफ़लत में मत सोइ

मूलतानी धनाश्री, बँधा तिताला

लाज काम बैर भये, उन सूँ कहाँ बसाय
बिन देखे पिया ना बनै, दृग फिर लखो न जाय

मूलतानी धनाश्री

बैरी अरी, तू बैठ तो, ऐसे बोल न बोल
मो कूँ पड़ी अब जान की, तो को भयो किलोल

मूलतानी धनाश्री, बँधा तिताला

लगन लगी पी सूँ, सखी, बैठी देखूँ राह
हाथ नहीं वह आत हैं मेरी न उन को चाह

मूलतानी धनाश्री, बँधा तिताला

घरी परै नहीं चैन, सखि, जब तैं बिछरे नाँह
बदरी बदरी सी गई, पिया नहीं घर माँह

मूलतानी धनाश्री, बँधा तिताला

लखि हूँ नैनाँ जब लला, जानूँ हूँ तब चाह
कहै सुनै मानूँ नहीं, तू ही प्रेम निबाह

मूलतानी धनाश्री, अड़ा चौताला

आवत हैं जिस राह तें, लगे रहत उत नैन
देखूँ न जब तक लाल कूँ, पड़े नहीं सुख चैन

मूलतानी धनाश्री, बँधा तिताला

साँई, तो सो कौन, जो इच्छा माँगन जायें
ऐसो दाता तू ही है, मन की माँगे पायें

मूलतानी धनाश्री, तिताला

गुसय्याँ के रंग देखो, कोऊ चाहै, ऐसे रंगारंग कौन रंग सकै।
उन के रंग उन्हीं को रँगे बनै, और कूँ बन आवे नाँही, सभी देख यह ढंग छकै।

धनाश्री, बँधा तिताला

नैंनन से ती सैन कियो, और मुख से ती सब बैन कियो है
कहा करूँ, कित जाऊँ, सखी, अब मो को कछू बन आबे नाहीं,
पिया बिना सुख चैन गयो है

मूलतानी धनाश्री, बँधा तिताला

मन की मन ही जानत है, मेरी जानो, पिया, तुम अपने मन सूँ
यह पीत की रीत छुपत नाहीं, देख लीजे, पीतम, अब तन सूँ

मूलतानी धनाश्री, बँधा तिताला

देखत ही मैं चित कूँ, माई, सबह जिन के उन के न पैहूँ
आज गई, सो गई, सजनी, अब फेर कभी उन के ना जैहूँ

पूरवी, धनाश्री, एकताला

कहूँ ऐसो बवान बजे सजनी, हम और पिया एक गली मैं मिलैं
जब मिलनो भये पी संग, माई, जी ऐसे खिले ज्यौं फूल खिलैं

पूरवी, धनाश्री, बँधा तिताला

ऐ री पिया प्यारी मेरी, चल तू अपने पीतम प्यारे के नेरे
झूठी बात, सखी, काहे करत है सुरजन जा बसे औरन के घेरे

पूरवी, धनाश्री, बँधा तिताला

मूरख नार गँवार, तू भूल पिया मत सोइ
उतरी पी के जीय से, आदर करै न कोइ

पूरवी, धनाश्री, चलता तिताला

ऐ री माई, उस रँगीली छबीले संग मोरी लागी पीत
काहू क़ी पूछत नाहीं, कैसे कहूँ उन के ढंग की रीत

धनाश्री, चलता तिताला

ऐ री माई, जो सजन आवै मोरे सुख की घरियाँ
दौर लागूँ गर वाके रसिया, और करूँ रँगरलियाँ

धनाश्री, ताल होली

हम से तुम से नेह लग्यो, प्यारे बलमा हमारौ
"शाहेआलम" पी, तुम्हरे मिलन कूँ सारी रैन जगी लौ
धनाश्री, बँधा तिताला

कहा कहे बतिया यह झूठी, कहा परी अब उन कूँ मेरी
काज कहा हम सूँ, सजनी, अब लाल की प्यारी भई बहुतेरी
सरी, चलता तिताला

जेते करें तुम्हरे मन हारो, तेही, लला, हम से ती ही भाजो
जिन से ती लगा जी, मुख से कहो, तुम नैंनन में अब काहे को लाजो
सरी, चलता तिताला

कवल से पान, कलानिध सो मुख, कुन्द से दन्त, कुरंग से नैंना
गोरो सो गात, सुगन्ध लगात, उजारी लखात पे लाजत बैना
सूछम सी कटि, बाल सुवाल सै चाल मराल की, कोयल बैना
ऐसी तिया बिन, प्यारों पिया, कहो, कैसे कै पावै घरी पल चैना
सरी, चौताला

पीतम की चतुराई सखी, हम पै नहीं जात है खोल बताई
हूँ तेरो गुन बहुते मानूँगी, माई, जू तो मोहि देवी जताई
गौरी, बँधा तिताला

मेरे देखत छीनी अब कर लीनी भूल कै माल पिया नौ ही दीनी
होत कहा अब कै मुकरी, तिया, तेरी सबै हम साबित कीनी
गौरी, बँधा तिताला

कोऊ उपाव करो, सजनी, अब नेह के फन्दे फस्यो मन मेरो
छूटत नाँही छुटाय किसू के, कोऊ चवाव करो बहुतेरो
गौरी, चलता तिताला

अली, हूँ पछताई मन में, काहे को पीत करी लालन से!
हमरी बात बिसार दई, अब लागे पिया तुम घर घालन से
गौरी, बँधा तिताला

आज लला नहीं आवत हैं सखी, कौन जतन कर पी कूँ बुलाऊँ?
प्यारे बिना कछु नेक न भावे, कैसे बचन मैं जी से भुलाऊँ
गौरी, बँधा तिताला

साँझ परी, पिया अजहूँ न आये, न जानूँ कौन तिया संग बिरमाय रहे
अब तो उन को मन और से अटकौ, माई, मो कूँ जो चाहे सो कहे
गौरी, बँधा तिताला

आज बैठी कोयल मध माती अम्बुवा की डार पर कूक मचावै
कूक सुने या बैरन की, सखी, पीर पिया मोहे आन सतावै
दीठ परै नहीं ऐसी कोऊ हितू जो मेरे पी को जाय सुनावै
भूल गई तन की सुध इस दीठ लंगर को पीत की रीत बतावै
गौरी, ताल होली

ऐ री माई, कैसी नीकी सावन तान भली!
सब गुनी लेत दून, उस्ताद नजर अली!
राग जेती, गौरी ताल

हात चवाई लोक सै क्यौंकै देख न पाई
लाज निगोरी, यह सखी, नैंनन रही समाई
स्याम राग, एकताला

लाज छुटी, ग्रह छुट्यो, और बात खुली सब हीं मुख आनी
हाँस सह्यौ, उपहाँस सह्यौ, घर बास न देत हैं नन्द जिठानी
लोक चवाई सूँ नाम धराय के, मैं अपनो मन दै पचतानी
नौजु लगें तुम सूँ अँखिया! पिया, लागे की सार नहीं तुम जानी
हमीर, चौताला

आय नहीं अजहूँ कह कारन सेज सुगन्ध सिंगार की त्यारी
जाके हुलास में भूल गये, सुध नाँह रही, किस की घर बारी
एक घरी नहीं छाँड़ सकै, अब कैसी कहा वह लागत प्यारी
पीतम संग तो जाने, सखी, आज कौन सी आय लगी है नारी

हमीर, तिताला

पीतम सूँ मन लग गयो, परै न मो कूँ कल्ल
कैसी हितू है तू सखी, करे जो मो सूँ छल्ल

कामोद, एकताला

कीजै ना ऐसो कछू बिनती करत मनाइ
औसर चूके जो, सखी, सो पाछे पचताइ

कामोद, बँधा तिताला

मेरो मन नीको बहै तू मन मोहे नाँह
बोलो मत मो सूँ पिया, छोड़ो ना मोरी बाँह

कामोद, एकताला

सखी, कहूँ क्या पीर सूँ, आँखन बरसे मेह
मन की सब ऐसी कहूँ लाल जु आवें नेह

कामोद, एकताला

पी के संग लिपटी रहै, करत उनींदे भेस
भोर उठी अलसान ती, मुख पर डारे केस

कामोद, ताल होरी

ईधर बरखा की झरी, ऊधर बरसें नैन
भला, सखी, तू आप कह, किस को पी बिन चैन

कामोद, बँधा तिताला

लाल की आँखन सूँ उरझी अँखियाँ, अब कोन उन्हें सुरझाये
देखे बिना सुरझत नाँही, माई, पिया बिना मन मों मुरझाये

कान्हरा, बँधा तिताला

आज कियो छल जैसो पिया तुम, काल करोगे तो रूस रहूँगी
मैं जु कहत हूँ जी सें सुनो, नहीं अपनी धाय सूँ जाय कहूँगी

कान्हरा, जल्द तिताला

लेवत मेरे जीय को पल पल में सुख चैन
दिखाय सलोनी आपनौ, दै दै कजरा नैन

कामोद, ताल होरी

पीतम के, सख, हात से बिचकन लागी भाल
जाय कहो समुझाय कै, भली नहीं यह चाल

कामोद, एकताला

कहा कहूँ, सखि, सौत से, पिया न छाँड़े पल
झूठी बातें नित कहे, आज करै और कल

कान्हरा, बँधा तिताला

ऐसे कपटी जीय को कहूँ नहीं है ठौर
बात करो मो सूँ पिया, घात करो कहूँ और

आड़ा, एकताला

आवत नाहीं गेह जो पूछत है यह बाल
लाग गई कहाँ आँख है कहो हो क्यों ना लाल?

शहाना, कान्हरा, एकताला

अन भाती कहो नहीं पीतम की, जो पीय कहैं सौ माँगे लीजो
मैं पीय सूँ नहीं बोलूँ सखी, तुम अपनी ओर तें आदर कीजो

माँगी, कान्हरा, एकताला

सोच करो और विचार करो कई दिवस को है यह लेखा
होगी हितू तुम मोरी बड़ी, अब देख बिचारो तो हात की रेखा
नहीं देख लियौ, नहीं जान लियौ, सखी, आवत है मोहि या ही परेखा
लै लै बला मन हार करी, पर पीतम ने मेरी ओर न देखा

कान्हरा, अड़ा चौताला

नैन लगे कजरारे पियारे के, और सखी, मुख तेरे सुहावै
देखत हो कहा, चातुर नारी रूप दिखा यह जीय लुभावै

कान्हरा, बँधा तिताला

देख पिया को रूप ती मुख मूँदे मुसकाइ
पीतम, सखि, लख के रही नीचे नैंन नचाइ

कान्हरा, अड़ा चौताला

दूत लगानी ना सुनो, मैं जु कहूँ सो मान
उन के जी में और है तू ही बसै मो जान

कान्हरा, चौताल

हूँ समझाय रही बहुते, उन बातउ मोहि लजावत हैं
पूछत हूँ जब भेद की बातें, और की और बतावत हैं
मो सूँ कहे नहीं कैसी हितू जब वे उन के ढिग जावत हैं
कौन तिया बस पीय परी सखि, मेरे नहीं घर आवत हैं

कान्हरा, अड़ा चौताला

लागत नैनन नीके भले यह कौन सजी पिया पाग तिहारी
जाओ पिया तुम उन के, जिन के रहत हो रस मसे, सुनो तुम बात हमारी

यमन, बँधा तिताला

दर्द है तन मन को जो, जानत नाँही कोई तबीब
जा को कहूँ कोऊ न जानै, मेरी जानै मेरा हबीब

यमन, एकताला

दिन चार की चाह पै भूलो नहीं, सखि, आप को देखो, सँभाल के बोलो,
एक सी बात रहै न सदा, यह जान बिचार कै जीय में तोलो
हम देख लिई पिय के जिय की, तुम काहे को बात हमारी में डोलो
पी काहू के नाँह भये, और होंगे ऐसन सूँ मन की नहीं खोलो

यमन, चौताला

समुझावत, सख, कौन को? मो को एक न भाइ
पी की सुध आवै जबै तन की सब सुध जाइ

यमन, एकताला

जिया जरै है पीर सूँ भावे नहीं सख, धूप
मेरो मन भयौ बावरो, देखत पी को रूप

यमन, बँधा तिताला

लिपट झपट पी से करो लखी तिहारी रीत
निपट कपट मन में बसे, परघट जावत प्रीत

यमन, एकताला

पादशाह वली महबूब मौलाना
''शाहे-आलम'' के मन की इच्छा बर लाना

यमन, कलियांन, एकताला

रूप दिखा कै, ऐ सखी, चैन लियौ सब छीन
नैनन चंचल चपल लख, मन तड़फत ज्यों मीन

भूपाली, बँधा तिताला

आज किधर तुम आय हो, कहिये मो सूँ, लाल
बेग, सिधारो वा ही घर, सुनै न प्यारी बाल

भूपाली, बँधा तिताला

पीतम, ऐसी चाल की भली नहीं है बाल
देखत हो गरे कौन के बुहर खरी है माल

भूपाली, बँधा तिताला

रूप रंग हम देख कै जान लिई हम चाल
मचे जहाँ हो रंग मैं, रचे रहो तहाँ लाल

पूरबा, चलता तिताला

डार ठगोरी सौत ने लीनो अपने हात
लालन के, सखि, बैर की कही न जावै बात

पूरबा, चलता तिताला

ऐसो दमकत रूप ती मानो चन्द की जोत
कहा कहूँ, सखि, जीय की देखत बस जो होत

किदारा, बँधा तिताला

चन्दमुखी सी नार को सब लख व्याकुल होत
वा की छब देखै, लला, होत नैंन में जोत

किदारा, बँधा तिताला

चन्दन की चौकी पर बैठी पहरे बसन भूषन चाँदनी की,
पिया उजयारी की सूरत देखे ही लजात है
चन्दमुखी फूली चाँदनी चहूँ ओर, जरी को चँदवा बिछे
चाँदनी तैसी झलकत जोत हीरे की नैंनन सुहात है
काहे करत हो लोगन की लगाई बा तिया सूँ दराइयाँ
यह ऐसी कौन तिहारी बात है?
ऐसी चाँदनी में, पियारे, चल बैठो संग अपनी प्यारी के
फेर पाछे पछतेहो, यह नीकी रैन जात है

किदारा, चौताला

आज की कैसी लगत है यह चाँदनी रात!
या चाँदनी में देखत पिया की सूरत नैंन लजात

किदारा, बँधा तिताला

चाँदनी सी उजयारी तिया, बैठी देखे चाँदनी को पिया प्यारी तुम्हारी
तुम जो जात हो औरन के घर, मूरख लाल, कहो दूजी ऐसी कौन तुम निहारी?

किदारा, चलता तिताला

क्या नीकी फूल रही आज की चाँदनी यह पूरन मास की!
पिया बिन लागत नीकी नही, तू बैठ, माई, तू ही बसी पिया के बास की

किदारा, बँधा तिताला

चूक परी क्या हम से पिया? जो ऐसे तीखे बोलन लागे
काहे छिपावत, जान गई, तुम और तिया रस ढोलन लागे

किदारा, बँधा तिताला

आई पिया प्यारी उजयारी ऐसी छीर सी चाँदनी में अपने बस कीजे
लाय लिवाय हूँ सौंतें लग रस ही, रसिया सूँ सबे रस लीजै

किदारा, चलता तिताला

साँच बता तू मो को, सखी री, पिया आज की चाँदनी मनाइ बैठे कहाँ?
औरन सूँ करें रस की बतियाँ, झूठी पाती पठाई यहाँ

किदारा, चलता तिताला

कैसे के जाऊँ पिया पै, सखी? चहूँ ओर तें चाँदनी फैल रही है
देखे बिना, अली, चैन नही, अत मेरे लिये तू बैरन भई है

किदारा, बँधा तिताला

जानत थी, पी चातुर हैं, पर आतुर नार के हात बिकाने
जाओ सखी तुम जानो नाहीं, वह तो लगी अब बात बनाने

किदारा, बँधा तिताला

साँची कहो, निस कहाँ जागत हो, नेह अत पागत हो, वा ही के गुण गावत हो
बार बार आवत हो, मन सुकचावत ह्वै के चैन सुनावत हो, या ही में कहा पावत हो?
एकन को अंग लगावत हो, एकन को नेह जनावत हो, एकन के मन ललचावत हो
"शाहे-आलम" पिया, कौन तुम कूँ सिखावत, ऐसी कहा मन लावत हो

किदारा, चौताला

ऐसी निर्मल आज की चाँदनी मोहि भावै नैंन सुहावै
"शाहे-आलम" पिया, तुम्हारे देखत तन मन अत सुख पावै

किदारा, बँधा तिताला

सरद की चाँदनी मोहि अत भावै और सब गुनी आछे राग गायें
सब नर नारी बने ठने पहने अभूषन, बैठे "शाहे-आलम" संग सुभायें

किदारा, अड़ा चौताला

ऐसे नीके बागन की सैर करो "शाहे-आलम" नित रहे मसऊदी
आज की निर्मल चाँदनी में जोर फूले दाऊदी

किदारा, बँधा तिताला

देख न सकूँ इन नैनन सूँ माई पिया बिन या चाँदनी की राती
का सूँ कहूँ यह, कौन लखै, कौन पढ़े, जाय मोरी पाती
कैसे कहूँ अब कह न सकत हूँ तो सूँ अपने जी की बाती
जब आन मिले पिया प्यारो मेरो, तब सियरी हो मोरी छाती

किदारा, चौताला

आज की यह चाँदनी, पिया बिन कैसे के भावे, माई?
कह कह हारी हित की बतियाँ पीय, तो को सुन कर लाज न आई

किदारा, बँधा तिताला

चाहत हूँ अब पीय कूँ देखूँ भर भर नैन
लागी रहूँ अंग रैन कूँ, बैठी करूँ, सखि, बैन

किदारा, बँधा तिताला

चहूँ ओर मुख चंद की चटक चाँदनी जोत
लखिये ऐसी नार, सखि, नैंनाँ सियरे होत

किदारा, बँधा तिताला

सखी रूप दिखा, मन पी को लुभा, अब मेरे तई फुसलावन आई
तुही जान लियो, पहचान लियो, अब तेरी सुनूँ नहीं राम दुहाई
जैसी चाल करी तुम पीतम सै, सो सारी तियान में मैं लख पाई
मोहि आवत है अब या ही परेखा, तेरे कहे क्यों जनम गँवाई!

किदारा, चौताला

बैरन निकसी चाँदनी, रही अँधेरी आस
निस में निकसी थी, सखी जाऊँ पी के पास

किदारा, बँधा तिताला

तन मन सैती अब सबै उठी जात है लाज
मेरी सुध तो लीजिये, प्यारे, सुन कर आज

किदारा, बँधा तिताला

वा दिन तें सुध नाँह रही, रस पेम भरे जब तें लखियाँ हैं
दूजी सुनी नहीं देखी कहाँ, उन देख झुकीं सगरी सखियाँ हैं
चंद से आनन पै कर अपने, मानो विधाता नै ला रखियाँ हैं
देखत ही जिया, सच कहिये, अत नीकी सखी बदरी अँखियाँ हैं

किदारा, चौताला

कोऊ चवाव करो कितनो, यह नेह लगे पर नेक न छूटै
दिन दिन काम बढ़ावे और पीर पिया की तन मन लूटै

विहाग, अड़ा चौताला

कहा समुझावत मो को, सखी तू जी की खबर है किस को?
इस बिरह की ज्वाला की, ऐ री अली, वा ही जानै तन लागे जिस को
विहाग, बँधा तिताला

सखी, पड़ै ना चैन, अब काहि करूँ मैं, हाय!
लगत अगन या ना बुझे, और अगन बुझ जाय
विहाग, बँधा तिताला

आई है कितनो निहारो किये, अब कीजिये वा सूँ सुलोक की बातैं
अगली कछू मन लाइये नाँही, प्यारे, अब लीजिये मनाइये ऐश की रातैं
संगरा, बँधा तिताला

कौन बसे यह देस जहाँ बिन देखे सुने ही कलंक लगे हैं
मो कूँ बात कहे कलंक लगे पिया जो और तिया सूँ नेह पगे हैं
अड़ाना, बँधा तिताला

बिसर गईं हमारे नेह की बतियाँ, अपनी प्यारी तिया संग सो तू
तेरी री कंत बड़ी री चवाई, हमारे कंत को भी को... उन खो तू
अड़ाना, बँधा तिताला

मन चाहत है जा को, ओ ही बसत है जाय तो ही काहि परी?
लाड़ लड़ाओ, अंग लगाओ, चाहत है देख खरी
अड़ाना, एकताला

काहे परी उन के मन की, तिया, पूछत है तू कौन लिये?
अपनी बिथा कूँ खोल कहो, तुम काहे धरी है अपने हिये?
जो कुछ करे, तू आप करे, पचतात कहा हो अपने किये?
नैंनों बुलावत, आवे नहीं अब हीं जिया हात दिये
अड़ाना, चौताला

ए री, आज कौन तिया के बिरम रहे हौं मेरे लालन?
कहा कहूँ कुछ बन नहीं आवे, न जानूँ ऐसी कौन है घर घालन?

अड़ाना, बँधा तिताला

भोर तें साँझ लो, साँझ तें भोर लो, मैं नित ही नित राह निहारो
आये नहीं अब लो परदेस तें, काहू पे रीझ रहो रिझवारो
काम सतावत आठों जा मन को, ऊ है प्राणन को रखवारो
हों निकसीं पिय देखन को, अब देख परी नहीं प्रान पियारो

अड़ाना, चौताला

कैसे केहूँ तो सूँ, माई अपने जी की? पिया बिन अत हीं बेकल भई
मो कूँ तो उन बिन चैन न आवे, औरन सूँ नेह कर मोहि बिसार दिई
उन की दिठाई मो सूँ कही न जाइ, तन मन सब छीन लई
अब कछू कहे बन आवै नहीं, बिन देखन नैंनन सूँ नींद गई

अड़ाना, चौताला

गात सबै अलसात झंभात अब बैन सबै तुतरात सहाये
रैन जगे, रस रीत पगे, छतियाँ सूँ लगे, पिय कौन को भाये?
पेच खुले ठहरात नहीं, पग घूमत सीस पे भोर हीं आये
आये कहाँ तुम आज हो, लालन, देत कहें सब दीठ लजाये

अड़ाना, चौताल

जोरी तुम सूँ एक, पी, लग सूँ तोर
रैन मना सँगरी कहूँ आये तेरे भोर

अड़ाना, बँधा तिताला

जो देखे, सखि, रूप को जिया वहीं बस होत
सूरज सूँ जब सें मिली, बाढ़ी दूनी जोत

अड़ाना, बँधा तिताला

मो सूँ कहिये आज क्या आये जी में ठान?
कौन मिली, कहो क्या हुआ, जा पर इतनो मान?

खमाच, जलद तिताला

चातुर हो तुम तो बड़े क्यों नहीं लो पहचान
पीतम, आज भली करी, मेरी लीनी मान!

अड़ाना, एकताल

दिनकर ससि को है कहाँ ऐसो जस जो लेत?
साईं की है जोत सब, जग उजियारो देत

परज, बँधा तिताला

मूरख हूँ जो अब कहूँ अपने मन की बात
क्यों पूछता है तू सखी? तू तो मिली पियः सात[1]

परज, बँधा तिताला

मेरी बिसरी पीत सब, भूले न ईधर आय
बे बस भई अब, ए सखी, परी और बस जाय

सोहनी, बँधा तिताला

ना जानूँ सखि कौन तिया ने लालन को बहकाय दियो है
मो सूँ बहकाय के लालन को मन अपने हात लियो है

अड़ाना, एकताला

बेर भई यह प्रीत मेरी , सखी, आने न दे है पी को घरी
आगे तेरे कछू बात नहीं, पिया माँगता हूँ मैं तो सूँ हरी

सोहनी, बँधा तिताला

---

1. हस्तलिखित प्रति में दूसरी पंक्ति इस प्रकार है – 'चाहत ती को मिलाय जो ला समुझाय रखात।' किन्तु मुद्रित प्रति में उक्त रूप है। 'क्यों पूछत है तू सखी' हाशिये पर लिखी है। ऐसी अव्यवस्था अनेक स्थलों पर है। – सम्पादक।

रजनी कठिन लागे, अब तुम जागियो मोरे मतवा
इतनी रैन मोहि जागत बीती, उठी क्यों न मेरे नाहा

सोहनी, चलता तिताला

ए री सखी, जो पिया को ला मिलावै, तो तेरे गुन बहुत मानूँगी
जब यह मूरत दीठ परी, तब नयो जनम फिर जानूँगी

सोहनी, चलता तिताला

समझे ना समझाय सख, किया करो तुम छंद
मेरे मन बस न रहो, परी पेम के फंद

सोहनी, बँधा तिताला

मेरी बिसरी पीत सब, भूले न ईधर आय
बे बस भई अब, ए सखी, परी और बस जाय

सोहनी, बँधा तिताला

क्यों बहकाये तें आज, तिया, तुम रूस रही हो लला सै
जो अपनो भलो चाहत हो, पल बात करो, नहीं पी की बला सै

सोरठ, मारवाड़ी, होरी

मन की कहूँ जब तो सूँ, सखी, धीर बताओ जानो नहीं जी की पीर
देखत नैंन पीतम के छूट तन को लागे पलकन के तीर

सोरठ, चलता तिताला

उन की सारी चूनरी लाल रँगाई रंग
बिन लालन लाली कहाँ? लाली लालन संग

सोरठ, चलता तिताला

दूत लगाय सूँ मो सूँ पिया अब ऐसी करी, नहीं कोऊ करै
अब मेरी ओर तें कौन, सखी, जा पीतम के जिय नेह भरै?

एक तो सौत नै पीय लियो, और दूजे है आय के मो सू लरै
कैसे, अली, बातन सूँ कहो, मेरो हिया नित नाँह जरै?

सोरठ, बँधा तिताला

पीछे हमरे क्या परै, क्या हम तुम्हरो लेत?
मारी तुम्हरे पीत की भरी परी हूँ खेत

सोरठ, बँधा तिताला

पीतम के बिन ऐसो कोई नाँही, लेवे निकाल
मेरी सखि अब लेह की लगी कलेजे भाल

जैजैवन्ती, चलता तिताला

पीक लीक अधरान्त पे, सोहत अंजन नैन
रूप लखे ऐसो, सखी, जात जिया को चैन

गौरी, होरी

दामन की दुत देत, सखी? तन की मन की उपजे अकुलाई
बान सी बूँद लगैं सगरी, और चातक की धुनि नाँह सुहाई
दादर मोर को सोर नहीं अब, मानो फिरे यह काम दुहाई
पी बिरमाये कहाँ बरखा रुत, कारी घटा घनघोर की छाई

गौण्ड मलार, चौताला

मोहि बताओ, ए सखी, पी आवन को जाप
सोचत हूँ मन आपने, क्यूँ कर होवै मिलाप?

गौण्ड, एकताला

बात चलै पुरवाई, सखी, री, उमड़ गुमड़ कै बादर गरजै
पीय बिना कछू जीय न परचै चपला चमकत देखत लरजै!

गौण्ड बँधा तिताला

ऐ री अली, पिया आप न आये, अब नाँह लिखी कुछ पाती
न जानूँ, कौन तिया बिरमाय के राखो, धरकत है मोरी छाती
गौण्ड, तिताला

पिया बिन जो बीतै मो पर, मेरी माई कह्य कहूँ मैं जी अपने की तो कूँ
ए री अली, पिया आज न आये, अत आवत परेख मो कूँ
गौण्ड, बँधा तिताला

दिन दिन दूबरी काहे होत है, प्यारी? साँची बता जी की मो को
उन की बतियाँ कही न जात हैं, सखी, कह्य कहूँ मैं पी की तो को
अड़ा, चौताला

या बदरी की बहार, सखी, कह पिया बिना अब कैसे कटैगी?
क्यों कहकावत मो कूँ, अली री, लागी पीत अब नाँह छुटैगी
गौण्ड, चलता तिताला

बरसैं बरसैं घनघोर घटा, तरसैं पी देखन को अब नैंन हमारे
चपला चमके, लरजे जीयरा, सखी, कैसे परै सुख चैन तुम्हारे?
गौण्ड, बँधा तिताला

या बदरी की बहार मैं, री सखी, पिया मिलन को जी तरसै
नेह हिये सरसे बिन देखे पी को नैंनाँ बूँदन बरसे झर सै
गौण्ड, बँधा तिताला

सावन में सस जी की बहार में परदेस की बात न कीजै
गरजत है घरनघोर घटा, और बूँदन तें सब अंबर भीजै
गौण्ड, बँधा तिताला

जाओ, सखी, तुम कैसी हितू हो, जो आवत पी के देखत होंसो!
करमों लिखी मेटत नाँही, तुम अपने जी का काहे मोंसो
गौण्ड, बँधा तिताला

काहे को ऐसी बात करै री, जा के देखत पिया रूसे?
जाओ, सखी, तुम जानत नाही, वा ठग तो मेरा जिय मूसे
गौण्ड, बँधा तिताला

मोरी सुध बिसार दिई, सखी जानत है कौन उनकै जी को भाई?
जब आवन हो पी को, माई, तब तब यह अबर बहार नीकी लागे छाई
गौण्ड, अड़ा चौताला

आवन पीतम कै सुनि गेह में, भूषन अंग तियाँ सिंगारैं
पावस की रुत लगै अत नीकी, पिया मिलबे की बहार भई है
गौण्ड, चलता तिताला

चहूँ ओर तें आई उमड़ कारी घटा, और भूमि भई हरी
पिया बिना कछु भावे नाँही, सखि, देखत ही नैंनाँ लागी झरी
गौण्ड, बँधा तिताला

आज की बहार में पिया, कैसे वा को छाँड़ के तुम आय हो मेरे धाम?
सब गुन पूरो, पीर न पूछत, हो बुरे तिहारे काम
गौण्ड, बँधा तिताला

पिया, ऐसी बहार में तुम आवो मोरे, बूँदें पड़त थोरी थोरी
रैन दिनाँ मोहि कल न परत है, घरी घरी मन मों याद तोरी
गौण्ड, बँधा तिताला

बलमाँ, या समै यौं जी चाहत, सुनिये मिल गौण्ड की आहंग
दिल अपने की कूक सुना, कीजिये रस बतियाँ पिया संग
गौण्ड, बँधा तिताला

पिया के मिलन की याहू रुत आई, माई
दादर मोर पपीहा बोले, कोयल कूक मचाई
गौण्ड, बँधा तिताला

ए री सखी, बरखा रुत की बहार तब भावे मोहि जब आन मिले पिया मोरा
नित ही नीकी बूँदन बरसत, माई, जो पीतम को आन मिलावे, गुन मानूँ तोरा
गौण्ड, बँधा तिताला

ए री माई, आज के दिन के मौसम मैं पिया कहाहँ बिरमाये?
कारे पीरे बादरा उमड़ आये, बिजुरी चमकत अत डर पाये!
गौण्ड, चलता तिताला

ए री माई, रिम झिम क्या नीकी बरसत हैं आज बूँदरियाँ
पिया बिन मोहि कछू न सुहावे, नैनन सूँ लागीं बरखा की झरियाँ
गौण्ड, चौताला

सुनि तू प्यारी मेरी, आज देखी सावन की घटा में अजब सुन्दर नारी
अतहीं छबीली रूप की चमक, चमकै चैसे बादर में बिजुरी, तैसी किनारी सारी
गौण्ड, बँधा तिताला

सुनि लीजै मेरे मन की, माई, जाय समुझावो अपने दीठ लंगर वा को
इते उते दिन बिरमाय रहे हैं कौन तियाँ के क्या भूल गयी डर वा को?
हम सूँ अवद बदी, अजहूँ न आये, बस रहे जा कौन नगरवा को?
चपला चमक डरावन लागी, यह दुख सह्यो न जात तरसत देख बदरवा को
गौण्ड, चौताला

आज क्या नीको बरसत है मेहरवा, पिया देखन को जिया तरसे
मो कूँ तो उन बिसार दिई, अब न लेत सुध, न जानूँ कौन तिया के डर से?
गौड, अड़ा चौताला

कोयल, मोर, पपीह की कौलौं लगै उदास
नैनन के बिन लाल के बरखा रहै छिमास
गौण्ड, चलता तिताला

मेरी सुध नहीं लेत हैं, नैनन बरसे मेह
छुप छुप रुक रुक के, सखी, चले तिया के गेह
गौण्ड, चलता तिताला

भूमू हरी सब देख के, मोर करे हैं शोर
चहूँ ओर घर घर घटा घूम रही घनघोर
गौण्ड, चलता तिताला

बरखा कहा डराइ है, भयो बादरा नेह
नैंनन झर तें, ए सखी, लजियावत है मेह
गौण्ड, बँधा तिताला

पी कूँ देखूँ आँख भर, भावे तब ही बहार
सियरी बाब बहै, सखी, ऊ न परै निहार,
गौण्ड, बँधा तिताला

पी बिन मो को, ए सखी, भावत नाँह बहार
बरसत मोरा खान, जो नैंनन पड़े बयार
गौण्ड, बँधा तिताला

चमक दामनी देख के पियरो होवत रंग
रहिये ऐसे समे में हिल मिल पी के संग
गौण्ड, बँधा तिताला

सूनो मन्दिर पी बिना, बौलत हैं बन मोर
चमकत है अत दामनी, करें बादरा शोर
गौण्ड, बँधा तिताला

गरज गरज आये घुमर भरे बादरा नीर
बरसत मेरे नैंन को, कहा बँधावैं धीर
गौण्ड, बँधा तिताला

चहूँ ओर कारी घटा घिर आई बिन पी
चमकत है लख दामनी, तड़फत है सख ती

गौण्ड, बँधा तिताला

गरज सुने घनघोर की चैन गयो मन माँह
दमक दमक डर जात है दामन घन की माँह

गौण्ड, बँधा तिताला

मोह अकेली जान, सखि, घेर लेत घनघोर
चैन गयो सब रैन कूँ, तड़फत हो गई भोर

गौण्ड, एकताला

सुकच सुकच मन मै रहूँ, नैंनाँ नीर भराय
पी बिन देखूँ जब घटा, घटा घटा मन जाय

गौण्ड, बँधा तिताला

मेरी सखि, अब मान लै, उठा जिया सै काम
पिया बिना काहे करे समझ चातुरी बाम?

गौण्ड, बँधा तिताला

चैन गयो सब जीय ते, पीतम जब तें ओट
सखी, पड़ी तन बूँद जो, लगी जिया मैं चोट

गौण्ड, एकताला

कहा कहूँ तो से, सखी, तड़फूँ आठों जाम
ज्यों ज्यों चमके दामनी, त्यों त्यों झलके काम

गौण्ड, तिताला

झूलत पी के संग ती, कीने लाल सिंगार
रिमझिम बरसे मेखला, सियरी बहे बयार

गौण्ड, बँधा तिताला

चमक डरावे बीजुरी, कौन गहे अब बाँह?
ए बदरा गरजे, सखी, बरजे कोऊ नाँह

गौण्ड, बँधा तिताला

लाल भये जब ते, सखी, नैंनन सेतन ओट
सावन की या बूँद सों लगे जिया पर चोट

गौण्ड, बँधा तिताला

छाय रही चहूँ ओर घटा, और देखो, सखी, क्या भूम हरी है
मो को बता तूँ, मेरी हितू, पिया आवन की कहा, कौन घरी है?
पीर तिया पल चैन न दै अब, आँसुनि की अब लागी झरी है
को तरसे बहु बूँदन को, इन नैंनन में घनघोर परी है

सोर मलार, चौताला

लरजत है मेरो जिया, चमकत तेरी भाय
चमकन बस कर, दामनी, जब लों पी घर आय

सोर मलार, एकताला

लाल बिना मेरो सबै गयौ जिया को चैन
जैसो बरसै मेह, सख, तैसे बरसे नैन

सोर मलार, बँधा तिताला

पीर पिया की, ए सखी, चैन नहीं तन देत
पावस रुत क्यों कर कटै, मोर सोर जी लेत?

सोर मलार, बँधा तिताला

बूँदन बरसत मेह की, भावत नाँही जीव
सावन लगै सुहावनो, जो घर आवें पीव

सोर मलार, बँधा तिताला

छब छुप कै सख पी को दिखावै, बात करै छल जाय
साँवरी सलौनी चंचल नारी लखै न पल ठहराय

जैजैवन्ती, एकताला

फिर फिर जाँदा, फेरी पाँदा, वेखो मैंड़ी जिन्दरी नूँ तरसाँदा
छुप छुप विखाँदा, मैंडा मन लुभाँदा, सई नेडे नहीं आँदा

जंगला, बँधा तिताला

समझत हूँ जो तू कहे, तेरे न आऊँ हात
मोहन सूँ हित है सखी, तू कह कितनी बात

भटियार, बँधा तिताला

क्यों हम को बहकावत बाल? लाल की माल तो तेरे गरे है
पहले बात बना कै अपनी, तिया, अब काहे को मोरे पाछे परे है?

धानी, बँधा तिताला

सुन री माई, हों तो एक न देखा जगत में ऐसो कोऊ सुखिया
जो देखा मैं सो अपनी गरज़ का, और ही और है वह इश्क़ में दुखिया

होकरा, बँधा तिताला

ऐसी रूसी लाल सूँ, गये लाल हों रूस
कहा कीजिये, ऐ सखी? पिया गये जो मूस

जैजैवन्ती, एकताला

एक अँधेरी रात, सख, दूजे आवत लाज
पीतम सूँ अब मेरो हो कैसे मिलना आज?

बिहाग, बँधा तिताला

बदल बदल आवत, सखी? आज बदरवा रंग
बिन पीतम के जीय को कही न जात उमंग

सोर मलार, बँधा तिताला

लाड़ लरा बनरा बियाह कर बनरी अपनी घर में लाया
भहू फुफी सब के मन को आवत दूला भाया

मिल बैठी सख पीय सूँ पाय अकेलो धाम
काम कियो सब आपनो, मेरो कियो नहीं काम

भटियार, बँधा तिताला

तो को, सख, अब ना कहूँ तू ने पिलाये जाम
कियो पिया को आपनो, तेरो न लूँगी नाम।

भटिया, बँधा तिताला

(झ) तराने

दिर ना तदानी दानी उ दानीतदानी
तोम तोम तन तन नार तादानी
रफ़तम परीदः मिसिल कबूतर बको इदो सत
बाज़ीगरीश बीं कि बिगुफ़ताः "बिया, बिया"

तिलाना तोम तन तादीम तन तन
नरे नरे तोम तन तन तारे दानी
क़ासिद रसाँ ब पेशि सनम ई पयामि मा
बदनामि इश्क़ शुद ज़ि तो ईं नेक नामि मा

लिलाना दिर दिम तोम तोम तदानी
तारे दानी ना तदानी
ऐ सनम, मुशताक़ि खुद करदी मनि महज़ूर रा
गह तसल्ली हम तुवाँ कद ईं दिले मजबूर रा

तदिये नरे दीम दीम तादानी नरे नरे तारि दानी
तोम तन तन रे अन तन रे तादानी

जिगर ख़ूँ सोख़तः जाँ दिल तपीदः दीदः पुर आबम
बिया, ज़ालिम, कि ज़ींसाँ दर ग़मि हिज्रि तो बेताबम

सोरठ, जल्द तिताला

दीम दीम तन दिर ना तारि दानी
ओ दिना तना दिन ना तरे दानी
ज़मानः नेस्त बयक रंग ऐ दिला, बिशुनौ
बदोस्तानि अदू ख़सलत आशना तू मशौ

सारंग, चलता तिताला

तोम तन दिर ना तदानी दोस्त
यलम यलम यलम यल्ले रहना
है सब के पास तू और सब से है जुदा
जो कुछ कि कहिये, सो है रवा तेरी शान में

सारंग, चलता तिताला

दीम दीम तन दिर ना दारि दानी तदिय नरे आहे तुम
ऐ सनम गर तो बि बीनी सूय आहि सरदि मन
गिरयः ख्वाही कर्द बर हालि मन, ऐ बेदर्दि मन

मूलतानी धनाश्री, बँधा तिताला

दा रा यले दिन मा तदियः नरे ना दिरदे
तना तन दिर न दिर दानी
मन खुश शुदम कमाल, चु दीदम जमालि यार
या रब, चुनीं शवद हमः कस रा विसालि यार

मूलतानी, धनाश्री

दिर ना तदीम तोम तादानी यलाले यलाले तारि दानी
हर गह बसूयम आँ बुति रंगीं नज़र फ़िगंद
ख़ुश ग़ातम आँ चुनाँ कि ज़ि ख़ुद हम ख़बर नमांद

गौरी, चलता तिताला

दिर ना तदीम तोम तादानी यलाले यलाले तारि दानी
जो इन दिनों में हम सिती तुम ने यह देखी है
लाचार क्या करें, पिया, तुम सेती सीखी है

गौरी, बँधा तिताला

ऐ दीम नरे दानी तन दिर ना यलले यला याला यलले दिर ना
मा रा बयादि आँ सनम ईं जा अज़ीज़ नेस्त
लेकिन हज़ार हैफ़ कि ऊ रा तमीज़ नेस्त

यमन, चलता तिताला

तोम ताना दिर ना तरे दानी तादानी दिर ना दीम तारे दानी
हर इक गुनाह की है, परवरदिगार, तौबः
कीजे क़बूल मेरी, ऐ किर्दगार, तौबः

भूपाली, बँधा तिताला

तोम तनुम तनुम तोम यलले यला यलले
तोम तनुम तनुम तनुम तन दिर ना ता दानी
साथ अशकि दमादम के मिरे आहु फुगाँ है
जो क़ाफ़िलः जाता है, सो बे गर्द नहीं है

विहाग, बँधा तिताला

तन दिर ना तदानी तारे दानी आहे
यारि मन दिर दिर दीम दीम तदानी तोम
चनदाँ गिरीसतेम कि चश्मम ज़े नम गुज़श्त
उमरे अज़ीज़ मा ब फिराके सनम गुज़श्त

गौण्ड, चलता तिताला

आह जाने मन तदीम तना आहे आहे
दिर दिर दीम दीम तारा दानी दीम तदीम तना

चश्मे मन बहरे सनम गिरयानस्त
दिले मन अज़ ग़मे ओ बिरयानस्त

गौण्ड, बँधा तिताला

तन दिर ना तना तना तारे दिर दिर दीम दीम
चश्म दर इंतिज़ार हस्त आशिक़ि बेक़रारि तू
गर गुज़री बसूयि मन, चूँ न शवम निसारि तू?

भैरों, एकताला

ऐ तना तोम दिर ना तदानी तारि दानी दिर ना तदानी
इमशब बख़्वाब दीदम आँ यारि दिलरुबा रा
जसतम ज़ि ख़्वाब दीदम .ख़ाली फ़ितादः जा रा

भैरो, एकताला

यारम तदार दानी तारि दानी ना दिर
दानी तोम दिर दानी तारे दानी
दर कूयि नेकनामी मा रा गुज़र नदादन्द
गर तू नमी पसंदी, तग़यीर कुन क़ज़ा रा

भैरों, एकताला

मोद उपावै चित्त को, सबै रसन को धाम
''नादिरात-शाही'' धर्‍यो या पोथी को नाम

ई नुसखः कि हस्त जामिये जुमलः उलूम
गर्दीद बहुक्ति शाहि-आलम मरकूम
इस्ना अश अज़ अहादु हम बूद मिआत
कीं ग़त ब नादिराति-शाही मौसूम

रुबाइये .ख़ातिमा

♦

बहादुरशाह जफ़र की कविताएँ

(1)

प्यारी तेरो प्यारो आयो प्यारी
प्यारी बातें कर प्यारे को मनाइये
अनेक भाँतन कर प्यारे को रिझाइए
आली ऐसो प्यारो कहाँ घर बैठे पाइये।।
लाइए समुझाइए कौन भाँतन
कर सुखदे बुलाइये।
साह बहादुर तेरे रसबस भए
अनरस कर कर सौतन हँसाइये।।

ध्रुवपद, भैरव, तिताला

(2)

नैन तेरे घुमर भए आज बिन देखे एमनभावन।
कलन परत मोहेरी एको पल कब होई यो पिया आवन।।
सुने कुहुक कोयल की कवधौं होय गर लगावन।
शाह बहादुर तुम बहुनायक कैसे करूँ दिन सावन।।

मालव, चौताला

(3)

जिन गलिन में पहले देखीं लोगन की रँगरलियाँ थीं।
फिर देखा जो उन लोगन बिन सुनी पड़ी व गलियाँ थीं।
ऐसी अखियाँ मीचे पड़े हैं करवट भी नहीं ले सकते,
जिनकी चालैं अलबेली और चलने में छलबलियाँ थीं।

खाक का उनका बिस्तर है और सर के नीचे पत्थर है,
हाय! वह शक्लें प्यारी प्यारी किस किस चाव से पलिया थीं।।

(4)

सुन री सहेली मोरी पहेली,
बाबल घर में रही अलबेली,
मात पिता ने लाड़ से पाला।
समझा मुझे सब घर का उजाला,
एक बहन थी एक बहनेली। ॥1॥

यों ही बहुत दिन गुड़िया में खेली,
कभी अकेली कभी दुकेली।
जिससे कहा चल तमाशा दिखा ला,
उसने उठा कर गोद में ले ली। ॥2॥

कुछ कुछ मोहि समझ जो आई,
एक जा ठहरी मोरी सगाई।
आवन लागे बाम्हन नाई,
कोई ले रुपैया कोई ले धेली। ॥3॥

ब्याह का मोरे समाँ जब आया,
तेल चढ़ाया, मँड़ा छवाया।
सालू सूहा सभी पिन्हाया,
मेहँदी से रँग दिए हाथ हथेली। ॥4॥

सासुरे के लोग आए जो मेरे,
ढोल दमामे बजे घनेरे।
सुभ घड़ी सुभ दिन हुए जो फेरे,
सैयाँ ने मोहि साथ में ले ली। ॥5॥

आए बराती सब रसरंग के,
लोग कुटुम के सब हँस हँस के।
जावत थे सब घर से निकले,
और के घर में जाय धकेली। ॥6॥

ले के चले पी साथ जब अपने,
रोवन लागे फिरे सब अपने।
कहा कि तू नहीं बस की अपने,
जा बच्ची, तेरा दाता है वेली। ॥7॥

सखी, पिया के साथ गई मैं,
ऐसी गई फिर वहीं रही मैं।
किससे कहूँ दुख हाय! दई मैं,
सैयाँ ने मोरी बाँह गहेली। ॥8॥

सास जो चाहे सोई सुनावे,
ननद भी बैठी बात बनावे।
क्या करूँ कुछ बन नहीं आवे,
जैसी पड़ी मैं वैसी हीं झेली। ॥9॥

जिया बियाकुल रोवत अखियाँ,
कहाँ गई सब सँग की सखियाँ।
शौक रंग गुड़िया ताक पै रखियाँ,
ना वो घर है ना वो हवेली। ॥10॥

(5)

प्यारी बोली तू चील री होंहूँ
तुभई कहत हों तो सों माँन जिन गहे।
नीची नार कहा कर रही सुन्दरि, ऊँचे चितै नेंक मो-तन जो है तेरे
जीम में सोतू बेग उत्तर देहे।

सबही तियँन में तो ही सोभाव रहे पिय जिय पिय जिय की तासों
तू हठ कर हिए न रहे।
'शाह बहादुर' अति विचित्र, ता सों रस-ही-रस निबहे॥

ध्रुवपद, भैरव, तिताला

(6)

सगुन होत पिय मिलवैकों आलीरी ताके लगे अँखियन।
प्राणेश्वर कब आवे गे होड़ परी सखियन॥
भली भई तुम आवन कीनो तन मन रोम रोम फूली छतियन।
शाह बहादुर तुम बहुनायक जागे मेरे करम भाग रतियन॥

(7)

तुमसों जो बोलत हो लाल ज्यो तुमसों होय साँची।
वहाँ ही जाओ जहाँ ह्मय तिह्मरो काम अहे सिधारो प्रीत नीभे के बाँची॥
उनकी प्रकृति रीतहीसे अधीन के जेई भली तेंइ सोई नाची।
शाह बहादुर तुम नीके जानत अब तुम बोलवेकी खाँची॥

धनाश्री, चौताल

(8)

बीतत हम पर जैसे हों हमसों कहते हो रावरे।
काहे तुझे और पहचाने हम जानत जहाँ जावरे॥
रैन दिना मोहे कलन परत है तूँ तूँ लौ लावरे।
शाह बहादुर तुम बहुनायक हमसों भए लड़ बावरे॥

(9)

आज नयना रसही भरे मतवारे चलत दिगने
धों कटाक्ष न भारे एसे अलस्त पिया प्यारे।
रूप चतुर मानो मुक्ता सँवारे जौवन थिरमें
फिरत ढुरारे नेक इन ढहरारे जतन कर हरि।।

पानत सेत रङ्ग करारे अनुबेधे मन बेधत न्यारे।
यह छवि देख साहबहादुर रीझत थकित भए जों ससि चकवारे।।

(10)

घरी घरी तू काहे मेरे आवत माई।
इत उतकी बातें आन आन मोसों कहत बनाई।।
तेरे हित चितकी हों नीके जानत पै मान नाहीं न
कछु लाग लगाई।
माह बहादुरकी होंही करूँ टहल जे उन चाही
सोई लगी में लगाई।।

देश, टौड़ी

(11)

तूँजो अपनी मुख दिखावत गहरी गुमान करी जो लालन भावै।
बादही वकबो करत पूँछत न उत्तर देत काञ्चनकी चौकी छबि पावै।।
साहकी कसोटी कसाई मेरे जात ताहीकी मै मारग सोतन के जिय आवै।
सोहे किए कहत तोही को लेन साह बहादुर को रिझावै।।

गान्धार, चौताल

(12)

नैन जुगल जुगल मध तारे श्याम अपान लेत है माइ।
मानो मकर सुगन्ध धवल विशाल डोरे
लालपै रूप छक्यो चित चञ्चल अञ्जन दीने आई।।
खञ्जन रस लेख उड़उड़ अपने आपनही विराजत आई।
कुँकू चंपा पियारे भएहैं पूजत न परछाई।।
दामिनी सकुच लगाय आकाश गई है छवि
निरखत दरशन जोत दारम हियो दरक दरजाई।
मारग मृगजे मीन वन गह्यो याते सनमुख होत लजाई
एसी उजारी प्यारी सुख दाई साह बहादुर पियकी
सवत सरमाई।।

गान्धार, चौताल

(13)

धन धन प्यारे जाकी सङ्गतमें तू निपुण भइरी।
तू लागिरी तीख चोख बूझन एसे गत लइरी।।
गीत छन्द धारु ध्रुपद बीन बीन ताल लेत नइरी।
चिर चिर जीयो साह बहादुर जाके सदाराग भइरी।।

गुर्जरी, सुरफाख्ता

(14)

तेरो सो निरत तोहि बन आवै सोची मोहनराय।
उरप तिरप लाग डाट सहत सुध अङ्ग देशी दिखाय।।
जेते गुणीयन धन धन अपा अपा कर पूज तेरे कमलपाय।
साह बहादुर के रिझाय अपवश कर अब करो माई पुरीदाय।।

गुर्जरी, सुरफाख्ता

◆

परिशिष्ट

निवेदन

मुग़ल बादशाहों की हिन्दी में आपको दिखायी देगा कि उर्दू कब और 'क्योंकर पैदा हुई'। पर इतने से ही आपको सन्तोष न होगा। इसलिए आपकी जानकारी के लिए इतना और निवेदन कर देना है कि उर्दू वस्तुतः मुग़ल शाहजादों की घरबनी चीज थी जो फ़ारसी के उठ जाने पर आयी और परदेश बन्धुओं की कृपा से दरबार में दिखायी देने लगी। जो लोग उर्दू को 'बाजार' और 'लश्कर' की उपज समझते और हिन्दू-मुस्लिम-मेल का चिह्न मानते हैं उन्हें इस निबन्ध को तनिक ध्यान से पढ़ना चाहिए और आँख खोलकर यह प्रत्यक्ष देख लेना चाहिए कि भाषा के सम्बन्ध में समर्थ मुग़ल बादशाहों की नीति क्या थी; क्यों उन्हें हिन्दी अथवा ब्रजभाषा ही भाती थी और क्यों उसी को वे लोग प्रमाण मानते थे। शाह हातिम ने क्यों 'शिष्टभाषा' को छोड़कर 'मिर्ज़ा-याने हिन्द' और 'फ़सीहाने रिन्द' की भाषा को प्रमाण माना और परम्परागत हिन्दी भाषा का बहिष्कार किया—इसका संकेत भी आपको यहाँ मिलेगा। पर एक बात की जिज्ञासा का समाधान इस निबन्ध से न हो सकेगा। अतएव उसकी भी चर्चा यहाँ हो जाय तो अच्छा हो।

यह तो कहने की बात नहीं रही कि मुग़ल बादशाहों की हिन्दी में गानों की प्रधानता है और सभी गाने में मग्न दिखायी देते हैं। मुग़लों की इस संगीतप्रियता को समझने के लिए यह जान लेना परम आवश्यक है कि मुग़ल बादशाहों के पहले पठानों के शासनकाल में संगीत की क्या दशा थी। संगीत के प्रसंग में ग्वालियर के राजा मानसिंह का नाम भुलाया नहीं जा सकता, यह उन्हीं की संगीत-निष्ठा का प्रसाद है कि ग्वालियर संगीत का केन्द्र बना और 'ग्वालियरी' (ब्रजभाषा) संगीत की शिष्ट भाषा बनी, साथ ही हमें गुजरात के बहादुरशाह को भी सदा याद रखना चाहिए। उसने राजा मानसिंह के अखाड़े को उखड़ने नहीं दिया और वह सदा संगीत का आश्रय बना रहा। जौनपुर और बंगाल के हुसैनशाहों ने भी इस क्षेत्र में कुछ कम काम नहीं किया। उनकी कृपा से पूरब में भी इस संगीत भाषा का प्रसार हो गया।

एक बात और। अपने इतिहास की अनभिज्ञता के कारण लोग 'दक्खिनी' (भाषा) के विषय में विलक्षण कल्पनाएँ कर रहे हैं और उसके प्रचार का श्रेय कभी अलाउद्दीन खिलजी (मलिक काफूर की दक्षिण यात्रा) को देते हैं तो कभी मुहम्मद

तुगलक के दौलताबाद को। यहाँ विवाद और विस्तार की आवश्यकता नहीं। संक्षेप में इतना ही बहुत है कि दक्षिण में हिन्दी का प्रचार इस्लाम से पहले ही हो गया था और देवगिरि में अलाउद्दीन के समय में भी गोपाल नायक का बोलबाला था। गोपाल नायक और अमीर खुसरो का संगीत संघर्ष अति प्रसिद्ध है। जो लोग संगीत परम्परा से परिचित हैं उन्हें ब्रजभाषा का महत्त्व स्वतः मान्य हो जायगा। शेष को इस निबन्ध से कुछ लाभ पहुँचेगा।

सम्भव है कुछ लोगों को इस निबन्ध में त्रुटियाँ दिखायी पड़ें; किन्तु यदि इससे सत्य का किञ्चित बोध और हिन्दी का कुछ भी हित हो सका तो मैं इस श्रम को सफल समझूँगा और उन लोगों के प्रति कृतज्ञ भी हो सकूँगा जिनका उल्लेख जहाँ-तहाँ किया गया है। अन्यथा बालपन तो बाटे में ही पड़ा है।

काशी
मार्गशीर्ष अमावस्या — ***चन्द्रबली पाण्डे***
संवत् 1997

मुग़ल बादशाहों की हिन्दी

आने को तो अमीर तिमूर भी अपनी डरावनी सूरत दिखा गये थे पर हिन्द में मुग़ल-शासन की स्थापना जगीरुद्दीन मुहम्मद बाबर ने की। बाबर कहाँ तो रोटी पानी की खोज में इधर-उधर भटक रहा था कहाँ निमन्त्रण पाकर भारत का भाग्यविधाता बन बैठा और कुछ ही दिनों में उसने वह कर दिखाया कि हिन्दी के अनूठे मुस्लिम कवि मलिक मुहम्मद जायसी को उसकी प्रशंसा में खुलकर कहना ही पड़ा –

**"बाबर साह छत्रपति राजा। राज-पाट उन कहँ विधि साजा॥
मुलुक सुलेमाँ कर ओहि दीन्हा। अदल दुनी ऊपर जस कीन्हा॥
अली केर जस कीन्हेसी खाँड़ा। लीन्हेसि जगत समुदभरि डाँड़ा॥
बल हमजा कर जैस सँभारा। जो बरियार उठा तेहि मारा॥
पहलवान नाए सब आदी। रहा न कतहुँ वाद करि वादी॥
बड़ परताप आप तप साधे। धरम के पंथ दई चित बाँधे॥
दरब जोरि सब काहुहि दिए। आपुन विरह आउ-जस लिए॥
राजा होई करे सब, छाँड़ि जगत महँ राज।
तब अस कहैं मुहम्मद, वै कीन्हा किछु काज॥"[1]**

बाबर ने बादशाह बनकर जो 'किछु काज' किया उससे यहाँ हमारा कोई प्रयोजन नहीं। हमें तो यहाँ यह देखना है कि उसकी यह 'मोगली' बादशाही हमारी हिन्दी के लिए कहाँ तक हितकर सिद्ध हुई और फिर क्यों आगे चलकर उसकी सन्तानों ने बादशाही के साथ-ही-साथ हिन्दी को भी छोड़ दिया।

अच्छा, देखिये। बाबर बादशाह का दरबार लगा है। इब्राहीम लोदी का कटा सिर उसके सामने है। सहसा किसी की वाणी फूट पड़ती है –

**"नौ सै ऊपर था बत्तीसा, पानीपत में भारत दीसा।
अठई रक्षय सुक्करबारा, बाबर जीता बराहीम हारा॥"[2]**

किन्तु क्या विदेशी बाबर के कानों में इसकी कोई ध्वनि सुनायी पड़ी? उस बेचारे के लिए तो यह विदेशी भाषा एक पहेली थी। अपनी विवशता और संकट का संकेत करते हुए उसने स्वतः लिखा है –

"न हम यहाँ की बोली समझ सकते और न यहाँवाले हमारी जबान जानते हैं।"[3]

आगे चलकर आगरे के प्रसंग में वह फिर कहता है –

"हमारे आदमियों के लिए यहाँ की ज़बान नयी है और वे इससे भड़क रहे हैं।"[4]

बाबर जैसे अनुभवी बादशाह को यह जान लेने में कुछ देर न लगी कि यदि उसके आदमियों की यह 'भड़क' बनी रही तो भारत शीघ्र ही हाथों से निकल जायगा और फिर हाथ मलने के सिवा और कुछ हाथ नहीं रह जायगा। निदान एक दिन उसने भी सँभलकर कहा और कितना सटीक कहा –

"मुजका न हुआ कुज हविस मानिक व मोती।"[5]

पर इसके आगे यहाँ की भाषा में बढ़ न सका। उसकी जबान से जन्मभाषा तुर्की में चट निकल पड़ा –

"फुक़रा हलुयीग़ह बस बो लग़ो सैदूर।"[6]

किन्तु उसकी चेतना ने फिर उसे फटकारा और उल्लास के साथ सहसा उसके मुँह में आ गया –

"पानी व रोती"

पानी को तो अहिन्दी कहने का साहस किसी को न हुआ, पर 'रोटी' को अहिन्दी कहनेवाले बहुत से लोग निकल आये। यहाँ तक कि हिन्दी साहित्य सम्मेलन के गत अट्ठाइसवें अधिवेशन (सन् 1939 ई.) में राष्ट्रभाषा परिषद् के सभापति बाबू राजेन्द्र प्रसाद ने काशी की नागरीप्रचारिणी सभा की छाया में यह स्पष्ट कर दिया –

"कौन कह सकता है कि 'रोटी', जिसके बिना हम रह नहीं सकते, हिन्दुस्तान में कहाँ से आयी और इसका असली रूप क्या था? सुना है यह तुर्की शब्द है। इसी तरह कौन सोचता है कि 'आग' और 'पानी' संस्कृत से निकले हैं? अब इनको कौन उर्दू से निकाल सकता है? साथ ही यह भी जाहिर है कि 'रोटी' तुर्की व्याकरण और 'आग', 'पानी' संस्कृत व्याकरण का सहारा अब नहीं ले सकते। उनको तो हिन्दी उर्दू के रास्ते पर ही चलना है।"[7]

'हिन्दी उर्दू के रास्ते' के विषय में हम अभी कुछ नहीं कहेंगे। हाँ, प्रसंगवश जानकारी के लिए इतना निवेदन अवश्य कर देंगे कि उर्दू के 'रास्ते' का हमें कोई ठीक पता नहीं, पर इतना अवश्य जानते हैं कि उसका सच्चा सम्बन्ध हमारे देश के दलित बाबरी लोगों से ही है। रही 'रोटी' की बात। सो उसके विषय में हमें कहना यह है कि वह शुद्ध हिन्दी शब्द है। तुर्की, अरबी या फ़ारसी से उसका कोई सम्बन्ध नहीं। क्या कोई

सज्जन यह बता देने की कृपा करेंगे कि रोटी का फ़ारसी, अरबी या तुर्की बहुवचन क्या है और कहाँ किस पुस्तक में, किस रूप में उनको वह दिखायी देता है? हम तो यही कहेंगे कि कोई भी भाषाविद् रोटी को तुर्की नहीं कह सकता। उर्दू के कोश[8] और मुस्लिम साहित्य से ही यह सिद्ध हो जाता है कि रोटी वस्तुतः हिन्दी है। बाबर के मुँह में जो वह 'रोती' के रूप में दिखायी देती है उसका कारण कुछ और ही है। सुनिये, एक हिन्दी स्त्री किसी चहेते से छनककर कहती है –

"तेरी माँ गोली तेरा बाप चमार।
झूथ तुझ थैं बहुत सुना मत बोल।
सच तेरा हौं कहौं मरा मत मार,
तुझ थैं मुझको न रोती व पानी,
तुझ थैं मुझको नहीं सवार सिंगार
अब न रहौं तुरे खुदा की सौं,
निकलूँगी तुम्हारे घर थैं बाहर।"[9]

यहाँ भी वही रोती पानी है जो बाबर के यहाँ। किन्तु दोनों में भेद यह है कि यदि बाबर के यहाँ टवर्ग का अभाव है तो 'इश्क़ी' की हिन्दी स्त्री भी रोटी न कहकर 'रोती' ही कहती है, नहीं तो 'रोती' किसी 'तुर्की' का शब्द नहीं। वह सचमुच हिन्दी भाषा का शब्द है।

बाबर ने हिन्दी भाषा के लिए क्या कुछ किया, इसका ठीक-ठीक पता नहीं। अपनी जन्म-भाषा तुर्की पर उसकी जो ममता थी वह भी हमारे काम की नहीं। हमें तो यह बताना है कि बाबर मरा और उसकी गद्दी उसके प्राणप्रिय पुत्र हुमायूँ को मिली। हुमायूँ जैसे उदार शासक के लिए जमकर शासन करना कुछ खिलवाड़ न था कि अपने आप तो पोथियों में पड़ा रहता और भले भाई शासन की बागडोर चुपचाप उसी के हाथ में पड़ी रहने देते और अपने मनसूबे को कुछ हरा-भरा न करते। साथ ही पठानों का रक्त भी इतना ठण्डा नहीं हो गया था कि कभी बादशाहत के लिए उसमें जोश ही नहीं आता। अतः फल यह हुआ कि प्यारे भाइयों ने विद्रोह किया और पठान शेरशाह ने समय पाकर उसे हिन्द के बाहर खदेड़ दिया। हुमायूँ सचेत हुआ, पुनः चढ़ आया और फिर हिन्दुस्तान का बादशाह बना। पर राज्य का सुख भोगने के लिए अधिक दिन तक जीवित न रह सका। उसका राज्यसुख झलक दिखाकर लुप्त हो गया। इस आँखमिचौनी के शासन में कुछ ठिकाने से हो पाता तो आज हुमायूँ के न जाने कितने हिन्दी ग्रन्थ होते। पर दुर्भाग्यवश उसका कोई पद्य हमारे सामने नहीं है।

हुमायूँ के दरबारी कवियों में कुछ ऐसी भी फ़ारसी के कवि थे जो हिन्दी में रचना करते थे और हिन्दी-गीतों को बड़े प्रेम से अपने प्रभु के सामने गाते थे। उनमें शेख अब्दुल वाहिब बिलगामी और शेख गदाई देहलवी मुख्य थे। किन्तु खेद है कि इनकी कोई भी हिन्दी रचना अभी तक हमारे सामने नहीं आयी। हाँ, एक ऐसे हिन्दी कवि की एक रचना हमें प्राप्त है जो हुमायूँ के दरबार में था। उसको देखने से जान पड़ता है कि हुमायूँ के दरबार में शुद्ध हिन्दी कवियों का स्वागत हो रहा था और बादशाह हुमायूँ की दृष्टि इधर भी कुछ कम न थी। हुमायूँ की देख-रेख में हिन्दी को जो महत्त्व मिला उसका प्रभाव फ़ारसी पर भी भरपूर पड़ा। फ़ारसी कविता कुछ हिन्दी भी हो चली।

हुमायूँ के हिन्दी कवि 'छेम' का एक छप्पय लीजिये और देखिये कि अली की वीरता का कितना सदर्प वर्णन है। खैबर के संग्राम के लिए वीर अली सन्नद्ध होते हैं और –

"धरनि थरनि थरहरत, डरनि रथ तरनि पलट्टेहु।
धूमधाम ध्रुवलोक लोक सुरपति अतिपट्टेहु।
गवन रहित सम्मीर नीर नदनदी निघट्टेहु।
क़रि निकार डिकरि चिकरि कहरि खैबर पर चट्टेहु
हिमगिरि सुमेर कैलास डिग, तब हहरि हहरि संकर हँस्यो।
'छेम' कोपि हजरत अली, जब जुल्फकार कम्मर कस्यो।।"[10]

हुमायूँ के प्रसंग में एक बात ध्यान देने की है। कहा जाता है कि गुजरात की विजय के बाद पापी रूमी खाँ हुमायूँ के दरबार में दाखिल हुआ तब उसको देखकर विजित बहादुरशाह का पालतू सुग्गा, जो उस समय हुमायूँ के अधीन था, हिन्दी भाषा में बोल उठा –

"फट पापी रूमी खाँ नमकहराम। फट पापी नमकहराम।"[11]

इसको सुनकर बादशाह ने कहा कि रूमी खाँ! क्या करुँ पक्षी है, नहीं तो इसकी जबान मुँह से बाहर खींच लेता।

रूमी खाँ की नमकहरामी की कहानी सुग्गे के कान में पड़ चुकी थी। उसके मुँह से चट वही फटकार निकल पड़ी जो बहादुरशाह के यहाँ उसे दी जाती थी।

खैर, हुमायूँ को खदेड़कर शेरशाह हिन्दुस्तान का बादशाह हुआ तो हिन्दी को और भी महत्त्व मिला। शेरशाह वस्तुतः हिन्दी था। हिन्द से उसकी बड़ी ममता थी। 'फरीद' के अपने पुराने प्रिय नाम से वह फ़ारसी की तरह हिन्दी में भी कविता करता था। अपनी मुद्राओं पर नागरी को स्थान देता था। शुद्धता के लिए फ़ारसी के फरमान तक भी फ़ारसी के साथ-ही-साथ नागरी[12] अक्षरों में लिखे जाते थे। पर काल की कठोरता के कारण आज हमारे पास उसकी कोई हिन्दी कविता नहीं है। सम्भव है, खोजियों की

कृपा से कभी वह भी हमारे सामने आ जाय, और हम शेरशाह के सच्चे भाव को ठीक-ठीक समझ सकें।

हिन्दी के पाठकों से कदाचित् यह कहने की आवश्यकता नहीं है कि हिन्दी के मुस्लिम कवियों के शिरोमणि मलिक मुहम्मद जायसी ने अपनी 'पद्मावत' में शेरशाह की जो प्रशंसा की है वह भँड़ैती नहीं है। वह तो जायसी के हृदय की बात है। एक योग्य शासक की योग्यता का उपहार है। उसके विषय में याद रखिये कि मलिक मुहम्मद ने कुछ पाने के लिए नहीं लिख दिया कि –

"दीन्ह असीस 'मुहम्मद', करहु जुगहि जुग राज।
बादशाह तुम जगत के, जग तुम्हार मुहताज॥[13]

अथवा-

"सब पृथिवी सीसहि नई, जोरि जोरि कै हाथ।
गंग जमुन जौ लागि जल, तौ लगि अम्मरनाथ॥"[14]

बल्कि उसके गुणों पर रीझकर अपने हृदय से लोक के मंगल के लिए उसे यह आशीर्वाद दिया।

किन्तु जब मूल ही नहीं तब डाल को खींचकर कहाँ तक पल्लवित कीजियेगा? जब शेरशाह की कोई रचना सामने नहीं तब उसका गुणगान ही क्या? इसलिए उसे यहीं छोड़िये और तनिक उसके औरस असलेम शाह की कविता का आनन्द उठाइये। सौभाग्य से उसके दो एक पद प्रकाशित हो गये हैं। और आज भी सूरियों की हिन्दी निष्ठा की साखी दे रहे हैं।

विरह की बात किसे नहीं भाती! समय पर पत्थर भी तो रोना चाहता है। फिर असलेम शाह विरह की धूनी क्यों न रमाएँ? उनकी वियोगिनी कहती है –

"ए जेते दिन अनमिल गए तिय पिय
बिन मोकों तेते दिन मेरे आन लेखे।
और जो तपत बाके तन के तिनके सुख को।
अँके भुज भर चाहत नैन कहे कब देखे।।
न पीय पाती पठाई न आयन कीनो
मेरी एक न भई हो रही है रखे भेखे।
'असलेम शाह' पिय जी की ना
समझत जोबन जात परेखे।"[15]

कुछ समझ बूझकर किसी तरह पिय आ तो गये, पर अपने साथ और ही बला मोल लाए जो रिझाने की जगह खिझाने का काम कर गयी। देखिये न, उस बेचारी (असलेम शाह की) नायिका पर क्या बीत रही है और किस ढंग से अपना दुखड़ा रो रही है। वह कहती है –

''पुन कैसेक दुरत हो तुम अपनों सो
करहो दुराव कैतोहू ललन डरत।
और काह बूझत देख धौं पीतम ए
जो अनकहे देत जो गाजे हो समै मूरत।।
अरसाने नींदन अघाने बाके पीतम सों
नैन पाए याते थोरे ढरत सूरत।
'असलेम साह' येह जान पार मोसो
सुधहि खिन जानो तुरत।।[16]

अस्तु, हम देखते हैं कि हुमायूँ के अभाव में देहली दरबार हिन्दी को और भी प्रोत्साहन देता है और सूरियों के शासन में वह और भी सम्पन्न हो जाती है। जब हुमायूँ फिर हिन्दुस्तान का शासक हो जाता है तब हिन्दी विद्या और हिन्दी रंगढंग को और भी महत्त्व देता है। पर अचानक एक दिन पुस्तकालय की सीढ़ियों से लुढ़कता हुआ गिरता और हिन्दुस्तान की बादशाहत अपने किशोर बच्चे अकबर के लिए छोड़ जाता है।

भारत अकबर का जन्मदेश है। अकबर को उत्पन्न करने का गर्व इसी भारत-भूमि को है। अतएव भारत की पुण्यभूमि में जन्म लेकर भारत की भारती को यदि अकबर ने जगा दिया तो कोई अनोखी बात नहीं। उसे तो हिन्दी से इतना सहजात प्रेम था कि उसने एक तुच्छ हिन्दी सेवक 'नरहरि' की पालकी को कन्धा लगा दिया। सुनिये न, बेनी कवि का कथन है –

''बाजी की सु पीठि पै चढ़ायो पीठि आपनी दै
कवि हरिनाथ को कछोहा मान सादरै।
चक्कवै दिली के जे अथक्क अकबर सोऊ।
नरहरि पालकी को आपने कन्धा धरै।।
'बेनी कवि' देनी ओ न देनी को न मोको सोच
नावै नैन नीचे लखि वीरन को कादरै।
राजन को दीवो कविराजन को काज अब

राजन को काज कविराजन को आदरै।"[17]

हाँ, तो अकबर के इस हिन्दी हृदय को समझ लेने के लिए ध्यान रखिये कि –

"चढ़ी बादशाही ज्यों ही सलिल प्रलै के बैं
राना, राव, उमराव सबको निपात भो।
बेगम बिचारी वही, कतहुँ न थाह लही,
बाँधौ गढ़ गाढ़ो गूढ़ ताकी पक्ष पात भो।।
शेरशाह सलिल प्रलै को बढ़्यो 'अजवेश',
बूड़त हुमायूँ के बड़ोई उतपात भों।
बलहीन बालक अकबर बचाइये को।
वीरभान भूपति अछैवट को पात भो।।"[8]

नवजात शिशु अकबर पर इस घटना का जो प्रभाव पड़ा उसने आजीवन उसको भारत का ऋणी बना दिया और उसके उदार हृदय में उस संस्कृति का बीज बो दिया जिसमें संकीर्णता का नाम तक नहीं। कहा जा सकता है कि जिस अकबर के शासन में सरकारी दफ्तरों से हिन्दी निकाल दी गयी और उसकी जगह फ़ारसी को दे दी गयी उसकी 'भाषा' के प्रसंग में इतनी प्रशंसा क्यों? ठीक है! किन्तु क्या यह ध्रुव सत्य नहीं है कि अकबर ने फ़ारसी को जो कुछ महत्त्व दिया वह केवल राजभाषा होने के कारण अथवा राजनीति के चक्कर में पड़कर ही? हाँ, उसके शासन में फ़ारसी का ढिंढोरा पीटनेवाला राजा टोडरमल भी शाही दबदबे में आकर ही फ़ारसी का प्रचार करता था।

उस समय की कूटनीति चाहे जो रही हो, पर इतना निर्विवाद है कि अकबर तथा टोडरमल को राष्ट्रभाषा हिन्दी से जो प्रेम था वह फ़ारसी अथवा किसी अन्य भाषा से कदापि नहीं। प्रमाण के लिए सर्वप्रथम राजा टोडरमल का यह पद्य लीजिये –

"जार को विचार कहा गनिका को लाज कहा,
गदहा को पान कहा, आँधरे को आरसी।
निगुनी को गुन कहा, दान कहा दरिदी को,
सेवा कहा सूम को, टारडन की डार सी।।
मदपी को सुधि कहा साँच कहा लंपट को,
नीच को बचन कहा, स्यार की पुकार सी।
'टोडर' सुकवि ऐसे हठी ते न टारै टरे,
भावै कहौ सूधी बात भावै कहौ पारसी।।"[19]

किन्तु साथ ही राजा साहब को इस बात का पूरा-पूरा पता था कि फ़ारसी से लोकहृदय का कोई सम्बन्ध नहीं। इसलिए 'सूधी बात' ही को अब अधिक महत्त्व देना चाहिए। अब तो देववाणी का कार्य भी लोकवाणी 'भाषा' में ही होना चाहिए। अतः उन्होंने आदेश दिया कि –

'सोहै जिन सासन में आतमानुसासन सु,
जी के दुखहारी सुखकारी साँची सासना।
जाको गुन, भद्रकार, गुण भद्र जाको जानि,
भद्र गुन धारी भव्य करत उपासना।।
ऐसे सार सास्त्र को प्रकास अर्थ जीवन को,
बनै उपकार नासे मिथ्या भ्रम वासना।
ताते देसभाषा अर्थ को प्रकास करु जाते,
मंदबुद्धि हू के हिय होवै अर्थ भासना।।"[20]

निदान हम देखते हैं कि विज्ञ तथा अज्ञ दोनों ही के उपकार के लिए जिस भाषा को महत्त्व दिया जा रहा है वह हमारी 'देशभाषा' अथवा लोकवाणी हिन्दी ही है, तुर्की अथवा फ़ारसी नहीं। फ़ारसी के परम प्रचारक राजा टोडरमल की जब यह आज्ञा है तब भला भाषा प्रेमी उदार दरबार हिन्दी की उपेक्षा कैसे कर सकता है? अकबर के दरबार में हिन्दी की जो प्रतिष्ठा थी उसका कहना ही क्या! फ़ैज़ी और अबुलफ़ज़ल जेसे फ़ारसी के प्रकाण्ड मुंशी भी कुछ हिन्दी कविता कर लेते थे। स्वयं सम्राट तो 'गुरुन-गुरु'[21] (गुरुओं के गुरु या जगत्गुरु) प्रसिद्ध हो गये थे और संगीत शस्त्र के सच्चे मर्मज्ञ माने जाते थे। जहाँ कहीं किसी गुणी की चर्चा हुई उन्होंने दर्शन किया। कहते हैं कि संगीत शिरोमणि बाबा हरिदास जी के दर्शन के लिए अकबर तानसेन के साथ उनकी 'कुटिया' पर पहुँच गये और नरहरि बन्दीजन के एक छप्पय से प्रभावित होकर उन्होंने गोवध बन्द कर दिया। वह सीधा-सा छप्पय यह है। असहाय गौ निवेदन करती है –

"अरिहुँ दंत तृन धरहिं, ताहि मारत न सबल कोइ।
हम संतत तृन चरहिं, वचन उच्चरहि दीन होइ।।
अमृत पय नित स्रवहिं, बच्छ महिथंभन जावहिं।
हिन्दुहिं मधुर न देहिं, कटुक तुरुकहिं न पियावहिं।।
कह कवि 'नरहरि' अकबर सुनो, विन वत गउ जोरे करन।
अपराध और मोहिं मारियत, मुयहु चाम सेवई चरन।।[22]

हिन्दी के दरबारी तथा अन्य कवियों ने अकबर की जो भूरि-भूरि प्रशंसा की है उसके कहने की आवश्यकता नहीं। यह एक तरह से प्रसंग के बाहर की बात है। यहाँ स्वयं सम्राट् की रचनाओं का आस्वादन कीजिये और उनकी ह्निन्दीनिष्ठा को खूब जाँच लीजिये कि फिर कभी आपको इस विषय में किसी प्रकार का धोखा न हो और आप उसके कवित्व को सरलता से आँक सकें।

खेद है कि अकबर की रचनाओं का अभी तक कोई अच्छा संस्करण नहीं निकला और कुछ फुटकर पद्यों के अतिरिक्त उनका कोई व्यवस्थित संग्रह भी देखने में नहीं आया। पर प्रसंगवश जो कुछ उपलब्ध हुआ है वह उसके कविमहत्त्व के लिए पर्याप्त है। उसका एक पद्य यह है –

"शाह अकबर वाल को बाँह अचिंत गही चलि भीतर भौने।
सुंदरि द्वार ही दृष्टि लगाय के भागिवे की भ्रम पावत गौने।
चौंकत सी सब ओर विलोकत संक-संकोच रही मुख मौने।
यों छवि नैन छबीली के छाजत मानो बिछोह परे मृगछौने।।"[23]

अच्छा, अब कान्ह के सम्बन्ध का भी एक वर्णन देख लीजिये। कृपया भूल न जाइये कि अकबर हिन्दू नहीं बल्कि मुग़ल हैं। देखिये कितना सजीव वर्णन है! सूझ और सहृदयता का कितना सच्चा मेल है! अकबर का कथन है –

"शाह अकबर एक समै चले कान्ह विनोद विलोकन बालहिं।
आहट ते अबला निरख्यो चकि चौंकि चली करि आतुर चालहिं।
त्यों बलि बेनी सुधारि घरी सु भई छवि यों ललना अरु लालहिं।
चंपक चारु कमान चढ़ावत काम ज्यों हाथ लिये अहि बालहिं।।"[24]

किन्तु अकबर को संगीत का जो चसका लग गया था उसने उन्हें 'गुरुनगुरु' बना दिया। दरबारी गायकों[25] की सूची व्यर्थ होगी। उनकी संगीत निपुणता का प्रमाण यह है –

"शिक्षा कार अनुकार रंचक
भावक गायन तान प्रमाण।
घात मात योग ध्यान इन भेदन भेद
ध्यान शरीर की सुरत मंत्र बखान।।
जे अलंकार सुर ताल प्रस्तार विस्तार
जानत सब यहु विध अंग अंग सुजान।
शाह अकबर गुरुनगुरु संगीत
कलानिपुणन किए भए न गान।।"[26]

और –

**"सीखी सुनी बातें कोलों रोको जोलों न आवै गरे की तान।
जो कुछ जानो तो साधो रंगरंग के प्रमाण।
बिनही पढ़े बिनही समझे बिनही सीखे कहावत ज्ञान।
गुरुनगुरु साह जलालदी साह अकबर सब विध जान।"[27]**

अस्तु सर्वप्रथम 'प्रभु' का प्रसाद देखिये –

**"भान उदोतकरण तिमिरहरण प्रकाशपति
ज्योति सरूप अपनो दया जनावै।
सप्तद्वीप नवखंड परजौरी
किरण तनी तनावे।।
दृष्टि न जुरत महाप्रताप तेज
ऐसो करतान दियो जनावै।
'साह अकबर' प्रभु को प्रसाद
व्याप्त भयो याते जग रसाल ले आवे।।"[28]**

काव्य की दृष्टि से अकबर के पद किस कोटि के हैं इसे भी देख लें। प्रसंग वही रति भाव का है। अकबर कहते हैं –

**"जे छिन-छिन लगन के समीप रही
एसी घरी लेखे में गिन लइए।
सोई तो विचित्र चातुर अधिक सुनि री
जो उनको प्रेम प्रकृति लिए रहिए।।
भाग सोहाग ताही को गिनो री
जासों पिय हँस बोलो जिय की बात कहिए।
'शाह अकबर' प्यारे के मनरंजन घड़ी।
घड़ी घड़ी घड़ी पल-पल चाहिए।।[29]**

पर हुआ क्या? उसी नायिका के मुँह से सुनिये। वह कलपकर कहती है –

**"प्यारे तू मन मेरे तन में बसत रजनी
दिन तोही सों जीवन बनत मेरो।
सोवत अपने अंतर अनत फिरत तोऊ संग
लागी रहत हों पिय छाड़त नाहीं औसेरो।।
नैनन की पुतरीन में मोहनी मूरत देखबोई**

करत तोऊ व्यापत न मोमै काम अनेरो।
विरहनी नारन तारन 'अकबर शाह' सुजान
हो आई सेवा कारण काहू सौतन
के कहैते अय तुम जिन मोपर तेजो फेरो।।[30]

अच्छा, तो!

''लाल के संग ललना रैन जागी और लाल
लोचन लागोहि आली री मानो वधू पसीठे।
ता मधपुरी ऐसी शोभा मानों भँवर
लपटात उन मध उड़ परे रंगम झीठे।।
उनके देखे भूँखे रहिहौं मेरे जान खंजन
कमल मीन मृग लागे वसीठे।
'साह अकबर' पिय को मोहेत दीजियत
अरसाने नींद न अघाने अलख लाड़े
पुन बाटछवि ढीले चितवन मीठे।।''[31]

सम्भवतः आप सोचते होंगे कि अकबर का रंगढंग हिन्दू हो गया था। इसलिए वह हिन्दी की सारी रचना कर जाता था। ठीक है। पर आपको भूलना न होगा कि संगीतचार्य 'मियाँ' तानसेन उसके विषय में क्या कहते हैं –

''चढ़ो चिंरजीव साह अकबर साहनसाह
बादसाहत तखत बैठो छत्र फिरे निशान।
दिल्लीपति तुम नबी जी को नायब अति सुन्दर सुलतान।।
चारों देश लिए कर जोर कमान
राजा राव उमराव सब मानत तोरी आन।
कहे 'मियाँ तानसेन' सुनियो महाजान
तुमसे तुमही और नहीं दूजो गुणी जनन के राखत मान।।''[32]

अकबर के दरबार में जिन गुणियों की प्रतिष्ठा थी उनमें साहित्य के क्षेत्र में अब्दुल रहीम खानखाना श्रेष्ठ थे। महात्मा सूरदास अकबर के दरबारी गायक न थे। वह दरबारी गायक रामदास का बेटा सूरदास कोई और ही था। अतएव रहीम की श्रेष्ठता में किसी को आपत्ति नहीं हो सकती। रहीम भाषाओं के अभिज्ञ, उदार और सरस पण्डित थे।

जहाँगीर का कहना है कि रहीम अरबी, तुर्की और फ़ारसी भाषा के साथ-ही-साथ संस्कृत और हिन्दी के भी ज्ञाता थे और फ़ारसी तथा हिन्दी में कविता भी अच्छी करते थे। वे मुस्लिम और हिन्दू विद्याओं से अभिज्ञ थे। जहाँगीर का मूल कथन यह है –

"जबान अरबी व तुर्की व फ़ारसी व हिन्दी मीदानस्त का अज अफ़साम दानिश अक़ली व नकली हत्ता उलूम हिन्दी बहरा वाफ़ी दाश्त... व वज़्रवान फ़ारसी व हिन्दी शेर नीको गुफ़्ते।"[33]

(अरबी, तुर्की, फ़ारसी व हिन्दी भाषा जानता था और जीवनानुभव से प्राप्त व्यावहारिक ज्ञान एवं पुस्तकों से प्राप्त सैद्धान्तिक ज्ञान के अलावा हिन्दी-ज्ञान से भली-भाँति परिचित था और फ़ारसी-हिन्दी भाषा में अच्छे शेर कहता था।)

रहीम एक धुरीण पण्डित या सहृदय कवि ही नहीं बल्कि कुछ और भी थे। और क्या थे, इसे भी देख लीजिये। एक हिन्दी कवि का कितना सप्रेम कथन है –

"सेर सम सील सम धीरज सुमेर सम
सेर सम साहेब जमाल सरसाना था।
करन कुबेर कलि कीरति कमाल करि
तालेबंद मरद दरदमंद दाना था।
दरबार दरस परम दरबेसन को
तालिब तलब कुल आलम बखाना था।
गाहक गुनी के सुखचाहक दुनी के बीच
'संत कवि' दान को खजाना खानखाना था।।"[34]

'खानखाना' के दान की जो प्रशंसा फ़ारसी तथा हिन्दी के कवियों ने की है, वह कहने सुनने की बात नहीं, पढ़ने गुनने की चीज है। 'छप्पै में छत्तीस लाख' की कहावत तो इसी से चरितार्थ हुई है। हिन्दी जनता अपने 'रहीम' को भली-भाँति पहचानती है।

रहीम हिन्दी के सफल कवि ही नहीं, हृदय के भी हिन्दी है। उनके हिन्दी हृदय को देखना हो तो उनकी हिन्दी रचनाओं का अध्ययन कीजिये और देखिये कि 'गाजी' ख़ानसामाँ के हृदय में गंगा[35] और कृष्ण[36] के लिए क्या स्थान है और किस प्रकार उनकी रचना से सिद्ध होता है कि संस्कृत 'मरी' नहीं बल्कि एक भिनी हुई भाषा है जिससे बच निकलना किसी भी मनीषी और सहृदय के लिए दुस्तर है। देखिये 'तुर्कमान' रहीम की 'पठानी' क्या और किस भाषा में कहती है –

"इति वदति पठानी मन्मथांगी विरागी।
मदन शिरसि भूयः क्या बला आन लागी।"

इधर कुछ दिनों से यह प्रचार किया जा रहा है कि हिन्दी में छन्दों का अभाव था इसलिए उर्दूवालों ने फ़ारसी छन्दों को अपनाया। किन्तु यदि हमारे ये परदेसी भाई केवल रहीम का अध्ययन आँख खोलकर कर लेते तो इन्हें यह कहने का दुस्साहस कदापि न होता कि हिन्दी में दोहा अथवा कवित्त के सिवा दूसरा कोई छन्द ही नहीं। रहीम ने तो स्वंय ही अनेक छन्दों में रचना की है और अपनी 'वरवैनायिकाभेद' नामक पुस्तक में स्पष्ट कह भी दिया है कि –

"कवित कह्यो दोहा कह्यो, तुल्यो न छप्पै छंद।
विरच्यो यहै विचारि कै, यह वरवै रस छंद।।"

रहीम के विषय में कुछ और निवेदन करने की आवश्यकता नहीं। उनकी कविताओं का संग्रह हो चुका है। प्रसंगवश यहाँ स्पष्ट कर देना है कि रहीम 'रेख़्ता' के भी लेखक हैं। 'रेख़्ता' शब्द का प्रयोग इन्होंने किया अवश्य है पर भाषा के नहीं गाने के अर्थ में। 'मदनाष्टक' में जो –

'झुक झुक मतवाला गावता रेखता था।"

का प्रसंग आया है वह गान का ही है, भाषा का नहीं। बाद में रहीम के दिन दुःख से बीतने लगे और जहाँगीर की क्रूरदृष्टि के कारण उन्हें यत्र-तत्र भटकना पड़ा। उनकी उस समय की रचना और भी सुहावनी हो उठी है और उनके जीवन की अनेक पहेलियों की कुंजी बन गयी है। पर उस पर विचार कर पाठकों को सरस बनाना हमारा काम नहीं, हमारा लक्ष्य तो कुछ और ही है। अतएव हम रहीम के प्रसंग को यहीं छोड़ देते हैं और अब कुछ स्वयं जहाँगीर की हिन्दी निष्ठा की चर्चा करते हैं।

हिन्दी अकबर के जन्मदेश की भाषा थी तो जहाँगीर के जन्मदेश और जननी दोनों की। फिर भला वह उसकी उपेक्षा किस तरह कर सकता था? फलतः उसने स्वतः हिन्दी में रचना की और हिन्दी कवियों को महत्त्व की दृष्टि से देखा। उसकी हिन्दी निष्ठा इतनी प्रबल हो उठी कि उसकी फ़ारसी भी हिन्दी की छाया जान पड़ने लगी।[37] यहाँ तक कि उसमें शेरजन या शेरअफगन की जगह हिन्दुस्तानी शेरमार का प्रयोग होने लगा और 'कटोरी' और 'पाव' जैसे प्रचलित हिन्दी शब्दों का व्यवहार धड़ल्ले से फ़ारसी में चल पड़ा। साधुसन्तों पर उसकी इतनी श्रद्धा बढ़ी कि उनके स्थान पर चुपके से जाने लगा। उज्जैन के गोसाई जदरूप से तो कई बार पैदल चलकर एकान्त में मिला था। सारांश यह कि जहाँगीर चारों ओर से हिन्दी का हित कर रहा था।

जहाँगीर के विषय में एक सूफी कवि 'उसमान' का कहना है –

"विधिना सौं जाँचे जगत, पुहमी धरे लिलाट।
जौलहु धरती सरग दोउ, रहे छात औ पाट।।

तहाँ बैठि पुहुमी पति भारी, देह दान कर वार उधारी।
एकहि बेर एक कहँ देई, दूसरि बेरि न कोऊ लेई।।
पिरथी बली होत जो आजू, माँगत देखि दान कर साजू।
यदि मरजिया समुंद धसाई, वादिहि लोग रतनगिरि जाई।।
वादि सुमेरु लागि जग धावै, कस न बार जहाँगीर के आवै।
देह रतन जत मनसा होई, सोन रूप कहँ वरज न कोई।।
महूँ सुना कि अनेक भिखारी, कीन्हें साह नेवाजि हजारी।
आएउँ सोई बार सुनि, लिये गरीबी साज।
कहा जो माँगु गरीब है, साह गरीब नेवाज।।"[38]

जहाँगीर ने गाजीपुरी 'उसमान' को जो कुछ दिया उसका पता नहीं। पर इतना अवश्य है कि जहाँगीर ने हिन्दी कवियों को बहुत कुछ दिया। उसने अपनी जीवनी में इसका उल्लेख अनेक बार किया है। किसी चारण कवि का एक छन्द तो उसे इतना भा गया कि उसका चट फ़ारसी[39] भाषा में अनुवाद भी हो गया। यह कवि राजा सूरजसिंह का चारण था। राजा के साथ जहाँगीर के दरबार में पहुँचा तो उसने इस आशय का एक छन्द पढ़ा कि यदि सूर्य के कोई पुत्र होता तो कभी अन्धकार न होता। वह पिता की जगह प्रकाश का काम करता और विश्व को इस प्रकार, उसके अभाव में, प्रकाशित रखता। पर दुर्भाग्य से उसके कोई आत्मज नहीं है। हाँ, अकबर अवश्य ही इस विषय में इतने सौभाग्यशाली थे कि उनका पुत्र जहाँगीर आज उनके अभाव में भी संसार को जगमगा रहा है। इसी प्रकार एक दूसरे प्रसंग में जहाँगीर ने स्पष्ट कहा है कि किस प्रकार रीझकर उसने एक बूढ़े भाट का नाम 'बूँटा' से बदलकर 'वृक्षराय' कर दिया और उसको एक सहस्र मुद्रा भेंट दी।[40] कहना न होगा कि यह घटना गुजरात की है जो उसके 'जलूम' के तेरहवें वर्ष में घटी थी।

सम्भवतः आप सोचते होंगे कि जहाँगीर जैसे मौजी जीव के दरबार में हिन्दी को जो महत्त्व मिल गया वही बहुत है। पर नहीं, सम्राट् ने स्वयं भी हिन्दी में कुछ रचा है। उनका एक पद है –

"अति छवि छाजत है ललना लोचन तिहारे।
रंग रगीले रसाल छबीले सोहत लजीले सोहैं खात जात।
झुकौ है कछू उझकौ है ऐसे सोहन होत हमारे।।
अद्‌भुत रूप गोप बरनो न जाय कोटिक
काम द्युति सुध बुध बिसारे।

'साह जहाँगीर' जानबूझकर सकुचावत
इन नैनन में रैन बिहारे।।''[41]

सहृदयों से यह कहने की बात नहीं कि जहाँगीर का उक्त पद किस कोटि का है। उसका भाई दानियाल भी इस क्षेत्र में कुछ कम न था। उसके सम्बन्ध में जहाँगीर का कथन है –

''वनग्मये हिन्दी मयाल बूद। गाहे बज़वाने अह्ले हिन्द व ब इस्लाम ईसा शेरे भी गुफ्त। बद न बूदे।''[42] (वह हिन्दी गीतों पर मोहित था। कभी-कभी वह हिन्दी में हिन्दीवालों के तरह की कविता करता था। ये कविताएँ बुरी नहीं होतीं।)

ध्यान देने की बात है कि जहाँगीर जिस भाषा में 'अह्ले हिन्द' की जवान कहता है वही आज न जाने किस आधार पर 'पूरब' या 'एक सूबे की बोली' बतायी जा रही है।[43] और जोरों के साथ यह प्रचार किया जा रहा है कि हिन्दी कल की बनावटी जवान है। इसी तरह 'हिन्दुस्तानी' के सम्बन्ध में भी बहुत कुछ अनापशनाप उड़ाया जा रहा है। किन्तु अभी यह प्रसंग से बाहर की बात है।

जहाँगीर के बेटे शाहजहाँ को हम 'उर्दू' के लिए बराबर याद करते हैं पर कभी यह ध्यान नहीं लाते कि शाहजहाँ हिन्दी का एक निपुण कवि क्या उसके लिए एक जीता-जागता कल्पवृक्ष था। होता भी क्यों नहीं!

''खुर्रम (शाहजहाँ) की पैदाइश पर जो जश्न हुआ और हर्मसरा में जो खुशियाँ मनायी गयीं वह तुरकाना नहीं हिन्दुआना थीं। यह पैदा हुआ तो सारी राजपूती रीत रस्में बरती गयीं। जच्चाखाना तक गाया और हिन्दी सुरों से जी बहलाया गया। दाई जी शहजादे को गोद में लिए हुए हैं मगर हाथ नहीं लगातीं। मोतियों के थाल सामने हैं मगर उनके भावें नहीं लगता। एक अदा और बड़े नाज़ से सुना-सुनाकर कहती है –

''माँगे हैं जोधाजी का राज, ललाजी का नाल न छवावै।
थाल भर मोती जोधा रानी लाई, वह भी लेवै न यह दाई।।''[44]

सारांश यह कि शाहजहाँ जन्म से ही हिन्दी था। हिन्दी ही उसकी जन्मभाषा थी। फ़ारसी में अभ्यस्त हो जाने पर भी कभी तुर्की में उसकी रुचि न हुई और विवश होकर एक दिन जहाँगीर को कहना ही पड़ा कि –

''अगर शख्से अज़ मन पुरसद कि अज़ सिफ़ात पसन्दीदा चीस्त कि बाबा खुर्रम न दार ख़्वाहम गुफ्त कि ज़बान तुर्की न दारद।''[45] (अगर कोई मुझसे पूछे कि बाबा खुर्रम में कौन-सा गुण (विशेषता) नहीं है तो मैं कहूँगा कि उन्हें तुर्की भाषा नहीं आती।)

शाहजहाँ को पिता जहाँगीर की चिन्ता का पता चला और वह चट बोल उठा कि यदि मेरे तुर्की न जानने के कारण आप को मुझमें कमी दिखायी देती है तो मैं इसे भी दूर कर दूँगा। शाहजहाँ तुर्की सीख सकता था, पर उसको अपनी भाषा बना लेना तो उसके वश की बात न थी। वह हृदय से हिन्दी था और हिन्दी ही उसे भाती थी। वह हिन्दी को सम्पन्न बनाना चाहता था। यही कारण है कि उसने –

''हुक्म दिया कि यूनानी और हिन्दोस्तानी मुनज़्ज़िम मिलकर हिन्दोस्तानी ज़बान में उसका (ज़ीचशाहजहानी का) तरजुमा करें।''[46]

'शाहजहाँनामा' में जो –

'बहिन्दोस्तानी ज़बान तरजुमा नमूर्दद' का प्रयोग किया गया है उसी को लक्ष्य करके उर्दू के परम प्रशंसित खोजी जनाब हाफिज़ महमूद शेरानी साहब लिखते हैं –

''मैं समझता हूँ कि इस इबारत में हिन्दोस्तानी से मुराद उर्दू नहीं है बल्कि ब्रजभाषा है। मुनासिब मालूम होता है कि चन्द कलमें यहाँ मैं ब्रजभाषा के मुताल्लिक लिख दूँ।

''ब्रज इस वक्त तमाम ज़िला आगरा, रियासत भरतपुर, मथुरा, ग्वालियर, मशरफी इलाकाये रियासत जैपुर, गुड़गाँव, बुलन्दशहर, अलीगढ़, एटा, मैनपुरी, बदायूँ, बरेली और तराई परगनाये नैनीताल में बोली जा रही हैं। मुसलमानी अहद में इस ज़बान को महज़ मोकामी हैसियत हासिल थी, लेकिन नवीं सदी हिजरी के मुन्तसफ दोम याने लोधियों के ज़माना में मूसीकी की बिना पर इस ज़बान ने हिन्दोस्तान में अदबी इम्तियाज़ हासिल कर लिया। इस सिलसिला में राजा मानसिंह ग्वालियरी का नाम हमेशा यादगार रहेगा। सबसे बड़ा इन्क़लाब इसने यह किया कि संस्कृत को हटाकर मूसीक़ी में ग्वालियरी ज़बान को दाखिल कर दिया ताकि अवामुन्नास राग के साथ ज़बान को भी समझ लें।''[47]

जनाब शेरानी ने जो कुछ कहा है उससे तो प्रत्यक्ष ही है कि उर्दू के पढ़े-लिखे समझदार विद्वान भी ब्रजभाषा की व्यापकता के कायल हैं और यह मान भी लेते हैं कि शाहजहाँ की 'हिन्दोस्तानी' का अर्थ 'ब्रजभाषा' अथवा 'भाषा' ही है, उर्दू नहीं। फिर भी उर्दू से उन्हें इतना मोह हो गया है कि किसी भी प्रसंग में उसका नाम लिये बिना जी नहीं सकते। अतः उक्त शेरानी साहब बड़े ठाट से कहते हैं –

''इन चन्द अमूर से, जो मैंने बखौफ तवालत इख़्तसार के साथ गुज़ारिश किये हैं, मालूम हो जायेगा कि ग्वालियरी ज़बान इस अहद की मूसीक़ी और शेर की ज़बान है और दरबार शाही में साथ-साथ चल रही है। और चूँकि हिन्दू और मुसलमान दोनों कौमें इसमें हिस्सा ले रही हैं इसलिए इसको भी हिन्दोस्तानी ज़बान के नाम से याद किया जाता है।

जहाँ खास हिन्दुओं की मख़्सूस ज़बान का जिक्र होता है वहाँ साफ ज़बाने हनूद या इस माने के और अल्फ़ाज़ मुस्तामल होते हैं।''[48]

जनाब शेरानी के 'इसको भी' को भूल जाना खिलवाड़ नहीं है। इस 'भी' की जरूरत क्यों पड़ी, इसका उत्तर प्रत्यक्ष है। शाहजहाँ का उर्दू से जो सम्बन्ध बताया जाता है वह किसी से छिपा नहीं है। आज भी बहुत से लोग यह कहते सुनायी देते हैं कि उर्दू तो शाहजहाँ के वक्त में बनी। और मुग़ल वंशी जनाब 'अरशद' गोरगानी तो साफ़-साफ़ दावा पेश कर बैठते हैं कि –

''जनाबे साहबे केरॉ प नाज़िल फ़क़त यही निआमत खुदा ने की थी। इन्हीं की औलादें इनकी वारिस वही हैं पैगम्बराने उर्दू।''[49]

परन्तु आज तक किसी उर्दू के कर्णधार से यह न हो सका कि कहीं भी शाहजहानी समय में किसी भी भाषा के लिए 'उर्दू' का प्रयोग दिखा दे। फिर हम कैसे मान सकते हैं कि 'हिन्दोस्तानी' का प्रयोग उस समय 'उर्दू' के लिए भी हुआ है। उर्दू उस समय तो किसी भाषा का नाम ही न था।

शाहजहाँ के नाम से उर्दू के चल निकलने का प्रधान कारण यह है कि वस्तुतः उर्दू उसी के 'उर्दूएमुअल्ला' की उपज है, किसी अन्य के मेलजोल की चीज़ नहीं। इस 'उर्दूएमुअल्ला' के नाते जो लोग उर्दू को शाहजहाँ की चीज समझते हैं वे भारी भ्रम में फँसे हैं। उनके इस व्यामोह का निराकरण हो जाना अत्यन्त आवश्यक है। इसके लिए इससे बढ़कर और अवसर कहाँ?

शाहजहाँ के शासन में हिन्दी को जो महत्त्व मिला उसके कहने की कोई आवश्यकता नही। कौन कह सकता है कि कितने हिन्दीकवियों को कितने अवसरों पर क्या कुछ मिला। पण्डितराज जगन्नाथ ने उसे यों ही 'दिल्लीश्वरों वा जगदीश्वरो वा' नहीं कह दिया था। उस समय उसका ऐश्वर्य अनुपम और अद्वितीय था। संस्कृत के कवियों को आश्रय दे उसने प्रत्यक्ष दिखा दिया कि वस्तुतः उसका देश क्या है और वह किस जीवट का व्यक्ति है। यहाँ ध्यान देने की बात यह है कि लालखाँ कलावन्त को 'गुणसमुद्र' अथवा 'गुनसमुन्दर' की उपाधि देता है, कुछ अरबी-फ़ारसी की तलछट नहीं। जब 'खाँ' के प्रसंग में हिन्दी आ गयी तब किसी हिन्दू की बात ही क्या! यदि शाहजहाँ ने जगन्नाथ को 'पण्डितराज' और सुन्दर को कविराज की पदवी प्रदान कर दी तो कोई बात नहीं की। यह तो परम्परा ही थी।

पण्डितराज जगन्नाथ की हिन्दी रचना का पता नहीं। पर उनके शिष्य कुलपति मिश्र का कथन है कि –

''वेद अंग-जुत पढ़ें, शील तप ऋषि वशिष्ट सम।
अलंकार-रस-रूप, अष्टभाषा-कविता-क्षम।।

तैलग वेलनाटीय द्विज, जगन्नाथ तिरशूल धर।
शाहिजहाँ दिल्लीश किय, पण्डितराज प्रसिद्ध धर।।[50]

तैलंगी पण्डितराज की 'अष्टभाषा' का ठीक ठीक पता नहीं। पर यह विश्वास नहीं होता कि उन्हीं के साथ पण्डितराज 'अष्टभाषा कविताक्षम' होकर चुपचाप पड़े रहें। निदान यह मानना पड़ता है कि शाहजहाँ के दरबार के संस्कृत कवि भी हिन्दी में रचना करते थे और इस प्रकार हिन्दी के गौरव को बढ़ाते थे, उसको राष्ट्रभाषा के रूप में प्रतिष्ठित कर उसकी सार्वभौम सत्ता को स्वीकार करते थे। उसे भी आदर की दृष्टि से देखते थे।

सुन्दर कविराय का कथन है –

"नगर आगरा बसत है, जमुना तट सुख थान।
तहाँ बादशाही करै, बैठो साहजहान।।
साह बड़ो, कवि मुख तनिक, क्यों गुन बरने जाहिं।
ज्यों तारे सब गगन के, मूठी में न समाहिं।।
इक छिन के गुन साह के, बरनत सब संसार।
जीभ थके बीतें बरख, तऊ न पावे पार।।
तीन पहर लौ रवि चलै, जाके देसन माहिं।
जीत लई जगती इती, साहजहाँ नरनाहँ।।
कुल समुद्र खाई कियो, कोट तीर को ठाँव।
चारों दिसि यो बस करी, ज्यों कीजे इक गाँव।।
साहजहाँ तेहि गुनिन कौ, दीन्हे अगिनत दान।
तिन में सुंदर सुकवि को, बहुत कियो सनमान।।
नग भूखन मनसब दिए, हय हाथी सिरपाय।
प्रथम दियो कविराय पद, बहुरि महाकविराय।।
विप्र ग्वारियर नगर को, बासी है कविराज।
जासो साह मया करी, बड़ो गरीब नेवाज।।"[51]

शाहजहाँ के दानों की कुछ चर्चा फ़ारसी के इतिहास-ग्रन्थों में भी मिलती है। शाहजहाँनामा में तो उनका अनेक बार उल्लेख हुआ है। साफ़ीखाँ ने भी प्रसंगवश इसका उल्लेख किया है और स्पष्ट लिख दिया है कि शाहजहाँ ने एक कवित्त पर रीझकर एक हिन्दी कवि को एक हथिनी और दो हजार रुपये दान दिये। शाहजहाँ का यह नियम सा था कि वह प्रत्येक शुभ अवसर पर हिन्दी कवियों का सच्चा सत्कार करता था और उन्हें अच्छा इनाम भी देता था।

शाहजहाँ की हिन्दी रचनाओं का ठीक-ठीक पता नहीं। पर इतना तो प्रत्यक्ष हो चुका है कि वह हिन्दी में पत्र-व्यवहार करता था। उसके हिन्दी पत्रों[52] का उल्लेख स्वयं औरंगज़ेब ने किया है। परन्तु दुर्भाग्यवश उसका कोई हिन्दी पत्र हमारे सामने नहीं है। अतएव हम उसके पत्रों की हिन्दी के विषय में कुछ निश्चित रूप से कह नहीं सकते। पर इतना अवश्य जानते हैं कि वह किसी दशा में 'उर्दू' नहीं रही होगी, क्योंकि उन पत्रों का उद्देश्य ही कुछ और था। फ़ारसी की जगह हिन्दी में पत्र लिखने की सूझ फ़ारसी-भरी भाषा के लिए हो ही नहीं सकती।

शाहजहाँ की हिन्दी कविता का आस्वादन करने से पहले लगे हाथों एक उलझन को सुलझा देना ठीक होगा। 'शाहजहाँनामा' के आधार पर जनाब महमूद शेरानी साहब लिखते हैं –

''शाहजहाँ सातवीं साल जुलूस में जगन्नाथ को आगरा में बाज नग़्मों की तैयारी के लिए छोड़कर कश्मीर जाता है। जगन्नाथ फुरसत के बारह नग्मे जो बादशाह के नाम पर थे, तैयार करके शाहजहाँ की वापसी पर बमौकाम भिंबर जा मिलता है। बादशाह उनको सुनकर निहायत महजूज़ होता है और जगन्नाथ को चाँदी में तुलवाने का हुक्म देता है। जगन्नाथ चार हज़ार पाँच सौ रुपये के बराबर तुलता है वही रुपया शाइर को इनाम में मिलता है।''[53]

इनाम की बात तो ठीक ठिकाने की है। पर 'बारह नग्मे जो पादशाह के नाम पर थे' का भेद नहीं खुलता। क्या बादशाह शाहजहाँ जगन्नाथ कलावन्त से अपने नाम पर कविता कराते थे और अपने आप कुछ भी नहीं रचते थे? ऐसा हो नहीं सकता। शाहजहाँ जैसे सहृदय, विनोदी, भावुक और रसिक व्यक्ति के लिए यह सर्वथा असम्भव है कि वह स्वयं कविता न करता हो और सदा दूसरों से ही अपने नाम पर लिखवाता रहा हो। 'संगीत रागकल्पद्रुम' में शाहजहाँ के नाम से जो गाने दिये गये हैं उनके ठीक-ठीक विश्लेषण से पता चलता है कि उनमें से कुछ में तो शाहजहाँ का नाम प्रसंगवश, यों ही, आ गया है; पर कुछ में उसकी 'छाप' साफ दिखायी देती है। उन्हें किसी और की रचना नहीं माना जा सकता।

शाहजहाँ संगीतशास्त्र में कितने निपुण थे इसका पता इस पद से चल जाता है –

''प्रथम खरज सुर साधे कोई गुणी जो सुध मुद्रा वाणी गावै।
द्रुत मध विलंपन लघु गुरु पुलित कर दिखावै।।
सप्तसुर तीन ग्राम एकईस मुरछना बाईस सूरत।
उनचास कोटि तान ताको भेद पावै।।''[54]

और –

'रस विनोदी गुण गहरत विवेक चिन्तामणि ध्यान शाहजहाँ जान।
जे जे तारध्याय सुरध्याय रागध्याय तिनके करे लक्ष लक्षण विद्या प्रमान।।
बलि बलि करना उनह से देत ऐसे कोटिन दान।
चिर चिरजीवो छत्रपति प्यारो जौलों भुव ध्रुव रहैं शशिमान।।"[55]

अच्छा, अब कलाप्रिय, रसिक शाहजहाँ की रसिकता को देखिये। कितना सरस काव्य है। प्रेमबीज की बात निराली तो है ही, भावभंगी भी कितनी सटीक है –

"माई काहे को कहो अब ही जो मोंकि जिन वरजो
लाल तन को री चितवो।
मनमोहन प्राणेश्वर की छवि रीझत
अति मति गति सुध बुध बिसारी
सब अजहूँ भूल जैहै री तोहि सिख देवो।।
लगन सौं फल ताकी कहा कहिए री
अब लोगन सुंदर सखि भायो प्रेमबीज को बोयबो।
परम रुचि रहो 'साहजहाँ' तिनको पंचसर हते सरस
अपयस करके मति गति मनहर लेवो।।[56]

किन्तु मनमानी करने का यह प्रसाद मिला कि –

"गई नींद उचट सखी सोयोहरो नेक न आई।
एक टग रहे पाटी लग मग निरखत तैसी चलत पवन पुरवाई।
बेकल रहत रोम रोम तलफत परी विरह जो न माने मोरी माई।
मीन जल जोई 'शाहजहाँ' के दरसन बिन अंग-अंग सताई।।"[57]

किन्तु –

"भादो कैसे दिनन माई श्याम काहे को आवेंगे?
कोकिला की कुहुक सुनि छाती माती राती भई विरही
आगे ऊघो फूँक फूँक जरावेंगे।।
'शाहजहाँ' पिया तुम बहुनायक विरहिन के अँसुयन की तपत बुझावेंगे।"[58]

बहुबल्लभ शाहजहाँ इसके अतिरिक्त और कह ही क्या सकते हैं कि –

"पाइए जेहि लाल सोई विधि करीए काहे कों गुमना भरीए।
तापर मान मया बिच पीय की काहू की कही कित जिय धरीए।।
जहाँ नेक रीझे तहाँ की करत हित ऐसे पीतम से डरीए।
बहुनायक प्यारो 'शाहजहाँ' जान सौतन तें बावरी
घरी घरी पल पल छिन छिन अंग सरीए।"[59]

शाहजहाँ के एक दूसरे दरबारी कवि 'शिरोमणि' जी भी उसकी सहायता के लिए पहुँच गये हैं और किस ढब से कहते हैं कि –

"दादुर चातक मोर करो सोर सुहावन को भरु है।
नाह तेही सोई पायो सखी मोहिं भाग सोहागहु को बरु है।।
जानि सिरोमनि साहिजहाँ ढिग बैठी महा विरहा-हरु है।
चपला चमको, गरजो बरसो घन, पास पिया तौ कहा डरु है।"[60]

किन्तु एक दिन वह भी आ गया। 'महा विरहाहर' शाहजहाँ बीमारी की दशा में सहसा औरंगज़ेब के चंगुल में आ गया और टकटकी बाँधे रात-दिन मुमताज महल के 'ताज' को देखता रहा। प्यास बुझाने के जब तब जो प्रयत्न हुए वे और भी दुःखद निकले और उल्टे उसको सताने में ही सफल हुए। उस समय उसकी तृषित आहों ने जो रूप पकड़ा उसका किसी को क्या पता! पर इतना तो सभी जानते हैं कि उस गिरी दशा में भी उसे हिन्दी ही हितू जान पड़ी और उसी के सहारे चुपके से उसने अपना काम बनाना चाहा। छिपे रूप में उसने प्रिय दाराशिकोह और प्यारे शुजा को हिन्दी में पत्र लिखा और सचाई के लिए हस्ताक्षर भी अपना ही कर दिया।

औरंगज़ेब जैसे चतुर खिलाड़ी से पेश पाना आसान न था। बाज़ी उसी के हाथ रही। उसने बन्दी शाहजहाँ को लिख भेजा कि आपके हिन्दी पत्र पकड़े गये। उनसे पता चला कि अब भी आपका वही भाव बना है।

हमें राजनीति के चक्कर से दूर रहकर हिन्दी भाषा पर कुछ विचार करना है और यह प्रत्यक्ष दिखा देना है कि औरंगज़ेब-सा कट्टर ग़ाज़ी बादशाह भी हिन्दी का हितू था। उसके हिन्दीहित पर विचार करने के पहले यह बता देना अच्छा होगा कि मुग़ल राजकुमारों को हिन्दी की भी शिक्षा दी जाती थी। इसी शिक्षा का परिणाम था कि शाहजहाँ ने स्वयं दाराशिकोह तथा शुजा को संकट के समय हिन्दी में पत्र लिखा और चतुर औरंगज़ेब ने उन्हें बीच ही में उड़ा लिया। वह लिखता है –

"चुनांचे अज़ नविश्तए कि बख़त हिन्दवी
व शुज़ा कलमी गरदीदः बूद।"[61]

सम्भव है कुछ लोग 'हिन्दवी' का अर्थ 'उर्दू' लगाने के लिए तुले बैठे हों उनसे स्पष्ट कह देना है कि भई 'बखत हिन्दवी' का अर्थ है – हिन्दी भाषा तथा हिन्दी लिपि, 'उर्दू' भाषा तथा फ़ारसी लिपि कदापि नहीं। उर्दू के विषय में यहाँ इतना और जान लीजिये कि शाहजहाँ अभी आगरे में है और हिन्दी में पत्र भी इसीलिए लिखा जा रहा है कि उसके अहिन्दी बैरी उसके भाव को ताड़ न सकें। कहने की बात नहीं कि उर्दू इसके लिए उपयुक्त नहीं। वह भी उस समय जब फ़ारसी का प्रचलन हो और स्वयं उस (उर्दू) का नाम तक न रहा हो।

उर्दू के बारे में जो कुछ कहना है, प्रसंगवश कहते रहेंगे। जैसा उपर कह चुके हैं उक्त पत्र में हिन्दी का अर्थ हिन्दी ही है उर्दू कदापि नहीं। शाहजहाँ ने दाराशिकोह को जो पत्र हिन्दी में लिखा था उसी को लक्ष्य करके औरंगज़ेब कहता है –

''आँ फ़रमान अशली कि दर ज़वाने अहूले हिन्द अज़ दस्तखत .खास रक़मी फ़रमूद-शाहिदी ईमानी अस्त।''[62] (आपने अपने हाथ से जो हिन्दुस्तानी ज़बान (भाषा) में लिखा है, वह हमाम की गवाही दे देता है।)

'ज़बाने अहले हिन्द' से भी प्रत्यक्ष है कि वह ज़वान हिन्दियों की ज़बान यानी 'भाषा' थी न कि किसी और की ज़बान यानी उर्दू। उर्दू की तो अभी कहीं कोई बात भी नहीं थी। हाँ, उसका घर 'उर्दूएमुअल्ला' अथवा 'लालकिला' बन अवश्य गया था, पर शाहजहाँ विराजमान रहता था अकबराबाद यानी आगरे में ही। अभी 'उर्दूएमुअल्ला' में 'उर्दू' की 'ईजाद' नहीं हुई थी। उसकी ज़रूरत भी न थी। शाही शान और कामकाज के लिए शाही ज़बान फ़ारसी फल-फूलकर फैल रही थी। 'इम्तियाज़' के लिए बादशाहत भी बनी थी। फिर किसी बनावटी भाषा की जरूरत ही क्या थी कि ज़बान का एक नया पुतला खड़ा होता और देश में उपद्रव का बीज बोता। इधर कट्टर औरंगज़ेब की कठोर आलमगीरी सामने आयी तो सही; पर कभी उसने हिन्दी भाषा का विरोध नहीं किया बल्कि उसने उसे और भी प्रोत्साहित किया। इसी से मुस्लिम साहित्य के परम खोजी अल्लामा शिबली नुमानी का निष्कर्ष है कि –

''ब्रजभाषा की जिस क़दर इसके जमाना में तरक्की हुई, मुसलमानों ने जिस क़दर इसके ज़माना में हिन्दी किताबों के तरज़ुमे किये, और खुद जिस क़दर ब्रजभाषा में नज़्म व नस्र लिखी, किसी ज़माना में इस क़दर हिन्दी की तरफ इत्तफाक नहीं जाहिर किया गया था। चुनाँचे उसकी तफ़सील हम एक मुस्तक़िल मज़मून में लिख चुके हैं।''[63]

मौलाना शिबली ने कहीं इस बात का पूरा उल्लेख नहीं किया कि आलमगीरी शासन में जो हिन्दी को इतना महत्त्व मिला उसका मुख्य कारण क्या था। उनका सारा ध्यान इसी ओर लगा रहा कि आलमगीरी हठधर्मी अथवा हिन्दू विद्वेषी न था। किन्तु यह अच्छी तरह विदित है कि आलमगीर कट्टर हनीफी मुस्लिम बादशाह था

और इस्लाम के आदेश के अनुसार ही राजकाज करता था। हिन्दी का प्रश्न उसके लिए धर्म का प्रश्न न था जो उससे कुढ़ता। उपयोगिता की दृष्टि से वह हिन्दी को महत्त्व देता था और फ़ारसी की रंगभरी कविता से कुछ परहेज़ करता था। उसकी दृष्टि में धर्म के विचार से हिन्दी का भी वही स्थान था जो फ़ारसी का। उसके लिए फ़ारसी हलाल और हिन्दी हराम न थी। लोक के मंगल और शासन के सुभीते के लिए वह हिन्दी को फ़ारसी से कहीं अधिक उपयोगी और लाभप्रद समझता था। कदाचित् इसी का यह परिणाम था कि उस समय के टटके फ़ारसी लोग भी हिन्दी की ओर लपक पड़ते थे और उसमें रचना कर अपने को धन्य समझते थे।

मौलाना शिबली की गवाही है कि –

''ज़मीर ईरान का एक मशहूर शाइर था। वह आलमगीर के ज़माना में ईरान से आया और शाही मनसबदारों में मुकर्रर हुआ। उसने भाषा जवान में इन्तहा दरज़ा का कमाल पैदा किया। अगरचे भाषा व संस्कृत के अल्फ़ाज़ का वह सहीह तलफ़्फ़ुज़ नहीं कर सकता था, ताहम उस ज़बान में निहायत बरजस्ता अशआर कहता था। हिन्दी में उसका तख़ल्लुस 'पथी' था। 'यार जातक' जो मूसीक़ी में हिन्दी ज़बान की मशहूर किताब है, उसका तरज़ुमा उसी ने फ़ारसी जबान में किया है।''[64]

'बरजस्ता अशआर' से प्रत्यक्ष हो जाता है कि वह हिन्दी का 'आशु' कवि हो गया था और उस समय हिन्दी सीख लेना आसान था – उसी हिन्दी का जो आज वक्रदृष्टि से देखी जा रही है और केवल पण्डितों की भाषा कही जाती है!

हाँ, आलमगीर कट्टर होते हुए भी धर्मान्ध न था। वह नीति और धर्म के भेद को समझता था। हिन्दी के महत्त्व को भली-भाँति जानता था–हिन्दी के कवियों को दरबार में सम्मान से रखता था। उनकी नीतिमयी कविता का ही सत्कार करता था। विषय-वासना से दूर रहकर वह सत् कविता का प्रचार करना चाहता था, भोगविलास का विज्ञापन कदापि नहीं। कहते हैं कि वृन्द कवि को उसकी ओर से दस रुपये प्रतिदिन मिलते थे। फिर भी ख़री बातों के कहने में वह तनिक भी नहीं चूकते थे। और समय पाकर कुछ खरी-खोटी भी सुना ही देते थे। उनका एक छन्द है –

''एही शाह औरंग कहावत हो पातिशाह,
आप ही विचारो यह कैसी सुबहानगी।
जय महाराज लाल ने डेरा लगाइ लूटे,
तब क्यों न लरिकै दिखायी तेग बानगी?
देस पर देस सूबा केतक इनाम दीन्हे,
कीन्ही दिलजोई प्यार परवानगी।

जय जसवंत सुरपुर को सिधाए तब
तेग बाँध आए, यह कैसी मरदानगी?"[65]

शाही दरबार में वृन्द कवि का प्रवेश सन् 1673 ई. में हो गया था और जसवन्त सिंह का निधन सन् 1678 ई. में हुआ।* अतएव यह स्पष्ट कहा जा सकता है कि वृन्द दरबारी होते हुए भी दरबार की खरी आलोचना कर सकते थे। यही नहीं, कहा तो यहाँ तक जाता है कि औरंगज़ेब ने भूषण को चुनौती दे दी कि, 'भला वह मुझे उत्तेजित कर तो दे।' भूषण चूकनेवाले जीव कब थे? चट उन्होंने ललकारकर उच्च स्वर से कहा –

"किबले की ठौर बाप बादसाह साहजहाँ,
ताके कैद कियो माने मक्के आगि लाई है!
बड़ो भाई दारा वाको पकरि कै मारि डार्‍यौ,
मेहर हू नारि माँ को जायो सगो भाई है!
बंधु तौ मुरादयकस वादि चूक करिवे को,
बीच दै कुरान खुदा की कसम खाई है।
'भूषन' सुकवि कहै सुनौ नवरंगजेब,
ऐते काम कीन्हैं तब पातसाही पाई है।"[66]

भूषण का वार खाली गया। औरंगज़ेब टस-से-मस न हुआ। पर भूषण की प्रतिमा ने उसकी भावभंगी से ताड़ लिया कि लक्ष्य कहाँ और क्या बनना चाहिए। निदान और उबलकर बोल पड़े।

"हाथ तसवीह लिए प्रात उठे बंदगी को,
आप ही कपटरूप कपट सुजपके।
आगरे मैं जाय दारा चौक मैं चुनाव लीन्ही,
छत्र हूँ छियानो मानों मरे बूढ़े वप के।।
कीन्हौ है संगीत घात सो मैं नहिं कहौं फेरि,
पील पै तुरायी चार चुगल के गपके।
'भूपन' भनत छरछंदी मतिमंद महा,
सौ-सौ चूहे खाई कै बिलारी बैठी तपके।।"[67]

---

* महाराज जसवन्त सिंह का जन्म 1629 में हुआ था और मृत्यु 10 दिसम्बर 1678 ई. को।

निशाना ठीक बैठा। औरंगज़ेब तिलमिला उठा। भूषण ने इस बार जो कुछ कहा था वह अंशतः असत्य और मर्मभेदी था। औरंगज़ेब पक्का 'नमाज़ी'[68] था। इसमें तनिक भी 'कचाई' न थी। 'छरछन्दी' ने उनके मूल ही को उड़ा दिया।

यह भूषण और औरंगज़ेब के सम्बन्ध में अधिक छानबीन करने का अवसर नहीं। भूषण को औरंगज़ेब का दरबारी कवि मानने में कोई ऐसी अड़चन नहीं थी कि इस कथा को सहसा गप्प कह दें। उनके बड़े भाई अथवा सगे सम्बन्धी चिन्तामणि शाहजहाँ के दरबारी कवि[69] थे ही और उनके ही निवास स्थान तिकवाँपुर के वीरबल बादशाह अकबर के सब कुछ। अस्तु, आलमगीरी दरबार से भूषण अलग क्यों हो गये? यह भी प्रत्यक्ष ही है। इसके कहने की आवश्यकता नहीं। हाँ प्रसंगवश औलिया आलमगीर की वीरता भी देख लीजिये। बात दक्षिण की है –

''गढ़न गढ़ी से गढ़ि महल मढ़ी से मढ़ि,
बीजापुर ओप्यो दल मलि उजराइ मैं।
'कालिदास' कोप्यो वीर औलिया अलमगीर,
तीर तरवारि गह्यो पुहमी पराई मैं।।
बूँद तैं निकसी महि मंडल घमंड मची,
लोहू की लहरि हिमगिरि की तराई मैं।
गाड़ि के सुझंडा आड़ कीन्ही पादसाह ताते,
उकरी चामुंडा गोलकुंडा की लड़ाई मैं।।''[70]

कालिदास की भाँति कृष्ण, सामन्त आदि अनेक दरबारी हिन्दी कवियों ने औलिया आलमगीर का गुणगान किया है, पर उन पर विचार करना इष्ट नहीं है। यहाँ हमें यह सिद्ध कर दिखाना है कि औरंगज़ेब हिन्दी में कविता करता था और हिन्दी को आदर की दृष्टि से देखता ही नहीं प्रत्युत उसका प्रचार भी भरपूर करता था।

संगीत रागकल्पद्रुम के सुधी सम्पादक श्री नगेन्द्रनाथ बसु का यह कथन ठीक ही है –

''जिस औरंगज़ेब को कितने ही लोग दारुण देवद्वेषी और हिन्दू विद्वेषी समझते हैं उनके रचित पद पढ़ने से इस विषय में घोरतर सन्देह होता है कि वास्तविक वह हिन्दू विद्वेषी थे या नहीं। शायद लोग कहें-औरंगज़ेब का नाम रहते भी वह पद औरंगज़ेब के खास बनाये नहीं, किसी हिन्दू ने ही लिखे होंगे। इस बात का यह उत्तर दिया जा सकता है–वह यदि प्रकृत हिन्दू विद्वेषी ही होते, तो उनके समय उन्हीं के नाम से ऐसे गान प्रचलित होने की कभी सम्भावना न थी।''[71]

'हिन्दूविद्वेष' की बात अभी अलग रखिये। जो औरंगज़ेब विकट संगीतद्रोही प्रसिद्ध किया गया है उसके मुँह से कोई गाना कब सुनायी पड़ सकता था? पर यथार्थ बात कुछ और ही है। लोगों ने औरंगज़ेब को बदनाम भी कम नहीं किया है। औरंगज़ेब संगीत द्रोही नहीं, रागरंग अथवा भ्रष्ट और अश्लील गानों का शत्रु था। उन्हीं को रोकने के लिए उसने कड़ी आज्ञा निकाल दी थी और संगीत के जनाज़े को खूब गहरा दफनाने को कह दिया था। वह भी अपने शासन के ग्यारहवें वर्ष में, गद्दी पर बैठते ही नहीं। अच्छा, शाह औरंगज़ेब का 'जश्न' किस ढब से हुआ इसमें तनिक इसे भी देख लें –

"उत्तम लगन शोभा सगुन गिन-गिन ब्रह्मा विष्णु महेश
व्यास कीनो शाह औरंगज़ेब जसन तखत बैठो आनंदन।
नग खेंच दाम विसात वर गायन मोहनप्रत ब्रह्मा रचौ तिन
मध गायन गुनी जन गावत तिनके हरत दुखदंदन।।
एक निर्तत निर्तत लास तांडव रंग भावन एक बनवावत
वंदिक पण्डित कर कवि सरस पूरण चंदन।
'शाह औरंगज़ेब' जगत-पीर-हरण लोक ताने निस्तारे
फंदे ही रहत दुख दारिद्र के गंजन।।"[72]

औरंगज़ेब के भी हृदय था और था इस हृदय में एक जीता जागता दुलारा दिल। उस दिल का पता बहुतों को नहीं था। पर इतिहास उसको अच्छी तरह जानता और हिन्दी साहित्य तो उसे पहचानता भी खूब है। देखिये न –

"चरण धर धर मेरे गृह-लालन भय खाए आए मेरे
तनके दुख सब दूर गए सुख आए मेरे नेरे॥
मृदंग बजावहु मंगल गावहु भागन ही पाए
कर रही प्रथम ही जतन बहुतेरे।
'साह औरंगज़ेब' प्रीतम अब मैं धन जनम कर मानव जब आँखन भर हेरे।"[73]

अच्छा, तो वह भावती है कौन? तनिक उसे भी सुन लीजिये-

तुव गुण रवि उदै कीनो याही तें कहत तुमको वाई उदैपुरी।
अनगिन गुण गायन के अलाप विस्तार सुर जोत दीपक जो तोला सों विद्या है दुरी॥
जब जब गावत तब तब रससमुद्र लहरे उपजावत एसी सरस्वती कों फुरी।

जानन मन जान 'शाह औरंगज़ेब' रीझ रहे याही तें
कहत तुमको विद्यारूप चातुरी।।[74]

याद रहे यह वही 'उदैपुरी' (महल)[75] है जो दाराशिकोह के निधन के उपरान्त औरंगज़ेब के हाथ लगी है और जीवनभर उसकी लाड़ली बनी रही। उसने आलमगीर के औलियापन को भी भुलवा दिया था। वह उससे बराबर मनमाना काम कराती रहती थी। उसी के प्रेम के कारण औरंगज़ेब उसके पुत्र कामबख़्श के अपराधों को क्षमा कर देता था।[76] अब यदि औरंगज़ेब का पक्का काम-कौतुक देखना चाहें तो हीराबाई[77] का प्रसंग देखें (जिसका उपनाम ज़ैनाबादी था। – सम्पादक) और अच्छी तरह जान लें कि वह प्रेम के प्रमाद में पड़कर शराब पीने तक को उद्यत हो गया था, पर उसकी प्रिया ने ही उसे ऐसा करने नहीं दिया। अस्तु,

''तोहि अति भावे री 'शाह औरंगज़ेब' उजारो।
दरस देखे तो रोम रोम सुख होत है री डर होत है री दुख अधियारो॥
एक रसना अस्तुति कैसे करों कही जाय प्राण हूँ ते प्यारो।
राखोंगी हिय में दुराय कर नेक न करिहों न्यारो॥[78]

पर बातों से कहीं पेट भरता है! उसके लिए तो –

''अब घरी आवत है री लाल माई री अवध को दिन आज।
वेग प्रफुलित भयो सुगंध मंजन कर कर आभूषण
बसन बनाय पहरे प्यारी तबही अरगजा मेटत
लगाए तब होवै मनभावतो काज॥
यह देखो वे गए मनमोहन बलमा अंतरयामी।
स्वामी कवन वरण कारण विरहन कारण तेरे।
अनगन मानो पतितन को दीनो सुखसमाज।
'शाह औरंगज़ेब' लीनी गलेही लगाय कीनी निहाल
तोहे बाल दीनो ढिग विय सुहाग भाग आनंद राज॥''[79]

किन्तु किसी बहुवल्लभ की प्रीति कैसी? अन्त में द्वेष उत्पन्न हो ही जाता है और विवश हो कहना पड़ता है –

''वहोत भावत है वह तुमे होई नीके कर जानत।
इतनो तोहू कान करो तुम ऐसी न बूझिए जो मेरे ही आगे वाहू को नाम ठानत॥

दैया कैसे अपनी टेक के नेकहू लाज जीय में नहीं आनत।
'शाह औरंगज़ेब' बहोत भले हो हौं बौरी जो ये बातें बखानत॥"[80]

'बहुत भले' शाह औरंगज़ेब की भली बातों का वर्णन कहाँ तक किया जाय? कट्टर हनीफी शासक हो जाने पर भी उसने हिन्दी को कड़ी निगाह से कभी नहीं देखा, बल्कि उसके प्रभुत्व में आ जाने से फ़ारसी का सोता सूख चला। इसी फ़ारसी की उदासी के कारण लोग आलमगीर की भाषानीति को कुछ खट्टी समझते हैं और रसिकता की दृष्टि से उसे थोड़ा बहुत कोस भी लेते हैं। पर यथार्थ स्थिति यह है कि वह बराबर साधु कविता को प्रोत्साहन देता और भली-भाँति उसका आस्वादन करता था। उसके सम्बन्ध में बख़्तावर खाँ का कहना है कि वह गद्य का अच्छा लेखक था और पद्यरचना में भी अभ्यस्त था, किन्तु उसमें अधिक लीन नहीं होता था। कारण यह था कि कुरान मजीद में कह दिया गया है कि कवि झूठी बातों में मग्न होते हैं। अतएव वह उन्हीं काव्यों पर ध्यान देता था जिनमें सदाचार हो। वह परमात्मा का प्रिय बनने के लिए कभी चापलूसों और भाटों की बिरदावली न सुनता था।[81] तात्पर्य यह है कि औरंगज़ेब ने अपने आप को हनीफी अल्लाह पर निछावर कर दिया और वह बराबर वही करने में मग्न रहा जिसकी आज्ञा उसे उसके इस्लाम से मिलती रही।

औरंगज़ेब को पूरा-पूरा पता था कि इस्लाम की जानकारी के लिए अहिन्दी भाषाओं की चाहे जितनी आवश्यकता हो, पर शासन के सुभीते और इस्लाम के प्रचार के लिए तो हिन्दी ही अनिवार्य है। यही कारण है कि शासन की बागडोर हाथ में आते ही उसने मजहबी उस्ताद का स्वागत नहीं किया, प्रत्युत वह उनसे पूछ बैठा कि जनाब आपकी पढ़ाई हमारे किस काम में आ रही है? उससे शासन और राज्य प्रबन्ध में कहाँ तक सहायता मिल सकती है?[82] सारांश यह है कि औरंगज़ेब ने हिन्दी की शिक्षा पर ध्यान दिया और उसका प्यारा पुत्र आजमशाह हिन्दी का कल्पतरु बना। पर हिन्दी के दुर्भाग्य से वह शासक न हो सका; संग्राम में खेत रहा और दारा की भाँति अपने जीवन के स्वप्नों को समेटकर कयामत के लिए सो रहा।

बिहारी-सतसई के आजमशाही क्रम के सम्बन्ध में कहा जाता है कि वह इसी आज़मशाह के आदेश पर प्रस्तुत किया गया था। परंतु अब सिद्ध किया गया है कि उसका सम्बन्ध आजमगढ़ के बसानेवाले गौतम आज़मशाह से है। जो हो, इतना तो निर्विवाद है कि यह आज़मशाह ब्रजभाषा का बड़ा भारी भक्त था और इसी के अध्ययन के लिए जनाब मीरजा खाँ ने 'तोहफतुलूहिन्द' नाम की एक अनूठी पुस्तक लिखी। पुस्तक की रचना का ठीक समय मालूम न हो सका। पर उसके 'ब्रजभाषा व्याकरण' के सम्पादक प्रोफ़ेसर जियाउद्दीन साहब का कहना है कि वह सन् 1676 ई. या उससे भी कुछ पहले

रची गयी। यदि यह ठीक है तो इसमें तनिक भी सन्देह नहीं कि यह काम आलमगीर की रुचि से हुआ। आलमगीर आज़मशाह को बहुत मानता था। यही उसका सर्वप्रिय धुरीण पुत्र था। इसका जन्म सन् 1653 ई. में हुआ। क्या यह सम्भव नहीं कि आलमगीर ने राष्ट्रभाषा की उचित शिक्षा के लिए ही इस अनुपम ग्रन्थ का सृजन कराया हो और अपने लाड़ले पुत्र को उसमें पारंगत देखना चाहा हो? जो हो, पर इतना तो प्रत्यक्ष ही है कि मीरज़ा खाँ ने ब्रजभाषा को ही शिष्ट भाषा माना है और उसी के कोष का सम्पादन भी किया है। उनका साफ-साफ कहना यह है –

"ब ज़नाब अहलमृज अफसह जबानहा अस्त ऑचि मियान दोआब गंगा व जमुना कि दो रूद मशहूर अंदवाकाशुदः अस्त, मिस्ल चंदवार वगैरः व फ़साहत मंसूब अस्त। व चंदवार नाम मौज़ए अस्त मारूफ व मशहूर। व चूँ ई जवान शामिल। अशआर रंगीन व इबारत शीरीं व वस्फ आशिक व माशूक़ अस्त, व वर ज़बान अहल नज़्म व साहब सबा वेश्तर मुस्तामल व जारी अस्त। विनावराँ बकवायद कुल्लियः ऑ परदाखतः आमद।" (अर्थ – ब्रजवासियों की भाषा सभी भाषाओं में श्रेष्ठ है। गंगा और यमुना के बीच में जो देश है, जैसे चन्दवार आदि, वह भी शिष्ट गिना जाता है। चन्दवार एक प्रसिद्ध और प्रतिष्ठित प्रान्त है। चूँकि इसी भाषा में प्रियप्रिया की प्रशंसा और सरस एवं अलंकृत कविता है तथा यही भाषा शिष्टों एवं काव्य की व्यापक भाषा है इसलिए इसके व्याकरण की रचना की जाती है – **ए ग्रामर ऑफ ब्रजभाषा,** विश्वभारती बुकशॉप, 210, कार्नवालिस स्ट्रीट, मार्च 1935 ई. पृ. 54-55)

मीरजा खाँ के उक्त कथन से स्पष्ट है कि ब्रजभाषा ही उस समय की शिष्ट और काव्य भाषा थी। इसी की शिक्षा मुग़ल शाहजादों को दी जाती थी और इसी में मुग़ल कविता भी करते थे। अभी तक उर्दू जैसी किसी अलग भाषा का नाम न था। शाहजादों को अरबी, फ़ारसी, तुर्की और ब्रजभाषा की शिक्षा दी जाती थी। कहना न होगा कि इनमें केवल ब्रजभाषा ही राष्ट्रभाषा थी और शेष सभी परदेशी या विलायती भाषाएँ थीं। अरबी मजहबी ज़बान थी तो तुर्की मुग़ली ज़बान। फ़सायी तो उस समय की शाही ज़बान थी ही। फिर बेचारी उर्दू की ईजाद ही क्यों होती? उसकी जरूरत ही क्या थी? 'लेन देन', 'बनिज व्यापार' क्या, हृदय का सच्चा व्यवहार भी भाषा में ही मौज से हो रहा था। फिर किसी बनावटी उर्दू के 'घड़ने' की आवश्यकता ही क्या थी कि उसे गढ़ कर वे देश में वैमनस्य का बीज बोते और सच्ची राष्ट्रभाषा का सच्चा प्रचार न करते? अस्तु;

दो दिन के लिए हमारे आज़मशाह भी बादशाह बन गये थे और अन्त तें तख़्त के लिए शहीद हो गये। उनकी रचना का नमूना यह है। उनकी नायिका कहती है –

"निपट कर जो दुराव करत मोसों हौं नहीं जानत
पीय अधिक चतुर तुमही और हौं ही अयानी।
कोटि यतन करत है नित गुण कर प्यारे तुम्हारे
देखीयत जे करत फिरत घर घर मनमथ के बस
ज्यों तिया अंग संग रग करत बहु ज्ञानी॥
अटपटी पाग पेच लटपटे कीन्हे बोलत मंद वचन चक कहत कहानी।
'शाह आजम' विचित्र छत्रपति की बाते तेऊ मेरे
जान पाई तब त्यों ही मुबारक ना आवत तुमारी
गत हम मन वच क्रम कर पहचानी॥"[83]

नायक भी कुछ कम नहीं है। कुछ उसकी भी तो सुनें, वह क्या कहता है। उसकी परख देखिये –

"प्रगट चतुर बरने नारी तेरे किधौं खंजन कमल फसे
कहे कटाक्ष माता पिता मुख सुख सागर जे
पंकज कछाय सरोवर में मीन करत कलोल।
किधों चंद हे सुतन गोदन बैठो कजरा भोंहें
डाड़ी कर पुतरी न होय दोउ पल कीनो आली री
तामेरी विध अनूप रूप जीवन छवि तोल॥
मुख सुख सलिता विच दीना व फिरत भावभरी
वरनी चोप सहित किधौं जुग कुरंग फंदे ही
अंजन फंद खुलत न खोल।
किधों जुगल मंजीर पलक पाट मूँदत खोलत काम भण्डारी
'साह आजम' के हुकम ते तोल देत जात विंब कटाक्ष
हीरा मुक्ता हलसों तोल तोल मोल अमोल॥"[84]

आजमशाह के जाजऊ में जूझ जाने से शाह आलम का कण्टक दूर हुआ। आलमगीर का छोटा पुत्र कामबख्श तो चहेती का पुत्र होने के कारण शोख हो गया था। और अपने को बहुत कुछ समझने लगा था। 'दीनपनाह' के खिताब से उसने भी दो दिन के लिए दक्षिण में राज्य कर लिया, पर अन्त में वह युद्ध में पकड़ा गया और घाव की कठोरता के कारण, उपचार करने पर भी, जीवित न रह सका। उसकी 'दीनपनाही' किस काम की? वह तो काम, क्रोध और लोभ का पुतला था। उसका अन्त अपनी ही वासना का फल था।

शाहआलम ने तो उसको पूरा सुख दिया था। पर 'तख़्त' चाहता था। 'तख़्त' तो नसीब न हो सका। 'हाँ, 'तख़्ता' मिल गया।

शाहआलम बहादुरशाह के नाम से बादशाह हुए और भरसक आलमगीरी घाव को भरने का प्रयत्न करते रहे। आलमगीर के शासन में उन्हें कुछ राज्य की चिन्ता रहा करती थी। स्वभाव की भिन्नता के कारण वे कठोर औरंगज़ेब के प्रेमपात्र न बन सके। आज़मशाह आलमगीर का प्रिय पुत्र था, तो कामबख़्श उसकी भावती प्रिया का औरस। शाह आलम की चिन्ता सचेष्ट थी। उनकी सान्त्वना के लिए एक दिन 'आलम' ने कह ही तो दिया –

"जानत थौलि किताबनि को जे निसाफ के माने कह हैं ते चीन्हे
पालत हौ इत आलम को उत नीके रहीम के नाम को लीन्हे।
'मोजमशाह' तुम्हैं करता करिबे को दिलीपति हैं वर दीन्हे।
काबिल हैं ते रहैं कितहूँ, कहूँ काबिल होत हैं काबिल कीन्हें?"[85]

आलम के हृदय से जो बात निकली थी उसकी सुनवायी हो गयी और 'मोहमशाह' शाहआलम बहादुरशाह के नाम से बादशाह हुए। बहादुरशाह की बादशाहत केवल पाँच वर्ष रही; पर इतने ही समय में उसने सिद्ध कर दिया कि वह कट्टर आलमगीर का बेटा ही नहीं, उदार और सहृदय शाहजहाँ का पोता भी है। भाषा और संस्कृत से उसे प्रेम था; संगीत का शौक था और था समूची जनता के लिए उसके कोमल हृदय में स्थान। उसके सिंहासन पर आरूढ़ होने से हुआ यह कि –

"मुबारक ज्ञान नौरोज नयो जातें भयो जनम श्रवण को
जो पुनि देखो उदै दिल्ली तख्त को।
कोटि कहत धन हम ज्यों इच्छा भई सवन की विधना राखे
राज कायम शाह आलम बादशाह पृथ्वीपति को॥
आनंद हुलासन गुणीजन गावत बजावत पावत जरी सरोपाव
तुरंग पावै हम तुम तें समरथ रविरथ को।
अशीस देत सुरभावन अटल रहे तुम्हारे अब्बा कीनों
तुमको सजाई सदा रहो हिम्मत को।"[86]

शाहआलम की हिन्दी निष्ठा के विषय में कुछ और कहने की आवश्यकता नहीं। वह एक हिन्दी माता की कोख से उत्पन्न हुआ था और हिन्दी ही को अपना घर भी समझता था। फिर हिन्दी को क्यों न अपनाता? उसके एक पद को लीजिये और देखिये कि उसमें किस कोटि का कवित्व है। उनकी वियोगिनी नायिका कहती है –

"दिन गिनत हारी कठिन भई कर पल्लव री अब कौन सों कहो
री में यह दुख बतीयाँ।
कौंलों धीरज धरों अपराधन पीत लगन न आदख होरी
धन धन मेरी निठुर छतीयाँ॥
जौलों दरशन देखूँ प्राणपति को तौलों आनंद लहों आली री
बस सुप्यास केसी होत कहा भयो जो पीय पठाई पतीयाँ।
शाह आलम शाह के बिन मिले कहा ठाकुर होत है और दूसरे
अब
आवत री बैरिन रतीयाँ॥"[87]

बहादुरशाह के आँख मूँदते ही मुग़लों पर विपत्ति का बादल टूट पड़ा। चारों ओर घने अन्धकार की वर्षा होने लगी। लड़भिड़कर किसी तरह मुइजउद्दीन जहाँदारशाह बादशाह हुए तो उन्हें लालकुँवरि के आँचल में ही सब-कुछ दिखायी देने लगा। त्रिलोक की झाँकी को छोड़कर राज्य की चिन्ता कौन करता? लालकुँवरि भी कोई नूरजहाँ न थी कि शासन की बागडोर सँभालती और सामन्तों को मनमाना नाच नचाती। हुआ भी वही जिसकी तैयारी इस तरह हो रही थी। लालकुँवरि चिमटती और चिल्लाती ही रही कि उसके अंक से छीनकर हत्यारों ने जहाँदारशाह की लीला समाप्त कर दी। 'मुइज़उद्दीन' सा मनचला और मौजी मुग़ल कविता न करे, यह हो नहीं सकता। पर उसके पदों का संग्रह कहाँ है? जो है वह भी इतना अल्प और अपूर्ण कि उसके विषय में कुछ निश्चित रूप से नहीं कहा जा सकता। फिर भी हम देखते हैं कि 'मौज' के नाम से कविता करता और हमारे लिये यह गाना छोड़ जाता है –

"कौन जाने री सखी मन की बात विरानी।
भली बुरी बीतत है जापे वोही वहै पहिचानी॥
सार विरह की सोई जाने, जाके लगी तन मानै।
'मौज' इस राह में बहोत गए हैं, मल मल हाथ सयाने।"[88]

तो फिर –

"मोरे गरवाँ फुलवन को हरवा।
रात चोर चोरी आन कर डार गयो प्यार से सुंदर मीत पियरवा॥
हौं तो ऐसी नींद की माती करवटियाँ न लई सारी रतवा।
नेक जागती जो अपनी 'मौज' से न छोड़ती मैं उनको अचरवा।"[89]

कहते हैं कि जहाँदारशाह की सन्त सूफियों से विशेष पटती थी। बात है भी ठीक। जहाँ जहाँदारशाह शाही शाह न बनकर सूफी शाह बनते तो उनका रंग और भी चोखा जमता और वह 'इश्क' के अखाड़े में कुछ कर दिखाते। पर उनके भाग्य में तो तख़्त के लिए शहीद होना बदा था!

लालकुवँरि से करते धरते तो कुछ भी न बन पड़ा वह स्वयं लोगों की आँख में चढ़ गयी। उसके सम्बन्धी भी कुछ शाही रोब में आ गये, जिससे सामन्तों और अमीरों का अमर्ष बढ़ा और लोग भीतर-ही-भीतर जहाँदारशाह से कुढ़ने लगे। उधर फर्रुखसियर की माँ बड़ी आन की औरत थी। सैयदबन्धुओं की सहायता से उसने बहादुरशाह के पोते को उसकी गद्दी पर बैठा ही तो दिया। पर अन्त में माँ बेटे से शासन का काज चल न सका और सैयद बन्धु भी रक्षक के शत्रु बन गये। फिर तो बादशाहत का वह हुड़दंग मचा कि अन्तःपुर भी उससे काँप उठा। हरम में कुहराम मचता और कोई शाहजादा पकड़कर शाह बना दिया जाता। फिर वही तख़्त की शाहदत (बलि) उसे नसीब होती।

फर्रुखसियर सा सुडौल और सजीला 'जवान' जिस तरह कैद किया गया, फिर अन्धा किया गया, और पानी के लिए तरसा-तरसाकर अन्त में बेगमों के व्यूह से घसीट-घसीटकर, घोर चीत्कार करता हुआ कुत्ते की मौत मारा गया – इसका वर्णन ही क्या?

फर्रुखसियर खेला-खेला कर बधे गये और आलमगीरी गद्दी पर फूँक के बुलबुले बैठते रहे। कोई आज उठा तो कल मिटा और कोई कल बना तो परसों बिलट गया। बात-की-बात में तीन-तीन शाहजादे बादशाह बने और फिर कहीं के न रहकर विलीन हो गये। अब चौथे की बारी आयी। बेचारा उर्दूएअल्ला (लालकिला) से दूर किसी कोने में अपना जीवन बिता रहा था कि अचानक उसकी खोज हुई और वह दिल्ली की गद्दी पर बैठा दिया गया। वह जरा कड़ा पड़ा तो सैयदबन्धुओं का काम तमाम हुआ और फिर बाबरी जोश दिखायी देने लगा। पर अन्त में वह भी 'रंगीला' निकला और सड़ी ठठरी में बल न ला सका। उसके शासन में जो खेत जमे उनके फल आज भी हमारे सामने हैं। उनमें से एक उर्दू का बिरवा है जो अब सरकार की कृपा से अमरबेलि के रूप में सभी देश भाषाओं पर फैलता जा रहा है और अपने आश्रय को चूसकर प्रतिदिन सुखाता जा रहा है। पर उसके मूल से आप परिचित हैं। उसके भेद से अभिज्ञ होना आपका धर्म है और राष्ट्र का कल्याण करना आपका काम।

तो क्या आप जानते हैं कि सैयद बन्धुओं के प्रभुत्व में आ जाने से मरी किनके घर पड़ी! उन्हीं ईरानी, तूरानी अमीर सरदारों के, जो जीने और बहार लूटने के लिए धीरे से हिन्दुस्तान में उतर आते थे और कभी कवि, कभी मनसबदार बनकर चैन की बंसी

बजाते और कभी-कभी दो चार हाथ दिखा देते थे। कवियों की जीविका तो औरंगज़ेब के हाथों कठिन हो गयी, पर उसकी सारी कसर मनसबदारी से निकल आयी। उसकी सेना का संचालन सचमुच उन्हीं के हाथों में चला गया और प्रतिदिन उनकी संख्या बढ़ती गयी। ईरानी तूरानी सर्वत्र छा गये। औरंगज़ेब की नीति से ऊबी हुई जनता को बहादुरशाह से जो आशा बँधी थी वह भी टूट चली थी कि सैयदबन्धुओं का उदय हुआ। फलतः फिर हिन्दुस्तानियों[90] को महत्त्व मिला। बहादुरशाह ने न जाने क्यों अपने आप को 'सैयद' कहा था और शीआ मत को अपना-सा लिया था, पर सैयद बन्धु तो सचमुच सैयद और 'बारहा' शीया थे। नाम भी 'हसन' और 'हुसैन' था। ('हुसैन' का वध भी धोखे से हुआ।)

'सैयदों' के प्रभुत्व में आने से देहली का परदेशी दल घबरा उठा। उसके लिए संसार सूना हो गया और वह सैयद बन्धुओं के फेर में पड़ा। सैयदबन्धु हिन्दुस्तानी थे। और थे हिन्दुस्तानियों के पक्षपाती। किन्तु कूटनीति की वह कुंजी उनके हाथ न लगी थी जो मुट्ठीभर परदेशियों को देशी जनता पर भारी रखती है। फलतः उनका पतन हुआ और देशी मुसलमान परदेशी मुसलमानों के चकमे में आ गये। पर समय पलटा खा चुका था। मरहठे सचेत हो गये थे और फिरंगी भी धीरे-धीरे पाँव पसार रहे थे। अतः फिर कभी ईरानी-तूरानी शासन जम न सका। परन्तु वह एक ऐसा बीज बोता गया जो आगे चलकर अंग्रेज़ी नीतियों की कृपा से और भी भयंकर हो उठा और राष्ट्र के जीवन के लिए परम संहारक सिद्ध हुआ।

सैयद बन्धुओं ने जिस शाहजादे को अब तख़्त-ताऊस पर बिठाया उसका नाम था मोहम्मद रोशन अख़्तर। उसकी माँ बहुत ही नीति निपुण तिरिया थी। उसने देखा कि मेरा बेटा मोहम्मदशाह कहने को तो बादशाह है, पर वस्तुतः सैयदबन्धुओं के हाथ की कठपुतली। निदान, उसने भी परदेशी दल का साथ दिया और मोहम्मदशाह को उक्त सैयदबन्धुओं से स्वतन्त्र किया। सैयदबन्धुओं में से हुसेनअली तो पहले ही शहीद हो चुके थे। अब हसन अली मोहम्मदशाह को गद्दी से उतारने की चिन्ता में आगे बढ़े तो राजपूतों के हृदय में यह भाव जगा –

'ऐसी नाकरी है काहू आज लौं अनैसी जैसी
सैयद करी है ये कलंक काहि बढ़ैंगे।
दूजे को नगाड़े बाजें दिल्ली में दिलीस आगे
हम सुनि मागैं तो कविंद कहा पढ़ैंगे?
कहै 'राव बुद्ध' हमें करने हैं युद्ध स्वामी
धर्म में प्रसिद्ध जो जहान जस मढ़ैंगे।

हाड़ा कहवाय कहा हारि करि कढ़ै ताते
झारि समसेर आजु रारि करि कढ़ैंगो॥"[91]

हसन अली युद्ध में घायल हो पकड़े गये और अन्त में कैद में ही विष देकर मार डाले गये। इस तरह परदेशी दल ने हिन्दुस्तानीदल को दबोच लिया और राजपूत अपना यश कमाने में मग्न रहे। फिर और लोग कहाँ तक साहस और बुद्धि से काम लेते? सभी परदेशियों के चकमें में आ गये और इस तरह देशी दल चकनाचूर हो गया। पर बादशाह मोहम्मदशाह उनके पंजे में न आ सके और कुछ-न-कुछ अपनी-सी करते रहे। निदान परदेशियों को अपनी चिन्ता हुई और कुछ-न-कुछ अच्छा रास्ता निकालना चाहा। उनके नेताओं में से निजामुल्मुल्क ने हैदराबाद को हथिया लिया, तो सआदत खाँ ने अवध को। मन्त्री मोहम्मद अमीन खाँ ने जो कुछ किया वह उर्दू की ईजाद थी। उर्दू उन्हीं की कृपा का कड़वा फल है।

हाँ, तो मोहम्मदशाह को संगीत से बड़ा प्रेम था। वह टौड़ी राग (राग तोड़ी) का इतना अनुरागी था कि उसके बारे में यह प्रवाद प्रचलित हो गया कि यदि नादिरशाह कल आना चाहता है तो आज ही आ जाय, पर हमारे टौड़ी राग में खलल न डाले। कहना न होगा कि यह इसी राग का परिणाम है कि मोहम्मदशाही शासन में फिर संगीत को विशेष प्रोत्साहन मिला और 'ख्याल' तथा 'टप्पा' का आविष्कार हुआ।

मोहम्मदशाह के नाम से बहुत से ऐसे गाने संगीत रागकल्पद्रुम में दिये गये हैं जिन पर वस्तुतः उनकी छाप नहीं है। उनमें से कुछ को तो प्रत्यक्ष 'सदारंग' का कहा जा सकता है। पर कुछ के विषय में पूरा सन्देह है। सन्दिग्ध पदों को छोड़ देने पर भी ऐसे अनेक पद हैं जो मोहम्मदशाह के रचे हैं। उनमें से कुछ की बानगी लीजिये। 'होरी' में टुक उनकी 'होरी' तो देखिये। कितना साफ कहते हैं –

"होरी की ऋतु आई सखी री चलो पिया पै खेलिए होरी
अबीर गुलाल उड़ावत आवत सिर पर गागर रस की भरोरी।
'महम्मदशा' सब मिल मिल खेलै मुख पर अबीर मलो री?"[92]

और-

"आओ बलमजी हमारे डेरे।
अबीर गुलाल मलो मुख तेरे होरी के दिनन मोसे मत उरझे रे।
जो पिया मोसे रूस रहे हो बलि बलि जाऊँ सबही घने रे।
'महम्मदशा' पिया सदा ही रंगीले दूर न बसो बसो मेरे नेरे।"[93]

मोहम्मदशाह की हिन्दी-रचना के विषय में कुछ विशेष रूप से विचार करने की आवश्यकता नहीं। उन्होंने तो संगीत को फिर से जिला ही दिया और चारों ओर रंग की वर्षा कर चाँदनी को भी रंगीली बना दिया। उनके शासन का सन्देश है –

"निश नीद न आवे न भावे मोको पिया बिन सेज।
जैसी सदा रंगीली चाँदनी तेसे ही अभूषण ते वनिता बन आई
या समय 'महम्मद-सा' सुंदर कोई देहो भेज।।"[94]

किन्तु, मोहम्मदशाह ने हिन्दी के लिए कुछ और भी किया। वह क्या था इसे एक उर्दू अदीब (साहित्यकार) नवाब सैयद नसीर हसन खाँ साहब की जबान से सुनिये। उनका कथन है –

"यह इसी बादशाह की ख़ुशमज़ाकी थी कि मूसीक़ी का फ़न जो आलमगीर के वक्त में मर चुका था जी गया। बेखबर जो चाहें कहें, मगर बाख़बर यही कहते चले आये हैं और यही कहते चले जायेंगे कि 'मूसीक़ी आवाज़ फ़ितरत को बलन्द करती है।' इसलिए जिसने इसका पास किया उसने फ़ितरत का साथ दिया। और इसलिए मोहम्मदशाह की तारीफ़ की जायेगी कि उसकी तवज्जह से वह फ़न जो हिन्द का एक क़ीमती तोहफ़ा है यहाँ के और फ़नों की तरह बेआवाज़ न होने पाया।"[95]

और फनों का भी हाल देख लें। वही नवाब साहब उसी सिलसिले में फिर कहते हैं –

"इस मुल्क का दूसरा नादिर तोहफ़ा (इल्म) नजूम है। अरसा से वह भी गरदिश में था मगर मोहम्मदशाही दौर में उसके दिन भी फिरे और जयसिंह के से ज्योतिषी की निगरानी में शहर (दिल्ली) से बाहर बहुत जल्द एक ऐसा रसदखाना (आबज़रवेटरी) तैयार हो गया जिसकी शोहरत दूर-दूर पहुँची।"[96]

और

"इस ज़मीन की तीसरी अनमोल पैदावार वह हिक़मत याने तबाबत है जिसका शुहरा दूर-दूर पहुँचा। एक धनवन्तरि ही नहीं, यहाँ वैसे बेगिनती बैद पैदा हुए जो दूसरे मुल्कों में भी नाम कर आये...। मगर जमाना से हमारी यह देसी तिब जालीनूसी हिकमत और इब्न सीना (शैखर्रईस बू अली सीना) के नुस्खों के आगे दकियानूसी और घासफूस समझी जा रही और ईरानी तबीब हमारे शाहों के शाकी हो रहे थे। इनकी जगह फिरंगी डॉक्टरों ने ली। ...गर्ज़ जब कि विदेशी तिब्ब यों हमारा खून चूस रही थी कि मोहम्मदशाह के इकबाल से यहाँ हकीम अलवी खाँ पैदा हुए। यह वह हिन्दी तबीब हैं जिन्होंने मुल्क के मिज़ाज को समझकर इस ज़मीन की जड़ी बूटियों से काम निकाला और इस फ़न (तवावत) को गुलामी से आज़ाद किया। यह शाही तवीब और

मोहम्मदशाह के ऐसे मिज़ाज़शनास थे कि बादशाह को इनके बगैर दम भर करार न था।''[97]

मोहम्मदशाह के शासन की सबसे बड़ी बात, जो कभी भूली नहीं जा सकती, यह है कि इसी के समय में अनेक भाषाओं से हिन्दी में उल्था किया गया।[98] आगे चलकर फोर्टविलियम कॉलेज में जो उल्थाघर (सन 1800 ई.) कायम हुआ उसमें इन्हीं पोथियों में बहुत से उल्थे किये गये। आश्चर्य की बात तो यह है कि हिन्दीवालों ने भी इन पुस्तकों की कोई चिन्ता नहीं की। रहे उर्दू के लोग। सो उन्हें इस बात को दफनाने के सिवा और क्या सूझ सकता है। उन्हें तो हिन्दी को कल की चीज़ कर दिखाना है, न? वे हिन्दी हित को कब देख सकते हैं कि इनका नाम ले!

मोहम्मदशाह के सम्बन्ध में अब तक जो कुछ निवेदन किया गया उससे इतना तो प्रत्यक्ष ही है कि वस्तुतः वह हिन्दी का समर्थक है। राजनीति के क्षेत्र में वह भले ही भूलेभटके अथवा नीतिवश परदेशियों के गुट में दिखायी दे जाय, पर वास्तव में है वह हृदय से हिन्दुस्तानियों के साथ। उसके इसी हिन्दी हृदय का परिपाक है कि परदेशियों की 'उर्दू' कुमक मैदान में आयी और धीरे-धीरे मुल्क में छा गयी। यदि वह जी से हिन्दी का अभ्युत्थान न चाहता और परदेशियों को खुल खेलने पर मनमाना करने देता तो किसी को उर्दू की चिन्ता इस प्रकार न होती और परदेशी ठाट से मौज करते।

आलमगीर अथवा बहादुरशाह के बाद किसी मुग़ल बादशाह में कुछ कर दिखाने का साहस नहीं रहा। अमीरों को अपना ही जीवन भार हो रहा था। फिर वह फ़ारसी को कहाँ तक पोसते! निदान वह दिन भी आ गया कि फ़ारसी शिक्षा की भाषा हो गयी। उसे समझने के लिए अब कुछ पढ़ने की आवश्यकता पड़ने लगी। बेगमों तक में यह हाय मची कि अब मरसियों के लिए फ़ारसी बेकार है। उनके जी को उभारने के लिए हिन्दी अनिवार्य है। निदान फ़ज़ली को 'करवल कथा' (करबला की कथा) की सृष्टि करनी पड़ी और फ़ारसी को कूच का परवाना मिल गया।

नवाज फ़ज़ल अली खाँ 'फ़ज़ली' ने इसके सम्बन्ध में जो कुछ कहा वह इतना स्पष्ट है कि उसके विषय में कोई सन्देह ही नहीं रह जाता और बिल्कुल प्रत्यक्ष हो जाता है कि उस समय फ़ारसी की दशा कैसी दयनीय हो रही थी और क्यों लोग उससे किनारा करते जा रहे थे। उनका कहना है —

''लेकिन माने उसके (वाकआ शहादत शाह करबला) औरतों की समझ में न आते थे और फिक्रात पर सोज़ या गदाज़ इस किताब मज़कूरा के वसबन लुगात फ़ारसी उनको न रुलाते थे। अक्सर औक़ात वादे किताब ख्वानी सब यह मजकूर करतीं कि सद हैफ़ व सद हज़ार अफसोस जो हम कम नसीब इबारत फ़ारसी नहीं समझते और रोने के शबाब

से बेनसीब रहते हैं। ऐसा कोई साहबे शऊर होवे कि किसी तरह मिनवअन हमें समझावे और हम से बेसमझों को समझाकर रुलावे। मुझ अहक़र की खातिर में गुज़रा कि अगर तरजुमा इस किताब का बरंगीन इबारात और हुस्ने इस्तआरात किन्दी करीबुल्क-हम साम्माय मोमनीन व मोमनात कीजिये तो...बड़ा शबाब लीजिये।''[99]

यह तो हुई डवास फ़ज़ली के घर की औरतों की बात। अब ज़रा जनाब मिर्ज़ा मोहम्मद सौदा का हाल देखिये। उन्हें फ़ारसी में शायरी करने का शौक हुआ है। इस तरह के लिए आप .खान आरजू की खिदमत में हाज़िर हुए हैं। .खान आरज़ू जो कुछ कह रहे हैं उसे स्वर्गीय मौलाना आज़ाद के मुँह से सुनिये और ध्यान में रख लीजिये –

''खान आरजू ने कहा कि मिर्ज़ा फ़ारसी अब तुम्हारी ज़बान मादरी नहीं। इसमें ऐसे नहीं हो सकते कि तुम्हारा कलाम अहूले ज़बान के मुकाबिल में क़ाबिले तारीफ हो। तबा मौज़ूँ है। शेर से निहायत मुनासिबत रखती है। तुम उर्दू फहा करो तो एकता-ए-ज़माना होगे। मिर्ज़ा भी समझ गये और देरीना साल उस्ताद की नसीहत पर अमल किया।''[100]

कुछ दिनों के बाद स्वयं सौदा अथवा किसी अन्य को फिर फ़ारसी की सूझी तो फ़ारसी के दूसरे उस्ताद मिर्ज़ा फ़ाखिर ने समझाया कि अब फ़ारसी में कविता करना अपना उपहास करना है। प्रसंग इस प्रकार है –

''मैं एक फ़ारसीदाँ से कहा कि अब मुझको,
हुई है बंदिशें अशआरे फ़ुर्सज़्हन नशीन।
जो आप कीजिए इसलाह शेर की मेरे,
न पाइए ग़लती तो मुहावरा में कहीं।
है और ज़ेरे फ़लक ज़ात मीरज़ा फ़ाखिर,
सलामत उनको रखे हक़ सदा ब रुए ज़मीन।
सो कब उन्हों को है इसलाह का किसू का दिमाग़,
क़बूल कब करे उनकी मतानते रंगीन।
कहा यह वादे ताम्मुल कि दूँ जवाब तुझे,
जो मेरी बात का ऐयार तुज़को होवे यक़ीन।
जो जाहे यह कहे हिन्द का ज़बाँदाँ शेर,
तो बेहतर उसके लिए रेख़्ता का है आईन।
वगरना कहके वह क्यों शेर फ़ारसी नाहक़,
हमेशा फारसीदाँ का हो मौरद नफरीन।
कोई ज़बान हो लाज़िम है खूबिए मज़मून,
ज़माने फुर्स प कुछ मुन्हसिर सखुन तो नहीं।

अगर फ़हीम है तो चश्मे दिल से करके नज़र,
ज़बॉं का मरतबा सादी से लेके तावा हज़ीं।
कहाँ तक उनकी ज़बाँ तू दुरुस्त बोलेगा,
ज़बान अपनी में तू बॉध मानिए रंगीन।
दयारे हिन्द में दो चार ऐसे हो गुज़रे,
जिन्होंने बाज़ रक्खा मज़हके से अपने तई।
चुनाँचे खुसरो वो फ़ैज़ी वो आरजू वो फ़कीर,
सखुन इन्हों का मुग़ल के हैं, क़ाबिल तहसीन।
सिवाय इनके कोई और भी हो पर शाइर,
सवादे हिन्द में वह ही हैं यामज़ा नमकीन।।[101]

अस्तु, हम देखते हैं कि समझदारों ने फ़ारसी से अपना पिण्ड छुड़ाना शुरू कर दिया है और उसकी जगह रेख़्ता या उर्दू की पैरवी करने में मग्न हो गये हैं। पर यह पैरवी कब और किस ओर से शुरू हुई इसकी भी-थोड़ी सी चिन्ता यहाँ लगे हाथ हो जानी चाहिए।

रेख़्ता के बारे में इतना जान लीजिये कि –

"रेख़्ता कि शेर अस्त्र बतौर शेर फ़ारसी।"[102]
(रेख़्ता वह शेर है जो फ़ारसी की तरह कहे जाते हैं।)

अर्थात् फ़ारसी के छन्दों में जो हिन्दी-रचना होती रही उसी का नाम रेख़्ता है। अस्तु; रेख़्ता का प्रचार उस समय हो गया था जिस समय उर्दू का नाम तक नहीं था। 'गावता रेखँता था' में रहीम ने रेख़्ता गाने का स्पष्ट निर्देश कर दिया है। 'रेख़्ता' की ईजाद कब और किस शासन में हुई इससे यहाँ हमारा कोई प्रयोजन नहीं। इसके लिए तो इतना ही पर्याप्त है कि हिन्दी गवैयों ने रेख़्ता का निर्माण किया और फ़ारसी प्रिय शासकों की देख-रेख में उसे पनपाया। और उर्दू की ईजाद हो जाने पर उसे 'नज़्म की ज़बान' और फिर 'उर्दू' का पर्याय कहा। अतएव रेख़्ता के प्रसंग को अधिक बढ़ाने की कोई आवश्यकता नहीं।

उर्दू अथवा उर्दूएमुअल्ला के विषय में इधर जो छानबीन हुई है वह बहुत कुछ उर्दू की स्थिति को स्पष्ट कर देती है और सच पूछिये तो अब हिन्दी और उर्दू का कोई विवाद ही नहीं रह जाता। हिन्दी की लोकप्रियता का प्रमाण देना व्यर्थ है। वह तो दिल्ली के मुग़ल बादशाहों की भी लाड़ली रही है। पर छँटी उर्दू की क्या कहें। वह तो आदि ही से कुछ कर गुज़रने के लिए रोपी गयी है। कभी शाहजहानाबाद के 'खुशबयान' लोगों ने मिलजुलकर सभी भाषाओं से कतर-ब्योंत कर एक नयी भाषा बना ली और उसका नाम

उर्दू रख दिया। खुदा खुश रखे सैयद इंशा की रूह को कि उसने हक (सत्य) का साथ दिया और 'दरियाए-लताफत' में साफ साफ लिख दिया कि –

"खुशबयानान आँजा मुत्तफ़िक़ शुद अज़ ज़बानहाय मुतहिद अल्फ़ाज़ दिलचस्प जुदा नमूदः व दर वाजे इबारात व अल्फ़ाज़ तसर्रुफ़ वकाद वुर्दः ज़वाने ताज़ः सिवाय ज़बानहाय दीगर वहम रसानीदंद बव उर्दू साखतंद।"[103]

(यहाँ के खुशबयान (अच्छे वक्ता) इस बात पर सहमत हुए कि मिलती-जुलती भाषाओं से आकर्षक शब्द अलग कर लिये जायँ तथा कुछ लिपि और शब्दों में बदलाव किया जाय, इस तरह नयी भाषा और दूसरी भाषाओं को आपस में मिलाकर उर्दू बना लिया।)

निदान सैयद इंशा ने यह तो स्पष्ट कह दिया कि उर्दू की ईजाद कुछ यों ही नहीं हुई बल्कि हकीकत तो यह है कि, "शाहजहानाबाद के शिष्टों ने आपस में मिलजुलकर अन्य अनेक भाषाओं से दिलचस्प शब्दों को छाँट लिया और शब्दों तथा वाक्यों में कुछ हेरफेर करके दूसरी भाषाओं से अलग एक नयी भाषा पैदा कर ली और उसका नाम उर्दू रख दिया", पर कहीं उन्होंने यह नहीं बताया कि वह कब और किसलिये पैदा की गयी। रही उर्दू के अन्य आलिमों की बात। सो उनकी कुछ न पूछिये। उन्हें तो उर्दू का उलटा सीधा राग ही भाता है। उसकी उधेड़बुन में तो तब लगते जब उससे कुछ अपना लाभ दिखायी देता। उसके मूल का पता बता स्वयं ही उसकी जड़ खोदने का काम क्यों करें? उसे कल्पवृक्ष बता उसकी छाया में स्वर्ग सुख का लाभ दिखायें या उसे विषवेलि बता उससे निपट जनता को विरत करें? अतएव एक ओर तो उन लोगों ने उसे मिलीजुली 'आमफहम' 'मुश्तरका' जबान साबित किया और दूसरी ओर 'नबी की ज़बान' का फतवा दिया। हुआ यह कि मुग़ल बादशाहों की लाड़ली हिन्दी उनकी बादशाहत के साथ जाती रही और नये परदेशियों के साथ नयी जबान उसकी जगह चहकती फिरती दिखायी देने लगी। दो परदेशियों में सौदा आसानी से पट गया और आगे चलकर उनमें एक किताबी या पैगम्बरी नाता भी जुट गया। फिर तो वह ऊधम मचा कि बेचारी हिन्दी को कहीं का नहीं रहने दिया। मुग़ल उससे भयभीत हो उठे और उर्दू को अपना सब-कुछ समझने लगे। ऐसा क्यों हुआ? इसका एकमात्र उत्तर है – इम्तियाज़ और आन के लिए, अभिमान और अभिज्ञान के लिए।

अस्तु; इधर उर्दू के लिए जो चारों ओर ललकार मची है उसका रहस्य कुछ और ही है। प्रसंगवश यहाँ इतना और जान लीजिये कि जनाब महमूद शेरानी ने स्पष्ट कह दिया है –

"मुझे यह भी कह देना चाहिए कि .खान साहब गालिबन् पहले शख़्स हैं जो उर्दू का लफ़्ज़ बमाने ज़बान इस्तेमाल में लाये हैं।"[104]

.खान आरज़ू (मिराज़उद्दीन अली खाँ) की गणना उर्दू के आदि कवियों में की जाती है। अब्दुल बासा हाँसवी की किताब 'गरायबुलूलुगात' की आलोचना करते समय जगह-जगह पर उन्होंने साफ-साफ कह दिया है कि 'ग्वालियारी' अथवा 'ब्रजभाषा' 'हिन्द की भाषाओं में श्रेष्ठ है'। उनके 'अफसह अल सनमे हिन्दी' व 'अफसह ज़बानहाय हिन्दी' को देखकर आज बहुतों को आश्चर्य होता है और जनाब महमूद शेरानी साहब को भी कहना ही पड़ता है कि –

''सबसे ज्यादा जिस बात से ताज्जुब होता है यह है कि .खान देहली की जबान और उर्दू को भी वक़अत की निगाह से नहीं देखते। उनके नजदीक हिन्दोस्तानी जबानों में सब से ज्यादा शाइस्ता और मुहज्जन जबान ग्वालियरी हैं। चुनांचे इसी ग्वालियरी के अल्फ़ाज़ अक्सर मौकों पर नकल किये हैं और उर्दू से बहुत कम सनद ली है।''[105]

.ख़ान आरज़ू की निधन तिथि सन् 1169 हि. (1755 ई.) है। अतएव उक्त आलोचना इससे पहले की है। इस आलोचना के आधार पर यह तो निश्चित हो गया है कि ख़ान आरजू ने जिस भाषा को महत्त्व दिया है वह वही परम्परागत ब्रजभाषा (हिन्दी) है जिसकी चर्चा हम बराबर मुग़ल बादशाहों की हिन्दी के प्रसंग में करते आ रहे हैं और उनकी रचनाओं का दर्शन भी करते जा रहे हैं। पर अब खान आरजू के मुँह से एक नयी जबान उर्दू का नाम सुनायी दिया, जो अभी दबी हुई किसी कोने से झाँक रही है और यारों को अपनाने की चिन्ता में लीन है।

लीजिये शाहहातिम उसके शिकार हो गये। उन्होंने अपने देहलवी दीवान को फाड़ कर एक 'दीवानज़ादा' पैदा कर लिया और किस तपाक से लिख दिया कि :

''रोज़मर्रः देहली कि मिरज़ायने हिन्द व फसीहाने रिन्द दर मुहावरः दारंद मंजूर दाश्त। सिवाय ऑ ज़बाने हर दयार ता व हिन्दवी कि ऑ रा भाका गोयंद मौकूफ़ करदा। महज रोज़मर्रः कि अशम फ़हम व .ख़ास पसन्द बूद एख्तियार नमूद।''[106]

(हिन्द के मिर्ज़ाओं और शिष्ट सूफ़ियों की दिल्ली की रोज़मर्रा की भाषा को स्वीकार किया। इसके अलावा आसपास की दूसरी भाषा यहाँ तक कि हिन्दवी भाषा जिसको 'भाका' (या भाखा) कहा जाता है, उसको छोड़ दिया। सिर्फ रोज़मर्रा की आम फ़हम बोली को जो आसानी से सबको समझ आ जाय, उसका प्रारम्भ किया है।)

ध्यान देने की बात है कि शाहहातिम का यह 'दीवानज़ादा उसी सन् (1169 हि.) में पैदा हुआ जिसमें खान आरजू इस दुनिया से कहीं और के लिए कूच कर गये। पर शाह हातिम ने व्रजभाषा को छोड़कर किसी दूसरी भाषा को महत्त्व क्यों दिया, इसका ठीक-ठीक पता हो जाय तो बहुत अच्छा हो।

शाह हातिम ने कहीं उर्दू शब्द का प्रयोग नहीं किया है, पर उन्होंने अपने 'दीवानज़ादा' की जबान की जो व्याख्या की है वह उर्दू की ही व्याख्या है।

उर्दू शब्द की पकड़ के लिए हम कहाँ-से-कहाँ पहुँच गये। और बेचारे मोहम्मदशाह रँगीले को भूल ही गये। अच्छा, अब फिर मोहम्मदशाह के दरबार में आइये और देखिये कि सैयद बन्धुओं का अन्त हो गया है। पर बादशाह की रुचि हिन्दी में अच्छी तरह रम जाती है और देश में देशियों को विशेष महत्त्व मिल रहा है। शासक की ममता परदेशियों से हटकर देशियों में जुट रही है। शासन में उनका अधिकार हो रहा है। अब मोहम्मदशाह के परदेशी वज़ीर मियाँ अमीर खाँ को कुछ दूर की सूझी और उन्होंने कुछ कर दिखाने की ठान ली।

यदि वज़ीर अमीन खाँ ईरानी-तूरानी हितकामना में मग्न थे तो फ़क़ीर साद अल्लाह खाँ 'गुलशन' फ़ारसी की चिन्ता में लीन। भाग्यवश दक्खिन से औलिया 'वली' भी आ धमके और इधर-उधर घूमघाम कर कहने लगे कि –

"दिल वली का ले लिया दिल्ली ने छीन, जा कहो कोई मोहम्मदशाह से।"

किसी ने उनके लिए मोहम्मदशाह से कुछ कहा या नहीं, यह हम ठीक-ठीक नहीं कह सकते पर इतना जानते हैं कि जनाब साद अल्लाह 'गुलशन' ने उनसे कहा कि, "यह सारे फ़ारसी के विषय बेकार पड़े हैं इन्हें अपनाओ और अपने कलाम में फ़ारसी का रंग दिखाओ। डरते क्यों हो? तुमसे लेखा-जोखा कौन ले सकता है?"[107]

विचार करने की बात है कि दिल्ली में फ़ारसी के मजमून बेकार क्यों पड़ गये और क्यों जनाब गुलशन साहब को इसकी चिन्ता हुई कि उन्हें किसी प्रकार रेख़्ता में लाया जाय? क्या 'वली' ईरान और तूरान में प्रसिद्धि पाने के लिए पहले से ही फ़ारसी की ओर नहीं बढ़े थे और शेख मुल्ला नुसरती ने उन्हें यह पाठ नहीं पढ़ा दिया था? निवेदन है हाँ, अवश्य। मियाँ वली जरूर फ़ारसी परस्त हो चले थे और उनकी शाइरी में बराबर फ़ारसी की बू दी जाती थी। लेकिन कमी यह रह जाती थी कि वह फिर भी हिन्दी ही रह जाती थी। अतएव इसी हिन्दियत के विनाश के लिए उक्त शाह साहब को उक्त आदेश (फ़ारसी में) देना पड़ा –

"ई हमः माज़ामीन फ़ारसी कि बेकार उ-तादह अंददर रेखतः खुद बकार बबर अज तू कि मुहासिबः ख़्वाहिद गिरफ्त।"[108]

(फ़ारसी के जो विषय बेकार पड़े हैं, उन्हें अपने रेख़्ता में अपनाओ, शंका मत करो, तुमसे इसकी पूछ-ताछ (लेखा-जोखा) अभी कोई नहीं लेगा।)

इस प्रकार फ़ारसी 'रविश' और फ़ारसी 'मज़ामीन' की कोशिश शुरू हुई और जनाब वली उर्दू शाइरी के बाबा आदम बन गये।[109] यह काम छिटपुट रूप में चालू नहीं हुआ। अमीन खाँ मन्त्री के पद पर प्रतिष्ठित थे, तो साद अल्लाह सूफी गद्दी पर विराजमान। वली भी अपनी करनी के साथ मैदान में उतर आये और तीनों का मिलाजुला काण्ड शुरू

हुआ। अमीन खाँ ने उसके लिए एक 'मकतब' भी खोल दिया और दिल्ली में ईरानी-तूरानी चहचह शुरू हुई।

कहने की बात नहीं कि शाह हातिम इसी चहचह के कढ़े थे। इसी अमीनखानी पाठ का परिणाम था कि उन्होंने अपने पुराने दीवान को फाड़ फेंका और चट एक नया 'दीवानज़ादा' पैदा कर लिया और निपट दर्प के साथ लिख दिया कि मैंने भाषा को छोड़कर मिरजाओं और फसीह रिन्दों की जबान में रचना की। 'मिरज़ाओं' और 'रिन्दों' की भाषा को अपनाकर शाह हातिम ने एक ओर मुग़ल शाहजादों को प्रसन्न किया तो दूसरी ओर सीधी-सादी, भोली-भाली मज़हबी जनता को मोह लिया। फसीह रिन्दों से हातिम का तात्पर्य मज़हबी सूफियों से है और 'मिरज़ायने हिन्द' से मुग़ल शाहजादों से। अतएव शाह हातिम ने परम्परागत काव्यभाषा का व्यवहार रोकने का जो प्रयत्न किया वह शीघ्र ही सफल हो चला। लोग बड़ी उतावली से उनके ढंग को अपनाने लगे।

नवाब अमीन खाँ का परदेशी गुट्ट मोहम्मदशाह की आड़ में विजयी हुआ था। इसलिए नयी ईजादी जबान के फूलने-फलने के लिए उचित जान पड़ा कि उसको बादशाही छाप मिले। 'मिरज़ायने हिन्द' के नाते उसे 'उर्दू' का नाम दिया गया और इस प्रकार उर्दू मुग़ल घराने की चीज ठहरायी गयी। फिर भी सहसा उसको प्रमाणपद न मिला। खान आरजू ने उसकी पैरवी की। फ़ारसी के साथ-ही-साथ उर्दू में भी कुछ रचना की। पर पटरानी के पद पर ब्रजभाषा को ही बहाल रहने दिया। कभी उसको 'मौक़ूफ' नहीं किया बल्कि बराबर उसी को प्रमाण और हिन्द की भाषाओं में श्रेष्ठ मानते रहे।

नवाब अमीन खाँ को उर्दू रचना से ही सन्तोष न हो सका। उन्होंने अन्य बाहरी अमीरों को मिलाकर देहली में एक अंजुमन भी खोल दी। फिर क्या था, उसमें काट-छाँट शुरू हुई। नवाब सैयद नसीर हुसैन खाँ साहब 'ख्याल' ने इस अंजुमन के विषय में लिखा है —

"इमदतुल्मुल्क ने और उमरा के मशविरा से देहली में एक उर्दू अंजुमन कायम की। उसके जलसे होते। ज़बान के मसले छिड़ते। चीज़ों के उर्दू नाम रखे जाते। लफ़्ज़ों और मुहावरों पर बहसें होतीं और बड़े-बड़े रगड़ों-झगड़ों और छानबीन के बाद अंजुमन के दफ्तर में वह तहक़ीकशुदा अल्फ़ाज़ व मुहावरात कलम बन्द होकर महफूज किये जाते। और बकौल साहबे सैरुल्मुतासरीन इनकी नक़लें हिन्द के उमरा व रऊसा पास भेज दी जातीं और वही इसकी तकलीद को फख जानते और अपनी अपनी जगह उन लफ़्ज़ों और मुहावरों को फैलाते।"[110]

कहना न होगा कि यह इसी अंजुमनी फैलाव का नतीजा है कि, "वह अल्फाज़ जिनमें हिन्दी के .खास हुरुफ़ शामिल थे और फ़ारसी लफ़्ज़ों में इस्तेमाल नहीं होते थे,

जिनको फ़ारसीदाँ अपनी ज़वान से वासानी अदा नहीं कर सकते थे अदब से ख़ारिज होने लगे। इसके अलावा वह अल्फाज़ भी जो आवाम की ज़बानों पर चढ़े हुए थे और ख़वास उनको बाज़ारी करार देते थे, मतरूक होने लगे। इस तरह कटछट कर देहली की टकसाली उर्दू ज़बान तैयार हुई और उसकी गोद में उर्दू अदब की परवरिश होने लगी। मोहम्मदशाह के अहद से इसकी मुस्तक़िल तारीख शुरू होती है।"[111]

मोहम्मदशाह के शासन में उर्दू की चिन्ता क्यों और कैसे हुई, इसका कुछ आभास आपको मिल ही गया। अब यह भी देख लीजिये कि स्वयं मुग़ल बादशाहों ने उसे क्यों नहीं अपनाया और यदि उसको अपनाया तो कब और किस तरह। यह तो आप जानते ही हैं कि मोहम्मदशाह स्वयं भाषा के प्रेमी थे और हिन्दी गीतों को आदर की दृष्टि से देखते थे। उनके सामने तो किसी उर्दू की न चली। पर उनमें इतनी शक्ति ही शेष नहीं रही कि वह स्वयं डटकर कुछ कर सकते। उससे परदेशियों का जी न भरा। उन्हें फिर हिन्दियों का आतंक सहना पड़ा।

मोहम्मदशाह का शीर्ण शरीर अधिक दिन तक चल न सका। उसके छूट जाने पर उनकी भावती का लड़का अहमदशाह गद्दी पर बैठा। भला जिसका बाप रँगीला हो और जिसकी माँ भी नर्तकी रही हो वह शासन का काम कहाँ तक सँभाल सकता है। फलतः उसको रागरंग की सूझी और अखाड़े की धूम मची। महल महिलाओं का कुंज बना। वह पुरुष की छाया से भी बचकर मौज करने लगा। 'झरोखादर्शन' की झाँकी भी जाती रही। उधर उसकी यह क्रीड़ा चल रही थी इधर उसकी रसीली माँ नूरजहाँ बनने का स्वप्न देख रही थी। नतीजा यह हुआ कि अहमदशाह की आँखें फोड़ दी गयीं और वह बन्दीगृह में डाल दिया गया।

उसके उक्त अनुपम अखाड़े का एक दृश्य देखिये और उसके रंग को भी ठीक से पहचान लीजिये। किसी चहेती का कहना है –

"तुँ ही मुराद करो मन भावन।
दिन दिन सुहाग बढ़े लड़ाले दुलहा कीते अब बस कर, पायो है लाड़ लड़ावन॥
विनती सुन लीजो कान धर हमारी अहमद सा बादसाह प्यारे मनभावन।
हों जो धरती पै मेघ बरषत तेसे बरसे बरष का चाहिए मोपर ज्यों सावन हरो भरो डहडहो देखो करो लागी रहौं तिहारी है दावन॥
कहत सुरभावन नाम धरो नीको तिहारे नाम ते निहाल होत मो सी करोरन वामन॥"[112]

करोड़ स्त्रियों को निहाल करनेवाले इस अहमदशाह का भी एक राग सुन लीजिये और फिर इसे सलीमगढ़ के किले में बन्दी छोड़ आगे बढ़िये। इसका आलापना है –

''घटानें छोड़ी लटा बूँदन की अब कहा रोऊँ माई।
बिजरी चमके कोयल कुहुक कुहुक डरावै॥
रंगरस भरे 'अहमदसा' कों देख री मेरी ध्यान बटावै॥''[113]

अहमदशाह की जगह सुल्तान अजीजुद्दीन आलमगीर सानी बादशाह हुआ। आलमगीरी फ़क़ीरी कुछ उसमें भी थी। इसी फ़क़ीरी के धोख़े में उसकी जान गयी। उससे कहा गया कि कन्धार का एक फ़क़ीर आया है। उसका दर्शन करना चाहिए। आलमगीर दर्शन के लिए पहुँचा तो निर्दयता के साथ भोंक-भोंक कर मार डाला गया।

बहादुरशाह तक मुग़ल बादशाहों में कुछ जान थी। मुग़ल शाहजादे भी कुछ जीवट के व्यक्ति थे। इसलिए राज्य के लिए परस्पर भिड़ा करते थे। पर बहादुरशाह के बाद उनमें कुछ दम नहीं रहा। ईरानी तूरानी अमीरों में राज्य की स्पर्द्धा उठी। राजा बन जाना तो कुछ कठिन था पर वजीरी साफ नजर आती थी। उसी के लिए नाना प्रकार की पिशाच-लीला की जाती थी। देहली अब इसी पिशाच लीला की भूमि थी। और तैमूरी शाहजादे ही अब बलि-वेदी पर चढ़ाये जाते थे।

आलमगीर की गद्दी जिस शाहजहाँ सानी को मिली वह कुछ दिनों के लिए बादशाह बना और वजीर इमादुल्मुल्क की मनमानी होती रही। शीघ्र ही सदाशिव भाउ ने उसे हटा कर उसकी जगह मिर्ज़ा जबाँबख्त को बादशाह बनाया, पर कुछ ही दिनों में अहमदशाह अब्दाली ने उसकी जगह आली गौहर को शाहआलम सानी के नाम से बादशाह बनाया जो दूर ही से कुछ दिनों तक दिल्ली का शासन करता रहा।

शाहआलम और कम्पनी सरकार में जो लिखा पढ़ी हुई उसकी चर्चा आगे आ रही है। यहाँ अभी इतना समझ लीजिये कि आलमगीरी की भाषानीति वही परम्परागत थी। उसके शासन में भी हिन्दी की प्रतिष्ठा थी। उसके दरबार में अभी हिन्दी गवैयों का ही सम्मान है। मोहम्मदशाही अदारंग का गाना है –

"हिन्द में आनंद भयो कोटि दुरजन गये बैठे तखत वली आलमगीर सानी।
बाजे निसान फहरान सुने गढ़पति फरर नई गई घाक डर हुकुम मानी॥
चले चहुँ ओर को ते मिलत को जोर जोर आगे चहुँ डोलादार सुधर रानी।
अदल अदलो उनसपत अदारंग कहाँ लग कहूँ जाके कदर करीम की मेहरबानी॥"[114]

आलमगीर सानी को अलग रखिये। हमारा सूफी अजीजुद्दीन भी कुछ कम नहीं है। देखिये न, मिलन के लिए बेचारा कितना तड़प रहा है और दूसरों को सुखी देखकर कैसा तरस रहा है –

"सौतन के मन में ऐसी विधना चढ़ आवै मत अब जानी,
तुम हमको बिसराय के बैठे किस विध मिलना होय।
'अजीजदीन' उमग जात है जोवन और बह्यो जात है पानी॥"[115]

प्रियतम स्वयं तो आता नहीं, संकेत में बुलाता है। पर इधर यह विपदा है कि सभी चौकीदारी में लगे हैं। फिर अभिसार कैसे हो! विवश हो कहते हैं –

"मोहे सैन बुलावै बाँका मारुड़ मैं कैसे कर आउँ तोरे ढिग आगे।
चाँदनी रात प्यारे मोरे ननद जेठानी देवरनिया जागे॥
तोरी परछई मइ लुक के 'अजीजदीन' को समीप कैसे आऊँ जो
तुँ चली श्याम बसन पहर आगे।"[116]

अब सन्तों की सीख सुनिये और इस अजीजुद्दीन आलमगीर सानी को सदा के लिए परख लीजिये। उसका एक पद है –

'पिया के संग ऐरी नार चौसर क्यों नहीं खेले?
इस अवसर को निपट सार जानो यह दिन है तीन चार॥
जो जीत तो पिय को जीते हारे तो रहे पिया लार।
तेरी तो सब तरह जीत है जीत हैत न कर शोच विचार॥
सात पाँच की कंची पंची तो सोलह है हार।
दाव रखे सो रंग है बाको वोही जीते सौ वार॥
अब तो अदिया बंद चले है कर है घों घन रार।
जब छक्के छूट जायेंगे तेरे तब क्या करोगे खेलार॥
आठ याम इनकी सुध राखो यह लो खुले दश द्वार।
तेरी भलाई सजीमे प्यार की काम की ले नरद मार॥
और पाँच तिथि हैं पंद्रह को निहार चंबदे भुवन खुले तोकों जब ते इनको सवार।
ग्रीष्म भरी ऋतु की प्यास बुझावो दशों लगावों वार॥
निधि की ऋद्धि सिद्धि हो तब हीं के जो बुझै है अहंकार।
बारह हैं वाट अठारह हैं पैंड़ा और चालैं हैं हजार॥
तू चल गुरु की बताई चाल याही ते उतरेगो पार।
अब तू रंग कर रंग रहो जो न करत तकरार॥
जाकों जाको सत्रह सोलह हैं कौन करे पिय को प्यार।
अब कुछ पासों में पै पासा हाथ एकन के मुख्तार॥
चहिए कुछ और आवै कुछ और याही ते लाचार।

ऊपर चाल कबहूँ तो सूझे हमको कहो मतवार॥
युग युग जिये 'अजीजदीन' ऊपर उठना है एक बार॥"[117]

किन्तु, जैसा पहले ही कहा जा चुका है, अब देहली में एक उर्दू अखाड़ा खड़ा हो गया था और परदेसी बन्धु उसकी उन्नति में लीन हो गये थे। ऐसी स्थिति में भला यह कब सम्भव था कि बादशाह सलामत उससे अलग रहते और उसमें भी अपना जौहर न दिखाते। अस्तु हम देखते हैं कि जनाब अजीजुद्दीन बादशाह निजामुद्दीन औलिया के मजार पर यह चढ़ावा चढ़ा देते हैं –

"जो होवे खादिम निज़ामुद्दीन का दिल से एक ग़रीब,
उसके तई होता है ताज खुखरबी जग में नसीब।
खादमी की थी अज़ीजुद्दीन ने ब सिद्क़ वो यक़ीन,
ताज़शाहे हिन्द का मुझको दिया है अनक़रीब।
मर्ज़ दिल उफ़गार का मेरे वह सेहत बख्श है,
बेगज़ा वो वेदुआ वो बेदवा वो बेतवीब।
बस परेशाँ हाल है अब ख़ल्क़ में महबूबे हक़,
फ़जूल कर तक़सीरवार पर तुम हो हक़ के हबीब॥"[118]

मिजा अजीजुद्दीन को निजामुद्दीन औलिया के प्रसाद से बादशाहत तो मिल गयी, पर अहमदशाह अब्दाली के मुल्क के दरवेश से उन्हें कुछ नसीब न हो सका। उसके बहाने उनकी हत्या की गयी और वे नग्नदशा में बाहर पशुपक्षियों के महोत्सव के लिए फेंक दिये गये। अहमदशाह अब्दाली उधर दिल्ली को दबाता और लूटता रहा और इधर बाबरी वीर किसी-न-किसी के शिकार होते रहे। सबसे बढ़कर जो अधम काम इस आलमगीरी शासन में हुआ वह लोकभाषा और लोकवाणी का बहिष्कार था। औलिया आलमगीर की नीति ने हिन्दू-मुस्लिम-वैमनस्य को जन्म दिया, तो फकीर आलमगीर सानी के समय ने हिन्दी-उर्दू-प्रश्न को। औरंगज़ेब ने मुस्लिम मत की पैरवी की तो अजीजुद्दीन ने उर्दू रचना की कोशिश। आलमगीर ने ईरानी-तूरानी अमीरों को अपनाकर उनसे अपना काम निकाला तो आलमगीर सानी अपनी नादानी से उन ईरानी तूरानीजादों के काम आने लगे। परिणाम यह हुआ कि मुग़लों का सितारा डूब गया और वे भी अंग्रेज़ों के दास बने।

मरहठों की बढ़ती हुई बाढ़ से बचने के लिए परदेशी पट्ठों ने फिर अहमदशाह को बुलाया। मौका पाते ही वह भारत पर चढ़ दौड़ा और वहाँ का बादशाह बनना ही चाहता था कि उसकी सेना के छक्के छूट गये। साहस टूट जाने से वह अपना-सा मुँह लिये अपने घर लौट गया और यहाँ की शाही आली गौहर को नसीब हुई। आली गौहर शाहआलम सानी के नाम से बादशाह बने, पर दिल्ली में मरघट से बहुत दिन कुछ दूर ही रहे। अन्त

में सन् 1772 ई. में देहली आये और कुछ दिनों के बाद आँखों की भेंट चढ़ा कर सचमुच शतरंज के शाह बन गये। मात-पर-मात खाते और नाम की बादशाहत करते। यदि मरहठों ने कुछ सँभाला तो अंग्रेज़ों ने उन्हें दबोच लिया। अब दिल्ली के उर्दू अखाड़े में मातमी पड़ी और लोग रोटी-पानी के लिए बाहर निकल पड़े। पहले उर्दू के नमूने बाहर भेजे जाते थे और अब खुद 'उर्दू' ही जगह-जगह बसने लगा। पर उर्दू की प्रतिष्ठा केवल लखनऊ को नसीब हुई।''[119]

लखनऊ के नवाब वजीर ने उर्दू के लिए जो कुछ किया वह प्रस्तुत प्रसंग से बाहर की बात है। नवाब गवर्नर जनरल बहादुर की उर्दूपरस्ती भी हमारे विषय के भीतर अभी नहीं आ सकती। कारण, हमें केवल मुग़ल बादशाहों की हिन्दी पर विचार करना है।

अजीजुद्दीन आलमगीर सानी के समय से शाह हातिम ने जो उर्दू को महत्त्व दिया उसका कारण प्रत्यक्ष है। हिन्दी ने परदेशियों की फ़ारसी को परास्त कर दिया। यहाँ तक कि उनके घरों में भी हिन्दी का बोलबाला हो गया। राजनीति में दबते ही उन्हें अपनी सत्ता का चेत हुआ और उन्होंने आँखें खोलकर देखा तो उन्हें साफ सूझ पड़ा कि उनकी जबान भी हिन्दी हो चली है। जब तक शाही बनी थी तब तक मौज से फ़ारसी में रचना करते और हिन्दी में ब्रजभाषा को प्रमाण मानते। पर जब शाही लुट गयी और फ़ारसी से लोग मुँह मोड़ने लगे तब भारी दिन दिखायी देने लगे। अब किसी तरह अपनी जबान की चिन्ता हुई। ''निश्चित हुआ कि शाहजादों और शाहजादियों की 'जबान' को प्रमाण मानो और मजहबी भावों को कायम रखने और उभारने के लिए मजहबी सूफियों की जबान को भी फसीह मान लो। बस, हातिम ने इसकी घोषणा कर दी और मुग़ल बादशाहों की भाषा हिन्दी होने के कारण छोड़ दी गयी।''

अन्धे बादशाह शाहआलम पड़े-पड़े इस तरह की उर्दू शाइरी में दिन काटने लगे और सैयद इंशा के चोचलों को गनीमत की आँख से देखना शुरू किया। आप कितनी बेबसी से कहते हैं –

''वाह किस्मत एक तो यह कुंजे तनहाई मिला,
दूसरे जो यार था सो वह भी हरजाई मिला।
वादे मजनूँ क्यों न हूँ मैं कारफ़रमाये जनून,
इश्क की सरकार से मलवूसे रुसवाई मिला॥
खूब सा सीधा बनेगा, देख ऐ सरबे चमन,
उसकी रानाई से मत तू अपनी ज़ेबाई मिला।
सरकशी ऐ चर्ख मत कर देख पेशे 'आफ़ताब',
ख़ाक में सारी यह देगा तेरी चौड़ाई मिला।''[120]

अन्धे 'आफताब' की दिलजोई के लिए बहुत से 'ज़र्रः' और 'गुलाम' हिन्दू 'राजा' निकल आये और फ़ारसी की तरह उर्दू को भी शाही चीज समझकर अपनाने लगे। पर बादशाह ने अपनी प्यारी 'भाषा' को भुला नहीं दिया बल्कि उसमें भी हृदय की आह निकालते रहे। मुंशी करीमुद्‌दीन कहते हैं –

"बादशाह की तसनीफ़ से कवित्त और दोहरे भी बहुत हैं।"[121]

बादशाह शाहआलम सानी के कवित्त और दोहरे तो अभी देखने में नहीं आये, पर उनके कुछ पद संगीत राग कल्पद्रुम में अवश्य मिलते हैं। 'ख्याल' के बारे में हम कह चुके हैं कि वह मोहम्मदशाही रंग की चीज़ है। अतः यह मान लेने में किसी भी मनीषी को कोई अड़चन न होगी कि 'ख्याल' वाले पद इसी दूसरे शाहआलम के हैं क्योंकि शाहआलम बहादुरशाह मोहम्मदशाह से पहले हो गये हैं।

अच्छा तो शाह आलम सानी का भी एक गान सुन लीजिये। और उनके 'ख्याल' की दाद दीजिये। उनका पद है –

"अब तुम जागों क्यों न मोरे मीत?
पियरवा हमारी प्रीत तुम सन लागी।
नींद के माते 'साहआलम' सुरजनुमा
भवनुमा सगरो रैन रंग रस पागी।।"[122]

अपने ही घर में अपनी रक्षा न कर सकनेवाले शाहआलम की शाही जैसी कुछ रही होगी सो आपको विदित ही है। गुलाम कादिर रुहेला ने मुग़ल वंश की जो दुर्गति की और शाहजादों को जो नंगा नाच नचाया वह इतिहास में प्रसिद्ध है। उसका मरसिया पढ़ने से अब क्या लाभ? अब तो शाहआलम को एक कागजी बादशाह समझिये और 'क़िला मुअल्ला' को एक 'ज़ियारतगाह।' अब वह शाही शान कहाँ? कुछ को अहमदशाह अब्दाली ने लूटा तो कुछ को मरहठों ने बरबाद किया और जो कुछ बच रहा उस पर अंग्रेज़ों ने हाथ साफ किया। उधर शाह आलम के सूबेदार भी स्वतन्त्र क्या बादशाह हो रहे और सन्तोष के लिए शाहआलम को बादशाह कहते रहे।

शाहआलम के निधन के उपरान्त उनके आत्मज अकबर खाँ बादशाह हुए और धीरे-धीरे अंग्रेज़ों की चाल के शिकार होते रहे। उन्होंने अन्त में एक दिन यह भी सुन लिया कि अवध के 'नवाब वज़ीर' अब उनके 'वज़ीर' नहीं रहे बल्कि एक आजाद बादशाह बन गये। ऐसी हालत में कविता का सहारा ढूँढ़ना सहज ही था। किन्तु कवियों को देने के लिए अब रह ही क्या गया था कि उनका कुछ सच्चा सत्कार करते। पड़े-पड़े कुछ शाइरी का शौक निभाते और रहे-सहे शाइरों की दाद देते। 'उर्दू' को पनपाते और दो चार आँसुओं से सींच लेते थे। इतिहास की दृष्टि में वे 'छतहू अछत समान' थे। हिन्दी के विषय में

उनकी यही दशा थी। अतएव उनको यहीं छोड़ थोड़ा अन्तिम मुग़ल सम्राट् की हिन्दीनिष्ठा पर विचार कर लेना चाहिए और यह प्रत्यक्ष दिखा देना चाहिए कि मुग़ल बादशाह अन्तिम क्षण तक हिन्दी की सेवा करते रहे और उन्होंने उसको कभी 'मतरूक' या 'मुब्तज़ल' नहीं समझा। समझते भी तो कैसे? उन्हें भी तो हिन्दी का ही सहारा था और इसी में तो उनका जन्म मरण हुआ था!

बहादुरशाह के बापदादे छोड़ ही क्या गये थे कि उसकी रक्षा होती। बादशाहत! वह तो कभी की विदा हो चुकी थी वह उनके बूते की बात नहीं। और शाइरी! दुनिया जानती है कि बहादुरशाह 'ज़फ़र' ने उसे जमा दिया। उनका दावा है –

"ऐ 'ज़फ़र' एक है तू फ़ने सुखन में उस्ताद,
क्यों न क़ायल हों तेरे 'नासिख' व 'आतिश' दोनों।"[123]

'नासिख' और 'आतिश' को कायल करनेवाले 'ज़फ़र' को उर्दू के लिए छोड़ दीजिये और उनके इस हिन्दी रंग को देखिये –

"जिन गलिन में पहले देखीं लोगन की रँगरलियाँ थीं,
फिर देखा तो उन लोगन बिन सूनी पड़ी व गलियाँ थीं।
ऐसी अखियाँ मीचे पड़े हैं करवट भी नहीं ले सकते,
जिनकी चालैं अलबेली और चलने में छलबलियाँ थीं।
खाक का उनका बिस्तर है और सर के नीचे पत्थर है।
हाय! वह शकलें प्यारी प्यारी किस चाव से पलियाँ थीं॥"[124]

अच्छा, तो अपने प्यारे बहादुरशाह की एक प्यारी पहेली भी सुन लीजिये और देखिये तो सही कितना सरस हृदय है! कितना हिन्दीपन है!

"सुन री सहेली मोरी पहेली,
बावल घर में रही अलबेली,
माता पिता ने लाड़ से पाला।
समझा मुझे सब घर का उजाला,
एक बहन थी एक बहनेली॥1॥
यों ही बहुत दिन गुड़िया में खेली,
कभी अकेली कभी दुकेली।
जिससे कहा चल तमाशा दिख ला,
उसने उठा कर गोद में ले ली॥2॥
कुछ-कुछ मोहि समझ जो आई,

एक जा ठहरी मोरी सगाई।
आवन लागे बाम्हन नाई,
कोई ले रुपैया कोई ले धेली॥3॥
व्याह का मोरे समाँ जब आया,
तेल चढ़ाया, मँढ़ा छवाया।
सालू सूहा सभी पिन्हाया,
मेहँदी से रंग दिए हाथ हथेली॥4॥
सासुरे के लोग आए जो मेरे,
ढोल दमामे बजे घनेरे।
सुभ घड़ी शुभ दिन हुए जो फेरे,
सैयाँ ने मोहि साथ में ले ली॥5॥
आए बराती सब रसरंग के,
लोग कुटुम के सब हँस-हँस के।
जावत थे सब घर से निकले,
और के घर में जाय धकेली॥6॥
ले के चले पी के साथ जब अपने,
रोवन लागे फिर सब अपने।
कहा कि तू नहीं बस की अपने,
जा बच्ची, तेरा दाता है बेली॥7॥
सखी, पिया के साथ गई मैं,
ऐसी गई फिर वहीं रही मैं।
किससे कहूँ दुख हाय! दई मैं।
सैंया ने मोरी बाँह गहेली॥8॥
सास जो चाहे सोई सुनावे,
ननद भी बैठी बात बनावे।
क्या करूँ कुछ घन नहीं आवे,
जैसी पड़ी मैं वैसी ही झेली॥9॥
जिया वियाकुल रोवत अखियाँ,
कहाँ गई सब सँग की सखियाँ।
शौक रंग गुड़ियाँ ताक पै रखियाँ,
ना वो घर है ना वो हवेली"॥[125]

बहादुरशाह की नवीन रचनाओं की एक झलक मिल गयी। अब जरा उस रंग को भी देख लीजिये जो उनको बपौती में मिला है। हर्ष की बात है कि बहादुरशाह ने इस आन को भी स्थिर रखा और बादशाही के हाथ से सँवारकर इसे भी उजागर कर दिया। 'घुँघरू की झनक' उनके कान में पड़ती तो वे कुछ संगीत का जौहर दिखा जाते और इस प्रकार की रचना कर बैठते –

''प्यारी, तेरो प्यारो आयो
प्यारी प्यारी बातें कर प्यारे को मनाइए।
अनेक भाँतन कर प्यारे को रिझाइए।
आली, ऐसो प्यारो कहाँ घर बैठै पाइए।
लाइए, समुझाइए, कौन भाँतन
कर सुख दे बोलाइए।
''साह बहादुर' तेरे रस बस भए
अनरस कर कर सौतन हँसाइए॥[126]

बहादुरशाह का शाही जीवन जैसे-तैसे किला मुअल्ला के शाही घेरे में बीत ही रहा था कि यारों को फिर दूर की सूझी और ईरानी-तूरानी बच्चों को ईरान के शाह की शरण अच्छी दिखायी दी। उनको चढ़ दौड़ने की हरियाली दिखायी गयी और देहली में कानाफूसी शुरू हुई। एक सम्पादक महोदय ने तो अपने पत्र में यहाँ तक लिख मारा –

''हिन्दोस्तानी तो सिर्फ उसी वक्त खुश होंगे कि अगर शाह ईरान अब्बास शाह सफी की तरह हमारे खास बादशाह को सल्तनत दे दे और ताज्जुब भी नहीं जो वह ऐसा करें। क्योंकि खुद तैमूर ने ईरानियों को सल्तनत बख्शी थी। और नजर गायर डालने से मालूम होता है कि इसी एहसान के बदले अब्बास शाह सफी ने हमारे हुमायूँ को मदद दी थी।''[127]

'सादिकुल अखबार' के उक्त सम्पादक को बहादुरशाह इतने प्रिय क्यों हैं इसके कहने की अवश्यकता नहीं। हम यहाँ इस उलझन में फँसना नहीं चाहते कि स्वयं बहादुरशाह और 'शाहे ईरानी' में क्या कुछ पक रही थी। हमें तो इतना संकेत कर देना है कि हमारे परदेसी मुस्लिम भाइयों को अब भी शासन की सूझ रही है और इसी की रक्षा अथवा प्राप्ति के लिए ईरान का दरवाजा खटखटा रहे हैं।

हाँ, तो उनकी इस तड़प का प्रधान कारण है कि अब अवध के रसिया बादशाह वाजिदअली शाह 'अख्तर' भी लखनऊ के शासक नहीं रहे। उन्हें भी वहाँ से कूच करने का परवाना मिल गया। जब सीधी-सादी गाय-सी कम्पनी ने धीरे-धीरे भूखी बाघिन-सा उग्र रूप धारण कर लिया तब ईरानी-तूरानी बच्चों को ईरान की न सूझती तो क्या मरभुक्ख

यूरोप से उनका पेट भरता? क्या अंग्रेज़ उनका अतिथि-सत्कार करते? ऐसों की चालों का उचित उपाय कर उनको सीधा करना ही तो कम्पनी के सरदारों का काम था। अन्त में वही हुआ जिसकी तैयारी इतने दिनों से परदेशी बन्धु लुकछिपकर कर रहे थे। उनकी कृपा से दिल्ली में क्रान्ति मची और बुझने के लिए मुग़ल शासन का दीपक अन्तिम बार भभक उठा। अंग्रेज़ों ने अपनी नीति पर हिन्दी पराक्रम के सहारे सबका दिमाग दुरुस्त किया और कट्टर आलमगीर का पसीना खून होकर टपका। बहादुरशाह बन्दी के रूप में रंगून भेज दिये गये और वहीं पड़े-पड़े यह राग अलापने लगे –

"न किसी की आँख का नूर हूँ, न किसी के दिल का क़रार हूँ,
जो किसी के काम न आ सकूँ, मैं वह एक मुश्त गुबार हूँ।
मेरा रंग रूप बिगड़ गया, मेरा हुस्न मुझसे बिछुड़ गया,
जो चमन ख़िज़ाँ से उजड़ गया, मैं उसी की फ़स्ले बहार हूँ।
पै फ़ातह कोई आए क्यों? कोई चार फूल चढ़ाए क्यों?
कोई आके शमा जलाए क्यों? मैं वह बेकसी का मज़ार हूँ॥[128]

कहने को तो बहादुरशाह ने अपने आप ही को 'बेकसी का मज़ार' कहा है, लेकिन सच पूछिये तो इसी मज़ार में सारी शेखी और सारी शान समेटकर दफना दी गयी। मुग़ल बादशाहों के शासन में जो परदेशी चैन की वंशी बजाते थे और तनिक-सी बाधा आ जाने पर कुछ-का-कुछ कर दिखाते थे, उन पर अब विपत्ति का बादल छा गया। बचने का कोई उपाय न था। इसलिए सैयद अहमद खाँ बहादुर ने 'बग़ावत' का सारा दोष हिन्दुओं के सिर मढ़ा और 'मज़हब' के आधार पर मसीहियों को अपनी ओर कर लिया, उनकी शिक्षा और परम प्रचार का प्रभाव पड़ा कि अब हमारे मुग़ल बच्चे भी हिन्दी के विरोधी हो गये और बाबर से लेकर बहादुरशाह तक की कमायी हुई भाषा को कसाई की छुरी समझने लगे। मुग़ल बादशाहों ने जिन हिन्दी शब्दों को प्यार से अपनाया था और तुर्की-फ़ारसी भाषा का जिन्हें अंग बना दिया था वे भी अब चुन-चुनकर दाल की कंकड़ी की तरह अलग कर दिये गये और देश में एक नया ऊधम खड़ा किया गया।

परदेशी पार्टी के सरगना सर सैय्यद अहमद खाँ बहादुर ने अंग्रेज़ों के सहारे जिस विषबीज की खेती की[129] उसी के सींचने में आज भी, देशी होते हुए भी परदेशी, जनाब मोहम्मद अली जिनाह (जिन्ना) व्यग्र हैं। उनकी व्यग्रता को भली-भाँति समझने के लिए गत दो सौ वर्षों का अध्ययन अनिवार्य है। भाषा को लेकर आजकल जो धाँधली मची है उसका रहस्य बहुत कुछ आपके सामने है। जिन मुग़ल बादशाहों की भाषा उर्दू के नाम से ख्यात की गयी है उनकी हिन्दी रचनाओं का बहुत कुछ पता आप को हो गया है।

आप उन्हें ध्यान से पढ़ें और देखें। फिर समझबूझकर कहें तो सही कि आप क्या चाहते हैं – हिन्दी, उर्दू, हिन्दुस्तानी अथवा मुग़ल बादशाहों की 'भाषा'?

मुग़ल बादशाहों की हिन्दी का जो धुँधला-सा रूप आपके सामने आया है, सम्भव है, यह आपको न रुचे। पर याद रहे कि यह उन्हीं समर्थ मुग़ल बादशाहों की हिन्दी है जिनके नाम पर आज उर्दू पनपायी जा रही है और मिलीजुली क्या, राष्ट्र की असली चीज समझायी जाती है। पर जैसा बताया जा चुका है उर्दू का वस्तुतः राष्ट्र से कोई भी सीधा सम्बन्ध नहीं है। उर्दू तो 'दरबार' के ईरानी-तूरानी विधाताओं की 'इम्तियाज़ी' चीज है। फिर भला उसे हिन्दुस्तानी किस मुँह से अपना सकते हैं? अब खोज और रौशनी के इस ज़माने में उर्दू को 'मिलीजुली' और 'मुश्तरका जबान' कहने का फैशन अधिक दिन तक नहीं चल सकता और सम्भावितों के लिए तो उसका नाम भी अपमान और वैमनस्य का द्योतक बन गया है। बहुत से उर्दूपरस्तों को 'उर्दू' शब्द तो अब खल रहा है, पर उसका परदेशीपन बहुत ही प्रिय है। हमें इस प्रकार के व्यामोह से बचकर मुग़ल बादशाहों की हिन्दी का अध्ययन करना चाहिए और उनकी भाषानीति पर डटकर विचार करना चाहिए।

कहने को तो मुग़लों की हिन्दी के विषय में सब-कुछ कहा, पर कहने में यही बात छूट गयी जो आज राष्ट्रभक्तों के लिए पिनाक हो रही है और जिसके तोड़ने के लिए देश में नाना प्रकार के प्रयास (अनुष्ठान) हो रहे हैं। आशा है कि अब वह बात आपकी समझ में आ गयी होगी। आप भी सांकेतिक अथवा पारिभाषिक शब्दों की चिता में मग्न होंगे तो आपको यह जान लेने में कोई अड़चन भी न होगी कि क्यों हैदराबादी सरकार उर्दू में अरबी के बनावटी और ईजादी शब्दों की भरमार कर रही है। बात यह है कि हैदराबादी सरकार भी उसी परदेशी पार्टी की एक उपज है जिसने हिन्दी को उजाड़ने के लिए कतर-ब्योंत कर एक 'नयी जबान' पैदा कर ली थी और उसका नाम उर्दू रख दिया था। लखनऊ के नवाब भी उसी पार्टी के एक स्तम्भ थे। तात्पर्य यह कि भाषा की प्रवृत्ति और प्रकृति के प्रतिकूल शब्दों को उसका अंग बताना साहस नहीं, पाखण्ड नहीं, हिन्दी को मूर्ख बनाना और किसी तरह अपना उल्लू सीधा करना है। अतएव आइये इन द्रोहियों को यहीं छोड़ कुछ समर्थ मुग़ल बादशाहों के निजी शब्दों पर विचार करें और देखें कि उनका पक्ष क्या है।

मोहम्मदशाह के समय में फजली ने जो कथा लिखी थी उसका नाम उसने और कुछ नहीं 'करबल-कथा' रखा था। 'दहमजलिस', आज लोगों को प्रिय भले ही हों पर 'करबल-कथा' तो आज लोगों को काटे खाती है। कारण? क्या आप नहीं जानते कि वह शुद्ध संस्कृत है?[130] फ़ज़ली का मतिभ्रम तो देखिये। मज़हबी किताब का नाम 'मुई' संस्कृत में रख दिया, क्योंकि उस समय भी शीआ-सुन्नियों से खार खाये बैठे थे; तो हमारा नम्र निवेदन है कि कट्टर हनीफी 'गाज़ी' औरंगज़ेब ही को ले लीजिये और उसकी

भाषा-नीति की पक्की पड़ताल कीजिये फिर कहिये कि हैदराबादी टकसाल किस मज़हबी पेशवा की कायम की हुई है।

औरंगज़ेब के विषय में हम पहले ही कह चुके हैं कि वह राज्य की सुव्यवस्था और सुसंघटन के लिए लोक-भाषा को महत्त्व देता था और उसकी शिक्षा का प्रबन्ध भी करना चाहता था। वह यह भी अच्छी तरह जानता था कि मज़हब का प्रचार 'नबी की जबान' में नहीं हो सकता। उसके लिए तो लोक की वाणी ही काम की होगी। फिर वह अरबी फ़ारसी के पीछे जान क्यों देता? कुरान मजीद का प्रमाण भी तो उसी के पक्ष में था, निदान हम देखते हैं कि वह शाहजादों को हिन्दी की शिक्षा देता और हिन्दी टकसाल के शब्दों को चालू करता है। उसके प्रिय पुत्र शाहआजम ने उसके लिए कुछ आम भेजे। आम मीठे और सरस थे। पर उनके नाम का पता न था। आलमगीर औरंगज़ेब ने चट उनका नाम 'सुधारस' और 'रसना विलास' रख दिया। उसने भी उसी मरी संस्कृत से काम लिया और प्रत्यक्ष दिखा दिया कि वह मर कर भी किस प्रकार जीवन-दान के लिए ही अमर है।

आलमगीर औरंगज़ेब ने भाषा के क्षेत्र में सबसे बड़ी और बढ़कर बात यह पैदा की कि हिन्दी अकारान्त शब्दों को फ़ारसी में 'हकारांत' न लिखा जाय। आज हिन्दुस्तानी के हामियों में भी इतना साहस नहीं है कि हिन्दुस्तानी की (उर्दू) पोथी में पटना को पटना और दशहरा को दशहरा लिख सकें। बोलचाल का चिर परिचित पटना हिन्दुस्तानी में जाकर 'पटनः' और हमारा परम्परागत प्रिय पर्व दशहरा बोलचाल की 'आमफहम' जबान में 'दशहरह' हो जाता है। यही नहीं अंग्रेजी का 'आना' भी हमारी मुल्की जबान 'हिन्दुस्तानी' में 'ऑनः' (फ़ारसी) हो जाता है। पर कट्टर ग़ाज़ी औरंगज़ेब की फ़ारसी में भी इनको 'हकार' से लिखने की आज्ञा नहीं है। उसका फतबा 'आकार' के शुद्ध रूप के पक्ष में है। एक बात और। क्या कभी आपने इस बात पर ध्यान दिया है कि अकबर का 'इलाहावास' आपका 'इलाहाबाद' कैसे हो गया और क्योंकर 'इलाह' कोई मुकाम आबाद करने लगा? बात यह है कि अकबर के संस्कृत 'आवास' को हड़पने के लिए मजहब की पुकार को अलग रख उसकी जगह आबाद को चालू कर दिया गया और अकबर की सच्ची निष्ठा या सूझ पर पानी फेर कर उर्दू को सचमुच विलायती सिद्ध कर दिया गया। आखिर यह सब खुराफात क्यों हुई और क्यों लोग हिन्दी से अपना पिण्ड छुड़ा, मुग़ल बादशाहों की प्यारी भाषा से दूर भागने क्या उसे जहन्नुम में भेजने के लिए उतारू हो गये और उर्दू को 'नबी की ज़बान' कहकर अपढ़ और भोलीभाली हिन्दी मुस्लिम जनता को जेहाद के लिए तैयार कर लिया। उत्तर एक 'अरबसरा' के सैयद अहमद देहलवी के मुँह से सुन लीजिये और मुग़ल बादशाहों की प्यारी हिन्दी[130] के विरोध की गाथा भी जान लीजिये। उनकी नपी तुली घोषणा है कि –

''यह लोग तुर्कीउन्नस्ल थे या फ़ारसीउन्नस्ल या अरबीउन्नस्ल। यह भला हिन्दी की मुतावकत किस तरह कर सकते थे?''[131]

उर्दू के परदेशी पहलवानों की काली करतूतों पर विचार करने का यह अवसर नहीं। हाँ, प्रसंगवश इतना और जान लीजिये कि –

''अय्यामे गदर के बाद जब मैंने बखूबी होश सँभाला तो देखा कि मौजूदा ज़बान ने और ही रंग निकाला है। मैं ज़बान की तरक्की का मुखालिफ नहीं हूँ। बल्कि इसका दिल से साथी और मुवाफिक हूँ। क्योंकि जबान की तरक्की ऐन हमारी तरक्की है। मेरी तमाम उर्दू तसानीफ देख डालो। बहुत से ऐसे हिन्दी अछूते अल्फ़ाज़ मिलेंगे जिन्हें फसीहाने ज़बान ने अभी तक तिरछी नज़र से देखकर अपनी ज़बान में मजालिस में बैठने की पूरी-पूरी जगह नहीं दी थी। हालाँकि वह अज़हद फसीद, बलीग़, पुरदर्द, पुरमशने, पुरअसर और पुर शौकत अल्फ़ाज़ थे। किसी ने औरतों की ज़बान समझकर इन अल्फ़ाज़ के गले पर छूरी फेरी, किसी ने हिन्दी के ठेठ मुहावरे जानकर तसलीम करने से पहलूतही फ़रमाई। अगरचे एक ज़माना में हमारा भी यही हाल था कि हिन्दी ज़बान न जानने के सबक हिन्दी अल्फ़ाज़ को खातिर में न लाते और उनकी वाक़यी दाद न देते। लेकिन जबसे हमने लुग़ात की तहकीक में क़दम रखकर हिन्दी से वाकफियत पैदा की तो देखा कि एक जहालत का परदा था जो हमारी आँखों से उठ गया और जान लिया कि दर हक़ीक़त यह एक जादू भरी ज़बान है। इसका जो गीत और बयान है बड़ा ही पुर असर और जीशान।''[132]

याद रहे यह उसी सैयद अहमद देहलवी की अनुभूति है, जिसके बाप दादे मुग़लों के पुरोहित रहे और जिसकी 'फरहंग' आज भी हिन्दुस्तानी' की रीढ़ समझी जा रही है। यह उसी 'अरबसरा' का एक सितारा है जिसे अकबर की माँ ने अरबों के लिए बसाया था। उस पर जहालत का परदा कैसे छा गया – यह एक भेद-भरी बात है। आशा है 'उर्दू'[133] की कहानी में उसका भण्डाफोड़ भली-भाँति हो सकेगा। यहाँ तो इतना ही जान लीजिये कि बाबरी सपूतों की वह अवस्था अब यह है कि हिन्दी को 'ग़लीज़' और जाने क्या-क्या समझते हैं।[134] जब बादशाहत न रही तब जबान की सनक सवार हुई और वो उर्दू का मरसिया पढ़ते-पढ़ते यहाँ तक लिख मारा कि –

''ज़बाने उर्दू का था जो कुरआँ तो मसहफ़ी थे। ग़लीज़ लफ़्ज़ों से मन्तरों से भरी है वह ही ज़बाने उर्दू''॥[135]

जनाब 'अरशद' गोरगानी के उर्दू मरसिया को पढ़ें और देखें कि किसी ने कितना ठीक कहा है कि –

''बूड़ा वंश कबीर का, जन्मे पूत कमाल।''

सन्दर्भ

1. जायसी ग्रन्थावली (आखिरी कलाम), रामचन्द्र शुक्ल, नागरीप्रचारिणी सभा, काशी, द्वितीय संस्करण, सन् 1935 ई. पृ. 386.
2. ए हिस्ट्री ऑव पर्शियन लेंग्युएज ऐण्ड लिटरेचर एट दी मुग़ल कोर्ट, मुहम्मद अब्दुलग़नी, एम. ए., एम. लिट्., इलाहाबाद, इण्डियन प्रेस, (प्रथम भाग), सन् 1929 ई., पृ. 61.
3. मुग़ल और उर्दू, अदीमुल-मुल्क नवाब सैयद नसीर हुसैन खाँ, अखे जदीद प्रेस, 75, फियर्स लेन, कलकत्ता, एम. ए. उसमानी एड संज़, पृ. 3.
4. मुग़ल और उर्दू, वही, पृ. 3.
5. वही, पृ. 5.
6. वही, पृ. 5. सम्भवतः इसका अर्थ है कि फकीरों के लिए एक टुकड़ा रोटी और एक पुरवा पानी बस हैं।
7. नागरी प्रचारिणी पत्रिका, नागरीप्रचारिणी सभा, काशी, संवत् 1996 वि., पृ. 305.
8. उर्दू के कोशकारों ने रोटी को हिन्दी भाषा का शब्द लिखा है। 'ख़ालिक्बारी' में भी उसे हिन्दी ही कहा गया है।
9. ओरियण्टल कालेज मैगज़ीन, हिस्सा अव्वल, ओरियण्टल कॉलेज, लाहौर से प्रकाशित। अगस्त 1931 ई. पृ. 104.
10. शिवसिंह सरोज, संग्रहकर्त्ता ठाकुर शिवसिंहजी सेंगर, नवलकिशोर प्रेस, लखनऊ, सातवाँ संस्करण, सन् 1926 ई., पृ. 102.
11. ए हिस्ट्री ऑव पर्शियन लेंग्युएज ऐण्ड लिटरेचर एट दी मुग़ल कोर्ट, मुहम्मद अब्दुलगनी, एम. ए., डी. लिट. इण्डियन प्रेस, इलाहाबाद, द्वितीय भाग, 1930 ई., पृ. 116.
12. नागरी अक्षरों में फ़ारसी फरमान लिखने की प्रथा लोदियों में भी थी। इसके लिए देखिये ओरियण्टल कॉलेज, लाहौर की उर्दू मैगज़ीन, मई सन् 1933 ई., पृ. 116.
13. जायसी ग्रन्थावली, (पद्मावत), वही, पृ. 6.
14. जायसी ग्रन्थावली, (पद्मावत), वही, पृ. 6.
15. संगीत रागकल्पद्रुम, प्रथम खण्ड, कृष्णानन्द 'रागसागर' द्वारा विरचित। वंगीय साहित्य-परिषद्, कलकत्ता, सं. 1971 वि., पृ. 303.
16. संगीत रागकल्पद्रुम, वही, पृ. 192-3
17. शिवराज सिंह सरोज, वही, पृ. 205.
18. शिवराज सिंह सरोज, वही, पृ. 2.
19. शिवराज सिंह सरोज, वही, पृ. 117.
20. मिश्रबन्धु विनोद, प्रथमभाग, गंगापुस्तकमाला, अमीनाबाद पार्क, लखनऊ, सं. 1983 वि, पृ. 296.
21. अकबर की 'जगतगुरु' की उपाधि थी। गीता में प्रायः इसका उल्लेख हुआ है।
22. मिश्रबन्धु विनोद, वही, पृ. 290.
23. शिवसिंह सरोज, वही, पृ. 1.
24. शिवसिंह सरोज, वही, पृ. 1.

25. दरबारी गायकों का पूरा विवरण अबुल फ़ज़ल ने आईने अकबरी में अच्छी तरह से दे दिया है। पाठक चाहें तो यहाँ देख सकते हैं।
26. संगीत रागकल्पद्रुम, वही, पृ. 262.
27. संगीत रागकल्पद्रुम, वही, पृ. 172.
28. संगीत रागकल्पद्रुम, वही, पृ. 171.
29. संगीत रागकल्पद्रुम, वही, पृ. 262.
30. संगीत रागकल्पद्रुम, वही, पृ. 193.
31. संगीत रागकल्पद्रुम, वही, पृ. 63-64.
32. संगीत रागकल्पद्रुम, वही, पृ. 121.
33. ओरियण्टल कॉलेज मैगज़ीन (लाहौर), वही, अगस्त सन् 1931 ई., पृ. 12 पर अवतरित।
34. शिवसिंह सरोज, वही, पृ. 347.
35. ''अच्युतचरणतरंगिणी शशिशेखरमौलिमालितीमाले।
    ममतनुवितरण समये, हरता देया न मे हरिता।।''
36. आनीता नटवन्मया तव पुर श्रीकृष्ण या भूमिका।
    व्योमाकाशसखावराब्धिवमुक्तस्तत्प्रीतयेऽद्यावधि।
    प्रीतस्त्वं यदि चेलिरीक्ष भगवन् स्वप्रार्थितं देहि मे।
    नोचेद् ब्रूहि वदापि मानय पुनस्त्वेतादृशी भूमिकाम्॥
    रहीम की संस्कृत कविता के लिए देखिये *रहिमन विलास*, सम्पादक ब्रजरत्नदास, बी. ए., एल-एल. बी., प्रकाशक रामनारायण लाल, इलाहाबाद, सं1987, पृ. 73 से 76 तक।
37. जनाब हाफिज़ महमूद शेरानी साहब ने इसकी काफी छानबीन की है। देखिये ओरियण्टल कॉलेज मैगज़ीन (लाहौर), अगस्त सन् 1931 ई., पृ. 1-2.
38. चित्रावली, जगन्मोहन वर्मा सम्पादित, नागरीप्रचारिणी सभा, काशी, सन् 1912 ई., पृ. 9.
39. जहाँगीर ने अपनी किताब 'तुजुक जहाँगीरी' (पृ. 67) में इसका उल्लेख किया है। इसके लिए देखिये ओरियण्टल कॉलेज मैगजीन, लाहौर, अगस्त सन् 1931 ई. पृ. 11-12.
40. देखिये ओरियण्टल कॉलेज मैगज़ीन, वही, पृष्ठ 14। अथवा तुजुक जहाँगीरी, पृ. 229.
41. संगीत रागकल्पद्रुम, वही, पृ. 128.
42. (अर्थ) ''हिन्दी संगीत का अनुरागी था। कभी-कभी हिन्दवालों की भाषा में उन्हीं के ढंग की कविता भी करता था जो बुरी नहीं होती थीं।'' ओरियण्टल कॉलेज मैगज़ीन, वही, अगस्त सन् 1931, पृ. 12.
43. देखिये, सैयद सुलेमान नदवी का 'हिन्दुस्तान में हिन्दुस्तानी' नामक लेख, अलीगढ़ मैगज़ीन, मुस्लिम यूनिवर्सिटी प्रेस, अक्टूबर सन् 1931, पृ. 27.
44. मुग़ल और उर्दू, वही, पृ. 15.
45. (अर्थ) ''यदि कोई मुझसे पूछे कि सद्गुणों में कौन ऐसा गुण है जो शाहजहाँ में नहीं है तो कहूँगा कि तुर्की भाषा उसे नहीं आती।'' ''शाहजहाँनामा'' से ओरियण्टल कॉलेज मैगज़ीन, अगस्त सन् 1931 ई. पृ. 18 पर अवतरित।
46. ओ. का. मैगज़ीन, वही, पृ. 20.

47. ओ. का. मैगज़ीन, वही, पृ. 20.
48. ओ. का. मैगज़ीन, वही, पृ. 24.
49. परहगे आसफिया, जिल्द चहारुम, रफाहे आम प्रेस, लाहौर, सन् 1901 ई. तवहरीज़ पृ. 855.
50. संग्रामसार प्रथम परिच्छेद, (संवत् 1733 वि.) से हिन्दी रसगंगाधर, प्रथम भाग, (ना. प्र. सभा काशी) की भूमिका, पृष्ठ 13-14 में अवतरित।
51. ओ. का. मैगज़ीन, वही फरवरी सन् 1930 ई. पृ. 12, 16, 18.
52. देखिये आगे (इसी पुस्तक में)।
53. ओ. का. मैगज़ीन, वही, अगस्त सन् 1931 ई. पृ. 22.
54. संगीत रागकल्पद्रुम, प्रथम खण्ड वही, पृ. 291.
55. संगीत रागकल्पद्रुम, प्रथम खण्ड वही, पृ. 296.
56. संगीत रागकल्पद्रुम, प्रथम खण्ड वही, पृ. 62.
57. संगीत रागकल्पद्रुम, प्रथम खण्ड वही, पृ. 324.
58. संगीत रागकल्पद्रुम, प्रथम खण्ड वही, पृ. 325.
59. संगीत रागकल्पद्रुम, प्रथम खण्ड वही, पृ. 295.
60. शिवसिंह सरोज, वही, पृ. 339.
61. "अत उस पत्र से जो हिन्दी अक्षरों में लिखा गया है।" ओरियण्टल कालेज मैगज़ीन, वही, अगस्त सन् 1931 ई. पृ. 27.
62. "यह श्रेष्ठ फरमान जो हिन्दियों की भाषा में आपके ही हस्ताक्षर से लिखा गया है इसका साक्षी है।" देखिये मुग़ल और उर्दू, वही, पृ. 21.
63. मुकालाते शिबली, जिल्द दोयम, मारिफ़ प्रेस, आज़मगढ़, सन् 1931 ई. पृ. 93.
64. मुकालाते शिवली, वही, पृ. 85.
65. सतसई सप्तक, हिन्दुस्तानी एकैडेमी, इलाहाबाद, सन् 1939 ई., पृ. 115.
66. भूषण ग्रन्थावली (शिवाबावनी, कतित्त 12) हिन्दी भवन, लाहौर, सन् 1937 ई., पृ. 301.
67. वही, कवित्त 13, पृ. 304.
68. दाराशिकोह औरंगज़ेब को 'नमाज़ी' कहता था। उसके हार जाने से नमाज़ पर औरंगज़ेब की आस्था और भी दृढ़ हो गयी और वह पक्की दृढ़ता से 'नमाज़' का पालन करने लगा। भूषण का लक्ष्य इसीलिए ठीक बैठ गया।
69. 'हिस्ट्री आव शाहजहाँ', डॉ. बनारसी प्रसाद सक्सेना, इण्डियन प्रेस, इलाहाबाद, सन् 1932 ई., पृ. 260.
70. शिवसिंह सरोज, वही, पृ. 28.
71. संगीत रागकल्पद्रुम, दूसरा खण्ड, संवत् 1973 वि. वही, पृ. 6.
72. संगीत रागकल्पद्रुम, प्रथम खण्ड वही, पृ. 191.
73. संगीत रागकल्पद्रुम, प्रथम खण्ड वही, पृ. 134.
74. संगीत रागकल्पद्रुम, प्रथम खण्ड वही, पृ. 249.
75. उदैपुरी महल में 'महल' का वही अर्थ है जो मुमताजमहल के महल का। महल मुग़ल बेगमों की आदर सूचक उपाधि है।

76. `She seems to have been a very young woman at the time as she first became a mother in 1667. She retained her charms and influence over the Emperor till his death, and was the darling of his old age. Under the spell of her beauty he pardoned the many faults of Kam bakhsh and overlooked her freals of drunkenness which must have shocked so pious a Muslim.' (सर जदुनाथ सरकार रचित 'ए शॉर्ट हिस्ट्री ऑफ औरंगज़ेब', एम.सी. सरकार ऐंड संस, सन् 1930, पृ. 15)

77. Hira Bai, Surnamed Zainabadi, was young slave girl in the keeping of Mir Khalil, who had married a sister of Aurangzeb's mother during his viceroyalty of the deccan the prince paid a visit to his aunt at Burhanpur. There while strolling in the park of Zainabad on the other side of the Tapti. He beheld Hira Bunveiled among his aunt's train. The artful beauty on seeing a mango tree leden with fruits, advanced in mirth and amprous play, jumped up and plucked a mango, as if unconscious of the princes presence. The vision of the matchless charm stormed Aurangzeb's heart in a moment. 'With shameless importunity he took her away from his aunt's house and became utterly infatuated with her so much so that one day she offered him a cup of wine and pressed him to drink it. All his entreaties and excuses were disregarded, and the helpless lover was about to taste the forbidden drink when the sly enchantress snatched away the cup from his lips and said, ''My object was only to test your love for me, and not to make you fall into the sin of drinking."

– A short History of Aurangzeb, Ibid. pp. 15-16.

78. संगीत रागकल्पद्रुम, प्रथम खण्ड वही, पृ. 199.
79. संगीत रागकल्पद्रुम, प्रथम खण्ड वही, पृ. 263.
80. संगीत रागकल्पद्रुम, प्रथम खण्ड वही, पृ. 296.
81. मुगल एम्पायर इन इण्डिया, दूसरा भाग, एस. आर. शर्मा, करनाटक हाउस, चीरा बाज़ार, बम्बई, सन् 1634 ई., पृ. 633 पर अवतरित।
82. औरंगज़ेब ने अपने अरबी उस्ताद से जो कुछ कहा था उस पर विचार करना प्रत्येक सत्यनिष्ठ मुस्लिम का कर्त्तव्य है। धर्म से मातृभाषा का क्या महत्त्व है इसे कोई कट्टर हनीफी औरंगज़ेब से सीख ले। बर्नियर इसका उल्लेख इस प्रकार करता है –

'' A famliarity with the languages of surrounding nations may be indispenable in a king. But you would teach me to read and write arabic, doubtless conceiving that you placed me under and everlasting obligation for sacrificing so large a portion of time to the study of a language wherein no one can hope to become proficient without ten or twelve years of close application... ...Can we repeat our prayers or acquire a knowledge of law and of, sciences only through the medium of Arabic? May not our devotions be offered up as acceptably and solid information communitated as easily, in our mother tongue*?"

देखिये Education in Muslim India by S.M. Jaffar, M. A. M. R. A. S. (London), / Ripon Printing Press, Butt Road, Lahore, 1936.pp. 177-178.

* ध्यान देने की बात है कि औरंगज़ेब-सा कट्टर हनीफी मुस्लिम बादशाह जन्मभाषा को ही महत्त्व देता है, कुछ अरबी, फ़ारसी, अथवा किसी विलायती भाषा को नहीं। उसके विचार में तो अल्लाह की बन्दगी अथवा भाव भजन और कीर्त्तन भी अपनी भाषा में ही खूब होता है। होता भी क्यों नहीं? कुरान मजीद का आदेश भी तो यही है कि व मा अर्सल्ना मिन् रिसूलिन् इला बेलेसान कौमाहिलेयुवेयनलहुम्'' (सूरत इब्राहीम की आयत4।) अर्थात् 'और नहीं भेजा हमने कोई पैगम्बर मगर ज़बान कौम उसकी के, जो कि बयान करे वास्ते उनके।'' (शाह रफ़ीउद्दीन देहल्वी का किया उल्था)

83. संगीत रागकल्पद्रुम, प्रथम खण्ड वही, पृ. 296.
84. संगीत रागकल्पद्रुम, प्रथम खण्ड वही, पृ. 181.
85. शिवसिंह सरोज, वही, पृ. 10.
86. संगीत रागकल्पद्रुम, प्रथम खण्ड वही, पृ. 193.
87. संगीत रागकल्पद्रुम, प्रथम खण्ड वही, पृ. 301.
88. संगीत रागकल्पद्रुम, प्रथम खण्ड वही, पृ. 469.
89. संगीत रागकल्पद्रुम, प्रथम खण्ड वही, पृ. 469.
90. इरविन महोदय ने संक्षेप में इसका उल्लेख इस प्रकार किया है – "(In opposition to the Mughal or foreign, was the homeborn of Hindustani party. It was made up of Muhammedons born in India, many of them decended in the second or third generation form foregn immigrants. Men like sayyids of Barha, for instance, whose ancestors had settled in India many generations before, of course, under the description of Hindustani of Hindustanza (Indianborn)' पूरे विवरण के लिए देखिये मुग़ल इम्पायर इन इण्डिया, तीसरा भाग, वही पृ. 744-47.
91. शिवसिंह सरोज, वही, 199.
92. संगीत रागकल्पद्रुम, प्रथम खण्ड वही, पृ. 304.
93. संगीत रागकल्पद्रुम, प्रथम खण्ड वही, पृ. 304.
94. संगीत रागकल्पद्रुम, प्रथम खण्ड वही, पृ. 306.
95. मुग़ल और उर्दू, वही, पृ. 65.
96. वही, पृ. 66.

97. मुग़ल और उर्दू, वही, पृ. 67-68.
98. उल्था जयपुर के बसाने वाले मिर्जा जयसिंह की देखरेख में हो रहा था। बैताल पच्चीसी और सिंहासन बत्तीसी का हिन्दी अनुवाद सर्वप्रथम इसी समय हुआ। इसकी चर्चा फिर कभी स्वतन्त्र रूप से होगी।
99. मुग़ल और उर्दू, वही, पृ. 75-76 पर अवतरित।
100. आबेहयात्, पृ. 149। सौदा का प्रसंग। कुछ लोग इस कथा में सन्देह करते हैं पर इतना मानते अवश्य हैं कि किसी अन्य ने यह नसीहत दी। किसने दी, यह कोई बड़ी बात नहीं। प्रकृत पद्य से उस समय की प्रवृत्ति का पूरा-पूरा पता चल जाता है।
101. जनाब शेख चाँद, एम.ए. (उसमानिया) ने अपनी रचना 'सौदा' में पृ. 40-45 पर इसको उद्धृत किया है और कुछ इधर-उधर की कहकर यह निष्कर्ष निकाला है कि इसका सम्बन्ध 'सौदा' से नहीं हो सकता। कारण यह बताया गया है कि सौदा स्वयं फ़ारसी रचना के प्रतिकूल थे। चाहे जो हो, पर इतना तो प्रत्यक्ष है कि अब फ़ारसी के दिन लद चले थे। और उसमें कविता करना कुछ सयानों का काम नहीं समझा जाता था।
उक्त किताब अंजुमने तरक्क़ीए उर्दू, औरंगाबाद से सन् 1939 ई. में प्रकाशित हुई है।
102. मीर तकी मीर ने 'नेकातुश्शुअरा' में इसे बारबार दोहराया है।
103. अंजुमने तरक्कीए उर्दू (औरंगाबाद, अब, कुल हिन्द देहली), सन् 1916 ई. आरम्भ, पृ. 1-2.
104. आरियण्टल कॉलेज मैगज़ीन, वही, नवंबर सन् 1931 ई., पृ. 13-14.
105. ओ. का. मैगज़ीन, वही नवम्बर सन् 1931 ई. पृ. 10.
106. (अर्थ) 'हिन्द के मिर्जाओं और फसीह (शिष्ट) सूफियों की देहली की बोलचाल की भाषा को स्वीकार किया। इसके अतिरिक्त चारों ओर की भाषा यहाँ तक कि हिन्दवी को जिसको भाषा कहते हैं त्याग दिया। केवल मुख्य लोगों के उन प्रिय बोलों को लिया है जो सबकी समझ में आ जाते हैं''। सौदा, अजुमने तरक्कीए उर्दू, औरंगाबाद, सन् 1939 ई. पृ. 19 पर अवतरित।
107. मूल अवतरण आगे है, देखिए संदर्भ 108।।
108. नेकातुश्शुअरा, पृ. 94 से शेरुल हिन्द, हिस्सा अरूवल, मारिफ़ प्रेस, आज़मगढ़, पृ. 26 पर अवतरित।
109. शेखमुल्ला नुसरती ने (मृ. 1095 हि. 1684 ई.) इस रविश पर विशेष ध्यान दिया और इस बात का पक्का गर्म किया कि 'दखिन का किया शेर ज्यों फ़ारसी' नुसरती का मज़हबी कट्टरपन उसकी जबान पर भी हावी हो गया और उसको भी फ़ारसी की ठीक वैसी ही चिता हुई थी जैसी कि साद अल्लाह गुलशन को।
110. मुग़ल और उर्दू, वही, पृ. 60.
111. जवाहिरे सुखन, पहला हिस्सा, हिन्दुस्तानी एकेडमी, इलाहाबाद, सन् 1933 ई., पृ. 5.
112. संगीत रागकल्पद्रुम, प्रथम खण्ड वही, पृ. 199.
113. संगीत रागकल्पद्रुम, प्रथम खण्ड वही, पृ. 642.
114. संगीत रागकल्पद्रुम, प्रथम खण्ड वही, पृ. 115.
115. संगीत रागकल्पद्रुम, द्वितीय खण्ड वही, पृ. 236.

116. संगीत रागकल्पद्रुम, प्रथम खण्ड वही, पृ. 641.
117. संगीत रागकल्पद्रुम, द्वितीय खण्ड वही, पृ. 60.
118. मुग़ल और उर्दू, 'वही, पृ. 96.
119. चुनाँचे सैयद इंशा साफ-साफ फरमाते हैं कि "अगर तमाम शहर रा फरा गीरन्द आँ शहर रा उर्दू नामन्द। लेकिन जमा शुदन ई हजरात दर हेच शहरे सिवाय लखनऊ निज्द फकीर साबित नीस्त।"

    (दरियाएलताफ्त, अंजुमनेतरक्कीए उर्दू (हिन्द) दुरदानए सोम, नाज़िर प्रेस, लखनऊ, पृ. 73.
120. मुग़ल और उर्दू, 'वही, पृ. 109.
121. मुग़ल और उर्दू, 'वही, पृ. 171 पर अवतरित।
122. संगीत रागकल्पद्रुम, प्रथम खण्ड वही, पृ. 80.
123. बहादुरशाह 'जफ़र', अमीर अहमद साहब, अलमी नामी प्रेस, कानपुर, सन् 1935 ई. पृ. 148.
124. बहादुरशाह 'ज़फर', वही, पृ. 148.
125. हिन्दी, उर्दू और हिन्दुस्तानी, पद्मसिंह शर्मा, हिन्दुस्तानी एकैडेमी, इलाहाबाद, सन् 1931 ई. पृ. 123 से 125 तक.
126. संगीत रागकल्पद्रुम, प्रथम खण्ड वही, पृ. 66.
127. उर्दू, अजुमने तरक्कीए उर्दू (औरंगाबाद) की तिमाही पत्रिका, अप्रैल सन् 1935 ई., पृ. 212 पर अवतरित
128. बहादुरशाह 'ज़फर', वही, पृ. 123.
129. सर सैयद ने 'असवाब बग़ावत' नाम की अपनी प्रसिद्ध रचना में सन् 57 की 'बग़ावत' का सारा दोष हिन्दुओं के सिर मढ़ा है। उनका यह उपदेश था कि 'किताबी' होने के नाते अंग्रेज़ मुसलमानों के परम हितू हैं। उनकी यह शिक्षा थी कि, 'मुसलमान इस देश के रहने वाले नहीं हैं।' इसके लिए देखिये लेखक-रचित 'कचहरी की भाषा और लिपि,' नागरी प्रचारिणी सभा, काशी।
130. सूरत इब्राहीम की आयत 4। विवरण के लिए देखिये 'उर्दू का रहस्य', नागरी प्रचारिणी सभा, सं. 1997 वि., पृ. 128 से 141 तक। 'नबी की ज़बान' नामक लेख।
131. ए ग्रामर आव दी ब्रजभाषा, वही, पृ. 3 (इण्ट्रोडक्शन, फुटनोट)
132. मुग़ल बादशाहों की यह परिपाटी सी रही है कि वे बराबर हिन्दी नाम रखते हैं। आईने अकबरी में भी ऐसे अनेक नाम पाये जाते हैं। यहाँ उन पर अधिक विचार करने की आवश्यकता नहीं जान पड़ती। उनके सांकेतिक शब्दों पर फिर कभी विचार किया जायेगा और यह प्रत्यक्ष दिखा दिया जायगा कि उनकी फ़ारसी में कितनी हिन्दी रहती है।
133. फरहंगे आसफिया, वही, जिल्द अव्वल, मुकद्दमा पृ.8.
134. फ़रहंगे आसफ़िया, वही, सबब तालीफ, पृष्ठ 23.
135. देखिये 'उर्दू का रहस्य', नागरीप्रचारिणी सभा, काशी।
136. फरहंगे आसफिया, जिल्द चहारुम, तकारीज, पृष्ठ 856.

आभार

संगीत कविता हिन्दी और मुग़ल बादशाह पुस्तक तैयार करने में अनेक मित्रों ने विविध रूपों में सहायता की है। उनके प्रति कृतज्ञता ज्ञापन केवल शिष्टाचार नहीं है, कर्त्तव्य है।

पुस्तक का मूल आधार और प्रेरणा है पं. चन्द्रबली पाण्डे की पुस्तक मुग़ल बादशाहों की हिन्दी। मुझे इसकी प्रति अपने मित्र और हिन्दी के मनीषी विचारक श्री कर्मेन्दु शिशिर से मिली। उनके प्रति 'आभार' व्यक्त करना बहुत क्षुद्र कार्य है। उनका मेरे अलावा अनेक रचनाकारों को निस्स्वार्थ सहयोग मिलता है। मेरे प्रति उनका विशेष अनुग्रह है।

शिशिर से प्राप्त प्रति में कुछ पृष्ठ नहीं थे। कहीं पूरे और कहीं आधे। ऐसा कुल पाँच स्थानों पर था। उन्हें जुटाने का कार्य दुष्कर था। उसमें एक सहायक बने युवा कवि अच्युतानन्द मिश्र। उन्होंने दो आधे पृष्ठ किसी प्रकार उपलब्ध कराये। कोलकाता के मेरे अनुजवत् मित्र अशोक केसरी ने नेशनल लाइब्रेरी से शेष अंश सुलभ कराया। इन दोनों के बिना मुझे पूरी पुस्तक नहीं मिल सकती थी। दोनों के प्रति स्नेह और शुभकामना।

संगीत रागकल्पद्रुम और **नादिराते शाही** की प्रति मेरे मित्र और प्रकाशक श्री अतुल माहेश्वरी ने धन व्यय करके उपलब्ध करायी। उनके अमूल्य सहयोग का प्रतिदान 'आभार' नहीं हो सकता।

कविताएँ छाँटने का काम बेहद मुश्किल था। संगीत रागकल्पद्रुम में इन सबकी कविताएँ बिखरी हुई हैं। कई बार पूरे ग्रन्थ को – उसकी तीन जिल्दों को – उलटना-पलटना श्रमसाध्य तो था ही, उबाऊ भी था। नादिराते शाही में टाइप की हुई कविताओं में असंख्य गलतियाँ हैं और हस्तलिपि में उन्हें पढ़ना असाध्य। रामपुर रज़ा लाइब्रेरी ने उसे प्रकाशित किया, यह बहुत बड़ी बात है, वहाँ के सम्पादकों से यह आशा व्यर्थ है कि वे पुरानी लिखावट पढ़कर निर्दोष प्रारूप दे सकेंगे। यथासम्भव प्रमाणिक पाठ तैयार करने के काम में कई बार झुँझलाहट होती थी। मेरे अभिन्न मित्र और शीर्ष हिन्दी कवि राजेश जोशी ने, उनके साथ कर्मेन्दु शिशिर ने, इस थकाऊ और नीरस काम से मुझे उचाट नहीं होने दिया। उनकी आत्मीयता को देखते हुए 'आभार' अपर्याप्त है।

राजेश जोशी से तय हुआ कि रामप्रकाश त्रिपाठी के सहयोग से संगीत रागकल्पद्रुम का एक संक्षिप्त संस्करण तैयार करें। यदि ऐसा हो सका तो वह अधिक पाठकों के उपयोग में आ सकेगा।

लोकभारती प्रकाशन से इसे प्रकाशित करने में श्री रमेश ग्रोवर ने विशेष रुचि दिखायी। उनके आग्रह पर यह पुस्तक यहाँ से आयी है। उनके प्रति हृदय से आभार।